어둠 속으로 사라진
골든 스테이트 킬러

I'LL BE GONE IN THE DARK: My Search for the Most Elusive Serial Killer in American History by Michelle McNamara

This Korean edition was published by Alma Inc. in 2020 by arrangement with Tell Me Productions, Inc. c/o Levine Greenberg Rostan Literary Agency through KCC(Korea Copyright Center Inc.), Seoul.

어둠 속으로 사라진
I'LL BE GONE IN THE DARK
골든 스테이트 킬러

미셸 맥나마라
유소영 옮김

일러두기

- 저자 주는 숫자로 표기했고, 원서의 편집자 주는 •— 로 표기했다.
- ✷ 표기가 붙은 이름은 모두 가명이다.

집사도 두 번째 하녀도 계단 위 핏자국도
괴짜 숙모도 정원사도 가족의 친구도
자질구레한 장식품과 살인의 틈바구니에서 미소 짓지 않는다.
교외 주택 현관문은 열려 있고
개는 다람쥐를 향해 짖고 자동차가 지나친다.
시체는 싸늘하다. 아내는 플로리다에.

실마리를 검토하자. 감자 으깨는 기구는 꽃병 안에
웨슬리언 대학교 농구팀의 찢어진 사진이
홀에서 수표장 부본 쪽지와 함께 나뒹군다.
셜리 템플에게 보내지 못한 팬레터
시체의 옷깃에는 후버 단추
쪽지: "이런 방식으로 살해당하는 것도 나는 괜찮아."

사건이 해결되지 않는 것도 그리 놀랍지 않은 일이라
이제 치료할 수 없을 정도로 돌아버린 탐정 르루는
흰 가운 차림으로 흰 방에 홀로 앉아
온 세상이 미쳤다고
단서에서 아무 결론도 나지 않는다고 벽이 너무 높아 꼭대기를 볼 수 없다고
아무것도 해결할 수 없다고 하루 종일 싸우듯 고함지른다.

웰든 키스 Weldon Kees 〈**범죄 클럽**Crime Club〉

차례

들어가며

골든 스테이트 킬러 이전에 소녀가 있었다. 미셸이 그녀에 대해 이야기해줄 것이다. 그녀는 플레전트 스트리트 뒷골목으로 끌려들어가 살해당하고 쓰레기처럼 버려진 여자였고 일리노이주 오크파크에 있는 미셸이 자란 북적거리는 아일랜드계 가톨릭 집안에서 겨우 몇 블록 떨어진 곳에서 살해당한 20대 젊은이였다.

여섯 아이 중 막내였던 미셸은 항상 '미셸, 작가Michelle, the Writer'라는 서명으로 일기를 끝맺었다. 미셸은 이 사건을 통해 범죄 논픽션에 관심을 갖게 되었다고 했다.

얼마 전 고인이 된 미셸을 생전에 만났다면 우리는 아마 잘 어울리는 (어쩌면 약간 특이한) 한 쌍이었을 것이다. 비슷한 시기 미주리주 캔자스시티에서 10대를 보냈던 나 역시 작가 지망생이었는데 내가 일기장에 사용했던 필명은 좀 더 오만했다. 질리언 대왕(Gillian the Great). 미셸처럼 나 역시 아일랜드계 대가족 집안에서 자랐고 가톨릭 학교에 다녔으며 어둠의 세계에 푹 빠져 있었다. 나는 열두 살에 트루먼 커포티의《인 콜드 블러드》를 싸구려 헌책방에서 사서 읽었고 이 책을 계기로 범죄 논픽션에서 평생 헤어나지 못했다.

나는 범죄 논픽션을 좋아하지만 독자로서 타인의 비극을 적극적으로 소비하는 선택을 하는 것임을 항상 의식한다. 그러므로 책임감 있는 소비자로서 신중하게 선택하려고 노력한다. 나는 최고의 작품만 읽는다. 끈질긴 작가, 통찰력 있고 인도적인 작가가 쓴 작품 말이다.

내가 미셸을 발견한 것은 필연이었다.

나는 훌륭한 범죄 논픽션 작가의 특징 중 가장 주목받지 못하는 요소가 인간미라고 생각한다. 미셸 맥나마라는 살인마뿐 아니라 그들을 뒤쫓는 경찰과 파괴당한 피해자들의 머릿속에 들어가 그 생각을 읽어내는 능력, 뒤에 남은 친척들의 상흔을 섬뜩할 정도로 좇아가는 능력을 지니고 있다. 성인이 된 뒤 나는 미셸의 블로그 '트루 크라임 다이어리'(http://truecrimediary.com)에 자주 들렀다. "메시지 남겨봐." 남편은 부추기곤 했다. 그녀는 시카고 출신이었고 나는 시카고에 산다. 우리 둘 다 인간성의 어두운 측면을 들추어 보는 데 푹 빠져 건전함과는 거리가 멀 정도로 긴 시간을 할애하는 사람을 어머니로 두고 있다.

나는 남편의 부추김에 저항했다. 그러다 아슬아슬하게 미셸과 연락이 닿은 적이 있었는데 어느 저자 사인회에서 그녀의 고모를 만나 내 소개를 한 날이었다. 그녀는 내게 자기 전화를 빌려주었고 나는 미셸에게 저자답지 않게 호들갑스러운 메시지를 보냈다. "당신이 최고야!!!" 이런 문구였을 것이다.

솔직히 말해서 과연 이 작가를 만나고 싶은 건지 내 기분을 알 수 없었다. 나보다 한 수 위일 것 같아서였다. 나는 인물을 창조하지만 그녀는 사실을 다루고 이야기를 추적한다. 피곤하고 경계심 많은 수사관들의 신뢰를 얻어야 하고 혹시나 있을지도 모르는 결정적 단서 하나를 찾으려고 산더미 같은 문서를 독파해야 한다. 그리고 비탄에 젖은 가족과 친구들을 다독이면서 오랜 상처를 헤집어야 하는 작가였다.

그녀는 이 모든 일을 특별한 방식으로 해냈다. 가족이 잠든 밤에 색종이가 널린 딸의 놀이방에서 글을 썼고 캘리포니아주 형법 조문을 크레용으로 휘갈겨 적었다.

나는 고약한 취향을 지닌 살인범 수집가였지만 미셸이 골든 스테이트 킬러라는 이름을 붙인 살인범에 대해 글을 쓰기 전까지 1970년대와 1980년대에 걸쳐 그 살인범이 캘리포니아주에서 성폭행 50건, 최소한 살인 10건을 저지른 이 악몽에 대해 모르고 있었다. 10년이나 지난 미결사건이었다. 목격자와 피해자들은 이사갔거나 죽었거나 잊혔다. 사건은 캘리포니아주 남부에서 북부에 걸쳐 여러 관할구역에서 발생했고 편리한 DNA 증거나 실험실 분석 결과가 없는 사건기록이 산더미처럼 쌓여 있었다. 이런 사건을 다루고자 하는 작가는 드물 것이고 잘 써낼 작가는 더욱 흔치 않을 것이었다.

이 사건을 추적하는 미셸의 집요함은 놀라웠다. 대표적인 예를 하나 들면, 그녀는 1977년 스톡턴의 범행현장에서 도난당한 커프링크스 한 쌍을 오리건주의 한 골동품상 웹사이트에서 찾아냈다. 그뿐만이 아니었다. 그녀는 "N으로 시작하는 남자 이름은 비교적 드물어서 커프링크스의 원주인이 태어났을 것으로 추측되는 1930년대에서 1940년대 사이에 이름 순위 100위 안에 단 한 번밖에 들지 못했다는 사실"까지 파악하고 있었다. 심지어 이것은 범인과 직결

되는 단서도 아니었다. 범인이 훔친 커프링크스를 찾는 단서였다. 상세한 사실에 만전을 기하는 자세는 그녀의 전매특허였다. 미셸은 이렇게 썼다. "졸업 앨범 사진에서 날렵하고 종아리가 굵어 보였다는 이유 하나만으로 나는 1972년 리오 아메리카노 고등학교 워터폴로 팀원 한 사람에 대해 찾을 수 있는 온갖 정보를 뒤지느라 오후 내내 시간을 보낸 적도 있다." 날렵하고 종아리가 굵다는 점은 골든 스테이트 킬러가 가지고 있을 '가능성이 있는' 신체적 특징이었다.

이렇게 많은 자료를 조사하느라 피땀을 흘리는 작가들은 세부적인 내용에서 길을 잃기도 한다. 통계와 정보 속에서 인간이 밀려날 위험이 있는 것이다. 성실한 자료조사원들의 이런 특성은 종종 미묘한 결이 있는 실제 인간의 모습과 마찰을 일으킨다.

그러나 《어둠 속으로 사라진 골든 스테이트 킬러》는 아름다운 보도 논픽션 작품인 동시에 시간과 공간과 인간의 초상이기도 하다. 미셸은 오렌지 나무를 밀어내는 캘리포니아주 토지개발 풍경, 사방이 유리벽으로 지어져서 피해자를 끔찍한 공포영화 주인공으로 만든 새 주택가들, 1년에 한 번씩 타란튤라 수천 마리가 짝을 찾아 돌아다니는 산 아래에 둥지를 튼 도시를 생생하게 묘사했다. 그리고 인물들. 희망찼던 과거의 히피들, 열심히 터전을 일구는 신혼부부, 마지막이 되리라는 것도 미처 모른 채 자유와 책임, 수영복을 놓고 다투는 어머니와 10대 딸의 모습도 책에 상세히 담아냈다.

나는 처음부터 몰입했고 미셸도 마찬가지였던 것 같다. 골든 스테이트 킬러에 대한 수년 동안의 추적은 그녀에게 심각한 후유증을 남겼다. "지금 내 목구멍 안에는 영원히 남을 비명이 박혀 있다."

미셸은 이 멋진 책을 끝마치지 못하고 46세의 나이로 잠든 사이 세상을 떠났다. 동료들의 사건기록은 읽을 수 있지만 골든 스테이트 킬러의 정체는 아직 미궁 속에 남겨져 있다. 하지만 내게 그의 정체는 아무것도 아니다. 나는 그가 잡히길 바랄 뿐 어떤 사람인지는 관심이 없다. 그 남자의 얼굴을 보는 것은 오히려 시시한 결말일 것이다. 이름을 붙인다는 것은 더욱 그렇다. 우리는 그가 무슨 짓을 했는지 알고 있다. 그 이상의 정보는 결국 진부하고 하찮고 약간은 상투적으로 느껴질 것이다. "내 어머니는 잔인했다, 나는 여자가 싫다, 나는 가족이 없다…" 등등. 나는 진실에 대해, 온전한 사람에 대해 더 알고 싶지 추악한 인간쓰레기에겐 관심이 없다.

나는 미셸이라는 사람에 대해 더 알고 싶다. 그녀가 이 미궁 속의 남자를 추적한 이야기를 읽으면서 나는 어느새 이 감탄을 자아내는 작가에 대한 단서를 찾고 있었다. 악몽 속으로 스스로 발을 들일 만큼 내가 신뢰했던 여자는 누구인가? 어떤 사람인가? 그녀는 왜 이 길로 들어섰을까? 무엇이 그녀에게 이런 품위를 주었을까? 어느 여름날 나는 시카고에 있는 내 집에서 20분 떨어진 오크파크로, '소녀'가 발견된 골목이자 작가 미셸이 자신의 소명을 발견한 그곳으로 차를 몰았다. 그곳에 도착한 뒤에야 나는 내가 왜 거기 왔는지 깨달았다. 나 역시 나만의 수색을 벌이는 중이었다. 이 멋진 어둠의 사냥꾼을 사냥하기 위해.

길리언 플린

타임라인 지도

동부 지역 연쇄성폭행 사건

(1976년 6월~1979년 7월) 북부 캘리포니아
주 7개 카운티 여성 50명 성폭행

① **1976. 6. 18. 랜초 코도바**
23세 여성(이 책에서 '실라'로 표기)이 자택 침대에서 복면을 쓴 가택 침입자에게 성폭행을 당했다. 이후 언론과 수사기관에 '동부 지역 성폭행범'의 범행으로 알려진 수십 건의 연쇄성폭행 중 최초의 사건이다.
② **1976. 10. 5. 시트러스 하이츠**
30세 가정주부 제인 카슨을 노린 동부 지역 성폭행범의 다섯 번째 범행. 범인은 피해자의 남편이 출근할 때까지 기다렸다가 몇 분 뒤 침입했다. 피해자의 세 살 난 아들이 범행 내내 같은 침실에 있었다.
③ **1977. 5. 28. 파크웨이-남부 새크라멘토**
28세 피오나 윌리엄스*와 남편 필립은 연쇄성폭행범이 저지른 것으로 알려진 범행 중 스물두 번째 피해자였다. 동시에 범행 중 남자가 같은 장소에 있었던 일곱 번째 사건이었다.
④ **1978. 10. 28. 샌라몬**
공식적인 마흔 번째 연쇄범행으로 피해자는 23세 캐시*와 남편 데이비드*였다.
⑤ **1978. 12. 9. 댄빌**
32세 에스더 맥도널드*는 한밤중에 깨서 몸이 묶인 채 성폭행을 당했다. 그녀는 마흔네 번째 피해자다.

바이샐리아 연쇄절도 및 총격 사건

(1974년 4월~1975년 12월)

⑥ **바이샐리아**
여러 건의 가택침입이 있었고 클로드 스넬링 살인사건과 연관성이 있는 것으로 추정된다.

오리지널 나이트 스토커 사건

(1979년 10월~1986년 5월)

⑦ **1979. 10. 1. 골레타**
오리지널 나이트 스토커는 가택에 침입하여 커플을 공격했지만 실패했다.
⑧ **1979. 12. 30. 골레타**
로버트 오퍼먼과 데브라 알렉산드리아 매닝을 살해했다.
⑨ **1980. 3. 13. 벤투라**
샬린과 라이먼 스미스를 살해했다.
⑩ **1980. 8. 19. 데이나포인트**
키스와 패트리스 해링턴을 살해했다.
⑪ **1981. 2. 6. 어바인**
매뉴엘라 위툰을 살해했다.
⑫ **1981. 7. 27. 골레타**
셰리 도밍고와 그레고리 산체스를 살해했다.
⑬ **1986. 5. 5. 어바인**
나이트 스토커는 자넬 크루스를 살해했다.

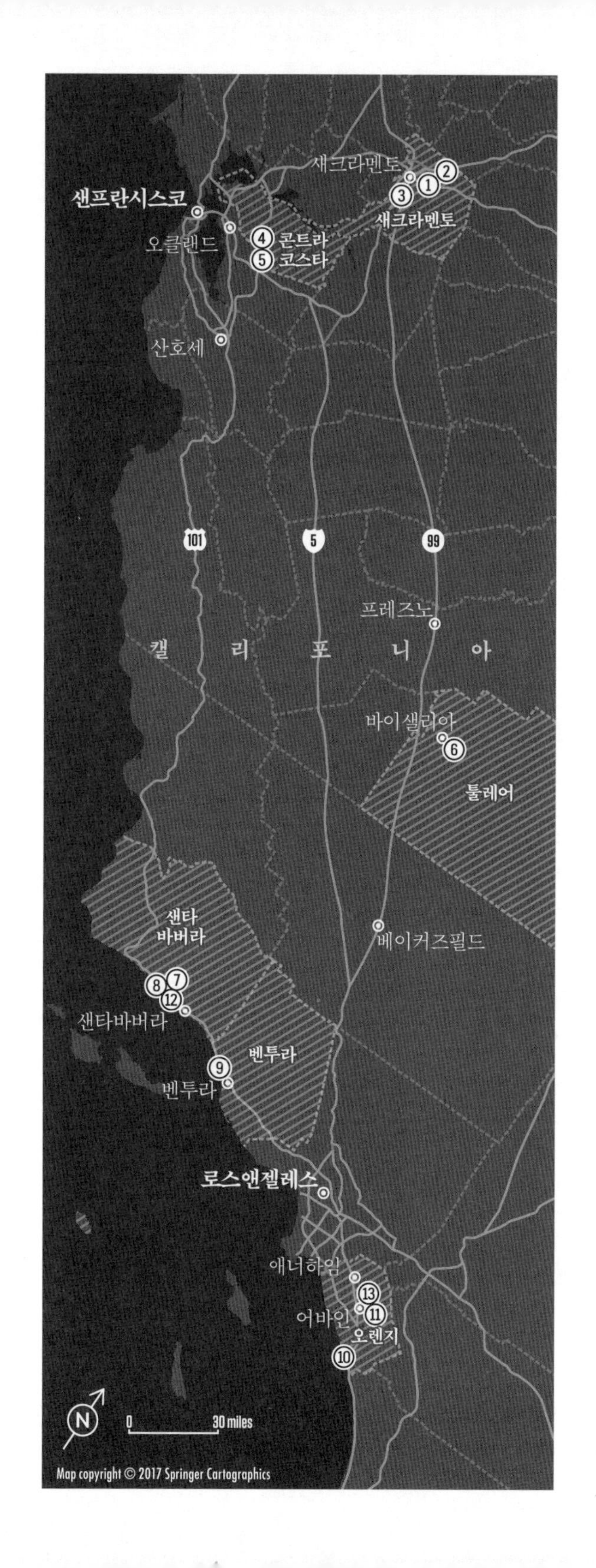

새크라멘토
샌프란시스코
새크라멘토
오클랜드
콘트라
코스타
산호세
101
5
99
프레즈노
캘 리 포 니 아
바이샐리아
툴레어
샌타
바버라
베이커즈필드
샌타바버라
벤투라
벤투라
로스앤젤레스
애너하임
어바인
오렌지
0
30 miles
Map copyright © 2017 Springer Cartographics

등장인물

피해자

성폭행 피해자

실라Sheila*(새크라멘토, 1976)

제인 카슨Jane Carson(새크라멘토, 1976)

피오나 윌리엄스Fiona Williams*(남부 새크라멘토, 1977)

캐시Kathy*(샌라몬, 1978)

에스더 맥도널드Esther McDonald*(댄빌, 1978)

살인 피해자

클로드 스넬링Claude Snelling(바이샐리아, 1975)[1]

케이티와 브라이언 마지오레Katie and Brian Maggiore(새크라멘토, 1978)[2]

데브라 알렉산드리아 매닝과 로버트 오퍼먼Debra Manning and Robert Offerman(골레타, 1979)

샬린과 라이먼 스미스Charlene and Lyman Smith(벤투라, 1980)

패트리스와 키스 해링턴Patrice and Keith Harrington(데이나포인트, 1980)

매뉴엘라 위툰Manuela Witthuhn(어바인, 1981)

셰리 도밍고와 그레고리 산체스Cheri Domingo and Gregory Sanchez(골레타, 1981)

자넬 크루스Janelle Cruz(어바인, 1986)

---

1 골든 스테이트 킬러의 범행이라는 확정적인 단서가 없는 피해자이다.

2 골든 스테이트 킬러의 범행이라는 확정적인 단서가 없는 피해자이다.

수사관

집 베빈스Jim Bevins 수사관, 새크라멘토 카운티 보안관서(sheriff's department)

켄 클라크Ken Clark 형사, 새크라멘토 보안관청(sheriff's office, 보안관서와 보안관청은 지역에 따라 명칭이 다르지만 동일한 기관이다—옮긴이)

캐롤 데일리Carol Daly 형사, 새크라멘토 카운티 보안관서

리처드 셸비Richard Shelby 형사, 새크라멘토 카운티 보안관서

래리 크럼프턴Larry Crompton 형사, 콘트라코스타 카운티 보안관청

폴 홀스Paul Holes 범죄학자, 콘트라코스타 카운티 보안관청

존 머독John Murdock 콘트라코스타 카운티 보안관서 범죄연구실장

빌 맥고원Bill McGowen 형사, 바이샐리아 경찰서

메리 홍Mary Hong 범죄학자, 오렌지 카운티 범죄연구실

에리카 허치크래프트Erika Hutchcraft 수사관, 오렌지 카운티 지방검찰청

래리 풀Larry Pool 수사관, 전 카운티 미결요소 특별수사팀(Countywide Law Enforcement Unsolved Element, CLUE), 오렌지 카운티 보안관서

짐 화이트Jim White 범죄학자, 오렌지 카운티 보안관서

프레드 레이Fred Ray 형사, 샌타바버라 카운티 보안관청

프롤로그

그해 여름 나는 밤마다 딸의 놀이방에서 연쇄살인범을 추적했다. 취침 준비는 대체로 보통 사람의 습관을 따랐다. 양치질을 하고 잠옷도 입었다. 하지만 남편과 딸이 잠들고 나면 간이 작업실로 가서 무한한 가능성의 창구인 15인치 랩톱을 켰다. 우리 집이 있는 로스앤젤레스 서북부 도심은 밤에 매우 조용하다. 유일하게 들리는 소리는 내가 구글 스트리트에서 알지도 못하는 남자들의 집 앞 진입로를 **클릭**해서 확대하려고 마우스를 딸깍거리는 소리뿐이었다. 나는 움직이지 않고도 자판을 몇 번 두드려 수십 년을 건너뛸 수 있었다. 졸업앨범들, 혼인증명서, 경찰서 머그샷 그리고 1970년대 경찰 수사기록 수천 쪽을 샅샅이 뒤졌으며 부검감정서를 탐독했다. 5~6개의 봉제인형과 분홍색 미니 봉고 세트에 둘러싸여 이런 작업을 하는 것이 내게는 특별한 일이 아니었다. 내 수사공간은 생쥐의 미로처럼 사적인 공간이었다. 모든 집착에는 그만의 방이 따로 필요하다. 내 방에는 캘리포니아주 형법을 크레용으로 휘갈겨 적은 색종이가 널려 있었다.

내가 그간 범인이 훔친 독특한 물건을 정리해놓은 목록을 펼친 것은 2012년 7월 3일 한밤중이었다. 절반 이상이 볼드체로 표시되어 있었다. 막다른 골목이라는 뜻이었다. 다음 차례로 찾을 물건은 1977년 9월 스톡턴에서 도난당한 커프링크스 한 쌍이었다. 내가 골든 스테이트 킬러라는 별명을 붙인 범인의 범죄행각이 아직 살인으로까지 비화되지 않았던 시기였다. 당시 범인은 동부 지역 강간범이라 불린 연쇄성폭행범으로서 동부 새크라멘토 카운티에서 시작해서 센트럴 밸리와 샌프란시스코 이스트 베이 일대를 넘나들며 가택을 침입하고 여성과 소녀를 노렸다. 그는 18세에서 30세 사이로 추정되는 젊은 백인이었고 높은 울타리를 뛰어넘어 추적을 따돌릴 수 있는 탄탄한 체구를 가지고 있었다. 그가 선호하는 표적은 조용한 중산층 동네 길모퉁이 두 번째 단층집이었다. 그는 항상 마스크를 썼다.

치밀함과 자기보호가 그의 특징이었다. 피해자를 정하면 아무도 없을 때를 노려 집에 침입하여 가족사진을 관찰하고 집 안 구조를 익혔다. 포치 전등을 해제하고 미닫이 유리문 잠금장치를 풀어놓았다. 총에서 실탄을 빼놓았으며 닫혀 있던 차고 문도 열어놓았다. 집주인들은 별로 신경을 쓰지 않는다. 사진을 건드린 흔적이 있어도 어쩌다 가족 중 누가 만졌겠지 생각하고는 도로 올려놓았다. 근심 걱정 없이 잠들어 있던 피해자는 느닷없이 강렬한 플래시 불빛에 잠에서 깼다. 눈부신 불빛 때문에 뭐가 뭔지 알 수 없었다. 잠이 덜 깨 둔하던 머릿속은 이내 쏜살같이 달린다. 보이지 않는 누군가가 플래시를 비추고 있다, 누구지? 왜? 목소리가 들리는 순간, 공포는 한 방향으로 집중된다. 후두 깊숙한 곳에서 시작돼 악문 잇새로 새어 나오는 갑작스럽고 위협적인 속삭임. 어둠 속의 괴한이 마스크로 얼굴을 가리며 함께 숨기려 한 원초적 불안이 항상 완벽하게 가려지지는 않았던 모양이다. 더러 한층 높고 날카롭게 떨리며 더듬거리는 음성을 들은 피해자도 있었다.

1977년 9월 범인이 커프링크스를 훔쳤던 스톡턴 사건은 스물세 번째 범행이었는데 그 전 여름휴가 기간 동안에는 범행이 전혀 없었다. 스톡턴 서북부의 자택 침실에서 잠들어 있던 스물아홉 살 피해자는 커튼 대에 걸린 커튼 고리가 미끄러지는 소리에 잠에서 깼다. 그녀는 베개에서 몸을 일으켰다. 집 밖 중정 불빛이 문간에 서 있는 사람의 실루엣을 드리웠다. 플래시 불빛이 그녀의 얼굴을 비추고 시야를 가리자 그 이미지도 증발했다. 이내 강렬한 에너지가 침대를 덮쳤다. 메모리얼 데이 주말이 그의 마지막 범행이었다. 노동절 직후 화요일 오전 1시 30분. 이 사건으로 여름은 끝났고 그가 돌아왔다.

이제 그는 커플을 노리고 있었다. 여성 피해자는 출동한 경찰들에게 범인의 고약한 체취를 설명하려고 노력했지만 무슨 냄새인지 적시하는 데 어려움을 겪었다. 단순히 개인위생이 나빠서 생기는 냄새는 아니었다고 그녀는 말했다. 겨드랑이나 입같이 신체 특정 부위에서 나는 냄새가 아니라 모공 전체에서 발산하는 긴장의 냄새였다. 경찰 수사보고서에 따르면 이것이 피해자가 할 수 있었던 최선의 묘사였다. 경찰은 더 구체적으로 말해줄 수 없느냐고 물었지만 피해자는 그럴 수 없었다. 그 체취는 전에 맡아본 어떤 냄새와도 달랐다.

스톡턴에서 저지른 다른 사건에서도 그랬듯 그는 돈이 필요하다고 주절거렸지만 정작 눈앞에 있는 현금은 무시했다. 그가 원했던 것은 자신이 범한 피해자에게 각별한 의미가 있는 물건이었다. 이름을 새긴 결혼반지, 운전면허증, 기념주화. 대대로 집안 가보였던 커프링크스는 흔치 않은 1950년대 스타일이었고 머리글자 N. R.이 모노그램으로 새겨져 있었다. 담당 경찰이 수사보고서 여백에 대략 스케치를 해두었다. 나는 이 물건이 얼마나 독특한 스타일인지 궁금했다. 인터넷으로 검색해보니 N으로 시작하는 남자 이름은 비교적 드물어서 커프링크스의 원래 주인이 출생했을 것으로 추정되는 1930년대와 1940년대에는 매년 집계하는 순위 100위권에 단 한 번밖에 들지 못했다. 나는 커프링크스의 특징을 구글에 입력하고 검색 버튼을 눌렀다.

캘리포니아주 내 5개 관할권의 합동 태스크포스와 FBI 자원이 투입된 복잡한 연쇄살인 수사를 아마추어 수사관에 불과한 내가 집 구석에서 해결할 수 있다고 생각했다면 그것은 자만일 것이다. 범죄에 대해 관심을 갖게 된 데는 개인적인 동기가 있었다. 내가 열네 살 때 발생한 이웃집 살인사건이 미궁으로 빠지면서 미결사건에 대한 집착이 처음 시작되었다. 이어 인터넷의 등장 덕분에 이런 관심은 적극적인 추적으로 이어질 수 있었다. 공적 기록이 온라인에 공개되고 정교한 검색엔진이 발명되면서 나는 범죄 정보로 가득 찬 두뇌와 텅 빈 검색창이 만나면 흥미로운 일이 벌어지겠다는 생각에

2006년 '트루 크라임 다이어리'라는 웹사이트를 만들었다. 가족들이 잠자리에 들면 나는 오래된 증거를 21세기 과학기술로 재구성하는 시간 여행을 떠났다. 수사당국이 간과했을 수도 있는 디지털 단서를 찾아 인터넷을 헤매고 전산화된 전화번호부와 각종 연감, 범행현장 구글 어스 로드뷰를 샅샅이 뒤졌다. 가상세계에서 암약하는 랩톱 수사관에게 이런 것들은 잠재적인 단서가 숨어 있는 무한한 보고였다. 블로그를 읽는 충성도 높은 단골 독자들에게 내 가설을 들려주기도 했다.

나는 클로로포름 살인자부터 살인마 사제까지 수백 건의 미결 사건에 대한 글을 썼다. 그러나 골든 스테이트 킬러를 다루면서 그 어떤 범인을 다룰 때보다 더 많이 진을 뺐다. 범인은 북부 캘리포니아에서 성폭행을 50건이나 저질렀을 뿐 아니라 남부 캘리포니아에서도 가학적인 살인 10건을 저질렀다. 10년 동안 지속된 범행으로 인해 결국 캘리포니아주의 DNA 관련법이 바뀌었다. 1960년대 말부터 1970년대 초까지 샌프란시스코를 공포에 떨게 한 조디악Zodiac 킬러도 1980년대 남부 캘리포니아에서 집집마다 창문을 잠그게 한 나이트 스토커도 이렇게 활동적이지는 않았다. 한데 골든 스테이트 킬러는 인지도가 별로 높지 않았다. 내가 별명을 새로 짓기 전까지 그럴 듯한 호칭도 없었다. 그는 정보를 공유하고 서로 소통하는 것이 그리 수월하지 않았던 캘리포니아주 전역의 여러 관할권에 걸쳐서 범행을 저질렀다. 서로 무관하다고 여겨졌던 사건들이 DNA 검사를 통해 동일인의 소행이었다는 사실이 밝혀졌을 때는 이미 범인의 소행으로 알려진 마지막 살인사건도 10년이 훌쩍 지난 뒤였고 그를 검거하는 것은 더 이상 급선무가 아니었다. 신원조차 밝히지 못한 상태로 범인은 잠적했다.

그러나 범인은 계속해서 피해자들을 괴롭혔다. 2001년 새크라멘토의 한 여성은 24년 전 폭행당했던 바로 그 집에서 전화를 받았다. "우리 놀았던 거 기억하나?" 한 남자가 속삭였다. 그녀는 곧바로 그 목소리를 알아들었다. 스톡턴에 살던 한 부부의 여섯 살 난 딸이 밤에 일어나 화장실에 갔다가 복도에서 범인을 마주쳤던 날, 범인이 했던 말을 연상시키는 조롱이었다. 남자는 6미터 정도 떨어져 있었고 갈색 스키 마스크와 검은 니트 벙어리장갑을 착용하고 있었으며 바지는 벗은 채였다. 허리에는 칼 비슷한 것을 매단 벨트를 차고 있었다. "네 엄마 아빠하고 장난치는 중이야." 남자는 말했다. "너도 와서 보렴."

내가 골든 스테이트 킬러와 관련된 사건들에 몰입하게 된 이유는 해결 불가능한 사건 같아 보였기 때문이다. 범인이 흔적을 남긴 범위는 넓고도 좁았다. 범인은 수많은 피해자와 단서를 남겼지만 비교적 제한된 지역사회에 국한되었기 때문에 잠재적 용의자를 데이터마이닝하기가 쉬웠다. 이 사건은 곧장 나를 끌어들였다. 호기심은 절박한 갈망으로 이어졌다. 나는 공격적으로 마우스를 두드릴 때마다 도파민이 분비되는 클릭 병을 앓으며 범인 몰이를 하고 있었다. 나뿐만이 아니었다. 광적인 추적자 한 무리가 온라인 게시판에 모여 사건 관련 단서와 가설을 교환하고 있었다. 나는 모든 비판적 사고방식을 멈추고 게시물 수 2만 개에 달하는 추적자들의 수다에 참여했다. 사건에 관심을 가지는 동기가 수상쩍은 변태들을 거르고 진정한 추적자들의 게시물에 집중했다. 때로 단서 하나가, 범행현장 근처에 있었던 수상한 차량 스티커 이미지 같은 것들이 아직 사건을 해결하려고 노력하며 과로한 형사들의 크라우드소싱과 비슷한 과정을 통해 게시판에 등장하기도 했다.

나는 범인이 유령이라고 생각하지 않았다. 나는 인간의 오류를 믿었다. 그도 어디선가 틀림없이 실수를 저질렀을 것이다, 이것이 나의 이성적인 판단이었다.

사건에 몰입한 지 1년 가까이 되어가던 여름날 밤, 나는 커프링크스를 찾고 있었다. 나는 메모장으로 노란 연습장 묶음을, 특히 모든 것이 매끄럽고 희망에 차 보이는 첫 열 페이지를 선호한다. 딸의 놀이방에는 사용하다 만 연습장 묶음이 널려 있었다. 그 낭비벽은 당시 내 정신 상태를 반영하는 습관이었다. 묶음 하나하나가 시작했다가 도중에 막혀버린 실마리를 나타냈다. 나는 이 사건을 담당했던 은퇴한 형사들에게 조언을 구했고 그들 중 많은 사람들이 내 친구가 되었다. 세월이 흐르며 그들 자신은 오만함을 벗었지만 오히려 내 자만을 북돋웠다. 골든 스테이트 킬러를 추적하는 40년 가까운 여정은 릴레이 경주라기보다 광인들 한 무리가 몸을 한데 묶고 범접할 수 없는 봉우리를 오르는 등산 같았다고나 할까. 나이 든 그들은 멈춰야 했지만 내게는 계속해야 한다고 부추겼다. 나는 그들 중 한 사람에게 지푸라기를 잡는 심정이라고 한탄했다.

"충고? 지푸라기라도 잡아요." 그는 말했다. "먼지가 될 때까지 터는 겁니다."

도난품은 가장 최근에 발견한 지푸라기였다. 나는 낙관적인 기분이 아니었다. 7월 4일 주말에는 산타모니카로 가족 여행을 떠나기로 되어 있었다. 아직 짐도 싸지 못했다. 일기예보는 고약했다. 그때 나는 보았다. 랩톱 화면에 떠 있는 수백 장의 사진 중 하나였다. 경찰 수사기록에 스케치로 남아 있는 도난품과 같은 모양, 같은 머리글자가 찍힌 커프링크스였다. 나는 경찰이 서툴게 그린 스케치와 내 컴퓨터에 뜬 사진을 대조하고 또 대조했다. 오리건주의 어느 소도시 골동품상에서 8달러에 파는 물건이었다. 나는 곧장 커프링크스를 구매하고 급행 배달비 40달러까지 지불했다. 그리고 복도를 지나 침실로 향했다. 남편은 침대 한쪽에서 잠들어 있었다. 침대에 걸터앉아 쳐다보니 그가 기척을 느끼고 잠에서 깼다.

"그를 찾은 것 같아." 나는 말했다. 남편은 '그'가 누구를 말하는지 묻지 않아도 알고 있었다.

I

어바인, 1981

집 수색을 마친 뒤 경찰은 드루 위툰Drew Witthuhn에게 말했다. "이제 들어가셔도 좋습니다." 노란 테이프가 떨어지고 현관문이 닫혔다. 경찰들의 무감각한 정확함이 얼룩에서 주의를 분산시키는 데 도움을 주었다. 하지만 이제 피할 수가 없다. 형과 형수의 침실은 현관 바로 안쪽, 부엌에서 곧장 맞은편이었다. 싱크대 앞에 서서 왼쪽으로 고개만 돌리면 데이비드와 매뉴엘라의 침대 위 흰 벽에 얼룩진 시꺼먼 자국을 볼 수 있었다.

드루는 비위가 강한 것에 긍지를 느꼈다. 경찰 아카데미에서는 스트레스를 이기고 절대 창백해지지 않는 훈련을 받는다. 졸업하려면 강철 같은 감정이 필수다. 1981년 2월 6일 금요일 저녁 약혼자의 언니가 헌팅턴 비치의 래스켈러 펍 탁자 옆에 나타나 숨찬 목소리로 "드루, 당신 어머니한테 전화해봐"라고 말했을 때까지는 그 기술을—다른 사람들이 모두 눈을 휘둥그렇게 뜨고 비명을 지를 때 입을 꾹 다물고 정면을 응시하는 기술—실제로 사용해야 할 날이 그렇게 빨리, 그렇게 개인적인 사건으로 닥칠 줄은 몰랐다.

데이비드와 매뉴엘라는 콜럼버스가 35번지, 어바인의 새 주택 단지 노스우드의 규격형 단층 주택에 살고 있었다. 옛 어바인 목장 지대로 덩굴처럼 뻗어나간 교외 개발구역 중 한 동네였다. 차츰 넓어지는 콘크리트와 아스팔트, 단정하게 줄지어 늘어선 가로수, 통조림공장, 수확 인부 숙소가 있는 동네 외곽에는 아직 오렌지 과수원이 무성했다. 풍경의 바뀌는 것은 소리에서부터 시작한다. 시멘트를 쏟아붓는 트럭의 굉음이 점점 줄어드는 트랙터 소리를 집어삼키고 있었다.

상류층을 모방한 고상한 분위기가 노스우드의 컨베이어 벨트식 변화를 포장하고 있었다. 1940년대 농부들이 매서운 높새바람 산타아나를 막기 위해 심은 유칼립투스 숲은 베어내지 않고 용도만 변경했다. 개발업자들은 우뚝 솟은 숲으로 주요 도로를 구획하고 동네에 아늑한 그늘을 만들었다. 데이비드와 매뉴엘라가 사는 주택 단지 셰이디 할로우에는 네 가지 평면도를 가진 주택 137채가 있었다. 그들은 침실 3개, 넓이 141제곱미터짜리 평면 6014 '버드나무'를 선택했고 1979년 말에는 공사가 끝나자 입주했다.

데이비드와 매뉴엘라는 드루보다 겨우 다섯 살 많았지만 드루는 이 집이 어른의 집처럼 느껴졌다. 일단 온통 새 물건이었다. 사용한 적이 없는 부엌 찬장에는 광택이 흘렀다. 냉장고 안에서는 플라스틱 냄새가 났다. 그리고 넓었다. 드루와 데이비드가 자란 어린 시절의 집도 대략 비슷한 넓이였지만 일곱 식구가 비좁게 살았기 때문에 짜증스럽게 샤워할 차례를 기다려야 했고 저녁 식탁에 앉으면 팔꿈치가 부딪혔다. 데이비드와 매뉴엘라는 3개나 되는 침실 중 하나에 자전거를 보관했다. 다른 침실에는 기타를 두었다.

슬며시 고개를 드는 질투심을 애써 무시했지만 사실 드루는 형이 부러웠다. 5년 전에 결혼한 데이비드와 매뉴엘라는 둘 다 안정된 직장에 다니고 있었다. 매뉴엘라는 캘리포니아 퍼스트뱅크 대출담당 직원이었고 데이비드는 메르세데스 벤츠 대리점에서 영업사원으로 일했다. 부부는 중산층이 되고자 하는 열망으로 뭉쳐 있었다. 앞마당에 벽돌을 쌓을 것인지 오리엔탈풍 고급 양탄자는 어디서 찾는 것이 가장 좋은지 같은 이야기들로 몇 날 며칠을 보내곤 했다. 콜럼버스가 35번지의 집은 채워지기를 기다리는 윤곽이었다. 여백은 가능성을 상징했다. 그에 비하면 드루는 아직 채울 것이 많은 풋내기였다.

처음 한번 둘러본 뒤로 드루는 형의 집에서 시간을 보낸 적이 거의 없었다. 적대감이 심했던 것이 아니라 불쾌감 때문이라는 편이 맞을 것이다. 독일계 이민자 부부의 외동딸 매뉴엘라는 무뚝뚝해서 때로 곤혹스러울 정도였다. 캘리포니아 퍼스트뱅크에서 그녀는 주위 사람들에게 머리를 잘라야겠다, 이건 당신이 잘못했다 같은 말을 직설적으로 하는 직원으로 알려져 있었다. 동료의 실수를 독일어로 적은 목록을 만들기도 했다. 그녀는 날씬한 몸매와 도드라진 광대뼈를 가졌고 가슴 확대 수술을 받은 미인이었다. 결혼 뒤 받은 수술이었다. 스스로 달갑지 않다는 듯 어깨를 약간 으쓱하며 자신은 가슴이 작은데 남편은 가슴 큰 여자를 좋아하는 것 같아서 했다고 동료에게 말한 적이 있었다. 새로 만든 가슴을 과시하지도 않았다. 정작 매뉴엘라는 터틀넥 스웨터를 좋아했고, 늘 싸움을 대비하듯 가슴 앞에 단단히 팔짱을 끼고 지냈다.

드루는 내성적이고 조심성이 많으며 직접적으로 말하기보다 에둘러 말하는 것을 좋아하는 형에게 이 관계가 어울린다고 생각했다. 그러나 가는 곳마다 불만이 많아 마찰을 일으키는 매뉴엘라 때문에 형 부부를 만나고 나면 피로감을 지울 수가 없었다.

1981년 2월 초 드루는 가족들에게 데이비드가 상태가 좋지 않아서 병원에 있다는 소식을 들었지만 형을 만난 지도 오래되었고 병문안을 갈 계획도 없었다. 2월 2일 월요일 매뉴엘라는 데이비드를 산타아나 터스틴 커뮤니티 병원에 데려갔고 그는 거기서 심한 위장 바이러스 감염 진단을 받고 입원했다. 이후 며칠 동안 매뉴엘라의 저녁 일과는 한결같았다. 부모님의 집에서 저녁식사를 하고 데이비드가 있는 320호 병실로 향했다. 두 사람은 매일 낮과 저녁에 통화를 거르지 않았다. 금요일 오전 데이비드는 은행에 전화해서 매뉴엘라를 찾았지만 동료가 오늘은 출근하지 않았다고 알렸다. 집으로 전화를 걸었지만 신호만 계속 울렸다. 이상한 일이었다. 신호가 세 번 울리면 항상 자동응답으로 넘어가기 때문이었다. 매뉴엘라는 기계 조작법을 몰랐다. 데이비드는 장모인 루스에게 전화했고 루스는 집에 직접 가서 딸이 잘 있는지 확인하겠다고 했다. 초인종을 눌러도 응답이 없자 루스는 갖고 있던 열쇠로 현관문을 열었다. 몇 분 뒤, 가족의 가까운 친구 론 샤프*는 루스에게서 빨리 와달라는 히스테리컬한 전화를 받았다.

"무심코 왼쪽을 돌아보는데 펼쳐진 손이 보였고 벽은 온통 피투성이였습니다." 샤프는 형사들에게 말했다. "누워 있던 위치에서 어떻게 피가 벽에 그렇게 묻을 수 있었는지."

그는 방을 단 한 번 쳐다보고, 다시는 그쪽을 돌아보지 않았다.

매뉴엘라는 얼굴을 아래로 향한 채 침대에 엎드려 있었다. 갈색 벨로아 가운 차림이었고, 추울 때 가끔 들어가서 자는 침낭에 부분적으로 덮여 있었다. 결박했다가 푼 붉은 끈자국이 손목과 발목에 남아 있었다. 집 뒤쪽 콘크리트 중정에는 미닫이 유리문에서 60센티미터 떨어진 지점에 커다란 스크루드라이버가 떨어져 있었고, 문의 잠금장치가 억지로 열려 있었다.

집 안에 있던 19인치 텔레비전이 뒷마당 남서쪽 모퉁이에 있는 높은 나무 울타리 옆에 있었다. 누가 울타리 위로 넘어졌는지 세게 뛰어넘었는지 울타리 모퉁이가 약간 벌어져 있었다. 수사관들은 집 앞마당과 뒷마당, 집 동쪽 가스 검침기 위에서 작은 원 무늬가 있는 족적을 발견했다.

수사관들이 발견한 최초의 특이점 중 하나는 침실의 유일한 광원이 욕실 불빛이라는 점이었다. 그들은 데이비드에게 이 점에 대해 물었다. 데이비드는 함께 슬퍼하고 서로를 위로하기 위해 가족과 친구들이 모인 매뉴엘라의 부모님 집에 있었다. 그는 충격을 받아 멍한 상태였다. 슬픔 때문에 제정신이 아니었다. 수사관의 질문에 대답할 때도 말끝을 흐렸다. 화제가 갑작스럽게 바뀌었다. 불빛에 대한 질문도 혼란스러운 것 같았다.

"전등은 어디 있습니까?" 그는 물었다.

침대 왼쪽 스테레오 스피커 위에 놓여 있던 사각받침 전등과 크롬 메탈 구형 전등이 없어졌다. 경찰은 이 증언을 토대로 매뉴엘라를 때려서 사망에 이르게 한 무거운 둔기가 무엇인지 추정할 수 있었다.

뒤이어 수사관은 데이비드에게 자동응답기에 테이프가 없는 이유를 알고 있느냐고 물었다. 그는 놀랐다. 고개를 저었다. 데이비드는 매뉴엘라를 죽인 범인이 응답기에 자기 음성을 남겼을 것이라며 그것이 가능성 있는 유일한 해답이라고 진술했다.

현장은 매우 묘했다. 범죄가 거의 발생하지 않는 어바인이었기 때문에 너무나 기묘했다. 어바인 경찰에게도 그랬다. 몇몇 수사관은 연출한 냄새가 난다고 생각했다. 장신구가 없어지고 텔레비전이 뒷마당으로 끌려 나갔다. 한데 어떤 강도가 스크루드라이버를 뒤에 흘리고 가나? 그들은 면식범의 짓이 아닐까 생각했다. 남편은 밤새 병원에 있다. 여자가 아는 남자를 집에 끌어들인다. 만남은 폭력으로 번진다. 남자는 자기 음성이 녹음되었다는 것을 알고 있기 때문에 자동응답기 테이프를 챙기고, 도둑인 것처럼 연출하기 위해 미닫이문 잠금장치를 망가뜨리고 스크루드라이버를 바닥에 떨어뜨린다.

그러나 면식범의 소행으로 여기지 않는 사람도 있었다. 경찰은 시체가 발견된 다음 날 어바인 경찰서에서 데이비드를 면담하면서 혹시 이전에 스토킹을 당했었는지 물었다. 데이비드는 잠시 생각해 보더니 서너 달 전인 1980년 10월, 혹은 11월경 알 수 없는 발자국이 눈에 띄었다고 했다. 테니스화 같았고 집 한쪽 편에서 반대편까지 죽 이어졌다가 뒷마당에도 들어갔다. 수사관들은 탁자 위에 종이를 내주고 최대한 기억을 더듬어서 족적을 그려보라고 했다. 데이비드는 심란하고 녹초가 된 상태에서 빠르게 그것을 그렸다. 그는 경찰이 살해 당일 밤 범인이 집 안팎을 돌아다닌 족적을 뜬 석고본을 가지고 있다는 사실은 모르고 있었다. 그는 종이를 돌려주었다. 작은 원 무늬가 있는 테니스화 오른발 밑창이었다.

경찰은 데이비드에게 감사인사를 하고 집에 돌아가도 좋다고 말했다. 그들은 석고본 옆에 그가 그린 스케치를 놓고 대조했다. 동일했다.

대다수의 폭력적인 범죄자들은 충동적이고 체계적이지 않고 쉽게 잡힌다. 살인사건의 대다수는 피해자와 아는 사이인 면식범이 저지르며, 수사에 혼선을 초래하려고 해봤자 보통 이런 범인은 쉽게 신원이 발각되고 검거된다. 가장 큰 골칫거리는 5퍼센트 정도 되는 극소수의 범죄자들이다. 사전 계획을 세우고 양심의 가책 없는 폭력이 엿보이는 범행을 저지르는 사람들. 매뉴엘라의 살인은 이 마지막 부류에서 나타나는 모든 특징을 지니고 있었다. 결박한 자국, 끈을 제거한 자국, 난폭한 머리 손상. 작은 원 무늬 밑창이 처음 집 주위에 나타난 시기와 실제 범행 사이에 7개월이라는 간극이 있다는 것은 범인이 자기만의 잔인함과 계획을 가지고 몰래 숨어들어와 집요하게 이곳을 지켜보았다는 점을 시사한다.

2월 7일 토요일 정오, 24시간 동안 단서를 면밀히 조사한 경찰은 마지막으로 한 번 더 현장을 살펴본 뒤 데이비드에게 정식으로 집을 인도했다. 전문적인 범죄현장 청소회사가 등장하기 이전이었다. 거무스름한 지문감식 가루가 손잡이마다 묻어 있었다. 데이비드와 매뉴엘라의 퀸 침대 매트리스에는 범죄학자들이 여기저기 증거물로 잘라간 부위가 움푹 패어 있었다. 침대와 그 위 벽에는 아직 피가 튀어 있었다. 드루는 훈련 중인 경찰로서 자신이 청소를 맡는 것이 당연하다는 것을 알고 있었고, 자진해서 뒤처리를 감당했다. 형에게 진 빚을 갚아야 한다는 기분도 있었다.

10년 전, 그들의 아버지 맥스 위튼은 아내와 싸운 뒤 방에 들어가서 문을 잠갔다. 8학년이었던 드루는 당시 학교 무도회에 가 있었다. 장남 데이비드는 열여덟 살이었고, 산탄총 쏘는 소리가 집 안을 뒤흔든 뒤에 방문을 부수고 들어간 사람이 그였다. 그는 가족들에게 현장을 보지 못하게 하고 아버지의 뇌수가 사방에 튄 광경을 혼자 감당했다. 아버지의 자살은 크리스마스 2주 전이었다. 이 경험은 데이비드에게서 확실성을 빼앗아간 것 같았다. 이후 그는 언제나 망설임으로 머뭇거렸다. 입은 이따금 미소 지었지만 눈은 절대 웃지 않았다.

그러다 데이비드는 매뉴엘라를 만났다. 그는 다시 단단한 땅을 딛고 섰다.

신부 면사포는 침실 문 뒤쪽에 걸려 있었다. 경찰은 단서가 될지도 모른다고 생각하고 데이비드에게 면사포에 대해 물었다. 그는 아내가 언제나 거기 걸어두었다며 그녀로서는 보기 드물게 감상적인 행동이었다고 말했다. 면사포는 매뉴엘라의 부드러운 측면을 엿보게 해주었다. 극소수만이 알고 있던 모습, 그리고 이제 누구도 알지 못할 모습.

드루의 약혼녀는 임상간호사를 목표로 공부하고 있었다. 그녀가 범죄현장 청소를 돕겠다고 나섰다. 두 사람은 이후 아들 둘을 낳고 28년 동안 결혼 생활을 하다가 이혼했다. 부부 사이가 최악에 달했을 때도 드루는 그날 그녀의 도움을 떠올리며 입을 다물었다. 그것은 영원히 잊을 수 없는, 강인한 사람만이 보일 수 있는 친절이었다.

그들은 표백제 병과 물 양동이를 날랐다. 손에는 노란 고무장갑을 꼈다. 참혹한 일이었지만 드루는 눈물을 흘리지 않고 무표정한 얼굴로 일을 마쳤다. 그는 그 경험을 배움의 기회로 여기려고 노력했다. 경찰 업무는 차가운 분석력을 요한다. 놋쇠 침대 틀에서 형수의 핏자국을 닦아내는 순간에도 굳건해야 했다. 두 사람은 데이비드가 돌아올 수 있도록 폭력의 흔적을 없애고 집을 정돈했다.

3시간이 채 안 되어 일을 마친 뒤, 드루는 남은 청소도구를 트렁크에 넣고 운전석에 올랐다. 시동을 걸다가 그는 문득 재채기라도 하려는 것처럼 멈췄다. 억제할 수 없는 묘한 감각이 몸에 번졌다. 어쩌면 피로였을 것이다.

눈물이 터질 것 같은 기분은 아니었다. 그건 아니었다. 마지막으로 울어본 게 언제인지 기억나지 않았다. 그답지 않았다.

그는 고개를 돌려 콜럼버스가 35번지를 응시했다. 처음 차를 몰고 이 집에 왔던 기억이 떠올랐다. 들어가기 전에 차 안에 앉아서 무슨 생각을 했는지 기억났다.

형은 이제 정말 자리를 잡았구나.

억누른 흐느낌이 애써 밀어 넣으려는 의지를 뚫고 새어나왔다.

드루는 운전대에 이마를 묻고 울었다. 목이 메어 훌쩍거리는 울음이 아니라 격렬한 비탄의 회오리였다. 자신을 의식하지 않는, 속을 토해내는 울음. 차에서는 암모니아 냄새가 났다. 손톱 밑의 핏자국은 며칠 동안 빠지지 않았다.

마침내 그는 정신을 차리자고 마음을 다잡았다. 과학수사팀에 넘겨야 하는 작은 물건이 있었다. 그가 침대 밑에서 발견한 물건이었다. 수사팀이 놓친 물건.

매뉴엘라의 두개골 조각이었다.

토요일 밤, 매뉴엘라와 가까운 사람들을 탐문하던 어바인 경찰 수사관 론 비치와 폴 제섭은 그린트리 로마 스트리트에 위치한 그녀의 친정집 초인종을 눌렀다. 아버지 호스트 로어벡이 현관에서 그들을 맞았다. 전날 딸의 집에 범죄현장 출입통제 조치가 내려진 직후, 호스트와 아내 루스는 경찰서로 동행해 말단 수사관과 면담했다. 사건 책임 형사인 비치와 제섭이 로어벡 부부를 만나는 것은 이번이 처음이었다. 미국에서 20년 동안 살았지만 호스트의 독일식 행동거지는 동화되지 않았다. 그는 인근에서 자동차 수리점을 공동 운영하고 있었는데, 렌치 하나로 메르세데스 벤츠 한 대를 분해할 수 있다는 소문도 있었다.

매뉴엘라는 로어벡 부부의 외동딸이었다. 그녀는 매일 부모님과 저녁식사를 같이 했다. 수첩에 기록된 1월의 개인 약속 두 건은 아버지와 어머니의 생일이었다. **엄마. 아빠.**

"내 딸을 죽이다니." 그는 첫 경찰 면담에서 말했다. "내가 그자를 잡아 죽일 거요."

호스트는 브랜디 잔을 들고 현관에 서 있었다. 비치와 제섭은 집 안에 들어섰다. 슬픔에 젖은 친구와 가족 5~6명이 거실에 모여 있었다. 수사관들이 신분을 밝히자 호스트의 돌 같은 표정이 움직이더니 폭발했다. 덩치가 큰 편은 아니었지만 격분하니 두 배로 커 보였다. 그는 경찰들은 넌덜머리 난다, 더 노력을 해야 하는 거 아니냐 하면서 독일 억양의 영어로 고함쳤다. 4분 정도 노성을 듣고 있다가 비치와 제섭은 자기들이 있을 자리가 아니라는 것을 깨달았다. 호스트는 비탄에 젖어 시비 걸 상대를 찾고 있었다. 그가 격분할 때마다 실시간으로 탄환이 날아오는 것 같았다. 그들은 현관 탁자에 명함을 놓아두고 조용히 나오는 것 외에 할 수 있는 일이 없었다.

호스트가 그토록 비통해한 데에는 한 가지 회한도 배어 있었다. 로어벡 부부는 덩치가 어마어마한 군견 급 독일 셰퍼드인 포섬을 키우고 있었다. 데이비드가 병원에 있는 동안 포섬을 집에 데려다놓는 게 좋지 않겠느냐고 호스트가 말했지만 딸이 사양했던 것이다. 포섬이 같이 있었다면 침입자가 문을 따려는 순간 침을 뚝뚝 흘리고 무시무시한 이빨을 번뜩이며 덤벼들어 쫓아냈을 텐데. 아버지는 이런 상상을 지울 수가 없었다.

매뉴엘라의 장례식은 2월 11일 수요일, 터스틴의 새들백 성당에서 열렸다. 길 건너편에서 사진을 찍는 경찰이 드루의 눈에 띄었다. 장례식이 끝난 뒤 그는 데이비드와 함께 콜럼버스가 35번지로 돌아갔다. 형제는 밤늦도록 거실에 앉아 이야기를 나누었다. 데이비드는 술을 많이 마셨다.

"경찰은 내가 매뉴엘라를 죽였다고 생각해." 데이비드는 느닷없이 이렇게 말했다. 속내를 알 수 없는 표정이었다. 드루는 형이 고백을 하려는 건가 싶어 마음의 준비를 했다. 데이비드가 직접 매뉴엘라를 죽일 수 있을 만큼 힘이 있다고 생각하지는 않았다. 문제는 다른 사람에게 시켰을 수도 있다는 점이었다. 경찰학교에서 훈련받은 본능이 발동했다. 시선이 맞은편에 앉은 형에게 집중되었다. 그는 기회라고 생각했다.

"형이 그랬어?" 드루는 물었다.

소심한 성격이긴 했지만 데이비드는 이제 파르르 떨고 있었다. 생존자의 죄책감이 그를 짓누르고 있었다. 그는 심장에 구멍이 뚫린 선천성 심장 기형으로 태어났다. 누군가 죽어야 한다면 그가 죽어야 했다. 비탄에 젖은 매뉴엘라의 부모는 탓할 상대를 찾아 헤매고 있었다. 그들의 시선은 곱씹을수록 아프게 느껴졌다. 그러나 지금, 드루의 질문에 데이비드는 단호히 가시를 세웠다.

"아니, 나는 아내를 죽이지 않았어."

매뉴엘라가 살해당했다는 소식을 들은 뒤로 처음 숨을 내쉬는 기분이었다. 드루는 데이비드에게 직접 그 말을 듣고 확인해야 한다고 생각했다. 상처를 입긴 했지만 확신으로 빛나는 형의 눈을 바라보니, 드루는 그가 진실을 말하고 있다는 것을 알 수 있었다.

데이비드가 결백하다고 느낀 것은 그뿐만이 아니었다. 오렌지 카운티 보안관서 범죄학자 짐 화이트는 현장 감식에도 참여했다. 좋은 범죄학자는 인간 스캐너다. 그들은 어수선하고 낯선 방에 들어가서 중요한 미량증거물을 식별하고 다른 모든 것을 차단한다.

1981년 캘리포니아주 어바인에서 살해당
한 마누엘라 위튼._ Classmates.com 제공.

그들은 중압감 속에서 일한다. 범죄현장은 시간에 민감하며 언제나 붕괴할 위험에 처해 있다. 현장에 출입하는 모든 사람은 현장을 오염시킬 가능성 있다. 범죄학자는 증거를 수집하고 보존하는 도구를 잔뜩 휴대한다. 증거물봉투, 봉인, 줄자, 면봉, 석고, 빈들페이퍼bindle paper(수사기관에서 미량증거를 수집할 때 사용하는 종이로 깨끗한 일반 종이를 특정 방식으로 접어 사용한다—옮긴이). 위튼 현장에서 화이트는 비치 수사관과 한 팀으로 일했고 비치는 그에게 수집해야 할 물건을 알려주었다. 그는 침대 옆에서 말라붙은 진흙 조각을 수집했다. 변기 물에 희석된 핏자국도 채취했다. 매뉴엘라의 시체를 돌려 눕힐 때도 비치 수사관 옆에 서 있었다. 그들은 심한 머리 손상, 결박한 흔적, 오른손에 생긴 멍을 주목했다. 왼쪽 엉덩이에도 이후 검시관이 주먹으로 맞아서 생긴 멍 같다고 판정한 흔적이 있었다.

범죄학자의 두 번째 일은 수집한 증거를 연구실에서 분석하는 작업이다. 화이트는 스크루드라이버에 묻어 있던 갈색 페인트를 유명 브랜드와 대조한 뒤 가게에서 혼합한 베어사의 옥스퍼드 브라운 색상일 가능성이 가장 높다고 판정했다. 범죄학자는 수사관이 아니므로 보통은 연구실에서 일이 끝난다. 직접 탐문하지도 않고 단서를 추적하지도 않는다. 그러나 화이트는 독특한 입장이었다. 오렌지카운티 내의 경찰서들은 각자 관할구역을 나누어 수사했지만 대부분 보안관서 범죄연구실을 이용했다. 따라서 위튼 사건 담당 수사관들은 어바인에서 발생한 사건만 알고 있었지만, 화이트는 산타아나부터 샌클레멘테에 이르기까지 카운티 전역의 범죄현장을 담당했다.

어바인 경찰에게, 매뉴엘라 위튼 살인은 드문 사건이었다.

그러나 짐 화이트에게는 낯익은 사건이었다.

데이나포인트, 1980

로저 해링턴Roger Harrington은 초인종 아래에 끼워져 있던, 손으로 쓴 쪽지를 읽었다. 날짜는 그 전날인 1980년 8월 20일 자로 되어 있었다.

패티와 키스,
7시에 들렀는데 아무도 없었어.
혹시 계획이 바뀌었으면 연락해줄래?

쓴 사람은 '메리데스와 제이'였고 로저는 며느리의 친구들 이름을 알아보았다. 현관문을 돌려보니 놀랍게도 잠겨 있었다. 키스와 패티는 집에 있으면 특히 저녁 손님이 오기로 되어 있을 때는 문을 잠그지 않았다. 로저는 아까 진입로로 들어서면서 차고 문 개폐기를 눌렀다. 키스의 MG와 패티의 폭스바겐 둘 다 집에 주차되어 있었다. 사람이 안에 없다면 분명 조깅하러 나갔겠지 하고 로저는 생각했다. 그는 중정 격자 울타리 위에 숨겨놓은 열쇠를 찾아 집에 들어가면서 우편물도 같이 챙겼다. 10여 종의 우편물은 유난히 부피가 크게 느껴졌다.

코클셀 드라이브 33381번지의 집은 오렌지 카운티 남부 해안 도시 데이나포인트의 주택단지 니겔 쇼어스의 950여 가구 중 하나였다. 소유주는 로저였지만 그의 주 거주지는 롱비치 사무실에서 더 가까운 인근 레이크우드의 콘도였다. 캘리포니아-어바인 대학교 의대 3학년인 스물네 살 난 아들 키스와 간호사인 키스의 아내 패티가 잠시 동안 이 집에 살고 있었다. 로저는 아들 부부가 가까이 사는 것이 좋았다.

집은 1970년대 후반 스타일로 꾸며져 있었다. 벽에 걸린 뾰족한 황새치 장식, 티파니 샹들리에, 줄에 매단 화분. 로저는 부엌에서 술을 한 잔 따랐다. 아직 해는 지지 않았지만 집 안은 어둑하고 고요했다. 움직이는 것이라고는 남쪽으로 난 창문과 미닫이 유리문 밖으로 보이는 파란 바다뿐이었다. 통조림 2개가 든 알파베타 식료품 봉투가 부엌 싱크대에 놓여 있었다. 덩어리 빵이 밖에 놓여 있었고 자른 지 오래된 것 같은 조각 3개가 옆에 쌓여 있었다. 로저는 차츰 공포가 스멀스멀 밀려오는 것을 느꼈다.

그는 황토색 양탄자가 깔린 복도를 따라 침실로 향했다. 키스와 패티가 사용하는 손님용 침실 문이 열려 있었다. 창문에 셔터가 내려져 있어서 안이 잘 보이지 않았다. 침대는 정돈되어 있었고 짙은 색 목재 헤드보드 바로 아래까지 담요가 덮여 있었다. 문을 닫으려는데 베드스프레드 아래 특이하게 불룩 솟은 모양이 로저의 주의를 끌었다. 다가가서 눌러보니 뭔가 딱딱한 것이 느껴졌다. 그는 이불을 걷었다.

정돈된 베드스프레드 겉면과 그 아래 숨겨진 광경의 대조는 형언하기 어려울 정도였다. 키스와 패티는 배를 아래로 깔고 엎드린 자세였다. 팔은 부자연스러운 각도로 꺾여 손바닥이 위를 향하고 있었다. 문자 그대로 부러진 것 같았다. 머리 위에 천장만 없다면 몸 아래 번진 핏자국으로 보아 아주 높은 곳에서 떨어졌다고 생각할 수도 있을 광경이었다.

키스는 로저의 네 아들 중 막내였다. 고등학교 리그 올스타 유격수였고 탁월한 학생이었다. 키스는 패티 이전에 오래 사귄 여자친구가 하나 있었다. 그녀는 동료 예과 학부생으로 다들 둘을 결혼할 사이라고 생각했지만 로저에게는 불가사의하게도 여자친구는 다른 의대생을 선택했고 결국 두 사람은 헤어졌다. 키스는 곧바로 UCI 메디컬센터에서 패티를 만났고, 두 사람은 1년도 채 되지 않아 결혼했다. 로저는 키스가 실연의 상처에서 벗어나려고 너무 서두르는 것 같아 한편으로 걱정했지만 패티는 따뜻한 성격이었고 키스와 마찬가지로 착실했으며—이전에 동거하던 남자친구가 마리화나를 피워서 헤어졌다—서로에게 헌신적이었다. 로저는 요즘 막내아들 부부를 '아이들'이라고 부르며 많은 시간을 같이 보내고 있었다. 마당에 새 스프링클러를 설치하는 일도 도왔다. 지난 토요일에는 세 사람이 수풀 정리도 같이 했다. 그날 밤에는 패티 아버지의 생일 기념으로 바비큐 파티도 집에서 열었다.

영화에서는 흔히 죽은 사람을 발견하면 믿을 수 없다는 듯이 시체를 흔들어본다. 로저는 그러지 않았다. 그럴 필요가 없었다. 어둑한 불빛 속에서도 아들의 흰 피부가 보라색으로 변한 것이 보였다.

몸싸움의 흔적도, 문을 억지로 딴 흔적도 없었으니 아마 미닫이문 하나가 잠기지 않았을 것이다. 알파베타 영수증에 따르면, 패티는 화요일 밤 9시 48분에 식료품을 구입했다. 그녀의 여동생 수가 밤 11시에 전화했다. 키스가 졸린 음성으로 전화를 받아서 패티에게 수화기를 넘겼다. 패티는 수에게 침대에 누워 있다고 말했다. 다음 날 이른 아침에 간호사 에이전시에서 연락이 올 예정이었다. 놋쇠 성분의 금속 조각이 패티의 머리에 난 상처에서 발견되었다. 패티가 여동생과 전화를 끊은 이후 수요일 아침 출근 시간 사이에 누군가 정원에 새로 설치한 놋쇠 스프링클러 수도꼭지를 집어 들고 집 안에 잠입했다는 뜻이다. 경비초소가 있는 주택단지 내에서. 무슨 소리를 들은 사람은 아무도 없었다.

6개월 뒤 위튼 사건 증거를 분석하면서, 오렌지 카운티 보안관서의 짐 화이트는 이 사건이 해링턴 살인사건과 연결되어 있다고 직감했다. 두 사건에는 크고 작은 유사점이 있었다. 양쪽 다 피해자가 중산층이었고 살인범이 집에서 발견한 물건으로 침대에서 맞아 죽었다. 양쪽 다 범인은 살해도구를 가지고 현장을 빠져나갔다. 양쪽 다 여자 피해자가 강간당했다. 키스와 패티 해링턴의 시체에는 결박한 흔적이 있었다. 매듭공예용 실 토막이 침대 위와 주위에서 발견되었다. 6개월 뒤 발생한 위튼 사건 역시 시체에 결박한 흔적이 있었지만 묶은 도구는 현장에 없었다. 차이점은 범인이 학습했다는 증거 같았다.

두 사건에는 흥미로운 의학적 연관성도 있었다. 키스 해링턴은 UC 어바인 의대 학생이었고, 패티는 산타아나 머시 병원에서 시간제로 근무하는 간호사였다. 매뉴엘라의 남편 데이비드 위툰은 아내가 살해당했을 때 산타아나-터스틴 커뮤니티 병원의 환자였다.

해링턴의 집 부엌 바닥에서 짧은 성냥이 발견되었다. 해링턴 부부는 흡연하지 않았다. 수사관들은 성냥이 살인범의 물건이라고 생각했다. 위툰의 집 둘레에 설치된 화단에서도 성냥 4개가 발견되었다.

위툰 사건은 어바인 경찰서 관할이었다. 해링턴 사건은 오렌지 카운티 보안관서 관할이었다. 양쪽 수사관들은 두 사건 사이에 어떤 연관성이 있는지 논의했다. 해링턴 사건처럼 두 사람을 동시에 노리는 것은 흔치 않은 일로 보였다. 위험요소가 더 크다. 범인은 더 큰 위험을 감수하는 데서 쾌감을 느낀 것 같았다. 위툰 사건과 동일범이라면 6개월 뒤에도 1명의 피해자를 노릴까? 데이비드의 입원은 우연이었다는 반론이 제기되었다. 범인은 그날 밤 매뉴엘라가 혼자 있는 것을 보고 오히려 놀라지 않았을까?

한쪽은 도난품이 있었고(매뉴엘라의 장신구), 다른 한쪽은 없었다. 한쪽은 문을 억지로 열고 침입했고, 다른 한쪽은 그렇지 않았다. 둘 다 대조할 지문이 없었다. DNA 검사는 훨씬 먼 미래에 등장했다. 현장 어디에도 범인은 자신의 신원을 알릴 결정적인 단서를 남기지 않았다. 그러나 세부적인 사항들이 눈에 띄었다. 키스 해링턴이 둔기로 맞을 때 그의 머리 위에 있던 나무 헤드보드에도 흠집이 났다. 수사관들은 헤드보드 나무 조각이 패티의 다리 사이에서 발견된 것으로 보아 키스가 먼저 살해당한 뒤 패티가 성폭행당했다는 결론을 내렸다. 여자의 고통을 극대화하기 위한 순서 배치였다. 매뉴엘라의 살인범은 피해자가 긴장 때문에 구역질을 할 정도로 시간을 끌었다. 그녀의 토사물이 침대 위에서 발견되었다.

'오버킬'은 대중적인 용어이지만 범죄수사 및 범죄소설에서 때로 오용된다. 경험 많은 살인사건 수사관들조차 범인이 물리적으로 강한 힘을 사용했을 때 그 행동을 때로 잘못 해석한다. '오버킬'한 살인사건이란 범인과 피해자 사이에 사적인 관계가 있을 때 친근함 속에서 억눌린 격정을 발산하는 행위를 의미한다고 여겨지는 경우가 흔하다. '이건 개인적인 범죄다' 같은 상투적인 표현 말이다.[1]

그러나 이런 가정은 행위의 외적인 원인을 고려하지 않는다. 범행에 사용된 물리적인 힘의 정도는 피해자가 얼마나 저항했느냐에 좌우될 수도 있다. 어긋나버린 사적 관계에서 비롯된 것처럼 보이는 엄청난 상해는 낯선 사람들이 장시간 몸싸움을 벌인 결과일 수도 있다.

---

1 GSK(Golden State Killer, 골든 스테이트 킬러) 연쇄살인에서 오버킬이라는 단어의 사용에 대한 저자의 이해는 이 글을 쓴 뒤로 조금 변했다. 이후 그녀는 GSK 연쇄살인사건에서는 피해자를 죽이는 데 필요한 정도의 힘만 사용되었다는 결론에 도달했다. 이러한 정보는 폴 홀스 등 현역 수사관들과의 대화를 통해 얻을 수 있었다. (홀스는 자신이 분석한 다른 범행현장과 비교할 때 GSK 사건에서 가해진 힘의 강도가 특별히 대단하다는 인상을 받지 못했다고 말했다.) 둔기폭행 살인현장은 시각적으로 어지럽고 극적이기 때문에 처음에는 오버킬이라는 인상을 받았을 수 있고 일부 GSK 사건에서도 같은 현상이 벌어졌을 가능성이 크다.

가장 폭력적인 범죄자는 인간 망치처럼 난폭하게 인생을 살아간다. 매사에 주먹부터 나가고, 제 시야에 들어오지 않는 범위는 계획할 줄 모른다. 그런 사람들은 쉽게 잡힌다. 그들은 너무 많이 말한다. 범죄현장에 되돌아오고 자동차 범퍼에 매단 깡통처럼 눈에 뻔히 띈다. 그러나 극소수가 있다. 그들은 눈표범처럼 소리 없이 지나친다.

이따금 수사관들은 피해자가 저항하지 않았는데도 비면식범이 '오버킬'한 기묘한 살인사건을 만난다.

매뉴엘라와 패티가 묶여 있었으니 순응할 수밖에 없었다는 점을 감안할 때 그들을 때리는 데 사용된 힘의 강도는 여성을 향한 극도의 분노를 시사했다. 그처럼 광적인 분노와 계산적인 사전 계획이 결합된 범행은 드물다. 개별 사건들이 동일범의 소행이라는 법과학적 증거는 없었지만, 그런 감은 분명히 있었다. 단서를 많이 남기지 않았거나 말을 많이 하지 않았거나 자기 얼굴을 드러내지 않은 사람, 중산층 동네에서 눈에 띄지 않고 활보할 수 있는 사람, 정상 범위 밖의 심박수를 지닌 평범한 사람.

해링턴 사건과 위튼 사건 사이의 연관성은 아예 부정되지는 않았지만, 미결로 남은 시간이 길어질수록 주변으로 밀려났다. 1981년 8월 몇몇 신문에서 해링턴 사건이 최근에 발생한 남부 캘리포니아 내 다른 이중살인사건과 관련되어 있지 않나 하는 의문을 제기했다. "사이코패스 '나이트 스토커'가 잠든 남부 캘리포니아의 커플들을 죽이고 있는가?" 〈로스앤젤레스 타임스Los Angeles Times〉의 기사 첫 문장이었다.

1981년 8월 19일 캘리포니아주 데이나포인트에서 살해당한 키스와 패트리스 해링턴. 키스의 아버지 로저가 자신의 집에서 두 사람의 시신을 발견했다. 결혼한 지 석 달째였고 부부는 로저의 집에서 머물고 있었다._오렌지 카운티 보안관서 제공.

관련성이 있을지도 모른다는 추측을 처음 제기한 것은 샌타바버라 보안관청이었다. 관할구역 내에서 이중살인 두 건과, 피해자 커플이 칼로 습격당하고 가까스로 탈출한 사건 하나가 발생했기 때문이었다. 그러나 관련성이 제기된 다른 사건들이 발생한 벤투라 카운티와 오렌지 카운티는 이 추측을 대단하게 여기지 않았다. 언론에 떠들썩했던 예비심문에서 이중살인사건 용의자를 기소하는 데 실패하고 자존심을 다친 지 얼마 되지 않았던 벤투라 카운티 당국은 샌타바버라가 섣불리 나섰다고 언급했다. 오렌지 카운티도 회의적이었다. "우리는 그런 느낌을 받지 못했다." 대릴 코더 수사관의 말이었다.

그것으로 끝이었다. 5년이 흘렀다. 10년. 유용한 증언 하나 들어오지 않았다. 수사기록도 정기적으로 검토되었지만 필요한 정보는 나오지 않았다. 로저 해링턴은 키스와 패티 살인의 자초지종을 밝히기 위해 세세한 사실관계 수집에 집착했다. 사립탐정을 고용했고 거액의 현상금도 내걸었다. 친구와 동료들도 다시 만나보았다. 아무것도 나오지 않았다. 자수성가한 강인한 사업가였던 로저는 벼랑 끝에 몰린 나머지 무너져서 점쟁이까지 만나보았다. 하지만 점쟁이도 안개를 걷어주지는 못했다. 로저는 키스와 패티가 죽기 전 함께 보낸 모든 순간들을 하나하나 되새겨보았다. 아무리 반추해보아도 일관성 없으나 머릿속에서 회전을 멈추지도 않는, 파편적인 사실관계만이 공회전할 뿐이었다.

할리우드, 2009

파파라치들은 서로 팔꿈치를 스치며 레드카펫을 따라 네 줄로 늘어서 있었다. 내 남편 패튼은 멋진 청색 핀스트라이프 수트 차림으로 카메라를 향해 자세를 취했다. 플래시가 일제히 터졌다. 10여 개의 손이 철제 바리케이드 뒤에서 마이크를 내밀었다. 애덤 샌들러가 나타났다. 군중의 시선이 일제히 옮겨갔다. 아우성은 점차 커졌다. 이어 저드 애퍼타우, 조나 힐, 크리스 록이 등장했다. 2009년 7월 20일 월요일 오후 6시가 약간 지난 시각이었다. 우리는 영화 〈퍼니 피플〉 개봉일을 맞아 할리우드 아크라이트 시네마에 와 있었다. 어딘가 공개되지 않은 유명인 사진 중에 틀림없이 검은 시프트 드레스와 편한 신발 차림으로 서 있는 여자가 찍힌 컷이 있을 것이다. 나는 정신이 혼미하고 들뜬 상태로 내 아이폰을 들여다보고 있었다. 바로 그 순간, 세상에서 가장 유명한 대스타들이 옆을 스쳐가던 바로 그때, 내가 그토록 오랜 시간 추적하고 집착해온 도망자가, 지난 37년간 미 서부와 서남부에서 잠적해 있던 이중살인범이 검거되었다는 소식이 들어왔다.

나는 콘크리트 기둥 뒤로 몸을 숨기고, 나만큼 이 소식에 관심을 가질 것이 분명한 한 사람, 오랫동안 〈로스앤젤레스 타임스〉 기자로 일했고 현재 캘리포니아 대학교 언론홍보팀에서 일하고 있는 피트 킹에게 전화를 걸었다. 그는 곧장 전화를 받았다.

"피트, 알고 있어?" 나는 이보다 빠를 순 없다 싶을 정도로 빠르게 말했다.

"뭘요?"

"방금 이메일로 뉴스 기사 링크를 받았어. 뉴멕시코의 외딴 산간지대에서 총격전이 발생했어. 두 사람이 죽었어. 보안관 대리 한 사람 그리고 그들이 쫓던 남자. 오두막집을 털던 수수께끼의 산사람."

"그럴 리가." 피트가 말했다.

"사실이야. 경찰이 산사람의 지문도 채취했어."

나는 최대한의 극적인 효과를 위해 잠시 뜸을 들였다.

"조셉 헨리 버지스." 나는 말했다. "피트, 우리가 맞았어. 그 오랜 세월 동안 그는 숨어 지내고 있었다고."

우리는 잠시 말문이 막혔지만 침묵은 오래 가지 않았다. 피트는 당장 컴퓨터로 달려가고 싶었을 것이다. 영화 개봉일 행사 주최자들은 사람들을 극장 안으로 인도하고 있었다. 패튼이 인파를 둘러보며 나를 찾는 모습이 보였다.

"더 알아봐." 나는 피트에게 말했다. "나는 지금 안 돼. 당장 일이 있어서."

이 일이란 것은 나의 일이 아니었다. 영화 개봉에 참석하는 것이 불편하다는 말은 공감하기 쉽지 않으며 과시처럼 들릴 수 있다는 걸 나도 알고 있다. 잘 안다. 나는 원래 이런 인간이다. 누가 뒤집어진 옷깃을 바로잡아주거나 단추를 잠가주거나 치아에 립스틱이 묻었다고 지적하지 않는 할리우드 행사에 참석해본 적이 없다고 투덜거리는 소리는 가식적인 겸손이 아니다. 한번은 손톱을 물어뜯고 있는데 행사 진행요원이 내 손가락을 탁 쳐서 입에서 뺀 적이 있다. 내 레드카펫 포즈는 '앞으로 내민 고개, 구부정한 자세'라는 묘사가 가장 잘 어울릴 것이다. 하지만 내 남편은 배우다. 나는 그를 사랑하고 그의 작품, 우리 친구들의 작품을 좋아하며 종종 이런 행사에 참석하는 것이 결혼 생활의 일부다. 멋진 옷을 입고 때로 전문가의 손을 빌린 화장도 해야 한다. 리무진 운전사가 정중하게 차에 태우면 어색하고 미안한 기분이 든다. 일면식도 없는 발랄한 홍보담당자가 레드카펫으로 안내하고 수백 명의 낯선 사람들이 얼굴에 플래시를 터트리며 '여길 봐요!' '여기!'라고 소리친다. 공장에서 찍어내는 화려함을 한껏 과시하는 짧은 순간이 지나면 평범하기 짝이 없는 삐걱거리는 극장 의자에 앉아 물방울이 맺힌 플라스틱 컵에 담긴 다이어트 콜라를 마시며 뜨끈한 팝콘의 소금기를 손가락에 묻힌다. 조명이 어두워진다. 의무적인 열광이 시작된다.

뒤풀이 파티에서 패튼은 자기가 좋아하는 영화인 제이슨 스테이섬의 출연작 〈아드레날린 24〉의 감독들을 소개받았다. 그는 영화에서 마음에 든 장면들을 줄줄 읊으며 감독들을 기쁘게 해주더니 이렇게 고백했다. "나는 스테이섬이 정말 좋아요." 감독들과 헤어진 뒤 우리는 멈춰 서서 할리우드 앤 하이랜드 센터 연회장을 가득 채운 인파를 훑어보았다. 술, 미식가용 미니 치즈버거, 어쩌면 패튼의 우상인 게리 샌들링이 기다릴지도 모른다. 패튼은 내 마음을 읽었다.

"괜찮아." 그는 말했다.

나가는 길에 한 친구가 우리를 가로막았다.

"아이 보러 가는 거야?" 그녀는 따뜻한 미소를 지으며 말했다. 우리 딸 앨리스는 태어난 지 3개월이었다.

"당신도 알잖아." 나는 말했다.

물론 진실은 훨씬 기괴했다. 나는 멋진 할리우드 파티를 마다하고 잠든 내 젖먹이를 돌보러 가는 것이 아니라 내가 알지 못하는 사람들을 죽인, 만나본 적도 없는 한 남자에 대한 정보를 밤새도록 찾기 위해 랩톱으로 돌아가고 있었다.

성인기 이후 내 머릿속은 내가 모르는 폭력적인 남자들로 가득 차 있었다. 내가 골든 스테이트 킬러라고 명명한 범인에 대해 처음 알게 된 2007년 훨씬 이전부터 그랬다. 스포츠 통계나 디저트 요리법, 셰익스피어 문구가 들어가 있어야 할 두뇌의 한 부분이 내게는 참혹한 범죄의 사진첩이었다. 아직 바퀴가 돌아가는 상태로 시골길 옆 도랑에 버려진 소년의 BMX 자전거, 죽은 소녀의 허리에서 발견된 미세한 녹색 섬유 다발.

집착을 버리고 싶었다고 말하려는 것이 요점은 아니다. 물론 머릿속에서 치워버리고 싶었다. 예를 들어 나는 남북전쟁에 집착하는 사람들이 부러웠다. 그런 주제에 대한 정보는 넘칠 정도로 많지만 상상하는 데엔 한계가 있다. 하지만 내 경우, 괴물은 물러나기는 하지만 절대 사라지지 않는다. 오래전에 죽었으나 글을 쓰는 동안 되살아난다.

잡히지 않은 얼굴 없는 범인은 열네 살 때 처음으로 나를 찾아왔고, 이후 나는 해답을 찾기 위해 즐거운 시간들을 외면해야 했다.

오크파크

테리 키팅Terry Keating은 눈에 띄기 전에 목소리부터 먼저 들렸다. 그는 드러머 겸 드럼 강사이고 우렁찬 목소리는 아마도 청력 손상의 결과이거나 학생들에게 들리도록 말하려면 고함을 쳐야 했던 습관 때문일 것이다. "테리예요!" 그는 소리쳤다. 그를 기다리며 전화에서 고개를 드는데 벤티 사이즈 스타벅스 잔을 든 보통 체구의 갈색 머리 백인 남자가 눈에 띄었다. 리바이스 청바지와 '샘록 풋볼'이라는 글자가 찍힌 녹색 티셔츠 차림이었다. 그러나 그는 내게 말을 거는 것이 아니었다. 그는 우리가 만나기로 약속한 일리노이주 오크파크 사우스 웨슬리 애비뉴 143번지 모퉁이 벽돌집 쪽으로 길을 건너면서, 진입로에서 차를 손보고 있는 50대 남자를 향해 소리치고 있었다. 남자는 키가 크고 마르고 자세가 약간 구부정했으며 짙은 색의 머리카락은 희끗희끗했다. 흔히 도끼 얼굴이라고 불리는 여위고 모난 인상이었다. 그에게 온기라고는 느껴지지 않았다.

한데 어딘가 낯익은 데가 있었다. 내가 어렸을 때 그 집에 살던 가족들과 대단히 닮은 얼굴이었다. 그 집 아이들 몇몇은 내 또래였기 때문에 같은 동네에서 자라면서 낯이 익었다. 손위 형제구나 하고 나는 깨달았다. 부모에게서 집을 샀거나 물려받은 거겠지.

남자는 테리를 쳐다보았지만 얼굴을 알아보는 기색은 없었다. 테리는 단념하지 않았다. 불편한 기분이 나를 감쌌다. 나는 엄마가 하듯 손을 뻗어 방향을 잡아주고 목소리를 낮추게 하고 싶은 충동을 느꼈다. 그러나 테리는 남자가 자신을 기억하게 만들고 싶은 것 같았다. 어쨌든 오랜 이웃 사이니까.

"내가 그 시체를 발견한 소년 중 하나였어요!" 테리는 외쳤다.

남자는 자동차 옆쪽에서 테리를 응시했다. 그는 아무 말도 하지 않았다. 무표정에는 적개심이 분명하게 드러나 있었다. 나는 집 앞 정원 동북쪽 모서리에 서 있는 작은 성모 마리아상 쪽으로 시선을 돌렸다.

2013년 6월 29일 토요일 오후 시카고 한여름 날씨로는 유난히 춥고 바람이 많이 부는 날씨였다. 서쪽으로 한 블록 건너 하늘을 배경으로 내가 1학년부터 3학년까지 다녔던 우리 가족의 예배당, 세인트 에드먼드 가톨릭 성당의 첨탑이 보였다.

남자는 다시 자동차를 수리하기 시작했다. 테리는 오른쪽으로 방향을 꺾었다. 그는 30미터가량 떨어진 지점에서 나를 발견했다. 나는 눈이 마주치자 표정을 밝게 하며 방금 일어난 일을 무마하려고 열심히 손을 흔들었다. 테리는 세인트 에드먼드에서 나보다 한 학년 위였다. 마지막으로 그를 본 기억은 35년 전이었다. 1984년 8월의 어느 밤으로 인해 우리 둘 모두 인생이 바뀌었다는 것, 최근 알게 된 그 사실 외에 나는 그에 대해 아는 것이 거의 없었다.

"미셸!" 그는 이쪽으로 걸어오며 소리쳤다. "할리우드는 어때요?"

우리는 어색하게 포옹했다. 그의 행동거지는 오크파크에서 자라던 어린 시절을 곧바로 연상시켰다. 모음에 콧소리가 약간 섞인 진한 시카고 억양. "엉덩이를 움직여야겠다haul ass"는 표현. 비죽하게 솟은 머리, 발그스레한 뺨, 가식이라고는 없는 태도. 생각이 입에서 나오기 전에 거르는 계산적인 장치가 전혀 없었다. 그는 곧장 말을 시작했다.

"그러니까 그때 있었던 일은." 그는 집 쪽으로 다시 앞장섰다. 나는 망설였다. 어쩌면 이미 불쾌감을 보였던 집주인의 반응에 대한 두려움 때문이었을 것이다. 어쩌면 그 걸음이 우리가 아직 자전거를 타던, 그러나 맥주의 맛은 알고 있던 그 후덥지근한 여름밤으로 되돌아가도록 도와줄지도 모른다는 기분 때문이었을지도 모른다.

나는 남쪽으로 골목 안을 들여다보았다.

"그날 밤 당신들이 지나갔던 그 길을 다시 걸어보면 어떨까요?"

오크파크는 시카고 웨스트사이드의 경계에 있다. 거기서 자란 어니스트 헤밍웨이가 "넓은 정원과 좁은 마음wide lawns and narrow minds"의 동네라고 불렀던 표현이 유명하지만, 그곳에 대한 내 경험은 달랐다. 우리는 도시 한복판에 막다른 길을 만드는 사우스스코빌 300블록, 외풍이 심한 3층 빅토리아 건물에 살았다. 프랭크 로이드 라이트 홈앤드스튜디오가 있는 북쪽은 부유한 프레리 하우스prairie house(프랭크 로이드 라이트가 미 중서부 지방에서 개척한 주택 양식—옮긴이)가 다수 위치한 리버럴 전문직 힙스터들의 동네다. 내 친구 캐머런도 라이트가 지은 집에 살았다. 그녀의 양아버지는 인권변호사였고 어머니는 아마 도자기 공예가였을 것이다. 그들은 채식주의자 소금과 '가부키'라는 단어를 내게 알려주었다. 양아버지가 검은 작업복과 고백시(confessional verse) 취향이었던 캐머런과 내게 기분전환 삼아 밴드 토킹 헤즈의 콘서트 실황을 조합해 만든 영화 〈스톱 메이킹 센스〉를 보러가는 게 어떠냐고 했던 기억이 난다.

우리가 살던 남쪽은 대체로 블루칼라 아일랜드계 가톨릭 가정이었다. 집들은 항상 적정 실내온도보다 몇 도씩 추웠고 침대에는 헤드보드가 없었다. 때로 어느 집 아버지가 스무 살 난 여자와 도망가서 다시는 볼 수 없는 일도 있었지만 절대 이혼가정은 없었다. 대학 2학년 봄방학 때 우리 집에서 지낸 한 대학 친구는 아버지가 동네에 퍼진 뜬소문을 풀어놓기 시작하면 코미디 공연을 하는 줄 알았다고 털어놓았다. 집집마다 한결같이 반항적인 아일랜드계 이름을 가진 사람이 있었다. 코널리, 플래너리, 오리어리 등등. 나는 피곤에 지친 오크파크 아일랜드계 가톨릭 집안 어머니가 우리 가족에 대해 이야기하는 것을 우연히 들은 적이 있었다. "맥나마라 집안은 아이들이 몇 명인가요?" 그분은 질문을 받았다.

"여섯밖에 안 돼요." 그 집은 11명이었다.

우리 집은 오크파크 양쪽에 발을 걸치고 있었다. 부모님은 흔히 웨스트사이드 아일랜드계라고 불리는 인구집단에 속하는 토박이다. 두 분은 고등학교에서 만났다. 아버지는 앞니 사이가 벌어져 있고 유쾌한 성격이었다. 어머니는 술고래인 부모 밑에서 자라서 술을 입에도 대지 않는 맏딸이었다. 그녀는 주디 갈랜드를 좋아했고 할리우드를 평생 동경했다. "다들 내가 진 티어니와 닮았다고 했어." 한번은 수줍게 말씀하신 적이 있다. 나는 그게 누군지 알지도 못했다. 한참 뒤 〈로라〉를 보고 나 역시 어머니를 닮은 금빛이 도는 풍성한 갈색 머리와 섬세한 광대뼈를 지닌 신비스러운 주인공에게 홀딱 반했다.

아버지가 친구를 찾는다는 핑계로 어머니의 방문을 두드린 것이 두 분 인연의 시작이었다고 들었다. 나는 그 이야기를 믿는다. 감정적인 문제에 간접적으로 접근하는 방식이 두 분과 어울렸다. 아버지는 파란색, 어머니는 녹색 눈동자로 두 분 다 자주 표현하지 못하는 것들을 풍부한 감성으로 내보이는 커다란 눈을 지니고 있었다.

아버지는 노트르담 대학교에 다닐 때 신학대학으로 진학하는 것을 잠시 고민했다. 주변에서는 그를 레오 수도사라고 불렀다. 어머니는 다른 구혼자들을 만나보며 결혼해서 어떤 성으로 살게 될지 여러 가능성을 꿈꾸었다. 그러나 결국 레오 수도사는 신학생이 되면 술을 감질나게 먹게 될 거라는 결론을 내렸다. 1955년 크리스마스 다음 날 두 사람의 친구인 말라키 둘리 신부가 결혼식을 집도했다. 그리고 다음 해 9월 내 큰언니 마고가 태어났다. 개월 수를 세며 눈썹을 치켜 올리면 어머니는 얼굴을 붉혔다. 고등학생 때 어머니의 별명은 '착실이'였다.

아버지는 노스웨스턴 대학교 법대를 졸업하고 도심의 제너앤드블록 법률회사에 들어가 38년 동안 일했다. 거의 매일 한 손에 〈시카고 트리뷴Chicago Tribune〉, 다른 손에 차 한 잔을 들고 차양을 댄 집 앞 포치에 앉아 하루 일과를 시작했고 레몬을 곁들인 아주 드라이한 온더락 비피터 마티니 한 잔으로 하루 일과를 마쳤다. 1990년 술을 끊기로 결심하셨을 때 그는 특유의 장난스러운 방식으로 이 소식을 알렸다. 타자기로 똑같이 복사한 편지를 모든 자식들에게 한 장씩 보낸 것이다. "내가 가장 아끼는 아이에게." 시작은 이랬다. "나는 펩시 세대에 동참하기로 결정했다." 이후 그는 자식들 중 단 둘만이 그 호칭을 믿었을 거라고 주장했다. 나는 그중 하나였다.

형제자매들이 빠르게 태어났다. 딸 넷, 아들 하나. 나는 6년 터울을 두고 태어난 막내였다. 바로 손위 언니 메리 리타는 친구가 되기에는 나보다 나이가 너무 많았다. 지금 와서 돌아보면 나는 차츰 분위기가 진정되는 파티에 늦게야 끼어든 것 같다. 내가 태어날 때 이미 부모님은 레이지보이 안락의자 한 쌍을 갖고 있었다. 현관문은 부분적으로 유리가 끼워져 있어서 거기 선 채로 거실에 있는 어머니의 베이지색 안락의자 뒷면을 볼 수 있었다. 아이들의 친구가 초인종을 누르면 어머니는 손을 들고 원 모양을 그렸다. "뒤로 돌아오너라." 잠그지 않은 뒷문으로 오라는 뜻이었다.

우리 블록에 사는 가족들은 가깝게 지냈지만 아이들은 모두 내 손위 형제자매와 같은 나이였다. 그들은 한데 모여 뛰어다니고 해 질 녘에 집에 돌아왔다. 그들과 오랜 시간을 보냈기 때문에 나는 1970년대에 10대로 자라는 것이 어떤 것인지 생생히 기억한다. 열 살 많은 언니 캐슬린은 집안에서 제일 외향적이었고 나를 아끼는 장난감처럼 데리고 다녔다. 언니가 매디슨 스트리트의 주얼 식료품점으로 자전거를 타고 갈 때 뒷자리에 위태롭게 앉아 몸이 흔들리던 기억이 난다. 모든 사람이 언니를 아는 것 같았다. "안녕, 비니!" 사람들은 언니를 별명으로 불렀다.

고등학교 1학년 때, 비니는 조용한 금발머리 육상부 앤턴을 열렬히 짝사랑했다. 그가 참전한 육상경기에 나를 데려가기도 했다. 우리는 관객석 높은 쪽에 숨어 훔쳐보았다. 그가 출발선에서 튀어나가는 순간 언니의 얼굴에 떠오른 애타는 표정이 기억난다. 그때 나는 깨닫지 못했지만, 이후 비니는 고등학생의 복잡 미묘한 일상으로 차츰 멀어져갔다. 곧 나는 우리 집 부엌에서 2층으로 올라가는 뒷계단 꼭대기에 혼자 앉아 귀밑털이 난 10대 소년들이 스티브 밀러 밴드의 〈더 조커The Joker〉를 시끄럽게 틀어놓고 집 안 아침식사 탁자에서 맥주를 마시는 모습을 지켜보아야 했다.

우리 식구들은 모두 1974년 밴 자매들이—리사는 내 나이, 크리스는 한 살 위였다—길 건너 집에 이사 온 날을 짐짓 경건하게 떠올린다.

"하느님, 감사합니다" 하며 나를 놀린다. "밴 자매들이 없었으면 우리가 널 어떻게 해야 했을까?"

부모님의 가장 가까운 친구들 중 대부분이 중·고등학교 시절 친구들이었다. 점점 더 빠르게 시시각각 변하는 유동적인 세상에서 오랜 세월 동안 끈끈한 우정을 유지할 수 있었다는 사실이 부모님에게는 당연히 자부심이었지만, 내가 볼 때 어떤 면에서는 그들을 고립시키는 효과도 낳았다. 편안한 영역 밖으로 나오면 부모님은 약간 불편해했다. 두 분 다 내면에 수줍음을 지니고 있었고, 자석에 철가루 붙듯 더 강한 인간형에 이끌렸다. 긴장을 해소하기 위해 때로 날카로운 유머를 구사하기도 했다. 특히 어머니는 언제나 감정이나 기대 같은 것들을 억누르며 살아가는 것 같았다. 작은 손에는 주근깨가 나 있었고, 불쾌한 상황이 벌어지면 손가락을 잡아당기는 습관이 있었다.

잘못된 인상을 전달하고 싶지는 않다. 부모님은 형편이 되면 여행을 즐겼던 영리하고 호기심 많은 분들이었다. 아버지는 1971년 대법원에서 변론하고 패소한 적이 있는데, 이 소송은 법대 헌법과목에서 아직도 연구하는 사례다. 부모님은 〈뉴요커The New Yorker〉를 구독했다. 두 분은 항상 대중문화에서 좋다, 멋지다는 평을 듣는 것들에 관심을 가졌다. 어머니는 영화 〈부기 나이트〉를 보러 가기도 했다. ("〈사운드 오브 뮤직〉을 연달아 스무 번 보면 잊어버릴 수 있겠지." 어머니는 말했다.) 부모님은 케네디를 지지하는 민주당원이었다. "정치적으로 진보적이지만," 어머니는 즐겨 말했다. "사회적으로는 보수적이야." 아버지는 당시 열 살, 여덟 살이던 언니들을 시내에서 열린 마틴 루터 킹 주니어의 연설에 데려가기도 했다. 1984년에는 먼데일에 표를 던졌다. 그러나 내가 열아홉 살이던 때, 어머니는 (당신에게는) 낯선 알약 한 줌을 발견하고 놀라서 나를 깨웠다. 어머니는 차마 '약'이라는 말을 입에 올리지도 못했다.

"너 이런 걸…." 어머니는 말했다.

"섬유질 영양제예요." 나는 그렇게 대꾸하고 돌아누워 다시 잠을 청했다.

하지만 우리의 관계에는 언제나 긴장이 흘렀다. 내가 두 살쯤이던 해 언니 모린이 집에 돌아오니 어머니가 집 앞 포치에서 서성거리고 있었다. "내가 미친 건지." 어머니는 눈물을 참았다. "미셸이 미친 건지 모르겠다." 그때 어머니는 마흔 살이었다. 알코올의존증인 부모님과 젖먹이였던 아들의 죽음을 겪은 분이었다. 그럼에도 아무 도움 없이 여섯 자녀를 키웠다. 분명 미친 것은 나였을 것이다. 어머니는 평생 나를 반 농담으로 '작은 마녀'라고 불렀다.

우리는 평생 서로의 민감한 부분을 자극했다. 어머니는 대화를 거부했다. 나는 인상을 썼다. 어머니는 쪽지를 봉투에 넣어 내 침실 문 아래로 넣곤 했다. "넌 잘난 척하고 무신경하고 무례해." 악명 높은 한 쪽지에는 이렇게 적혀 있었다. 마지막은 이렇게 끝났다. "하지만 넌 내 딸이고 당연히 널 아주 사랑한단다." 우리는 미시건호에 여름 오두막을 갖고 있었는데, 나는 어린 시절 호숫가에서 놀던 어느 오후를 기억한다. 어머니는 모래 위에 의자를 내놓고 책을 읽고 있었다. 파도가 적당히 일었기 때문에 나는 수면 아래 몸을 숨기고 있다가 파도가 제일 높을 때 눈에 띄지 않게 펄쩍 뛰어 숨을 쉬고 다시 물속으로 들어갈 수 있었다. 어머니가 허리를 펴고 물을 둘러보더니 책을 내려놓고 일어났다. 비명을 지를 준비를 하며 황급히 물쪽으로 달려왔다. 나는 그제야 천연덕스럽게 수면 위로 몸을 내밀었다.

내가 더 다정했더라면 어땠을까 하는 생각이 든다. 나는 영화나 텔레비전 쇼의 특정 장면들을 못 본다고 어머니를 조롱하곤 했다. 어머니는 누군가 파티를 열었는데 아무도 오지 않는 장면을 참지 못했다. 운이 없는 세일즈맨이 나오는 영화도 피했다. 내게는 독특하고 우스운 지점들이었지만, 지금 생각하면 한없이 예민한 인간의 특성이었을 뿐이다. 외할아버지는 한때 성공한 세일즈맨이었지만 밑바닥도 경험했다. 어머니는 부모님의 알코올 문제와 너무 오랫동안 흥청거리던 술자리를 지켜보며 자랐다. 이제 그분의 약한 면들이 내 눈에도 보인다. 사회적인 성공을 중요시했던 외조부모는 어머니의 영리하고 열성적인 성격을 외면했다. 어머니는 좌절감을 느꼈다. 남을 비하하는 신랄한 말을 매섭게 던지곤 했지만 나이 들어 생각해보니 그것도 과소평가된 자기 자신이 거울에 비친 모습이었을 것이다.

인간은 스스로의 결함에도 불구하고 성공하거나 그로 인해 좌절한다. 어머니는 자신이 받아보지 못한 방식으로 나를 격려했다. 내가 고등학생 때 치어리딩을 해볼까 했을 때 어머니가 말렸던 기억이 난다. "치어리딩을 받는 사람이 되고 싶지 않니?" 내가 학업이나 글쓰기에서 크고 작은 성공을 거둘 때마다 어머니는 기뻐했다. 고등학교에 다닐 때 나는 어머니가 신학 교수이자 인정받는 고고학자인 메릴린 고모에게 오래전 쓰기 시작한 편지를 발견했다. 젊은 작가로서 나를 어떻게 격려하는 것이 좋을지 충고를 부탁하는 내용이었다. "연하장이나 쓰는 사람이 되지 않게 하려면 어떻게 해줘야 할까요?" 이후 연하장 문구를 짓고 돈 버는 일조차 아쉬운 시기가 찾아올 때마다, 나는 그 질문을 자주 떠올렸다.

그러나 나는 어머니가 내게 자신이 이루지 못한 기대와 희망을 걸고 있다는 것을 느꼈고 그럴 때마다 곤두섰다. 인정을 갈망하면서도 동시에 내게 투자하는 것이 숨 막혔다. 어머니는 어머니대로 주관이 강한 딸을 키웠다는 사실을 자랑스러워하면서도 동시에 내 날카로운 의견들을 분하게 여겼다. 우리 세대가 분석과 해체에 깊이 천착하는 반면 어머니 세대는 그렇지 않다는 점도 불화를 부채질했다. 어머니는 그런 식의 과도한 자기분석에 몰입하지 않았다. 어린 시절 자매들 모두 아주 짧게 머리를 깎았던 이야기를 언니 모린과 나눈 적이 있다.

"엄마가 우리를 무성화하려고 한 것 같지 않아?" 나는 물었다. 아이 셋의 어머니인 모린은 짜증스러운 웃음을 억누르며 얘기했다. "너도 애 가져봐, 미셸." 언니는 말했다. "짧은 머리는 무성화가 아니야. 그게 편할 뿐이지."

결혼 전날 밤 어머니와 나는 최고로 세게 부딪쳤다. 나는 글쓰기도 중단한 채 별다른 일도 하지 않으며 무직으로 방황하고 있었고, 결혼식 준비에 어쩌면 지나치게 많은 시간을 할애하고 있었다. 리허설 저녁식사 자리에서 나는 서로 모르는 손님들을 소규모로 함께 앉혔다. 그들에게 내가 한 이야기는 서로 공통점이 한 가지씩 있으니 그게 뭔지 맞춰보라는 말뿐이었다. 한 탁자에서는 합석한 모두가 미네소타에서 산 적이 있었다. 다른 테이블 손님들은 모두 요리하는 것을 좋아했다.

식사 중간에 화장실에 가는데 어머니가 다가왔다. 초저녁에 한 친구가 어머니에게 내가 자기가 아는 최고의 작가라고 했다는 이야기를 내게 들려주는 실수를 저지른 뒤로 나는 어머니를 피하고 있었다. "아, 알아. 나도 그렇게 생각해." 어머니는 말했다. "하지만 이제 너무 늦지 않았겠니?" 이 말은 내 가슴을 찌르고 저녁 내내 머릿속에서 맴돌았다.

시야 외곽에서 어머니가 다가오는 것이 보였다. 기억을 더듬어 보면 어머니는 미소 짓고 있었다. 모든 것에 만족한 표정이었다. 그분은 직접적으로 칭찬하는 데 익숙하지 않았다. 나는 어머니가 농담을 하고 싶었다고 확신한다. 어머니는 탁자 쪽으로 손짓했다.

"너야 뭐 시간이 남아 돌 테니." 어머니는 말했다. 나는 돌아서서 격분한 얼굴로 어머니를 바라보았다.

"저리 가." 나는 내뱉었다. 어머니는 놀라 설명하려 했지만 나는 말을 잘랐다. "나한테서 떨어져. 빨리."

나는 여자화장실 칸막이 안에 들어가 문을 잠그고 5분 동안 울다가 아무 일도 없는 척하며 다시 나왔다.

전해들은 바에 의하면 어머니는 내 반응에 엄청난 충격을 받았다. 우리는 그 일에 대해 다시 이야기하지 않았지만 결혼식이 끝난 직후 어머니는 내게 자부심을 느꼈던 모든 일들을 길게 적은 편지를 보냈다. 이후 우리는 천천히 관계를 다시 구축했다. 2007년 1월 말, 부모님은 코스타리카로 유람선 여행을 떠나기로 했다. 배는 로스앤젤레스 남쪽의 한 항구에서 출발하기로 되어 있었다. 남편 패튼과 나, 부모님, 이렇게 넷은 여행 전날 저녁식사를 함께했다. 우리는 많이 웃었고 다음 날 아침 내가 차로 항구까지 부모님을 배웅했다. 어머니와 나는 굳게 작별의 포옹을 나누었다.

며칠 뒤 새벽 4시, 부엌에 있는 전화가 울렸다. 나는 일어나지 않았다. 전화는 다시 울렸지만 미처 받으러 가기 전에 끊겼다. 음성 메시지를 확인했다. 아버지였다. 숨이 막히는지 거의 알아들을 수 없는 목소리였다.

"미셸, 네 동기들에게 전화해라." **딸깍.**

나는 언니 모린에게 전화했다.

"넌 모르니?" 그녀는 물었다.

"뭘?"

"아, 미셸. 엄마가 돌아가셨어."

지병으로 당뇨가 있었던 어머니는 배에서 합병증으로 쓰러졌다. 헬리콥터를 타고 새너제이 병원으로 옮겼지만, 너무 늦었다. 일흔네 살이었다.

2년 뒤 내 딸 앨리스가 태어났다. 나는 두 주 동안 슬픔을 가눌 수가 없었다. "산후우울증이야." 남편은 친구들에게 말했다. 하지만 그것은 새내기 엄마의 우울이 아니었다. 오래된 엄마의 우울이었다. 갓 태어난 딸을 안고 나는 깨달았다. 뱃속에 사무치는 사랑, 굶주린 그 두 눈동자 안에 나의 세상을 가두는 책임감이 무엇인지 깨달았다. 서른아홉 살에 나는 나에 대한 어머니의 사랑이 어떤 것이었는지 처음으로 깨달았다. 히스테릭하게 흐느끼느라 거의 말도 할 수 없는 상태에서 나는 남편에게 축축한 지하실로 내려가서 어머니가 결혼식 뒤 내게 보낸 편지를 찾아오라고 했다. 그는 몇 시간을 뒤졌고 모든 상자를 파헤쳐서 사방에 종이가 굴러다녔다. 하지만 결국 찾지 못했다.

* * *

어머니가 돌아가신 직후 아버지와 언니들, 오빠, 나는 플로리다주 디어필드 비치의 부모님 아파트로 가서 어머니의 물건을 정리했다. 우리는 아직도 크리니크 해피 향수 냄새가 나는 옷가지를 킁킁거렸다. 평생 수집한 가방이 끝없이 나오는 것을 보고 눈이 휘둥그레졌다. 우리는 각자 어머니의 물건을 하나씩 챙겼다. 나는 분홍색과 흰색이 섞인 샌들을 가졌다. 샌들은 지금도 내 벽장 안에 있다.

이후 우리 일곱은 바다를 내려다보는 근처 식당 시와치Sea Watch에 가서 이른 저녁을 먹었다. 우리 가족은 잘 웃는 사람들이고 우리는 어머니가 우리를 웃게 했던 일화를 주고받았다. 7명이 요란하게 웃는 광경은 사람들의 시선을 끌었다.

나이 지긋한 여자가 식사를 마친 뒤 어리둥절한 미소를 띠고 우리 자리로 왔다. "비밀이 뭔가요?" 그녀는 물었다.

"네?" 오빠 밥이 말했다.

"이렇게 가족이 행복한 비결 말이에요."

우리는 잠시 입을 벌렸다. 아무도 우리가 하고 있는 생각을 입 밖으로 낼 용기가 없었다. **이제 막 돌아가신 어머니의 물건을 청소했습니다**. 우리는 더욱 호들갑스러운 웃음으로 숨어들었다.

어머니와의 관계는 과거에도 그랬고 앞으로도 영원히 내 인생에서 가장 복잡한 인간관계로 남을 것이다.

지금 이 글을 쓰면서도 양립할 수 없는 진실 두 가지가 내 마음을 아프게 한다. 이 책을 보고 어머니보다 더 큰 기쁨을 느낄 사람은 없을 것이다. 그리고 나는 어머니가 돌아가시기 전까지 이 책을 쓸 자유를 느끼지 못했을 것이다.

* * *

나는 랜돌프에서 좌회전, 유클리드에서 우회전, 플레전트에서 좌회전하며 세인트 에드먼드 성당까지 매일 똑같은 800미터 거리를 걸었다. 여학생들은 회색 체크무늬 점퍼스커트와 흰 셔츠 차림이었다. 남학생들은 깃이 있는 겨자색 셔츠와 긴바지를 입었다. 1학년 때 나를 가르쳤던 레이 선생님은 모래시계 같은 몸매와 숱 많은 카라멜색 머리카락의 소유자였고 항상 쾌활했다. 여섯 살 아이들을 담당한 것은 수전 서머스였다. 하지만 세인트 에드먼드에서 가장 생생하게 기억에 남는 것은 그녀가 아니다. 가톨릭 방식의 학습이나 교회에서 보낸 시간이 분명 많았을 텐데도 그런 것 역시 뇌리에 박혀 있지 않다. 아니, 세인트 에드먼드는 언제나 내 기억 속에 단 하나의 이미지로 남아 있을 것이다. 모래색 머리카락과 약간 튀어나온 귀를 가진 조용하고 예의 바른 소년, 대니 올리스.

학창 시절 내가 짝사랑했던 소년들은 매우 다양한 유형이었지만 한 가지 공통점이 있었다. 그들 모두 학급에서 내 앞자리에 앉았다는 것이다. 옆자리나 뒷자리에 앉는 학생들을 좋아하게 되는 사람들도 있겠지만 나는 아니었다. 그러려면 너무 직접적으로 교류해야 하고 때로 목을 돌려 눈을 마주보아야 한다. 너무 현실적이다. 나는 소년의 뒤통수가 제일 좋았다. 텅 빈 구부정한 등만 한없이 투사할 수도 있었다. 입을 반쯤 벌리고 있든가 코를 파고 있어도 나는 알 수가 없다.

나 같은 몽상가에게 대니 올리스는 완벽했다. 대니가 불행하다고 생각했던 기억은 없지만 그의 미소도 떠올릴 수가 없다. 어린아이치고 그는 침착했고 아직 동화 속 이야기를 믿는 앞니 벌어진 아이들이 언젠가 깨닫게 될 뭔가를 이미 알아버린 아이처럼 약간 엄숙했다. 그는 1학년 우리 학급의 샘 셰퍼드였다. 내게는 태어났을 때 선물 받은 큐리어스 조지 원숭이 인형이 있었는데 대니의 둥글고 요정 같은 얼굴과 긴 귀는 그 인형을 연상시켰다. 나는 매일 밤 인형을 뺨에 끌어안고 잠들었다. 내 짝사랑은 우리 집안에는 큰 소식이었다. 언젠가 이사하면서 옛날 물건들을 정리하다가 나는 비니가 아이오와 대학교 1학년 때 내게 보낸 카드를 발견했다. "미쉬, 보고 싶어. 대니 올리스는 어떻게 지내니?"

나는 4학년 때 지역 공립학교인 윌리엄 바이 초등학교로 전학했다. 길 건너로 이사 와서 나를 외로움에서 구해준 단짝 밴 자매들도 거기 다녔다. 나는 그들과 같이 있고 싶었다. 내 마음에 드는 옷을 입고 싶었다. 얼마 후 나는 대니 올리스를 거의 잊었다. 어린 시절의 많은 물건들과 함께 큐리어스 조지 인형도 사라졌다.

고등학교 2학년 어느 날 밤, 친구가 우리 집에 와서 부모님이 여행 가 있는 동안 내가 계획한 큰 파티 준비를 돕고 있었다. 그녀는 지난 몇 달 동안 가톨릭 남자 고등학교인 펜윅 학생들과 어울리고 있었는데 그중 몇몇을 파티에 불러도 되겠느냐고 물었다. 그럼 하고 나는 말했다. 그녀는 사실 그중 하나와 사귀는 중이라고 조심스럽게 말했다.

"그냥 뭐."

"잘됐네." 나는 말했다. "이름이 뭐야?"

"대니 올리스."

나는 눈을 커다랗게 뜨고 비명도 웃음도 아닌 소리를 냈다. 그러다 진정하고 중요한 비밀을 말하기 전에 흔히 그러듯 숨을 들이쉬었다.

"이건 못 믿을 거야. 난 초등학교 때 대니 올리스를 짝사랑했어."

친구는 고개를 끄덕였다.

"음악 시간에 선생님이 손을 잡게 해서 시작됐다면서." 그녀는 말했다. 내 어리둥절한 표정에 그녀는 말을 이었다.

"걔가 말해줬어." 그녀는 말했다.

음악 시간에 손을 잡은 기억은 전혀 없었다. 아니, 대니가 알고 있었다고? 내 기억에 나는 뒷자리에 앉아서 그의 머리가 돌아가고 기울어질 때마다 충실하게 신중하게 지켜본 조용한 여학생이었다. 한데 그 집착이 텔레비전 연속극처럼 사방에 뻔히 보였다니. 나는 몹시 당황했다.

"음, 그는 아주 신비로웠어." 나는 약간 짜증 섞인 투로 말했다.

그녀는 어깨를 으쓱했다. "나한텐 안 그래."

그날 밤 일회용 컵을 든 10대들이 우리 집 정원과 도로에 몰려왔다. 나는 진을 아주 많이 마시고 우리 집에 가득 찬 낯선 사람들 사이를 이리저리 누볐다. 예전에 사귀었던 남자들, 사귀고 싶은 남자들. 누군가 파인 영 카니발스의 〈서스피셔스 마인즈Suspicious Minds〉를 반복 재생했다.

저녁 내내 나는 부엌 모퉁이 냉장고 옆에 조용히 서 있는 모래색 머리의 소년을 날카롭게 의식했다. 머리카락은 이제 귀를 덮고 있었다. 둥글던 얼굴에는 각이 생기고 한층 핼쑥했지만 힐끗 훔쳐보니 수수께끼 같은 침착한 표정이 남아 있는 것을 알아볼 수 있었다. 저녁 내내 나는 그를 피했다. 한 번도 그의 눈을 쳐다보지 않았다. 술기운에도 불구하고, 나는 여전히 교실 뒷자리에 앉아 눈에 띄지 않게 열심히 지켜보는 소녀였다.

* * *

26년 뒤 5월의 어느 오후, 랩톱을 닫을 준비를 하고 있는데 이메일이 도착했다는 친숙한 알림음이 울렸다. 나는 받은편지함을 살펴보았다. 나는 이메일을 꾸준히 주고받는 사람이 아니다. 인정하기 약간 부끄럽지만 때로는 며칠 이상 지나야 답장을 보낸다. 편지함의 이름을 기억하는 데는 시간이 걸렸다. 댄 올리스. 나는 망설이다 메시지를 열었다.

당시 덴버에서 엔지니어로 일하던 댄은 노트르담 대학교 졸업생 회지에서 내 인물소개를 읽었다고 했다. '탐정'이라는 제목의 기사에서 나는 미결 살인사건을 추적하는 웹사이트 '트루 크라임 다이어리'의 저자로 나왔다. 미결 살인사건에 대한 집착이 어디서 비롯되었는가 하는 질문에 대한 내 답변도 실려 있었다. "이 모든 것은 열네 살 때 시작되었다. 이웃이 잔혹하게 살해당했다. 아주 이상한 사건이었다. 그녀는 집 근처에서 조깅을 하고 있었다. (경찰은) 사건을 해결하지 못했다. 동네 사람들은 모두 두려움에 떨다가 차츰 잊어버렸다. 하지만 나는 그럴 수가 없었다. 어떻게 그런 일이 생겼는지 알아내야 했다."

이것은 인용하기 좋은 간단한 답변이고 더 자세한 자초지종은 다음과 같다. 1984년 8월 1일, 나는 침실로 개조한 3층 다락방에서 밀폐된 자유를 한껏 누리고 있었다. 우리 집 아이들은 모두 10대 시절의 일부를 그 위에서 보냈다. 이제 내 차례였다. 아버지는 화재가 발생하면 위험하다고 다락방을 싫어했지만, 일기에 '미셸, 작가'라고 서명하는, 감정의 해일을 겪는 열네 살 소녀에게 이 방은 호화로운 탈출구였다. 바닥에는 털이 긴 짙은 오렌지색 양탄자가 깔려 있었고 천장은 비스듬했다. 벽에 짜 넣은 책장을 열면 비밀의 수납공간이 나타났다. 무엇보다 좋은 것은 방 절반을 차지하는 거대한 나무 책상이었다. 내게는 턴테이블, 타자기, 이웃집 기와지붕이 내려다보이는 창문이 있었다. 꿈꾸던 공간이었다. 몇 주 뒤에는 고등학교에 입학한다.

바로 그 순간 500미터 떨어진 곳에서 스물네 살 난 캐슬린 롬바도Kathleen Lombardo는 워크맨을 들으며 플레전트 스트리트를 따라 조깅을 하고 있었다. 무더운 밤이었다. 포치에 나와 있던 이웃들이 9

시 45분경 캐슬린이 지나가는 것을 보았다. 몇 분 뒤 그녀는 살해당했다.

누가 계단을 올라 2층으로 가는 소리를—언니 모린이었을 것이다—들은 기억이 난다. 두런거리는 이야기 소리, 헉 하고 숨을 들이쉬는 소리, 이어 어머니의 발소리가 빠르게 창가로 향했다. 우리는 롬바도 가족을 세인트 에드먼드에서 만나서 알고 있었다. 소문이 빠르게 퍼졌다. 살인범은 그녀를 유클리드와 웨슬리 사이의 골목 입구로 끌고 갔다. 그는 그녀의 목을 그었다.

나는 자라면서 '낸시 드루' 시리즈를 이따금 읽은 것 외에는 범죄에 특별한 관심이 없었다. 그러나 사건 이틀 뒤, 나는 아무에게도 말하지 않고 집 근처에 있는 캐슬린이 공격당한 범행현장까지 걸어갔다. 부서진 워크맨 조각이 땅에 떨어져 있었다. 나는 조각을 집어 들었다. 두려움은 느껴지지 않았고 그저 짜릿한 호기심과 탐색의 열망이 예상치 못했던 격류처럼 밀려왔다. 아직도 그 순간이 또렷이 기억난다. 갓 깎은 잔디 냄새, 차고 문에 찍힌 갈색 페인트 자국. 나를 사로잡은 것은 범인의 얼굴이 있어야 할 자리를 유령처럼 차지한 물음표였다. 범인의 신원이 텅 비어 있다는 사실만이 폭력적으로 강렬하게 다가왔다.

해결되지 않은 살인사건들은 집착의 대상이 되었다. 나는 불길하고 알쏭달쏭한 사실관계의 퍼즐 조각을 모으는 수집가가 되었고 '미스터리'라는 단어에 파블로프의 개처럼 반응하게 되었다. 내 도서관 대출 기록은 잔혹극과 실화 목록으로 채워졌다. 사람을 만나서 어디 출신이라는 말을 들으면 나는 그 지역에서 가장 가까운 곳에서 발생한 미결사건을 바탕으로 그들을 분류한다. 누가 오하이오의 마이애미 대학교에 다녔다고 하면 그 사람을 만날 때마다 레슬러이자 학교 재즈밴드 베이시스트였던 론 태먼 사건을 떠올린다. 론 태먼은 1953년 4월 19일 라디오와 전등불을 켜놓고 심리학책도 펼쳐놓은 채 대학 기숙사 방을 나가서 실종되었고, 다시는 발견되지 않았다. 버지니아주 요크타운 출신이라고 하면 나는 그 사람을 요크강변을 따라 뱀처럼 구불구불하게 이어진 콜로니얼 파크웨이와 항상 연관시킨다. 1986년부터 1989년 사이 네 커플이 실종되거나 살해당했던 도로다.

30대 중반이 되어서야 나는 마침내 나 자신의 열정을 인정했고, 인터넷 기술의 발달 덕분에 DIY 탐정 웹사이트 '트루 크라임 다이어리'가 탄생했다.

"범죄에 왜 그렇게 관심이 많으세요?" 사람들이 물을 때마다 나는 언제나 골목 안에서의 그 순간, 손에 쥐었던 죽은 소녀의 워크맨 조각을 떠올린다.

나는 그의 얼굴을 보아야 한다.

우리가 그 얼굴을 알 때, 범인은 힘을 잃는다.

캐슬린 롬바도 살인사건은 결국 해결되지 않았다.

나는 그 사건을 여기저기 썼고 인터뷰에서도 언급했다. 심지어 몇몇 사실관계를 확인해보라고 오크파크 경찰에 전화하기도 했다. 유일한 진짜 단서는 노란 탱크톱과 헤드밴드 차림의 흑인 남자가 캐슬린이 조깅하는 모습을 유심히 바라보고 있었다는 목격자의 진술뿐이었다. 범인이 엘 기차역에서 나와 캐슬린을 따라가기 시작하는 모습을 본 사람들이 있다는 소문은 경찰 조사 결과 허위로 판명되었다. 이 소문의 의도는 분명했다. 주민들은 살인자가 어딘가 다른 곳에서 와서 우리 동네에 숨어들었다고 믿고 싶었던 것이다.

오크파크 경찰은 내게 이 사건이 막다른 골목에 다다랐다는 분명한 인상을 주었다. 댄 올리스의 이름이 우편함에 뜬 그날까지 나는 그렇게 생각하고 있었다. 댄의 이메일에는 다른 수신자도 있었다. 테리 키팅. 세인트 에드먼드 학교에서 한 학년 위였던 남학생의 이름이 어렴풋이 기억났다. 알고 보니 댄과 테리는 사촌이었다. 나와 다른 훨씬 개인적인 이유로 인해 그들 역시 캐슬린 롬바도 살인 사건을 잊을 수 없었기 때문에 내게 연락한 것이었다. 이메일에서 댄은 간단하게 인사를 하고 안부를 묻고 곧장 본론으로 들어갔다.

"캐슬린을 발견한 사람이 착한 세인트 에드먼드 남학생들이었다는 걸 알고 있어?"

아이들에게는 섬뜩하고 충격적인 경험이었다. 그들은 그때 이야기를 자주 나누었다. 댄은 무엇보다 분노를 달랠 수가 없어서라고 썼다. 그들이 볼 때 그날 밤 캐슬린에게 있었던 일에 대해 대중에게 알려진 시나리오는 틀렸다는 것이다. 그들은 자기들이 범인이 누구인지 안다고 생각하고 있었다.

아니 그날 밤 그들은 범인과 마주쳤다.

* * *

테리와 댄은 단순한 사촌이 아니었다. 어릴 때 한 집에서 자랐다. 댄의 가족은 1층에 살았고 테리 가족은 2층에 살았다. 그들의 할머니 집은 3층이었다. 테리와 나는 골목에서 옛집 뒤쪽을 둘러보았다.

"몇 명이나 살았죠?" 나는 테리에게 물었다. 그 집은 기껏해야 300제곱미터 정도밖에 안 될 것 같았다.

"아이 열하나, 어른 다섯." 테리는 말했다.

댄과 테리는 한 살 차이였고 어른이 된 뒤에도 가깝게 지냈다.

"그해 여름은 우리에게 진짜 전환기였어요." 테리가 말했다. "가끔 맥주를 훔쳐서 취하기도 했죠. 그러다가도 어릴 때처럼 말썽을 피우기도 하고."

그는 뒷마당의 차고 콘크리트 벽을 가리켰다.

"우리는 그날 밤 하키였나, 농구였나 그런 걸 하고 있었어요." 같이 있던 사람들은 테리, 대니, 대니의 남동생 톰 그리고 초등학교 친구 마이크와 대런이었다. 밤 10시가 조금 덜 된 시각이었다. 누군가 한 블록 반 떨어진 유클리드의 작은 편의점 화이트 헨에 가자고 했다. 워낙 자주 가는 가게였고 때로 킷캣이나 콜라를 사러 하루 서너 번도 가곤 했다.

테리와 나는 집에서 북쪽으로 걸음을 옮겼다. 어린 시절 이 골목에서 워낙 많은 시간을 보냈기 때문에 그의 눈에는 아주 작은 변화까지 들어왔다.

"그 시절 밤은 더 어두웠어요." 그는 말했다. "거의 동굴 같았죠. 그때는 나뭇가지가 튀어나오고 더 축 처졌었어요."

이웃집 뒷마당의 낯선 나무가 그의 주의를 끌었다. "대나무라니. 믿을 수가 없네.”

골목이 플레전트 스트리트와 교차하는 지점을 1.5미터 정도 남겨두고 테리는 멈췄다. 사춘기 전후의 소년들이 어울려 농담을 지껄이다 보면 시끄러워질 수 있다. 테리의 기억에 그들 역시 그랬다. 헛짓거리를 하고 산만했다. 이 지점은 테리의 뇌리에서 떠나지 않았다. 똑바로 앞을 보면 길 건너 골목 입구가 보였다.

“우리가 주의를 기울이고 있었다면 그녀가 뛰어가는 것을 봤을지도 몰라요.” 그는 말했다. “범인이 그녀를 붙잡는 장면을 볼 수도 있었는데.”

우리는 길을 건너서 사우스 웨슬리 애비뉴 143번지 뒤쪽 골목으로 향했다. 다섯 소년들은 나란히 서서 걷고 있었다. 대니는 테리의 오른쪽에 있었다. 그는 차고 근처 울타리에 손을 얹고 흔들어보았다.

“이건 같은 울타리 같은데 그때는 붉은색으로 칠해져 있었어요.” 테리가 말했다.

테리는 쓰레기통 옆에 둘둘 만 양탄자가 언뜻 보였다고 생각했다. 다리가 너무 창백해서 연한 색 양탄자로 착각했던 것이다. 그때 그쪽에서 가장 가까이 서 있던 대니가 외쳤다.

“사람이야!”

테리와 나는 캐슬린이 누워 있던 차고 옆 공간을 응시했다. 목이 베어져 있는 것이 곧장 눈에 띄었다. 피가 발치에 고여 있었다. 끔찍한 냄새가 났다. 지금 테리의 추측으로는 복부에서 나온 가스였던 것 같았다. 그의 표현에 따르면 ‘섬세한 아이’였던 대런은 두 손을 머리 위에 올리고 반대편 차고까지 천천히 뒷걸음질 쳤다. 톰은 도와달라고 외치며 가장 가까운 뒷문 쪽으로 향했다.

이 순간부터 대중들에게 알려져 있는 캐슬린 롬바도 살인사건의 자초지종과 테리와 댄의 기억이 어긋나기 시작한다. 그들은 캐슬린이 처음엔 살아 있었지만 그들이 그녀를 발견하고 경찰이 구름처럼 모여드는 사이에 죽었다고 기억하고 있었다. 형사들이 아이들에게 틀림없이 방금 범인을 마주쳤을 거라고 했던 말도 기억했다.

캐슬린의 시체를 발견한 것과 거의 동시에 골목에서 한 남자가 나왔던 것도 기억한다. 키가 컸고 인도계 같은 인상이었다. 셔츠를 잠그지 않아 배꼽이 보였고 짧은 바지와 샌들 차림이었다.

"여기 무슨 일이지?" 남자는 물었다. 테리는 그 남자가 시체 쪽을 바라보지 않았다고 한다.

"누가 다쳤어요. 경찰에 연락해야 해요." 마이크는 남자 쪽으로 소리쳤다. 남자는 고개를 저었다.

"난 전화가 없어."

현장의 혼란 때문에 이후 일어난 사건들은 희미하다. 테리는 경찰차가 도착하더니 콧수염을 기른 정복경찰이 냉소적으로 사람이 어디 있느냐고 물었다고 기억한다. 경찰은 캐슬린을 보더니 말투가 달라지고 다급하게 무전을 보냈다. 운전하던 콧수염 난 경찰의 파트너, 수습으로 보이는 젊은 경찰은 차 옆에 기대 구토했다.

테리는 대런이 차고 앞에서 두 손을 머리 위에 계속 올린 채 몸을 앞뒤로 흔들고 있었다고 기억한다. 이어 테리가 이전에도 이후에도 평생 본 적이 없는 경광등 불빛과 사이렌 소리가 잔뜩 몰려왔다.

7년 뒤, 테리는 우연히 살해현장에서 몇 집 건너에 사는 톰 맥브라이드라는 남자와 같이 차를 타고 콘서트에 가게 되었다. 테리와 톰은 어린 시절 서로 모르는 사이이고 다른 학교에 다니는 같은 동네 아이였다. 보통 그 또래에 이런 관계는 적이나 다름없다. 가톨릭 학교 학생들 표현으로 톰은 '공립학교 학생'이었다. 하지만 알고 보니 톰은 사실 괜찮은 친구였다. 테리와 톰은 밤새도록 수다를 떨었다.

"네가 그 시체를 발견한 애들 중 하나 아니었어?" 톰이 물었다.

테리는 맞다고 대답했다. 톰은 눈을 가늘게 떴다.

"난 항상 우리 이웃에 살던 남자가 범인일 거라고 생각했어."

앞섶을 풀어헤친 면 셔츠 차림의 남자, 캐슬린의 시체 쪽을 쳐다보려 하지 않던 이상한 몸짓이 다시 테리의 뇌리에 떠올랐다. 끔찍한 일이 일어났다는 것이 명백한데도 무슨 일이냐고 묻던 말투.

속이 울렁거렸다.

"그가 어떻게 생겼는데?" 테리는 물었다.

톰은 그의 인상을 설명했다. 키가 큰 남자, 인도 출신, 진짜 음침한 인물.

"우리가 그 여자를 발견했을 때 그가 그 자리에 있었어!" 테리는 말했다.

톰의 얼굴에서 핏기가 사라졌다. 믿을 수가 없었다. 시체가 발견된 뒤 소란스러운 분위기 속에서 갓 샤워를 하고 가운을 두른 문제의 그 이웃이 경찰차를 둘러보기 위해 뒷문으로 나왔던 것을 분명히 기억하고 있었던 것이다. 그는 집 뒤쪽 포치에 나와 있던 톰과 그의 가족들 쪽을 돌아보았다.

"그 사람이 혹시 무슨 말 했어?" 테리는 물었다.

톰은 고개를 끄덕였다.

"여기 무슨 일이지?" 이웃은 이렇게 말했다.

* * *

캐슬린을 죽인 범인은 잡히지 않았다. 렌트카를 몰고 새크라멘토 캐피톨 애비뉴로 접어들 때도 범행현장에서 주운 그녀의 워크맨 조각이 머릿속에서 계속 내 신경을 건드리고 있었다. 나는 동쪽으로 시내를 빠져나가 폴섬대로에 접어들었다. 폴섬대로를 계속 달리며 캘리포니아 주립대학교 새크라멘토 캠퍼스와 서터 센터 정신과 병원, 관목과 참나무가 흩어진 공터를 지나쳤다. 오른쪽에는 도심에서 동쪽 폴섬까지 40킬로미터를 잇는 경전철 시스템 골드 라인이 달리고 있다. 역사적인 노선이다. 이 선로는 1856년 건설되어 시에라산맥의 탄광촌과 도시를 이은 최초의 증기철도였던 새크라멘토 밸리 철도에 사용되었다. 브래드쇼 로드를 건너자 '전당포' '6 포켓 스포츠바'라는 간판이 눈에 띈다. 도로 반대편에는 녹슨 철조망 울타리 뒤에 석유 저장탱크가 자리 잡고 있다. 목적지에 도착했다. 모든 것이 시작된 곳. 랜초 코도바시.

새크라멘토, 1976~1977

1970년대 여기 살지 않는 아이들은 이곳을 랜초 캄보디아라고 불렀다. 아메리칸강은 새크라멘토 카운티 동쪽을 가로지르는데 강 남쪽은 랜초 코도바, 반대쪽은 녹음이 우거지고 한층 중산층 분위기가 나는 교외 지역이다. 이 지역의 역사는 20제곱킬로미터의 토지에 대한 멕시코 정부의 농지불하로 시작되었다. 1848년 55킬로미터 상류의 물방아 수채 안에서 제임스 W. 마셜이 반짝이는 금속 조각을 발견하고 "찾았다"라고 선언한 뒤로 사금채취업은 어마어마한 돌더미를 뒤에 남기며 랜초 코도바까지 내려왔다. 한동안 이곳은 포도원이었다. 1918년에는 메이서 공군기지가 들어섰다. 그러나 랜초 코도바를 진정으로 변화시킨 것은 냉전이었다. 1953년 로켓 및 미사일 추진시스템 제조업체 에어로젯이 이 지역에 본사를 열었고 그와 함께 직원용 주택 건설 붐이 일었다. 수수한 규격형 단층집들 사이를 깔끔하게 나누는 구불구불한 도로도(진판델 드라이브, 리슬링 웨이) 갑작스럽게 놓였다. 모든 주민들이 군이나 에어로젯과 관련된 사람들 같았다.

거친 요소도 도사리고 있었다. 1970년대 중반 라글로리아 웨이에서 자란 한 남자는 코도바 메도우스 초등학교 근처에서 일하던 아이스크림 상인이 실종된 날을 기억한다. 긴 머리, 덥수룩한 턱수염, 빛이 반사되는 조종사 선글라스 차림으로 아이들에게 팝시클을 팔던 남자는 사실 다른 고객들에게 LSD와 코카인을 판매하다가 경찰에 잡혀갔다. 1970년대 새크라멘토에서 보낸 어린 시절 이야기는 불길한 소식이 적힌 소도시의 우편엽서처럼 종종 이렇게 달콤하면서도 무서운 반전이 있는 경우가 많았다.

한 여성은 더운 여름날에 아메리칸강에서 물장난을 쳤던 일을 회상했다. 강변을 따라 뛰어가다가 수풀이 울창하게 우거진 곳에서 노숙자 캠프를 발견했던 기억도 있었다. 강변 어떤 지역에는 귀신이 나온다는 소문이 있었다. 10대 소녀들은 랜드 파크에 모여서 웃통을 벗은 남자아이들이 자동차에 왁스칠하는 모습을 구경했다. 당시의 롤라팔루자 축제였던 오클랜드 '데이즈 온 더 그린' 콘서트에 가서 이글스나 피터 프램튼, 제스로 툴을 구경하기도 했다. 서터빌 로드로 강둑까지 차를 몰고 가서 맥주도 마셨다. 1978년 4월 14일 밤에도 강둑에서 술을 마시고 있는데 경찰차 한 무리가 사이렌을 울리며 아래 도로를 쏜살같이 지나갔다. 경찰차 행렬은 끝이 없었다. "전에도 그 뒤에도 그런 건 본 적이 없어요." 당시 10대였던 52세 여성이 말했다. 내가 이후 골든 스테이트 킬러라는 명칭을 붙인 동부 지역 강간범, EAR(East Area Rapist)이 다시 범행을 저지른 것이었다.

나는 폴섬에서 좌회전해서 파세오 드라이브를 타고 랜초 코도바 주택가 중심부로 들어갔다. 이 동네는 그에게 의미 있는 곳이다. 그는 여기서 처음 범행을 저질렀고 계속 되돌아왔다. 1976년 11월까지 6개월 동안 동부 지역 강간범은 새크라멘토 카운티에서 아홉 건의 범행을 저질렀고 그중 네 건이 랜초 코도바에서 발생했다. 1년 동안 조용해서 이제 영원히 떠났나 했을 무렵인 1979년 3월, 그는 마지막으로 다시 랜초 코도바에 돌아왔다. 자기 동네였을까? 일부 수사관들, 특히 처음부터 사건을 맡았던 사람들은 그렇게 생각했다.

나는 첫 범행 장소에 차를 세웠다. L자 모양의 단순한 단층집, 넓이 100제곱미터, 정원 한가운데 단정하게 가지를 친 나무 한 그루. 1976년 6월 18일 오전 5시 스물세 살 여성에게서 첫 신고가 들어온 것이 바로 이 집이었다. 실라*는 혈액순환이 안 될 정도로 등 뒤에서 손을 단단히 묶인 채 바닥에 누워 필사적으로 통화하고 있었다. 그녀는 전화가 놓여 있던 아버지의 침실 탁자까지 뒤로 움직여 탁자를 넘어뜨리고 손가락으로 더듬어 0번을 찾았다. 그리고 가택침입과 강간사건이 일어났다고 신고했다.

그녀는 범인이 특이한 마스크를 쓰고 있었다고 증언했다. 흰색, 뜨개질 같은 거친 질감, 눈구멍이 있고 중간에 솔기가 있었지만 범인의 얼굴에 딱 붙어 있었다. 눈을 뜨고서 침실 문간에서 낯선 사람을 보았을 때 실라는 꿈이라고 생각했다. 6월에 새크라멘토에서 스키 마스크를 쓰는 사람이 누굴까? 그녀는 눈을 깜빡이고 더 집중해서 바라보았다. 범인은 175센티미터, 적당한 근육질, 소매가 짧은 네이비블루 티셔츠 차림이었고 회색 면장갑을 끼고 있었다. 너무나 부자연스러워서 무의식 속에 남은 것이겠지만 한 가지 특징이 더 있었는데 그것은 검은 털이 난 창백한 다리였다. 단편적인 특징들이 한데 뭉쳐 전체를 구성했다. 남자는 바지를 입지 않았다. 그는 발기한 상태였다. 가슴이 오르락내리락하며 진짜 인간의 호흡을 하고 있었다.

그는 침대에 뛰어올라 10센티미터짜리 칼날을 실라의 오른쪽 관자놀이에 눌렀다. 그녀는 이불을 머리에 뒤집어쓰고 그를 밀어냈다. 그는 이불을 젖혔다. "움직이거나 소리를 내면 칼로 찌른다." 그는 속삭였다.

그는 자기가 가져온 끈으로 등 뒤에서 실라의 손목을 묶더니 옷장에서 발견한 빨간색 흰색 천 벨트로 한 번 더 묶었다. 흰 나일론 슬립으로 입에 재갈을 물렸다. 이후 뚜렷한 특징이 되는 행동들이 이미 여기서도 나타났다. 그는 자기 성기에 베이비오일을 바르고 강간했다. 방 안을 샅샅이 뒤졌다. 실라는 범인이 서랍을 열어보는 동안 거실 협탁 위에 있던 작은 현관 노커가 달각거리는 소리를 들었다. 그는 이를 악물고 후두 깊숙이 낮게 속삭이듯 말했다. 소리 내지 말라고 위협하며 범인이 칼로 눌렀던 오른쪽 눈썹 근처에 3센티미터 가량의 상처가 났고 거기서 피가 흘렀다.

상식적으로 혹은 어떤 경찰이라도 강간범이 바지를 입지 않았다면 갓 경범죄에서 졸업하고 서툴게 중범죄를 시도하는 어설픈 10대 성범죄자로 짐작할 것이다. 바지 없이 돌아다니는 불량배라면 충동을 제어하는 데 익숙하지 않을 테니 신속하게 체포될 것이다. 빤히 쳐다보며 돌아다니는 시선 때문에 자기 동네에서는 이미 변태로 소문이 자자할 것이다. 곧 노심초사하는 어머니의 집에서 자고 있다가 잡힐 것이다. 그러나 바지 없는 강간범은 잡히지 않았다.

여기에 내가 영리한 강간범의 역설이라고 생각하는 점이 있다. 성범죄자를 전문적으로 다룬 전직 FBI 프로파일러 로이 헤이즐우드Roy Hazelwood는 스티븐 G. 미쇼Stephen G. Michaud와 함께 쓴 저서《남자들이 저지르는 악The Evil That Men Do》에서 이렇게 썼다. "대부분의 사람들은 복잡한 절도 사건이 벌어지면 지능과 쉽게 연관 짓는다. 반면 강간-고문은 일반인들이 전혀 공감하지 못하는 사악한 행위다. 그러므로 사람들은 이런 범죄자가 지능이 높다고 말하는 데 거부감을 느낀다. 심지어 경찰조차 그렇다."

실라를 강간한 범인의 범행방식을 자세히 들여다보면 계산적인 사고방식이 드러난다. 그는 장갑을 벗지 않을 정도로 조심성이 있었다. 범행 이전 몇 주 동안 하루 일과를 파악하려는지 수화기를 들면 끊기는 전화가 실라의 집에 여러 번 걸려왔다. 4월에는 누군가 미행한다는 기분이 든 적도 있었다. 중간 크기 짙은 색 미국산 차량이 계속 눈에 띄었다. 같은 차량 같다고 확신했지만 운전사가 실라의 눈에 띈 적이 없었던 것은 신기한 일이었다.

범행 당일 밤, 디디고 올라선 것처럼 새 물그릇이 뒷마당 전화선 아래로 옮겨져 있었다. 그러나 전화선은 완전히 끊기지 않고 부분적으로 끊겨 있었다. 초보 목수가 못을 두드리다 대가리가 구부러지는 경우처럼 초심자가 어설프게 망설인 흔적 같았다.

넉 달 뒤, 리처드 셸비는 시트러스 하이츠의 새도브룩 웨이 도로변에 서 있었다.

새크라멘토 보안관서의 규칙에 따라 셸비는 이 사건이나 관련 사건을 수사해서는 안 되는 입장이었다. 애당초 경찰에 들어오는 것도 규정상 불가능한 일이었다. 1966년 새크라멘토 보안관서에서 일하려면 열 손가락이 다 있어야 했다. 셸비도 규칙을 알고 있었지만 필기시험과 체력검사를 통과했으니 어디 한번 운에 맡겨보자고 생각했다. 지금까지 그는 운이 좋았다. 심지어 왼손 약지의 상당 부분을 잃은 것도 행운이었다. 사냥꾼이 샷건을 실수로 쏘았을 때 몸 절반이 날아갈 수도 있었다. 의사는 손 전체를 잃을 뻔했다고 했다.

시험관은 셸비의 손가락을 보고 면접을 중단했다. 나가보라는 퉁명스러운 지시가 날아왔다. 새크라멘토 보안관서는 역시 무리였던 모양이었다. 거부당하는 경험은 속이 쓰렸다. 평생 셸비는 가족들이 오클라호마에서 보안관을 지낸 삼촌을 존경하는 말투로 입에 올리는 것을 들었다. 어쩌면 그것이 징조였을 것이다. 어쨌든 그는 욜로나 플레이서처럼 인구가 적은 카운티에서 일하고 싶었다. 센트럴 밸리의 탁 트인 평원은 그의 어린 시절을 대변하는 풍경이었다. 여름에는 머세드 카운티 동쪽 목장이나 농장에서 바깥 일을 했다. 운하에서 알몸으로 헤엄을 치기도 하고, 시에라네바다 기슭에서 토끼와 메추라기를 사냥하기도 했다. 새크라멘토 보안관서의 '합격불가' 편지는 1주일 뒤에 도착했다. 다음 날 다시 한 통의 편지가 도착했다. 이번 편지는 일을 하기 위해 언제 어디로 나와서 등록하라는 내용이었다.

셸비는 설명을 요구했다. 베트남전이 중요한 뉴스로 떠오르던 시기였다. 1965년 2월 한 달 동안 징집된 군인 수는 3000명이었다.

10월에는 3만 3000명으로 늘어났다. 전국 각지에서 시위가 발생했고 점점 더 거칠어졌다. 쓸 만한 젊은 남자들이 차츰 부족해졌다. 새크라멘토 보안관서는 셸비를 새롭고 비교적 드문 경우로 보았다. 그는 10년도 더 이전 열일곱 살 생일을 며칠 넘기고 공군에 입대해서 복무를 마쳤다. 대학에서 형사행정학을 전공했으며 기혼이었다. 손가락이 부족하긴 했지만 보안관 비서보다 더 빨리 타자기를 칠 수 있었다. 보완관서는 손가락 길이에 대한 규칙을 변경했다. 셸비는 1966년 8월 1일 일을 시작했다. 그리고 27년 동안 일했다.

당시 새크라멘토 보안관서는 번듯한 직장과는 거리가 멀었다. 대시보드에 거위목 램프와 클립보드가 고정된 경찰차 한 대를 놓고 전 인원이 경쟁해야 했다. 무기고에는 1920년대 톰슨기관단총이 아직도 있었다. 사이렌은 자동차 바로 위에 붙어 있었다. 이 차를 몰던 경찰들은 현재 보청기를 끼고 있다. 성범죄팀 같은 특수수사팀은 없었다. 전화를 받고 강간현장에 한 번 출동하면 현장 경험이 있는 전문가가 되는 것이었다. 셸비가 1976년 10월 5일 섀도브룩 웨이 도로변에 서 있었던 것도 바로 그 때문이었다.

냄새를 추적하는 블러드하운드가 그를 이 지점까지 인도했다. 냄새는 아이 방 창문에서 시작해서 울타리를 넘어 잡초밭을 지나 여기 도로변에서 멈췄다. 셸비는 가장 가까운 집 문을 두드리고 잡초밭 너머 60미터 정도 떨어진 피해자의 집 쪽을 바라보았다. 이 불안감이 물러가기를 바라는 기분이었다.

1시간 반 전인 오전 6시 직전, 세 살 난 아들을 껴안고 침대에 누워 있던 제인 카슨은 전등 스위치를 켰다 끄는 소리, 이어 누군가 복도를 뛰어오는 소리를 들었다. 남편은 방금 전 출근했다. "잭, 당신이야? 뭐 잊어버린 거 있어?"

남편이 아닌, 녹색과 갈색이 섞인 스키 마스크를 쓴 남자가 문간으로 들어섰다.

"소리 내지 마. 난 돈을 원해. 해치지는 않아." 남자는 말했다.

셸비는 이 정확한 타이밍이 흥미로웠다. 괴한은 제인의 남편이 집을 나선 직후 아들의 침실 창문을 통해 집에 침입했다. 2주 전 집에 도둑이 들었는데, 반지 10개 정도를 가져가고 어느 이웃의 훔친 장신구를 남겨놓는 희한한 일도 있었다. 도둑은 아들 방 창문을 통해 침입했다가 다시 나갔다. 같은 놈이다, 셸비는 생각했다. 꼼꼼하고 참을성 있는 성격이다.

제인의 강간사건은 동부 지역 강간범이 저지른 다섯 번째 범행으로 기록되었지만, 이후 이 연쇄사건 수사에 있어 불가분의 인물이 된 셸비와 캐롤 데일리가 수사한 첫 사건이었다. 성범죄 수사 경험이 있는 여성 형사 데일리는 피해자 면담에 적임자였다. 인간을 다루는 탁월한 기술 덕분에 이후 그녀는 부보안관 직위까지 승진한다. 반면 셸비는 사람들을 열 받게 하는 재주가 있었다. 그가 용의자 심문을 맡으면 수사가 혼돈 속으로 빠져 들어가는 경향이 있었기 때문에 동료들에게 대신 해달라고 부탁해야 했다. 그는 항상 '4층' 최고 간부들과 부딪쳤다. 문제는 오만이라기보다는 솔직함 때문이었다. 그는 요령이 없었다. 사람을 볼 수 없는 평원을 누비며 어린 시절을 보내다 보면 어떤 종류의 의사소통 기술을 개발할 기회를 잃는다. "눈치 있게 처리하는 기술 같은 게 나한테는 항상 없었어."

그는 말했다.

그해 10월 3건의 범행이 연달아 일어났다. 처음에는 당시 얼리버드 강간범으로 알려졌던 신원미상 범인의 소행이 아닐까 많은 동료들이 생각했지만, 셸비는 얼리버드보다 영리하고 기괴한 인물이라는 것을 알고 있었다. 범행 프로파일이란 것이 등장하기 전, '시그너처signature(범인의 고유한 특징—옮긴이)' '의례적인 행위rituad be havior' 같은 용어가 흔히 사용되기 전의 시절이었다. 당시 수사관들은 '존재the presence' '성격the personality' '냄새가 난다the small of it' 같은 표현을 사용했다. 체취처럼 뚜렷한 특징을 지닌, 정확히 반복되는 독특한 세부사항들을 뜻하는 낱말들이었다. 분명 전에 어디서 본 듯한 범행현장의 데자뷔 경험이랄까. 물론 육체적인 특징 묘사도 일관되었다. 백인, 10대 후반 혹은 20대, 175센티미터, 중간 정도의 근육질 체구, 항상 마스크를 씀, 힘을 주어 내뱉는 성난 속삭임, 악문 턱, 화가 나면 한층 높아지는 목소리, 작은 성기. 특이한 행동도 있었다. 목소리는 종종 서두르는 것 같은데 태도는 그렇지 않았다. 그는 서랍을 열고 몇 분 동안 조용히 서서 안을 들여다보곤 했다. 범행 전 인근에서 목격된 스토커 제보에 따르면 일단 남의 눈에 띄었다고 자각하면 범인은 느긋하게 현장을 떠났다는 증언이 종종 공통적으로 들어왔다. "전혀 서두르지 않는 태도였어요." 한 목격자는 말했다.

그의 성심리적 욕구는 구체적이었다. 피해자의 손을 뒤로 돌려 묶는데 종종 여러 번, 때로 다른 소재를 이용해 반복해서 묶었다. 피해자에게 묶인 손으로 자신의 성기를 자극하라고 지시했다. 그는 절대 피해자를 애무하지 않았다. 커플을 범행대상으로 삼기 시작했을 때 그는 피해자를 거실로 데려가서 텔레비전 위에 수건을 드리우곤 했다. 그에게는 조명이 중요한 것 같았다. 그는 성적인 질문을 즐겼다. "내가 뭘 하고 있지?" 그는 집 안에서 발견한 핸드 로션으로 자위하면서 눈을 가린 피해자에게 묻곤 했다. "대위도 이런가?" 그는 제인에게 물었다. 그녀의 남편은 공군 대위였다. 그는 제인에게 "입 다물어"라는 말을 적어도 쉰 번은 했지만 강간할 때는 여배우에게 잔소리하는 감독처럼 다른 요구가 많았다. "감정을 더 넣어봐." 그는 지시했다. "안 그러면 칼을 쓸 거야."

그는 대담했다. 두 번은 집에 침입해서 피해자가 자기를 보고 경찰에 황급히 전화를 걸고 있다는 것을 알면서도 단념하지 않고 범행을 저질렀다. 아이들에게는 관심이 없었다. 육체적으로 해치지는 않았지만 나이가 조금 많은 아이들은 묶어서 다른 방에 가뒀다. 그는 범행 도중 걸음마를 배우는 제인의 아들을 침실 바닥에 놓아두었다. 아이는 잠들었다. 잠에서 깬 뒤 아이는 침대를 올려다보았다. 범인은 사라진 뒤였다. 엄마는 찢은 수건 조각으로 묶이고 입에는 행주를 물고 있었다. 아이는 결박을 붕대로 착각했다.

"의사는 갔어?" 아이는 속삭였다.

* * *

스키 마스크를 쓴 범인의 잔혹한 범행방식은 셸비에게 낯익었지만 미리 정찰하는 습관은 신경이 쓰였다. 흔치 않은 방식이었다. 수화기를 들면 끊기는 전화, 정찰, 가택침입. EAR은 타이머로 작동하는 바깥 조명을 수동으로 어떻게 끄는지 알고 있었다. 찾기 힘든 차고 개폐기 위치도 알고 있었다. 탐문을 해보니 용의자는 제인뿐만 아니라 이웃까지 탐색하며 차를 어디 세울 수 있는지, 이웃이 언제 쓰레기를 내놓고 언제 출근하는지 미리 파악해둔 것 같았다.

그날 셸비의 동료였던 캐롤 데일리는 1년 뒤 〈새크라멘토 비Sacramento Bee〉와의 인터뷰를 통해 사건에 대해 이렇게 언급했다. "전형적인 강간범은 그렇게 정교한 계획을 짜지 않습니다." 그날 블러드하운드와 같이 도로변에 서서 잡초밭 너머 제인의 집 쪽을 바라보며 셸비의 머릿속에 오간 생각이었다. 또 한 가지 신경 쓰이는 부분이 있었다. 범인은 제인의 왼쪽 어깨를 칼로 쿡쿡 찔렀다. 제인은 범인에게 실제 상처 입히려는 의도는 없었다며 실수라고 느꼈다. 하지만 셸비는 그렇게 생각하지 않았다. 그는 범인이 피해자에게 더 고통을 주고 싶은 충동을 억누르고 있었던 것으로 짐작했다. 체포될 때까지 그 충동은 점점 커질 것이다.

그 짐작은 사실로 드러났다. 용의자는 눈을 가린 피해자의 귀 옆에서 가위를 철컥거리며 움직일 때마다 발가락을 하나씩 자르겠다고 협박하기 시작했다. 피해자가 누워 있는 침대 옆을 칼로 찌르기도 했다. 심리적 고문이 쾌락에 불을 붙였다. "넌 나를 모르지, 안 그래?" 그는 한 피해자의 이름을 부르며 속삭였다. "너한테는 너무 오래전이야. 그렇지? 너무 오래 됐어. 하지만 난 널 알아." 그는 항상 집을 나간 척하고 있다가 피해자들의 몸에서 긴장이 풀리고 마비된 손가락이 결박한 끈을 찾아 더듬거릴 때쯤 느닷없이 소리를 내거나 움직여서 그들을 기겁하게 하기도 했다.

10월 제인 카슨 범행 이후 지역사회에는 연쇄강간범이 출몰한다는 소문이 무성했지만 보안관서는 세간의 이목이 쏠리면 용의자가 동부에서 다른 곳으로 달아날까 봐 언론에 사건을 다루지 말아달라고 요청했다. 범인을 이 지역 내에서 붙잡고 싶었던 것이다. 셸비, 데일리 그리고 형사과의 동료들은 조용히 단서를 추적했다. 가석방과 보호관찰사들에게 수소문했다. 배달부, 우유배달부, 잡역부, 양탄자 공사인부를 확인했다. 이웃집 문간에 명함을 남겨두고 너무 빤히 쳐다보거나 너무 늦은 시간까지 돌아다니던 수상쩍은 젊은 남자에 대한 제보를 요청했다. 제인의 눈을 가리고 용의자 2명의 목소리 테이프 녹음을 들려주었다. 그녀는 침대에 누운 채 팔을 떨었다. "아니에요." 그들은 도난품을 찾아 전당포를 탐문했고 델 파소대로에 있는 성인용품점 하우스 오브 에이트를 찾아가 결박 취미가 있는 고객에 대해 탐문했다. 여자 자동차 등록정보에 대해 돈을 주고 문의한 뒤 자기 차로 미행한 남자에 대한 제보도 추적했다. 그를 집 밖에서 만나보았더니 하수구에 서서 다른 데 정신이 팔린 나머지 멋진 가죽 정장구두 주위로 물이 출렁거리는 것도 깨닫지 못하는 사람이었다. 그는 EAR이 아니었지만 수사진들은 자동차 등록국에서 돈을 주고 개인정보를 사는 관행을 중단하도록 조치했다. 그들은 얼굴을 붉히는 모습, 눈을 깜빡이는 모습, 팔짱을 끼는 모습, 분명 시간을 벌려고 질문을 되풀이하는 모습을 주의 깊게 보았다. 하지만 EAR은 아니었다.

한편, 공식 발표가 없는 가운데 지역사회의 소문은 살을 붙여나갔다. 범행수법이 너무 끔찍한 나머지 경찰이 연쇄강간사건에 대해 공식적으로 언급하지 않는다는 것이었다. 범인이 여자의 젖가슴을 도려내고 있다는 소문은 사실이 아니었지만 언론 발표가 없었다는 것은 아무도 그런 소문을 반박하지 않았다는 뜻이었다. 10월 18일, EAR이 24시간 동안 두 번 범행을 저질렀을 때 긴장은 절정에 달했다. 피해자 중 하나인 서른두 살의 가정주부이자 두 아이의 어머니는 동부 지역에서 비교적 부유한 동네 중 하나인 키플링 드라이브에 거주하고 있었다. 사람들은 EAR이 공식 보도가 없는 데 불만을 품고 주목을 확실히 끌 수 있는 부자 동네로 진출한 게 아닌가 생각했다. 11월 3일 500명의 시민이 시에서 주최한 범죄방지 공청회에 참석하기 위해 델 다요 초등학교에 모였다. 셸비와 데일리는 번갈아가며 어색하게 마이크 앞에 서서 겁에 질린 주민들의 EAR에 대한 열띤 질문에 답했다.

다음 날 아침 〈새크라멘토 비〉에는 경찰 기자 워런 할로웨이의 기사가 실렸다. '8건의 강간 용의자 추적' 중. 보도 통제는 끝났다.

아마 우연이었겠지만 〈새크라멘토 비〉에 후속 기사가(〈동부 지역 강간범… 평화로운 지역을 공포에 빠뜨리다〉) 실린 11월 10일 저녁 가죽 후드를 쓴 남자가 시트러스 하이츠의 어느 집 창문으로 들어와서 서재에서 혼자 텔레비전을 보는 열여섯 살 난 소녀를 훔쳐보았다. 그는 칼로 소녀를 겨누고 소름끼치는 경고를 남겼다. "조금이라도 움직이면 넌 영원히 아무 소리도 못 내고 나는 어둠 속으로 사라진다."

이번에 EAR은 피해자를 집 밖으로 끌고 가서 둑을 내려간 뒤 폭 6미터, 깊이 3미터 정도의 시멘트 하수도로 들어갔다. 그들은 서

1977년 11월 8일 새크라멘토 카운티 보안관서는 EAR을 주제로 새크라멘토 소재 마이라 로마 고등학교에서 공청회를 열었다. 겁에 질린 주민들은 걱정스럽게 목소리를 높였다._새크라멘토 카운티 보안관서 제공.

쪽으로 800미터 정도를 하수도를 따라 늙은 버드나무가 있는 곳까지 갔다. 소녀는 이후 셸비와 몇몇 형사들과 함께 그 길을 다시 걸었다. 잘린 신발 끈, 갈기갈기 찢어진 리바이스 청바지, 녹색 팬티가 나무 근처 잡초 사이에 쌓여 있었다. 소녀는 자신이 강간당하지 않았다고 했다. 폭행을 당한 사람들에게 정보를 이끌어내는 것은 까다로운 일이다. 특히 이쪽이 셸비처럼 무뚝뚝한 190센티미터의 손위 남성이고 상대가 감정적으로 무너지기 일보 직전인 10대 여자라면. 이쪽은 눈을 똑바로 쳐다보며 힘든 질문을 던져야 한다. 대답도 무조건 믿을 수가 없다. 나중에 좀 더 부드럽게, 어쩌면 다른 이야기를 한참 하다가 다시 물어보아야 한다. 상대는 전에 했던 이야기를 되풀이한다. 내가 할 수 있는 일은 그것뿐이다.

EAR은 소녀를 다른 사람으로 착각했을 가능성이 있었다. “넌 아메리칸 리버 칼리지에 다니지 않나?” 범인은 그녀에게 물었다. 아니라고 답하자 그는 칼을 그녀의 목에 대고 다시 물었다. 소녀는 다시 아니라고 답했다. 그녀는 형사에게 인근 커뮤니티 칼리지인 아메리칸 리버 칼리지에 다녔던 이웃이 자기와 닮았다고 말했다. 그러나 이번에도 타이밍은 묘하게 정확했다. 그녀는 아주 잠깐 집 안에 혼자 있을 예정이었다. 부모님은 입원한 그녀의 오빠를 보러 병원에 갔고, 그녀는 그날 밤 늦게 남자친구와 데이트 약속이 있었다. 가족들이 곧 집에 돌아온다는 것을 알고 그들을 놀라게 하고 싶지 않았는지 EAR은 소녀를 하수도로 데려가기 전에 자기가 침입한 창문의 방충망을 다시 제자리에 닫고 텔레비전과 집 안 불을 모두 껐다.

어둠 속에서 느슨해진 눈가리개 사이로 범인의 인상착의를 잠깐 목격한 피해자는 점점 늘어나고 있었고, 소녀도 그중 하나였다. 앞코가 각진 검은 신발, 왼손으로 쥐면 안 보일 정도로 작은 손전등, 군용 위장복 바지. 묶여 있는 동안 소녀는 범인이 둑 서쪽으로 계속 기어 올라가서 뭔가 찾는 것 같았다고 증언했다. 왔다 갔다 초조하게. 셸비는 둑을 올라가보았다. 늘 그렇듯, 그들은 몇 분, 몇 시간 간격을 두고 범인을 뒤따라가고 있었다. 범인이 남긴 발자국을 밟아 볼 수는 있어도 그가 그 자리에 온 이유를 알지 못하면 멍하니 지평선을 둘러보며 힌트를 찾는 원숭이의 시야나 다를 바가 없다. 길게 자라 얽힌 수풀, 울타리, 뒷마당. 정보가 너무 많았다. 충분하지 않았다. 원점으로 돌아가자.

소녀는 가죽 후드가 범인의 셔츠 아래까지 이어졌고 눈과 입 위치에 구멍이 있었다고 증언했다. 셸비에게는 아크 용접공이 헬멧 아래에 쓰는 후드처럼 들렸다. 그는 용접공구 회사의 고객 명단을 살펴보았다. 성과가 없었다. 그동안 보안관서에는 이름을 귀띔하는 제보 전화가 쉴 새 없이 울렸다. 형사들은 지목된 모든 사람들을 살펴보려고 애썼다. 발이 크거나 가슴이 움푹 들어갔거나 배가 나왔거나 턱수염이 있거나 왼쪽 눈이 사시이거나 발을 절거나 평발 깔창을 사용하거나 남편의 동생과 알몸으로 수영한 적이 있는데 성기가 크다고 증언한 형수가 있는 남자들은 제외했다.

EAR은 12월 18일 페어오크스에서 다시 10대 소녀에게 범행을 저질렀다. 1월에는 피해자 2명이 나왔다. '15개월 동안 열네 번째 강간사건 발생'. 1월 24일 자 〈새크라멘토 비〉에 실린 기사 제목이었다. 익명의 보안관서 형사의 언급에는 초조한 피곤함이 배어 있었다. "다른 모든 사건들과 정확히 동일하다."

* * *

1977년 2월 2일 아침, 카마이클에서 서른 살의 여자가 눈가리개와 재갈을 두르고 묶인 채 침대에 누워 있었다. 한참 귀를 기울였는데 아무 소리도 나지 않자 여자는 입에 물린 재갈을 뱉어내고 일곱 살 난 딸을 불렀다. 아이도 같이 있는 기척이 느껴졌다. "괜찮니?" 그녀는 물었다. 딸은 조용히 하라고 말렸다. "엄마, 조용히 해." 누군가 아직 자기가 있다는 것을 알려주려는 듯 갑자기 침대를 눌렀다가 다시 손을 뗐다. 몇 분 동안 그녀는 오렌지색과 흰색 수건 눈가리개 밑에서 눈을 커다랗게 뜨고 가까운 곳에 있는 범인의 숨소리를 들으며 누워 있었다.

최면을 통해 수상한 장면을 본 기억을 이끌어내기도 했다. 형사들은 유리섬유 안장주머니가 달려 있는 검은색과 흰색 오토바이를 찾았다. 엔진 소음이 요란한, 아마도 예전에 캘리포니아주 고속도로 순찰차였던 검은 차. 옆면에 창문이 없는 흰 밴. 구레나룻과 커다란 코밑수염을 기른 돈이라는 이름의 바이커. 한 여자가 전화를 걸어 인근 식료품점 점원에 대해 제보했다. 증언에 따르면 그의 성기는 "얼마나 많이 사용했는지 아주 거칠다"는 것이었다.

지문 증거가 절박했던 형사들은 요오드-은판 전사로 인간의 피부에서 잠재지문을 채취하는 방법도 시도해보았다. 캐롤 데일리가 튜브로 피해자의 나체 위에 미세한 가루를 날려 보내는 일을 맡았다. 아무것도 나오지 않았다. 작은 성과도 있었다. 2월 카마이클에 사는 한 여자가 총을 놓고 EAR과 몸싸움을 벌였다. 범인은 그녀의 머리를 때렸다. 피해자의 머리 상처를 살펴 본 셀비와 데일리는 머리에 난 상처에서 5센티미터 정도 떨어진 지점에 튄 핏방울을 발견했다. 데일리는 피 묻은 머리카락을 과학수사 연구실에 보냈다. 피해자의 혈액형은 B형이었다. EAR의 혈액으로 확정된 이 혈흔은 A+형이었다.

* * *

•—편집자 주 다음 글은 미셸이 남긴 메모를 엮어 편집한 것이다

1977년 2월 16일 밤 10시 30분경이었다. 무어*(무어 가족의 모든 이름은 가명이다) 가족은 새크라멘토의 칼리지-글렌에 위치한 리펀 코트court(도로를 지칭하는 명칭 중 하나. 대체로 말발굽 모양이며 길을 따라 주택이 둥글게 배열되어 돌아 나오는 형태가 많다—옮긴이)의 집에 있었다. 열여덟 살 난 더글러스는 부엌에서 케이크를 잘랐고, 열다섯 살 난 여동생 프리실라는 거실에서 텔레비전을 보고 있었다. 갑자기 예기치 않았던 소음이 평일 저녁의 일상을 뒤흔들었다. 뒤뜰에서 쿵 소리가 났다. 가족의 전기 훈연기였다. 누군가 방금 울타리를 뛰어넘어 훈연기에 부딪힌 것이었다.

메이비 무어가 중정 불을 켜고 커튼 사이로 밖을 내다보자 바

로 그때 누군가 뒷마당을 가로질러 달리는 모습이 눈에 들어왔다. 더글러스는 본능적으로 뒤따라가기 시작했고 아버지 데일은 손전등을 집어 들고 옆문을 통해 따라나갔다.

아들은 뒷마당을 엿보고 있던 금발머리 남자를 뒤쫓고 있었고 데일은 그 뒤를 따라가고 있었다. 리펀 코트를 건너 이웃 두 집 사이 공간으로 들어간 뒤 금발머리는 울타리를 넘어 사라졌다. 더글러스가 뒤따랐고 그가 울타리 꼭대기에 올라가자 커다랗게 탕 소리가 났다. 데일은 아들이 뒤로 쓰러져 잔디 위에 떨어지는 것을 보았다.

"총에 맞았어요!" 더글러스는 아버지가 살펴보자 외쳤다. 다시 한번 총성이 울렸지만 아무 일도 없었다. 데일은 더글러스를 사격권 밖으로 끌고 나갔다.

구급차가 도착해서 더글러스를 급히 병원으로 옮겼다. 총알은 배를 뚫고 내장, 방광, 직장에 여러 개의 구멍을 냈다.

경찰이 이웃을 탐문하자 EAR 수사관들이 탐문할 때 수집했던 것과 소름 끼칠 정도로 유사한 정황들이 드러나기 시작했다. 이웃들은 자기 집 울타리를 누가 타고 넘는 것 같은 소리를 들었다. 사람이 지붕 위를 걷는 소리를 들은 이웃도 있었다. 울타리 널을 발로 차낸 흔적이 있었고 옆문이 열려 있었다. 개 짖는 소리가 파도처럼 동네를 휩쓸며 유령 침입자가 움직인 경로를 알려주었다. 일대 주민들은 무어 총격사건 이전 몇 주 동안 누군가 집을 엿보거나 침입한 흔적이 있었다고 신고했다.

더그 무어 건은 물론이고 모든 목격자 증언에서 비슷한 인상착의가 나왔다. 스물다섯 살에서 서른 살 사이의 백인. 175센티미터에서 178센티미터, 묵직한 다리와 목덜미 길이의 모래색 금발, 비니 모자와 윈드브레이커, 리바이스 코듀로이 바지, 테니스 신발 차림.

이번 역시 수집한 단서 중에는 더그 무어 총격사건과 별 관계는 없어 보였지만 흥미로운 실마리가 있었다. 관련이 있다 해도 구체적인 정보와는 거리가 멀어 보이는 것들이었다. 근무를 마치고 인근 토마스 제퍼슨 학교를 나서던 관리인이 캠퍼스 내 건물 앞에서 어슬렁거리는 두 사람을 지나쳤다. 관리인이 지나치자 그중 하나가 몇 시냐고 물었고 다른 한 사람은 코트 안으로 뭔가 숨기는 것 같았다. 트랜지스터 라디오 같기도 했다.

둘 다 열여덟, 열아홉 살 정도로 보였고 키는 175센티미터 정도였다. 하나는 어깨까지 내려오는 검은 머리, 파란 윈드브레이커와 리바이스 차림의 멕시코계로 보이는 남성이었고 다른 하나는 똑같은 복장의 백인이었다.

관리인은 7년 동안 학교에서 일했고 방과 시간 이후 교내에 자주 보이는 사람들은 잘 알고 있었다. 하지만 이 두 사람은 한 번도 본 적이 없었다.

* * *

3월 8일 이른 아침 아든-아케이드에서 다시 EAR의 범행이 발생했다. 〈새크라멘토 비〉는 사건에 대해 기사를 실었다("강간은 연쇄범의 소행일지도 모른다"). 기자는 "피해자가 남편과 별거하고 어린 아이를 혼자 키우고 있지만 월요일 밤 아이는 다른 곳에 머물고 있었다. 동부 지역 강간범은 집안에 남자가 있으면 절대 침입하지 않았지만 아이들이 있는 경우는 종종 있었다"라고 썼다. 기사가 공개된 뒤, EAR이 과연 범행 관련 언론보도를 확인하고 있는가 하는 질문은 이제 던질 이유가 없어졌다. 다음 피해자는 10대 소녀였지만 이후 범인은 열한 번 연속으로 남녀 커플을 노렸으며 그때부터 커플은 범행의 주요 목표가 되었다.

3월 18일, 보안관서는 오후 4시 15분부터 5시까지 세 통의 전화를 받았다. "나는 EAR이다." 남자 목소리가 말하고 웃은 뒤 전화를 끊었다. 두 번째 전화는 첫 전화의 반복이었다. 이어 세 번째로 전화가 걸려왔다. "나는 동부 지역 강간범이다. 지금은 다음 목표물을 엿보고 있지만 너희들은 날 잡지 못한다."

그날 밤 랜초 코도바에서 켄터키 후라이드 치킨 파트타임 일을 마치고 집으로 돌아온 열여섯 살 난 소녀가 테이크아웃 봉투를 부엌 카운터 위에 올려놓고 친구에게 전화하려고 수화기를 들었다. 신호음이 한 번 반 울렸을 때, 녹색 스키 마스크를 쓴 남자가 도끼를 머리 위에 치켜들고 부모님 침실에서 나타났다.

이번에 EAR은 얼굴 한가운데에 구멍이 뚫린 스키 마스크를 쓰고 있었기 때문에 피해자가 얼굴을 약간 더 잘 볼 수 있었다. EAR이 젊은 랜초 코도바 주민일 거라는 직감으로 셸비와 데일리는 인근 학교 졸업앨범을 가져와서 피해자에게 넘겨보라고 했다. 그녀는 1974년 폴섬 고등학교 졸업앨범의 한 페이지에서 멈췄다. 그녀는 한 소년의 사진을 가리키며 셸비에게 앨범을 넘겨주었다. "이 남자가 제일 닮았어요." 그들은 소년의 이력을 찾았다. 불안정한 요소, 기묘한 요소가 다 있었다. 그는 오번대로의 한 주유소에서 일하고 있었다. 수사팀은 피해자를 일반 차량 뒷자리에 태우고 그가 기름을 채우는 동안 1미터 떨어진 곳에서 훔쳐보도록 했다. 하지만 피해자는 그를 범인으로 확실하게 지목하지 못했다.

* * *

집들은 구조가 서로 달랐다. 피해자 중에는 고통스럽고 혼란스러운 표정으로 소파 쿠션을 끌어안은 채 '절정'이 뭔지 아느냐고 물으면 고개를 젓는 젊은 10대도 있었다. 얼마 전 두 번째 남편과 이혼한 뒤 미용학원에 등록하고 독신 사교모임 활동에 열심인 30대 중반의 피해자도 있었다. 하지만 이른 새벽 침대에서 호출되는 형사들에게 범행현장들은 무감각해질 정도로 동일했다. 털이 긴 양탄자 위에 흩어진 신발 끈 토막, 손목에 깊게 패인 붉은 자국, 창틀을 억지로 연 자국, 열려 있는 부엌 찬장, 뒷마당 중정에 널린 맥주 캔과 크래커 상자. 절도는 분명 범인의 핵심 범행동기가 아니었지만, 그가 여러 귀중품 중에서 무늬를 새긴 장신구, 운전면허증, 사진, 주화, 때로 돈 같은 것을 골라 훔치는 동안 종이 부스럭거리는 소리 혹은 지퍼 소리 같은 봉투 소리를 들었다는 증언도 동일했다. 종종 훔친 물건, 부어오른 손가락에서 거칠게 빼낸 소중한 결혼반지 같은 귀중품들이 집 근처 어딘가에 버려져 있기도 했다.

4월 2일, 범인은 범행수법에 약간의 수정을 가했다. 이후에도 이 수법은 계속 사용된다. EAR의 첫 커플 피해자는 밝은 사각형 전등 불빛이 눈에 비쳐 잠에서 깼다. 범인은 걸걸하게 총이 있다고 속삭이고("45구경, 14발 들어 있어") 여자에게 긴 노끈을 던지며 남자친구를 묶으라고 지시했다. 남자가 묶이자 EAR은 컵과 컵받침을 그의 등에 놓았다. "컵이 달그락거리거나 침대 스프링이 삐걱거리면 집 안에 있는 모든 사람을 쏘겠다." 범인은 속삭였다. 여자에게 이렇게 말하기도 했다. "나는 군대에 있었는데 그때 많이 뒹굴었어."

EAR이 군대와 관련이 있을지도 모른다는 점은 종종 논의되었다. 새크라멘토에서 차로 1시간 이내 거리에는 군 기지 5개가 있었다. 랜초 코도바에 인접한 메이서 공군기지에만 인력이 대략 8000명이었다. 범인은 군용 녹색 취향이었고 때로 끈으로 묶는 검은 군용부츠를 보았다는 증언도 있었다. 범인을 목격한 사람, 특히 군복무 경험이 있는 사람들은 범인의 권위적인 자세와 완강한 태도에서 군대 이력이 있는 사람 같았다고 증언했다. 특히 범인의 독특한 경보시스템으로 알려진 '접시 올려놓기'는 밀림지대 전투에서 유래한 기법으로 보였다.

그가 두뇌싸움에서 경찰을 앞서고 있다는 짜증스러운 사실도 있었다. 범인은 아직 잡히지 않았다. 보안관서는 보통 방화범을 잡는 데 사용되는 주 삼림관리부에서 나무 위에 장치하는 카메라를 빌렸다. EAR이 자주 출몰하는 지역에 경찰 표식이 없는 순찰차를 배치하느라 시간외근무 예산도 바닥났다. 베트남에서 사용했던 군용 야간투시경과 동작감지기도 빌렸다. 그러나 평범함이라는 가면을 쓴 범인은 아직 세상 사람들 사이에서 활보하고 있었다.

보안관서는 EAR의 전술에 대한 이해를 돕기 위해 특수부대 기법을 훈련받은 받은 군 대령을 초빙하기도 했다. "훈련의 초점은 인내심입니다." 대령은 말했다. "특수한 훈련을 받은 사람은 필요하면 같은 자리에 몇 시간 동안 움직이지 않고 앉아 있을 수 있습니다." 소음에 민감하다는 것도 특수부대원이 갈고 닦는 기술이었다. EAR은 종종 더 잘 듣기 위해 에어컨과 난방장치를 끄기도 했다. 나이프와 매듭, 다수의 탈출구를 미리 계획하는 것도 마찬가지였다. "특수부대원은 어떠한 은폐지점도 활용할 수 있습니다." 대령은 말했다. "인간이 있을 것이라고 절대 생각되지 않는 곳, 예를 들어 간이화장실 바닥, 블랙베리 수풀 속 같은 곳"에서 찾아볼 것. 대령은 되풀이했다. 인내심을 잊지 말 것. 대령은 범인이 다른 어떤 사람보다 체력이 뛰어나기 때문에 그가 포기하기 전에 수사팀이 먼저 포기할 것이라고 생각했다.

셸비는 그들이 다른 이유 때문에 범인을 잡지 못한 것이 아닌가 생각했다. 사복 순찰을 범인이 자주 나타나는 지역에 배치하면 바로 그날 밤 EAR은 다른 지역에 나타나곤 했던 것이다. 범인은 일반 시민보다 경찰 수사방식에 대해 잘 아는 것 같았다. 그는 항상 장갑을 끼고 표준적인 경찰 수색 범위 밖에 차를 세웠다. "꼼짝 마라!" 도망치려는 여자에게 이렇게 소리친 적도 있었다. 이 점을 지적한 것은 셸비뿐만이 아니었다. 보안관서의 다른 사람들의 머릿속에도 그 생각이 스쳤다. 혹시 우리 중 누가 범인이 아닐까?

어느 날 밤, 셸비는 수상한 사람이 어슬렁거린다는 제보를 받고 출동했다. 셸비가 현관문을 두드리고 신분을 밝히자 제보한 여자는 놀라는 것 같았다. 몇 분 전 경찰이 이미 지나간 줄 알았다는 것이었다. 그녀는 바로 집 밖에서 틀림없이 경찰 무전기 소리를 들었다고 했다.

"특수부대원들은 수색자들이 바로 자기 코앞으로 지나가도 꼼짝도 하지 않습니다." 대령이 경고했다.

4월 말까지 피해자의 수는 17명으로 늘었다. EAR은 평균 한 달에 2건의 범행을 저지르고 있었다. 모두가 그랬지만, 관심 갖는 사람에게는 분명 좋지 않은 상황이었다.

그러다 5월이 왔다.

* * *

보안관서는 EAR을 알아볼 수 있다는 심령술사의 제안을 받아들였다. 그녀는 찬송을 하고 익히지 않은 햄버거 고기를 먹었다. 그녀는 EAR의 "바이오리듬 차트"를 만든다고 했지만, 범인의 생일이 있어야 한다고 했다. 마지막 범행이 있은 지 2주보다 약간 더 지난 5월 2일 자정 전후, 라리비에라 드라이브에 사는 서른두 살 여자가 집 밖에서 쿵 소리를 들었다. 어린 아들들이 제방에서 마당으로 울타리를 넘어올 때 나는 소리와 같았다. 그녀는 창가로 갔지만 아무것도 보이지 않았다. 새벽 3시, 갑작스러운 손전등 불빛이 그녀와 공군 소령이었던 남편을 소스라치게 했다.

이틀 뒤 한 젊은 여자와 그녀의 남자 직장 동료가 오렌지베일의 남자 집 드라이브웨이에 세워놓은 여자의 차로 향하는데 베이지색 스키 마스크와 미국 해군 재킷 비슷한 진청색 재킷 차림의 남자가 어둠 속에서 뛰어나왔다. 두 사건 다 익숙한 냄새가 났다. 사전에 전화가 울렸다가 끊긴 적이 있었고, 접시 올려놓기 수법, 그중 한 사건에서 잔혹한 강간이 끝난 뒤 부엌에서 리츠 크래커를 먹으며 휴식을 취하는 대조적인 행동 그리고 두 커플 다 범인이 짐짓 화나서 성질을 폭발시키는 척 숨을 씩씩 몰아쉬며 세 보이려고 노력하는 나쁜 배우 같았다고 형사들에게 증언했다. 오렌지베일의 여자는 범인이 몇 분 동안 화장실에 들어가 있었다고 했다. 안에서 과호흡을 다스리는 소리가 났다는 것이었다.

'스무 번째 동부 지역 강간사건, 오렌지데일에서 발생.' 다음 날 〈새크라멘토 비〉의 기사제목이었다.

보안관서에는 압박감이 가중되고 있었다. 보통 손을 떼고 있던 간부들도 안절부절못하며 직접 개입했다. 5월 한 달 동안의 시간외 근무로 거의 1년 예산이 바닥났다. 헤어진 남자친구와 가로등을 점검하는 공공공사 직원들을 제보하는 전화만 해도 눈코 뜰 새가 없었다. 구부정하게 앉아 스티로폼 컵에 담긴 커피를 홀짝이며 느긋하게 회의하던 풍경은 사라지고 서성거리거나 다리를 덜덜 떠는 모습이 일상화했다. 형사들은 지도를 노려보며 다음 범행을 예측하려고 애썼다. 그들은 다음 범행지역이 시트러스 하이츠의 선라이즈 몰 인근일 거라고 예측했다. 수상한 사람이 어슬렁거린다는 제보와 가택침입 신고가 이어지고 있었기 때문이었다.

5월 13일 오전 12시 45분경, 선라이즈 몰에서 멀지 않은 멀린데일 드라이브의 한 가족은 지붕에서 무슨 소리를 들었다. 인접한 마당에서 개들이 짖기 시작했다. 오전 1시경 한 이웃이 전화해서 그들도 자기 집 지붕 위를 누군가 기어가는 소리를 들었다고 했다. 경찰차가 몇 분 만에 도착했지만 지붕 위의 수상한 인물은 사라진 뒤였다.

다음 날 밤 한 블록 떨어진 곳에서, 젊은 웨이트리스와 식당 지배인인 그녀의 남편이 다음 피해자가 되었다.

모두가 믿기지 않는다는 분위기였다. 아메리칸강 동쪽에서 새크라멘토 카운티 직할구역 안쪽으로 대략 15킬로미터에 달하는 길게 뻗은 지역이 말 그대로 포위 공격을 당하고 있었다. 아무도 더 이상 전후사정을 묻지 않았다. "들었어?"라고 묻는 사람도 없었다. 당연히 들었을 테니까. "이런 남자가 있다는데"라는 설명은 간단하게 '그 범인'으로 바뀌었다. 캘리포니아 주립대학교 새크라멘토 캠퍼스의 교수들은 수업을 중단하고 강의 전체를 EAR에 대한 토론에 할애했으며, 새로운 정보가 있는 학생에게 더 자세한 내용을 캐물었다.

자연과 인간의 관계도 변했다. 겨울의 진눈깨비와 짙은 안개, 음습한 날씨가 물러가고 사랑스러운 온기가 찾아왔으며, 파릇파릇한 관목에 붉은 색과 분홍색 동백꽃이 피었다. 오리건 물푸레나무, 파란 오크 등 새크라멘토가 자랑하는 수목이 강변에 울창하게 우거졌지만, 사람들의 눈에는 그 나무들이 신록의 차양이라기보다 사냥꾼 초소처럼 보였다. 깔끔하게 가지를 잘라내고 싶은 충동이 일었다. 강 동쪽 주민들은 집 주위 나뭇가지를 자르고 관목을 뽑아냈다. 미닫이 유리창을 맞춤핀으로 단단하게 고정하는 정도로는 충분하지 않았다. 범인이 들어오는 것을 막을 수는 있겠지만 주민들은 그 이상을 원했다. 범인이 숨을 수 있는 가능성을 완전히 제거하고 싶어 했다.

5월 16일, 집집마다 새로 설치된 조명들이 크리스마스트리처럼 동부를 환히 밝혔다. 어느 집은 문과 창문마다 탬버린을 달았다. 베개 밑에는 망치가 자리 잡았다. 1월부터 5월까지 새크라멘토 카운티에서는 3000정 가까운 총기가 판매되었다. 새벽 1시부터 4시까지 잠을 자지 않는 사람들도 늘어났다. 많은 커플들이 번갈아가며 수면을 취했고, 둘 중 한 사람은 항상 거실 소파에 앉아 창문에 라이플을 겨누고 망을 보았다.

광인이라야 다시 범행을 저지를 수 있을 것이었다.

5월 17일, 모든 사람들이 숨을 멈추고 누가 죽을 것인지 조마조마한 마음으로 기다리던 날이었다. 아침에 일어나보니 EAR이 5월 중 네 번째로 범행을 저질렀다는 뉴스가 있었고 이것은 채 1년도 되지 않은 기간 동안 그가 벌인 스물한 번째 범행이었다. 가장 최근 피해자인 델 다요의 한 커플은 범인이 그날 밤 두 사람을 죽이겠다고 위협했다고 경찰에 증언했다. 5월 17일부터 18일까지 24시간 동안 새크라멘토 보안관서는 6169통의 전화를 받았는데, 대부분이 동부 지역 강간범에 대한 제보였다.

5월 17일 오전 3시 55분, 경찰들은 신고를 받고 출동했다. 31세의 남자 피해자가 연파랑색 파자마 차림으로 손목이 흰 신발끈으로 묶인 채 집 밖에 있었다. 그는 영어와 이탈리아어를 섞어 화난 음성으로 말했다. "이제 와서 서두르면 뭐합니까? 그는 사라졌어요. 들어오세요!" 현장에 도착한 셸비는 그 남자를 곧바로 알아보았다. 지난 11월 그와 데일리가 주민들로 가득 찬 교실에서 EAR에 대한 공청회를 열었을 때, 자리에서 일어나 수사를 비판한 사람이었다. 그와 셸비는 열띤 논쟁을 주고받았다. 6개월 전 일이었고 아마 우연의 일치였겠지만, 셸비는 EAR이 자신을 잡기 위한 주민 모임에 참석할 정도로 뻔뻔스러운 게 아닌가, 사람들 사이에 섞여 들어서 관찰하고 기억하는 악의적인 인내심을 발휘한 게 아닌가 하는 인상을 받았다.

델 다요의 정수처리장 근처 아메리칸 리버 드라이브 외곽에서 일어난 이 사건은 이전 범행과 비슷했지만, 이번에는 EAR 역시 지역주민들과 마찬가지로 기분이 유난히 초조했던 것 같았다. 범인은 말을 더듬었다. 가장 같지는 않았다. 흥분과 분노 속에서 여성 피해자를 향해 거의 내뱉다시피 한, 범인이 전달하려는 메시지도 있었다. "저 병신들, 돼지들, 내 말 듣고 있나? 난 사람을 죽인 적이 없었지만 이제부터는 죽일 거야. 그 병신들한테, 돼지들한테 네가 똑바로 전해. 난 내 아파트로 돌아갈 거다. 내 집에는 텔레비전이 잔뜩 있어. 라디오도 듣고 텔레비전도 볼 테니까 거기서 혹시 이 말이 나오면 내일 밤 당장 나가서 두 사람 죽인다. 사람을 죽인다고."

하지만 그는 다른 방에 묶여 있는 남편에게는 약간 다른 메시지를 전했다. "저 돼지들에게 전해. 내가 오늘 밤 두 사람 죽일 수도 있었다고. 신문과 텔레비전에 이 이야기가 대서특필되지 않으면 내일 밤에는 두 사람 죽일 거다."

그는 치즈잇 크래커와 멜론 반 개를 먹어치우고 집을 떠났다.

다음 날 아침 〈새크라멘토 비〉에는 불안한 헤드라인이 실렸다. '동부 지역 강간범 스물세 번째 범행, 다음 피해자는 오늘 밤에 죽을 것인가?' 기사에는 보안관서에서 심리학자 자문을 통해 EAR이 "망상형 조현병일 가능성"이 있고, "선천적인 (육체적) 약점으로 인한 동성애 공황"상태에 있을 가능성이 높다는 결론을 내렸다는 보도가 실려 있었다. 이 선천적인 약점이라는 표현은 기사에서 여러 번 반복되었다. 이것이 EAR이 원했던 보도였는지, 그가 정말 보도를 원했는지, 또한 그가 정말 사람을 죽이겠다는 협박을 실행에 옮길 것인지 정확히 알 길은 없었다.

1977년 5월은 창살이 올라가고 철야농성이 시작된 달이었다. 동네 남자들 300명이 CB 라디오가 장착된 픽업트럭을 타고 동부 새크라멘토 카운티를 순찰했다. 집집마다 유리창과 문 뒤에는 단단한 아크릴 패널을 설치했다. 데드볼트deadbolt 자물쇠(스프링 작용이 없이 열쇠나 손잡이를 돌려야만 열리는 걸쇠—옮긴이)는 재고물량이 떨어질 정도였다. 검침원들은 주민의 집에 들어갈 때면 신분증을 들어 보이면서 자기 신분을 되풀이해서 커다랗게 알려야 했다. 뒷마당 조명 주문량도 한 달에 10개에서 600개로 늘었다. 〈새크라멘토 유니언Sacramento Union〉지에 도착한 독자 편지는 당시의 분위기를 전형적으로 반영하고 있다. "예전에는 밤에 환기하려고 창문을 열었다. 요즘에는 그러지 못한다. 예전에는 저녁에 개와 산책을 나갔지만 요즘에는 그럴 수 없다. 예전에는 아들들이 집 안을 안전하다고 느꼈다. 요즘은 그렇지 않다. 예전에는 일상적인 소음에 일일이 깨지 않고 잘 잤다. 요즘은 그렇지 않다."

이 당시 셸비는 다른 형사와 함께 경찰 표식이 없는 차에 타고 남부 새크라멘토에서 주간 순찰을 돌았다. 그들은 동쪽 방향으로 차를 세워놓았고 블록 중간쯤에 태그 풋볼 경기가 벌어지고 있는 골목이 자동차 왼쪽으로 보였다. 그때 차 한 대가 동쪽으로 향하며 아주 천천히 그곳을 지나쳤다. 주행 속도도 눈에 띄게 느렸지만 정말 셸비의 주의를 끈 점은 운전자가 너무나 집중해서 경기를 구경하고 있다는 사실이었다. 셸비는 풋볼 선수들을 유심히 보았다. 스무 살쯤 된 긴 머리 젊은 여자 쿼터백을 제외하고 모두 소년이었다. 몇 분 뒤, 같은 차가 돌아오더니 다시 아주 천천히 달리며 선수들을 뚫어져라 쳐다보았다. 셸비는 차종과 모델명을 주의 깊게 보아두었다. 차가 세 번째로 돌아오자 그는 번호판을 메모하고 무전기에 알렸다. "차가 이번에도 다시 돌아오면 세워서 검문하자고." 셸비는 파트너에게 말했다. 그러나 목이 가느다란 20대 초반 금발머리 남자가 지나간 것은 그것이 마지막이었다. 운전자가 경기장을 열심히 바라보던 모습은 셸비의 기억에 아직도 남아 있다. 며칠 뒤 2킬로미터 정도 떨어진 남부 새크라멘토에서 처음으로 EAR의 범행이 발생했다는 사실과 함께. 이 현장수사를 마지막으로 셸비는 EAR 사건에서 손을 떼고 다른 업무를 맡게 된다.

차량은 번호판 조회 결과 미등록 차량으로 밝혀졌다.

* * *

오랜 새크라멘토 사람들에게는 자부심 넘치는 자립심과 법석을 떨지 않는 특징이 있다.

한번은 내가 머물고 있던 도심 부티크 호텔에서 아침식사 인터뷰 약속이 있었다. 인터뷰 대상의 남편은 장식장 제작자였는데 아내와 같이 약속 장소에 나왔다. 나는 이미 아침식사로 요거트 파르페를 주문했는데 파르페는 작은 메이슨 병에 담겨 있었고 골동품 은제 스푼이 딸려 나왔다. 내가 손님들에게 뭘 먹으라고 권했지만 웨이트리스가 남편을 바라보자 그는 정중하게 고개를 저으며 미소 지었다. "아침에 제가 만들어 먹었습니다." 그가 그 말을 한 순간 나는 말 그대로 은 스푼을 입에 물고 있었다.

이 이야기를 꺼내는 것은 어떤 상황에 대한 이해를 돕기 위해서다. 예를 들어 5월 17일 범행 이틀 전에는 지역 치과의사 한 사람이 현상금으로 1만 달러를 쾌척한다고 발표했고(총액은 2만 5000달러로 늘었다), 다른 사업가는 EARS(East Area Rapist Surveillance, 동부 지역 강간범 감시) 풀뿌리 순찰단을 조직했다. 수백 명의 남자 주민들이 집회에 참석하고 각자의 차로 동부 지역을 밤새도록 돌았다. 보안관보는 5월 20일 자 〈새크라멘토 비〉 기사에서 이런 상황에 대한 경악을 토로했다. 그의 메시지는 기본적으로 '하지 말라'는 것이었다. 그러나 시민들의 자발적인 수색은 굴하지 않고 계속되었고, 캘리포니아주 고속도로 순찰대에서 임대한 감시 헬기의 소음과 불빛이 쉴새없이 상공을 맴돌았다.

이런 예도 있었다. "동부 지역 강간범 피해자 두 사람의 증언"이라는 5월 22일 자 〈새크라멘토 유니언〉 기사다. 피해자는 제인이라는 가명을 썼지만 워낙 사건 묘사가 자세해서 EAR이 기사를 읽는다면 누구인지 알 수 있을 정도였다. 따라서 그녀의 이런 발언은 더욱 의미심장했다.

"누가 그의 머리를 총으로 날려버린다면 나는 배신감이 들 것 같다. 훨씬 아래쪽을 겨냥하라고 하겠다." 그녀는 말했다.

5월 27일, 메모리얼 데이 주말이 시작하는 금요일 아침 피오나 윌리엄스*(윌리엄스 가족의 모든 이름은 가명이다)는 집안일을 한 뒤 세 살 난 아들 저스틴을 데리고 플로린 로드에 있는 점보 마켓에 식료품을 사러 갔다. 그 후 베이비시터의 집에 아들을 맡기고 안과 진료를 받으러 갔다가 파트타임으로 일하는 도서관에서 급료를 수령해서 은행에 예치하고 다시 페니스에서 잠시 쇼핑했다. 그런 뒤 베이비시터의 집에서 저스틴을 데리고 와 멜 카페에서 저녁을 먹었다. 집에 돌아온 뒤에는 풀에서 잠시 수영을 했다. 해 질 무렵 저스틴이 옆에서 아장거리는 가운데 아직 수영복을 입은 차림으로 앞마당에 물을 뿌렸다.

피오나도 물론 요즘 발생하는 사건에 대해 알고 있었다. 매일 밤 새로운 범행 소식이 지역 방송사의 뉴스에서 흘러나오고 있었다. 하지만 어쨌거나 범인은 동부 지역 강간범이다. 피오나가 남편 필립, 아들 저스틴과 함께 새 집에서 살고 있는 남부 새크라멘토에서는 한 번도 사건이 발생하지 않았다. 하지만 EAR은 그들의 뇌리에도 박혀 있었다. 필립은 델 다요의 정수처리장에서 관리인으로 일하고 있었다. 5월 17일 발생한 가장 최근 피해자 커플은 정수처리장에서 겨우 몇 미터 떨어진 곳에 살고 있었다. 필립은 오후 근무

조였고 그가 회사에 도착하자 동료가 출근길에 경찰이 득실거린 이유를 알려주었다. EAR은 남편의 머리에 총을 겨누고 말했다. "입 닥쳐, 한 마디만 더 하면 죽인다. 알겠나?"

필립은 피해자 부부를 몰랐다. 그들은 그저 벽처럼 시야를 가로막은 경찰차 뒤에 격리된 낯선 사람, 수군거리는 직장 내 소문의 대상일 뿐이었다. 그러나 그는 곧 그들을 알게 되었다.

오전 12시 30분경 퇴근해서 집에 돌아와보니 피오나와 저스틴은 잠들어 있었다. 그는 맥주를 마시고 텔레비전을 잠시 보다가 침대에 누워 잠들었다. 20분 뒤 그와 피오나는 동시에 깨어 서로를 더듬었다. 그들은 장난을 치기 시작했다. 몇 분 뒤 침실에서 무슨 긁히는 소리가 나 그들은 깜짝 놀랐다. 중정으로 통하는 미닫이 유리문이 열리고 붉은 스키 마스크 차림의 남자가 들어왔다. 곧바로 정체를 알 수 있었지만 그렇다고 충격이 줄어들지는 않았다. 방금 텔레비전에서 본 영화 등장인물이 커튼 뒤에서 나타나 말을 걸기 시작하는 것 같은 초현실적인 기분이었다. 범인은 왼손에 건전지가 2개 들어가는 손전등을 쥐고 있었다. 그는 오른손에 들고 있던 45구경 권총 같은 것을 전등 불빛 앞에 내밀어 부부에게 보여주었다.

"꼼짝 말고 누워 있어. 안 그러면 전부 다 죽인다." 그는 말했다. "널 죽인다. 여자도 죽인다. 어린 아들도 죽인다."

그는 피오나에게 줄을 던져주고 필립을 묶으라고 했다. EAR은 이어 그녀를 묶었다. 그는 전등을 사방으로 정신없이 비추면서 침실을 뒤지고 협박했다. 그는 필립의 등 위에 접시를 쌓아놓고 피오나를 거실로 데리고 나갔다.

"왜 이러는 거예요?" 그녀는 물었다.

"입 닥쳐!" 그는 거칠게 말했다.

"미안해요." 그녀는 상대가 소리치자 반사적으로 대답했다.

"입 닥치라고!"

그는 미리 수건을 깔아둔 거실 바닥에 그녀를 밀어 눕혔다. 여러 번 강간한 뒤 그는 말했다. "네가 그 빌어먹을 돼지들에게 전해야 할 말이 있다. 지난번에 그놈들이 오해를 했어. 나는 두 사람을 죽이겠다고 말했어. 널 죽이지는 않을 거야. 내일 이 내용이 텔레비전이나 신문에 나온다면 난 두 사람을 죽인다. 듣고 있나? 내 말 들려? 내 아파트에도 텔레비전이 있고 지켜볼 거야. 이 내용이 뉴스에 나오면 난 두 사람을 죽인다."

그가 자기 아파트 텔레비전을 언급하는 순간, 피오나의 머릿속에는 린든 B. 존슨이 대통령 집무실에서 책상 옆에 놓아둔 텔레비전 세 대를 동시에 보고 있는 장면이 떠올랐다. 1960년대 뉴스에 자주 등장하던 영상이었다. EAR은 l(엘) 발음, 특히 'listening'을 확연히 더듬었다. 호흡은 가빴다. 공기를 요란하게 빨아들이는 소리가 났다. 범인이 일부러 호흡을 과장하고 있는 것이기를 바라는 마음이 들 정도였다. 가식이 아니라면 심각하게 불안정한 상태로 들렸기 때문이었다.

"뉴스에 나오면 우리 엄마가 무서워한다고." 그는 숨을 삼키는 사이로 말했다.

최초로 출동한 경찰이 열려 있는 뒷마당 중정 문으로 들어와 신고한 여자 쪽으로 조심스럽게 다가간 것은 오전 4시가 약간 지난 시각이었다. 그녀는 손목과 발목이 신발 끈으로 등 뒤에서 묶인 채 거실바닥에 벌거벗고 엎드려 있었다. 스키 마스크를 쓴 낯선 남자는 1시간 반 동안 피오나와 남편의 피를 말리고 사라졌다. 괴한은 여자를 잔인하게 강간했다. 피오나는 키 157센티미터, 몸무게 50킬로그램의 가냘픈 여자였다. 그녀는 건조하고 침착한 태도를 지닌 새크라멘토 토박이였고, 작은 체구에도 불구하고 맑은 눈매에 강인한 회복력의 소유자였다.

"음, 이제 동부 지역 강간범이 남부 지역 강간범이 됐네요." 그녀는 말했다[2]

오전 5시, 셸비는 기둥과 창틀을 갈색으로 칠한 노란 집에 도착했다. 현장 감식 기술자가 증거를 보존하기 위해 강간이 있었던 바닥 일대에 비닐봉투를 깔아놓고 있었다. 녹색 와인병과 소시지 두 봉지가 뒷마당 중정 위, 문에서 4미터 정도 떨어진 지점에 떨어져 있었다. 킁킁거리는 블러드하운드와 조련사를 따라 뒷마당을 가로지르니 북동쪽 모퉁이 화단에 족적이 남아 있었다.

99번 고속도로가 집에 인접해 있었고 개는 북쪽으로 달리는 차선 갓길 한 지점에서 냄새를 놓쳤다. 그 지점에는 작은 외제 자동차, 아마 폭스바겐 비틀 같은 타이어 자국이 남아 있었다. 조련사가 줄자를 꺼냈다. 타이어자국은 중심에서 중심까지 1.3미터였다.

범행 직후 수첩을 든 수사관들이 그날 저녁 평소와 달랐던 점

---

2 남부에서 발생한, EAR의 알려진 유일한 범행이었다. EAR 순찰대를 조직하고 현상금 1만 달러를 내놓은 치과의사의 병원이—범행 전 주 내내 이 소식은 널리 알려졌다—800미터도 채 떨어지지 않은 곳에 있었는데 이 점은 순전한 우연일 수도 있고 아닐 수도 있다.

이 있었느냐고 하자 피오나가 기억해낸 유일한 사실은 차고 문이었다. 그날 빨래 때문에 집에서 차고까지 갔다 왔는데 차고로 이어지는 옆문은 처음에 분명 닫혀 있었다. 한데 다시 돌아와보니 문이 열려 있었다. 바람이겠지, 그녀는 생각했다. 그녀는 문을 닫아걸었다. 이 집에 이사 온 지 3주밖에 되지 않았기 때문에 집 안 구조와 이런저런 특이한 점에 적응하는 중이었다. 블록 끝 모퉁이 집이었고 침실이 4개, 뒷마당에 땅을 파서 만든 수영장이 있었다. 부동산 오픈하우스 날 옆에 서서 같이 수영장 구경을 하던 한 남자가 계속 피오나의 기억에 맴돌며 신경을 거슬렀다. 왜 그 남자에 대한 기억이 남아 있는지 알 수 없었다. 너무 가까이 서 있어서? 약간 지나칠 정도로 오래 머물러서? 얼굴을 떠올려보려고 애썼지만 헛수고였다. 남자, 그게 전부였다.

99번 고속도로와 집 사이에는 100미터 정도의 맨땅과 커다란 침엽수 한 줄이 있었다. 집 바로 뒤 빈약한 철조망 울타리 건너편은 공터였다. 피오나는 집을 둘러싼 탁 트인 공간을 이전과 다른 눈으로 바라보게 되었다. 한때 쾌적한 벌판이었던 풍경이 취약한 침입 경로가 되었다. 원래 계획에는 없었지만 메모리얼 데이 주말의 사건 이후 그녀와 필립은 3000달러를 억지로 긁어모아 새 집 주변에 벽돌 벽을 쌓았다.

집 앞 포치에 꽂힌 부동산 '매물' 간판이 셸비의 눈에 띄었다. 중대한 수사 방향 하나가 피해자들 사이에서 공통된 실마리를 찾으려고 노력하고 있었다. 형사들은 피해자들에게 자세한 질문지를 주고 그들의 대답을 꼼꼼히 검토했다. 학생과 교육, 병원 노동자, 군대 등 중복되는 것 같은 관심분야나 배경. 몇몇은 같은 피자 식당에 자주 다녔다. 그러나 지금까지 가장 중복된 패턴은 부동산이었다. 1976년 10월 셸비가 수사한 첫 사건이었던 제인의 집에서 그는 길 건너 바로 맞은 편 마당에 센츄리 21 간판이 꽂힌 것을 보았다. 몇몇 피해자들은 얼마 전 이사를 왔거나 이사 나가려는 참이거나 매물로 나온 집의 옆집이었다. 10년이 지나고 사건이 한층 복잡해지면서 부동산이라는 요인은 꾸준히 나타났지만, 한 부동산업자가 록박스에서 무심코 열쇠를 꺼내 마지막으로 알려진 EAR의 피해자를 발견하는 그 순간까지 그 의미는 모호했다.

메모리얼 데이 주말 피오나와 필립 사건 이후 EAR은 여름 내내 새크라멘토에서 사라졌다. 그는 10월까지 돌아오지 않았다. 그때 셸비는 사건에서 손을 떼고 순찰과로 돌아가 있었다. 고위간부들과 한층 눈에 띄게 부딪치기 시작했던 것이다. 언론의 주목을 받는 사건들에는 조직 내 정치가 개입하기 마련이며, 셸비는 그런 게임을 할 수 있는 사람이 아니었다. 1972년 그가 처음 경찰이 되었을 때, 상관 레이 루트 경위는 느슨하고 능동적인 철학을 지닌 경찰이었다. 나가서 정보원을 만들어라, 자진해서 신고가 들어오지 않는 중범죄를 찾아라, 이것이 루트의 지시였다. 임무 배정을 기다리기보다 자신의 사건을 만들어라. 이런 철학은 셸비의 성격과 잘 맞았다. 보스의 생각에 공손하게 관심을 표하는 것은 그의 성미에 어울리지 않았다. 셸비에게 부서이동은 불쾌하지 않았다. 그는 범인 추적에 스트레스를 받고 있었다. 내분에도 지쳤다. EAR처럼 주목받는 사건을 맡는다는 것은 끊임없이 감시를 당한다는 것을 의미하며, 셸비는 그런 눈길에 가시를 세웠다. 그의 내면에는 희망찬 가슴으로 보안관서 면접관 앞에 나섰다가 필요한 요소가 없다는 이유로 배제되었던, 자부심 넘치는 젊은이의 기억이 살아 있었다.

사건 이후 얼마 동안 피오나는 EAR처럼 말을 더듬었다. 캐롤 데일리는 피해자 중 한 사람의 집에서 여성 피해자 모임을 만들었다. 피오나는 여자들이 나직하게 서로 나누던 말들을 기억했다. "당신은 잘하고 있어요." "나는 닷새 동안 집 밖에 나가질 못했어요." 데일리는 남자 음성을 녹음해서 들려주기도 했지만 피오나는 그 목소리를 피해자라고 지목하는 사람은 없었던 것으로 기억했다. 이후 한동안 그녀는 신변 안전에 비이성적일 정도로 집착했다. 밤에는 필립이 귀가할 때까지 침실이 있는 집 뒤쪽에는 발을 들이지 않았다. 때로 자동차 운전석 밑에 장전한 총을 두기도 했다. 그녀의 안에는 초조한 기운이 가득 차 있었고 그러던 어느 날 밤에는 그 에너지로 미친 듯이 진공청소기를 돌리다가 퓨즈가 터져서 집 전체와 뒷마당이 캄캄해지는 일도 있었다. 그녀는 히스테리 상태에 빠졌다. 상황을 알고 있는 나이 지긋한 친절한 이웃 부부가 급히 달려와서 퓨즈를 고쳐주었다.

사건 얼마 뒤 휴직 기간 동안 필립은 다른 피해자의 집으로 걸어가서 자기소개를 했다. 오랜 세월이 흐르도록 피오나에게는 말하지 않았지만 그와 다른 피해자의 남편은 가끔 이른 아침 같이 차를 타고 동네 마당과 공터를 살폈다. 속도를 냈다가 속도를 줄였다가 하며 생울타리 사이에서 살금살금 움직이는 인기척을 찾았다. 두 남자의 연대는 말이 없었다. 그들과 같은 경험을 한 남자, 아내가 옆방에서 흐느끼는 동안 결박당하고 재갈이 물린 채 침대에 엎어져 있어야만 했던 새하얀 분노를 이해하는 남자는 아마도 거의 없을 것이다. 그들은 얼굴도 모르는 남자를 쫓고 있었다. 상관없었다. 앞으로 나아가는 움직임, 손이 묶이지 않고 육체적으로 뭔가 하고 있다는 사실, 중요한 것은 그것뿐이었다.

* * *

현재는 폐간된 지역 교외 주간지 〈그린 시트Green sheet〉 1979년 2월 28일 자 기사 발췌본을 보면 1970년대 새크라멘토가 어떤 곳이었는지 당시 지역의 분위기를 전달하는 데 도움이 될 것이다. 제목은 '3건의 강간사건 재판 임박', 부제는 '언론의 관심 문제'. 첫 단락은 다음과 같다. "국선변호인은 동부 지역 강간범에 대한 언론의 관심 때문에 강간으로 기소된 세 피고인이 새크라멘토 카운티에서 공정한 재판을 받는 것이 불가능하다는 점을 입증하려고 한다."

1979년 2월, 동부 지역 강간범이 열 달 동안 새크라멘토 카운티에서 범행을 저지르지 않은 시점이었다. 그가 다른 곳으로 옮겨 가서 이제 이스트 베이를 엿보고 있다는 흔적도 있었다. 그러나 기사는 국선변호인이 새크라멘토 주민을 대상으로 한 전화 여론조사를 통해 "동부 지역 강간범으로 인한 공포가 지역 내에 얼마나 만연해 있는가"를 입증하려고 한다고 적었다. 동부 지역 강간범의 악명에 배심원단 후보자 인구가 영향을 받을 것이다. 즉 배심원들이 악명 높은 신원미상의 연쇄강간범을 벌하고 싶다는 어긋난 충동으로 다른 사건, 다시 말해 울리, 미드데이, 시티 칼리지 강간 혐의를 받고 있는 피고에게 유죄판결을 내릴지도 모른다는 점이 국선변호인의 걱정이었다. '동부 지역 강간범'이라는 별명이 너무나 극심한 공포를 불러일으키는 나머지, 조사원이 질문할 때 많은 여론조사 응답자들이 '동부 지역 강간범'이라는 세 단어가 채 끝나기도 전에 전화를 끊는다는 것이었다.

동부 지역 강간범 이야기가 더 많이 나온 세 강간범 기사에서 또 하나의 강간범 이름은 아예 언급조차 되지 않았다는 사실을 상기한다면 1970년대 새크라멘토가 어떤 곳이었는지 좀 더 쉽게 짐작할 수 있을 것이다. 얼리버드 강간범은 1972년부터 1976년 초까지 새크라멘토에서 범행을 저지르다가 사라졌다. 4년간의 가택침입과 성폭행, 약 40명에 달하는 피해자 수에도 불구하고 얼리버드 강간범에 대한 자료는 EAR과 관련될 때만 구글 검색에 뜬다.

10대 시절 동부 지역 강간범을 가까이 접한 적이 있다고 믿는 한 여자가 내게 이메일을 보냈다. 그녀와 친구는 지름길을 통해 새크라멘토 카운티 동쪽에 위치한 아든-아케이드의 고등학교로 가는 중이었다. 추운 아침이었고 그녀는 1976년 혹은 1977년 가을 아니면 겨울이었다고 믿는다. 두 사람은 개울을 따라 포장된 시멘트길을 걷다가 막다른 골목을 만났다. 울타리가 쳐진 어느 집 뒷마당이었다. 돌아서는데 6미터 정도 떨어진 곳에 한 남자가 서 있었다. 그는 눈만 내놓고 얼굴 전체를 가리는 검은 스키 마스크를 쓰고 있었다. 그는 한 손을 재킷 주머니에 넣은 채 두 사람을 향해 다가오기 시작했다. 여자는 반사적으로 손을 들어 잠금장치를 찾아 울타리를 더듬었다. 문이 열리고 두 친구들은 비명을 지르며 뒷마당으로 달려 들어갔다. 소란에 놀란 집주인이 나와 여자들을 집 안으로 들였다. 그녀는 당시 수사관들과 나누었던 대화를 기억한다. 그녀는 내게 보낸 이메일에서 마스크를 쓴 남자는 내가 EAR에 대해 쓴 잡지글에 묘사한 것과 체구가 달랐다고 했다. 그녀가 만난 남자는 대단히 근육질이었다. "지나치게 근육이 많았어요."

나는 그녀의 이메일을 이제 새크라멘토 보안관서에서 은퇴한 셸비에게 보냈다. "EAR였을 수도 있겠지요." 그는 답장을 보냈다. "하지만 근육질 묘사는 리처드 키슬링과 정확히 일치합니다."

리처드 키슬링? 나는 키슬링을 찾아보았다. 새크라멘토 지역에서 한때 출몰했던 연쇄 강간범으로서 EAR과 마찬가지로 스키 마스크를 즐겨 썼으며 남편을 묶어놓고 아내를 강간했다.

범죄가 증가하는 것은 새크라멘토의 문제만은 아니었다. 미국 내 폭력 범죄율은 1960년대부터 1970년대까지 꾸준한 증가세를 보이다가 1980년에 절정에 이른다. 영화 〈택시 드라이버〉가 1976년 2월에 개봉했다. 황량하고 폭력적인 이 영화가 당대의 분위기를 탁월하게 묘사했다는 절찬을 받은 것도 놀랄 일은 아니다. 새크라멘토뿐만 아니라 다른 곳에서도 내가 이야기를 나눈 은퇴한 경찰들은 공통적으로 1968년부터 1980년 사이를 특별히 암울했던 시기로 기억한다. 그리고 다른 곳과 달리 강을 건너고 눈 덮인 산맥을 넘어온 개척자들이 세운 도시 새크라멘토는 냉혹한 생존본능으로 유명하다.

요점은 범죄가 창궐했다는 말을 하려는 것이 아니라 그중에서도 그가 독보적이었다는 사실을 강조하려는 것이다. 강인한 현지인들과 폭력적인 범죄자들이 바글거리던 도시에서 한 범죄자가 유난히 두드러졌다.

새크라멘토 토박이에게 내가 새크라멘토의 연쇄 강간범에 대해 글을 쓰고 있다고 하면 아무도 어떤 강간범이냐고 되묻지 않는다는 점만 봐도 1970년대 새크라멘토가 어떤 곳이었는지, EAR이 어떤 인물이었는지 전달하는 데 도움이 될 것이다.

바이샐리아

• 편집자 주 이 장은 미셸이 남긴 메모와, 2013년 2월 〈로스앤젤레스Los Angeles〉지에 최초 발표된 후 온라인에 개정 증보판이 실린 원고 〈살인마의 발자국을 따라서In the footsteps of a Killer〉의 초기본을 엮어 편집한 것이다.

1977년 2월 말 금요일 오전, 리처드 셸비가 새크라멘토 카운티 보안관서의 자기 책상에 앉아 있는데 전화가 울렸다. 바이샐리아 경찰서의 본 경사라는 사람이었다. 본은 자기가 EAR 수사에 혹시 도움이 될지도 모를 유용한 정보를 갖고 있다고 생각했다.

1974년 4월부터 다음 해 12월까지 바이샐리아에서는 '랜새커'라는 별명이 붙은 젊은 범인의 기묘한 빈집털이가 빈발했다. 랜새커는 채 2년도 안 되는 기간 동안 130번이나 범행을 저질렀지만 1975년 12월 이후 아무 활동이 없었고, EAR의 연쇄범행은 겨우 여섯 달 뒤 새크라멘토에서 시작되었다. 게다가 두 범인 사이에는 많은 유사점이 있는 것 같았다. 어쩌면 파고들어 볼 가치가 있는 방향인지도 모른다.

랜새커는 수법이 기묘하기도 했지만 범행 횟수도 많았다. 그는 하룻밤에 여러 집을 털었다. 때로는 네 집, 다섯 집, 한번은 열두 집을 털기도 했다. 랜새커는 똑같은 주거지역 네 군데만 반복해서 표적으로 삼았다. 더 값비싼 물건은 남겨두고 사진이나 결혼반지 같은 개인적인 소지품을 좋아했다. 수사관들은 그가 핸드 로션에 집착하는 것 같다고 생각했다.

그러나 그는 심술궂은 데가 있는 변태였고 가정이라는 공동체에 맺힌 불만이 있는 것 같았다. 집 안에 가족사진이 있으면 찢어버리거나 숨겼고 때로 액자를 부수거나 사진을 전부 다 훔치기도 했다. 성질부리는 버릇 나쁜 어린아이처럼 냉장고에 있던 오렌지 주스를 벽장 안 옷에 붓기도 했다. 범인은 집 전체를 완전히 엉망진창으로 만들었다. 주된 범행 동기는 절도보다 이 부분으로 보였고 그래서 랜새커ransacker 라는 별명이 붙었다. 게다가 그는 집 안에 숨겨놓은 현금을 찾아 침대 위에 올려놓기도 했다. 훔치는 것은 오로지 값싼 장신구와 개인 맞춤형 보석, 돼지저금통, 물건으로 교환할 수 있는 블루칩 스탬프 같은 것들이었다. 가전제품과 시계 라디오 플러그도 뽑았다. 귀걸이 한 쌍 중에 한 짝만 가져가는 것도 좋아했다. 랜새커는 사람들을 악의적으로 괴롭히는 것을 즐겼다.

여자 속옷을 뒤지고 종종 사방에 흩어놓거나 기묘하게 정렬하는 취향으로 보아 랜새커의 절도행각에서 성적인 요소는 명백했다.

한번은 여자 속옷을 아이 요람에 쌓아놓았다. 남자 속옷을 침실부터 욕실까지 복도에 일렬로 깔끔하게 정렬한 적도 있었다. 그는 집 안 어디에 가면 윤활제로 사용할 물건을 찾을 수 있는지 잘 알았고, 바셀린 인텐시브 케어 핸드 로션을 특히 좋아했다. 그는 기민했다. 혹시 범행을 끝내기 전에 집주인이 돌아오면 여러 경로로 탈출할 수 있도록 언제나 퇴로를 하나 이상 확보해두었다. 향수병이나 스프레이 캔 같은 것을 문손잡이 위에 올려놓아 경보 시스템도 임시로 만들었다.

1975년 11월 11일 이른 새벽, 랜새커의 범행 경로는 무시무시한 전환점을 맞았다.

새벽 2시경이었다. 세콰이어 대학 언론학 교수였던 클로드 스넬링의 열여섯 살 난 딸이 잠에서 깨어보니 한 남자가 그녀의 몸에 올라타서 장갑 낀 손으로 입을 단단히 막고 있었다. 칼이 목을 눌렀다. "날 따라와. 소리치면 칼로 찌른다." 스키 마스크를 쓴 괴한은 거칠고 낮은 목소리로 속삭였다. 그녀가 반항하기 시작하자 그는 총을 꺼냈다. "소리치면 쏜다." 그는 그녀를 데리고 뒷문으로 나갔다.

소음에 놀란 스넬링은 중정으로 달려나왔다.

"뭐하는 거야! 내 딸을 어디로 데려가는 거야!" 그는 외쳤다.

침입자는 총을 겨냥하더니 한 발을 쏘았다. 총알은 스넬링의 오른쪽 가슴을 맞혔고 그의 몸이 휙 돌았다. 범인은 다시 한 발을 쏘았다. 이번에 총알은 몸 왼쪽을 맞히고 팔을 지나친 뒤 심장과 양쪽 폐를 관통했다. 그는 비틀거리며 집 안으로 들어가 몇 분 안에 사망했다. 범인은 피해자의 얼굴을 발로 세 번 찬 뒤 달아났다. 원래 범행 대상이었던 딸의 증언에 따르면 괴한의 특징은 백인 남성, 키는 178센티미터, '성난 눈'이었다.

탄도 분석 결과 범행에 사용된 권총은 미로쿠 38구경, 열흘 전 랜새커가 다른 집을 털면서 훔친 물건이었다. 수사관들은 그해 2월 집에 돌아온 클로드 스넬링이 딸의 창문 밑에 웅크리고 앉아 안을 훔쳐보는 남자를 발견한 일이 있다는 사실도 알아냈다. 스넬링은 남자를 뒤쫓았지만, 그는 어둠 속으로 사라졌다.

***

온갖 증거가 랜새커를 강하게 지목하고 있었다. 감시조가 밤 순찰업무에 투입되고 야간 경찰 인력이 늘었다. 랜새커가 활발하게 활동한 지역에 위치해 있고 이전에 세 번이나 표적이 된 웨스트 카위 애비뉴의 한 집이 특별 감시 대상이었다. 12월 10일, 빌 맥고원 형사는 집 밖에서 랜새커를 놀라게 했다. 용의자는 울타리를 뛰어 넘었고 추적이 이어졌다. 맥고원이 경고 사격을 하자 용의자는 항복하겠다는 손짓을 했다.

"하느님, 절 쏘지 마세요." 그는 기묘하게 자연스럽지 않은 높은 목소리로 소리쳤다. "보이죠? 손 들었잖아요!"

소년 같은 얼굴의 남자는 슬쩍 돌아서더니 코트 주머니에서 총을 꺼내 맥고원에게 빠르게 쏘았다. 맥고원은 뒤로 넘어졌고 세상이 갑자기 캄캄해졌다. 총알이 맥고원의 손전등을 맞췄던 것이다.

* * *

1976년 1월 9일 아침 일찍 일어난 바이샐리아 경찰서 형사 빌 맥고원과 존 본은 남쪽으로 3시간을 차로 달려 로스앤젤레스 시내에 위치한 LAPD 경찰본부 파커 센터로 향했다. 맥고원은 최근 논리 법칙을 초월하는 솜씨로 수사당국을 따돌린, 솔직히 말해 바이샐리아 경찰서 전체가 체포하려고 혈안이 되어 있는 바로 그 범죄자와 얼굴을 마주본 일이 있었다. 그가 랜새커와 마주친 것은 수사에 중요한 돌파구로 여겨지고 있었다. LAPD 특수수사팀은 새로운 실마리가 나오지 않을까 하는 희망으로 맥고원에게 최면을 걸어보기로 했다.

파커 센터에 도착한 바이샐리아 경찰 두 사람은 LAPD의 최면술팀 팀장 리처드 샌드스트롬 경감을 만났다. 그들은 샌드스트롬에게 상황을 설명했다. 맥고웬은 랜새커와 마주친 주거지역의 약도를 그렸다. 경찰 삽화가가 맥고원의 묘사에 기초해 몽타주를 만들었다. 이어 그들은 309호실에 모였다. 약도와 몽타주가 맥고원 앞 탁자에 놓였다. 오전 11시, 최면술이 시작되었다.

샌드스트롬은 맥고원에게 긴장을 풀라고 조용히 격려했다. 다리는 꼬지 않고 펴고 주먹도 쥐지 않고 숨을 깊이 들이마신다. 그는 맥고원에게 한 달 전, 1975년 12월 10일 저녁의 기억으로 돌아가 보라고 했다. 그날 밤 5~6명의 경찰관이 휘트니 고등학교 인근 동네에 파견되어 있었다. 일부는 정해진 위치에 잠복했고 일부는 순찰을 했고 한 사람은 경찰 표시가 없는 차를 몰고 동네를 돌았다. 감시

작전의 목표는 그들의 숙적 바이샐리아 랜새커를 "포착해서 체포하는" 것이었다.

그 전날, 맥고원은 흥미로운 전화 한 통을 받았다. 발신자는 자신을 웨스트 카위 애비뉴에 사는 헨리 부인*이라고 소개했다. 신발 자국 때문에 전화를 걸었다는 것이었다. 신발 자국에 대해 확인해 보라고 했던 말 기억나세요? 그는 기억을 떠올렸다.

7월 헨리 부인의 열아홉 살 난 딸 도나*가 집 뒷마당에서 스키 마스크를 쓴 침입자와 마주친 적이 있었다. 사건을 신고하자 맥고원은 그녀에게 정기적으로 신발자국이 있는지 마당을 확인하고 이상한 점이 있으면 곧바로 자신에게 알리라고 했다. 그래서 부인은 그렇게 한 것이었다.

이 정보를 기초로 맥고원은 다음 날 저녁 그 집을 감시하기 위해 출동했다.

파커 센터에서 의자에 앉은 채 최면술사의 지시를 받으며 맥고원의 기억은 그날 밤으로 돌아갔다.

그는 웨스트 카위 애비뉴 1505번지, 집 앞쪽을 바라보는 차고 안에 대기했다. 테니스화 자국이 도나의 침실 창문 아래서 관찰되었으니 랜새커가 헨리의 집에 돌아올지도 모른다는 감이 있었다.

오후 7시, 맥고원은 간단한 감시 작전을 시작했다. 차고 문은 연 채로 두었다. 모든 조명은 껐다. 그는 어둠 속에 앉아 옆 창문으로 이웃집들을 바라보며 한편으로는 차고를 지나치는 모든 사람들을 놓치지 않고 살폈다. 1시간이 흘렀다. 아무것도 움직이지 않았다. 다시 30분이 지났다.

그때 오후 8시 30분경 몸을 구부린 형체가 창가를 지나쳤다. 맥고원은 기다렸다. 형체는 차고 문간에 나타나 주위를 둘러보았다. 맥고원의 머릿속에 이런저런 가능성이 스쳤다. 집주인? 동료 경찰? 하지만 그의 눈은 어둠에 적응되어 있었기 때문에 그 형체가 검은 옷차림에 비니 모자를 썼다는 것을 알아볼 수 있었다.

맥고원은 형체가 차고 옆을 따라 뒤쪽으로 향하는 동안 지켜보고만 있었다. 커다랗고 볼품없는 체구였으며, 몸의 비율도 특이했다. 맥고원은 밖으로 나가 뒤따르다가 그가 쪽문을 만지작거릴 때 전등을 비췄다.

동료 본은 맥고원이 최면에 빠진 상태에서 다음 일어난 일을 회상하는 동안 메모를 했다. 급작스러운 대치, 뒷마당까지 추적, 여자 비명 같은 외침.

"하느님, 절 쏘지 마세요!"

"여자였습니까?"최면술사 샌드스트롬이 맥고원에게 물었다.

"아니요."

맥고원은 켈라이트 손전등으로 달아나는 형체를 비추며 거기 서라고 반복해서 소리쳤다. 랜새커는 히스테리 상태로 계속 "하느님, 쏘지 마세요. 쏘지 마세요"라고 외치며 이쪽저쪽 방향을 바꿔 달아나다 마침내 짧은 슬레이트 울타리를 넘어 인접한 마당으로 들어갔다. 맥고원은 총집에서 권총을 빼 들고 땅에 경고사격을 했다. 랜새커는 그 자리에 우뚝 서더니 돌아섰다. 그는 항복의 뜻으로 오른손을 들었다.

"포기합니다." 그는 떨리는 목소리로 말했다. "보이죠? 보세요.

손들었잖아요."

최면 중에 당시 상황을 기억하면서 맥고원은 더욱 깊은 최면 상태에 빠졌다. 그는 손전등 불빛에 비친 얼굴에 초점을 맞췄다.

"아기, 둥근 얼굴, 부드러워 보이는 아기 얼굴."

"면도도 안 하는 얼굴."

"아주 가벼운 피부, 부드럽고, 둥글고, 아기 얼굴."

"아기."

울타리 앞에 서서 맥고원은 의기양양했을 것이다. 18개월 동안의 힘든 추적이 드디어 끝났다. 그토록 교활하게 눈에 띄지 않아서 유령을 쫓는 게 아닐까 싶었던 범인을 드디어 체포하기 일보 직전이었다. 바이샐리아 랜새커는 진짜였다. 나쁜 놈이었다. 그러나 사악한 숙적은 실제로 보니 거의 위협적이지 않았다. 쏘지 말라고 가냘프게 징징거리며 도리 없이 발을 구르는 풋내기로군, 맥고원은 생각했다. 그는 범인을 다치게 할 마음이 없었다. 그는 신앙심이 깊은 사람이었고 원리원칙을 중요시하는 구식 경찰이었다. 악몽이 끝났다는 사실이 기쁠 따름이었다. 이제 잡았다. 그는 범인을 체포하러 울타리 쪽으로 다가갔다.

그러나 랜새커는 항복한다는 뜻으로 오른손만 들고 있었다. 그는 왼손으로 코트 주머니에서 파란색 권총을 꺼내 맥고원의 가슴을 똑바로 겨누었다. 다행히 맥고원은 손전등을 든 팔을 몸 앞으로 죽 뻗었다. 경찰 훈련을 통해 형성된 근육의 기억이라고밖에 할 수가 없었다. 총알은 렌즈를 맞췄다. 충격 때문에 맥고원은 뒤로 넘어졌다. 총성에 놀란 파트너는 마당으로 달려와 맥고원이 바닥에 쓰러져 움직이지 않는 모습을 보았다. 총에 맞았다고 생각하고 그는 랜새커가 도망갔다고 생각되는 지점으로 달려가면서 동시에 무전으로 도움을 청했다. 갑자기 등 뒤에서 움직이는 소리가 들렸다. 그는 휙 돌아섰다. 맥고원이었다. 화약 때문에 얼굴에 화상을 입은 상태였다. 오른쪽 눈은 충혈되어 있었다. 그 외에는 멀쩡했다.

"저기 간다." 맥고원이 말했다.

세 기관에서 나온 70명의 경찰이 가로 세로 여섯 블록에 달하는 구역을 봉쇄했다. 하지만 아무것도 없었다. 볼품없는 체구의 아이 같은 남자는 소장용 주화와 장신구 한 움큼, 블루칩 스탬프 두 권을 남기고 암흑이 삼킨 나방처럼 밤의 어둠 속으로 사라졌다.

맥고원이 기억해낸 랜새커의 독특한 외모와 기묘한 태도는 자기 집을 엿보던 남자를 근접한 거리에서 목격했던 바이샐리아 주민들의 증언과 거의 동일했다.

그들은 범인이 낮에 외출을 하지 않는 게 분명하다고 결론을 내렸다. 피부가 그 정도로 창백했다. 범인을 직접 본 얼마 되지 않는 목격자 모두가 피부색에 대해 증언했다. 여름 최고기온이 섭씨 37도까지 올라가는 캘리포니아주 중부의 농장 마을 바이샐리아에서 물고기 아랫배 피부색을 유지한다는 것은 힘든 일이다. 상당수의 바이샐리아 주민들이 1930년대 텍사스부터 네브라스카에 이르는 지역을 휩쓸었던 모래폭풍을 피해 이주한 사람들의 자손이라는 점을 상기한다면 창백한 안색이 왜 그리 독특하게 여겨졌는지 이해할 수 있을 것이다. 바이샐리아 토박이들은 자연이 맞춰놓은 생체시계에 따라 산다. 그들은 대홍수를 기억한다. 가뭄을 예상한다. 60킬로미터 바깥의 수풀과 산림이 산불에 타서 날아오는 재를 픽업 트럭에 기대 바라본다. 자연은 개념이 아니라 엄연한 사실이다. 햇빛에 그을린 피부는 지식과 신뢰를 뜻한다. 시트러스 나무로 생울타리를 친다는 것이 무슨 뜻인지 아는 것이다. "목화를 썬다"는 것이 목화밭에서 곡괭이로 잡초를 벤다는 뜻이라는 것을 아는 것이다. 발에 묻은 알칼리흙에 물이 연한 커피색이 되도록 씻어 내리며 튜브를 타고 세인트존강을 떠내려 가봤다는 것이다.

범인의 창백한 피부색에는 이런 익숙함이 없었다. 흔치 않은 외모였으며 따라서 수상했다. 격리되어 살면서 음모를 꾸민다는 것을 뜻했다. 바이샐리아 경찰서의 수사관들은 그가 누구인지 어디 숨어 사는지 몰랐다. 그러나 그들은 그가 밤에 돌아다닌다는 것을 알았고 무엇이 그를 끌어내는지도 알았다.

침실 커튼을 닫는 10대 여자아이들에게 그는 어둠 속의 번득임이었다. 우뚝 손을 멈추게 하는 빛의 반짝임. 그러나 밤에는 똑똑히 볼 수가 없다. 1973년 가을 웨스트 핌스터에 살던 열여섯 살 글렌다*는 커튼을 닫다가 우연히 아래쪽을 내려다보고 수풀 속에서 달 모양의 대리석 같은 물건을 보았다. 그녀는 궁금해서 좀 더 자세히 보려고 침실 창문을 열었다. 달 모양의 물건은 왼손에 스크루드라이버를 쥔 채 그녀를 마주보았다.

사라질 때도 마찬가지였다. 작고 차가운 눈동자가 있던 곳에는 어둠이 남았다. 불빛을 받으면 도망치는 근육질 꼬리의 생물처럼 잽싸게 움직이는 소리가 들릴 때도 있었다. 덤불이 바스락거렸고 울타리가 쿵 소리를 냈다. 기어가는 소리는 차츰 희미해졌지만 상관 없었다. 위험을 알리는 소리가 다른 모든 것을 잠재웠다. 1973년 당시 바이샐리아의 가게들은 밤 9시에 문을 닫았고 남자들이 용수권 때문에 배수로 근처에 웅성웅성 모여 일으키는 문제가 대부분이었다. 그러나 일단 들으면 착각할 수가 없다. 영화는 그 실제 효과를 포착하지 못한다. 스튜디오에서 재생한다는 것은 불가능하다. 대화가 멈춘다. 고개가 퍼뜩 움직인다. 고막이 공포로 쿵쿵거린다. 한밤중에 목청이 터져라 적막을 가르는 10대 소녀의 비명만큼 공포를 상징하는 소리는 없다.

창백한 얼굴 외에도 불안한 요소는 있었다. 누군가 엿보는 사건이 일어난 1주일 뒤 글렌다의 남자친구 칼*은 집 밖에서 그녀를 기다리고 있었다. 초가을 저녁은 아직 따뜻했고 이미 어두웠다. 글렌다의 집은 바이샐리아 서남쪽 마운트 휘트니 고등학교 근처 중산층 동네의 다른 집들과 비슷했다. 1950년대에 단단하게 지어진 단층 집, 대략 139제곱미터로 그리 크지 않은 넓이. 불을 환히 밝힌 집 정면 유리창과 대조되어 잔디에 앉은 칼의 모습은 눈에 띄지 않았다. 안전하게 몸을 숨긴 상태에서 그는 한 남자가 도로 건너 운하에 나란히 난 길에서 나타나는 것을 보았다. 남자는 길을 따라 느긋하게 걷다가 뭔가 보았는지 우뚝 섰다. 칼은 그의 시선을 따라 유리창을 바라보았다. 홀터탑과 짧은 바지 차림의 글렌다가 거실에서 어머니와 이야기하고 있었다. 남자는 얼른 두 손과 무릎을 땅에 짚고 엎드렸다.

칼이 글렌다의 집에 같이 있을 때 누군가 침실 밖을 엿본 적이 있었다. 그때 그는 이웃집 정원까지 침입자를 추적했지만 어둠 속이라 놓치고 말았다. 똑같은 남자라는 것을 알 수 있었다. 하지만 다음 순간 일어난 상황에는 미처 대비가 되어 있지 않았다. 남자는 집 안 풍경에 자석처럼 이끌리는지 두 손과 두 무릎을 땅에 대고 엎드린 채 글렌다의 집 쪽으로 군인처럼 포복해서 기어오기 시작했다.

칼은 어둠 속에 가려진 채 움직이지 않고 앉아 있었다. 남자는 집 정면 울타리까지 다가왔다. 칼이 거기 있다는 것은 전혀 모르는 것 같았다. 정확한 타이밍을 골라 목소리를 내면 최대의 충격을 줄 수 있다. 칼은 남자가 약간 몸을 일으켜서 울타리 너머로 창문을 엿볼 때까지 기다렸다.

"당신 여기서 뭐 하는 거지?" 칼이 외쳤다.

남자는 놀라 움츠렸다. 뭔가 알아들을 수 없는 비명을 지르더니 거의 희극적으로 황급하게 달아났다. 글렌다는 집을 엿보던 사람이 통통했다고 했다. 실제로 보니 육중한 체구였다. 어깨는 아래로 처졌고 다리도 굵었다. 그는 어색하게 달렸고 아주 빠르지 않았다. 남자는 갑자기 왼쪽으로 꺾어 이웃집 옆 움푹 들어간 공간으로 몸을 숨겼다.

한쪽 면에는 방충망 문이 있었다. 칼은 공간 입구에 진을 치고 퇴로를 막으며 기다렸다. 남자는 갇혔다. 가로등 불빛을 통해 칼은 여자친구를 엿보던 남자를 자세히 볼 수 있었다. 178센티미터, 81킬로그램에서 86킬로그램 정도의 몸무게, 짧고 통통한 다리, 뭉툭한 팔. 빗질한 금발 머리는 지저분했다. 들창코였다. 귀는 짧고 살이 많았으며, 눈은 사시였다. 아랫입술이 약간 튀어나와 있었다. 얼굴은 둥글고 표정이 없었다.

"내 여자친구 집 창문은 왜 들여다보고 있어?" 칼은 물었다.

남자는 다른 곳을 바라보았다.

"음, 벤, 여기 이 놈이 우릴 잡은 것 같아!" 어딘가 숨어 있는 공범에게 말을 거는 듯 남자는 흥분한 목소리로 커다랗게 외쳤다.

아무도 없었다.

"당신 누구야? 여기서 뭐하는 거야?" 칼은 물었다.

대답이 없자 칼은 더 가까이 다가갔다.

"날 내버려둬." 남자는 말했다. "저리 가."

말투는 이제 느리고 둔했으며 오클라호마 억양이 약간 섞여 있었다.

칼은 다시 한 걸음 다가갔다. 그러자 남자는 주머니에 손을 찔러 넣었다. 그는 소매가 뜨개천으로 되어 있는 갈색 면 재킷 차림이었다. 오래전 인기 있었지만 지금은 유행이 지나간 스타일이었다.

"날 내버려둬." 그는 단조롭게 되풀이했다. "저리 가."

남자의 손이 들어가 있는 주머니가 불룩한 것이 칼의 눈에 띄었다. 몇 초가 지난 뒤에야 그것이 무엇을 뜻하는지 깨달을 수 있었다. 칼은 본능적으로 물러섰다. 둔한 눈매의 마스크 뒤에서 작동하는 암흑의 회로를 잠시 들여다본 것만 같은 너무나 기묘하고 불길한 기분이었다. 촌스러운 옷차림에 둥근 얼굴, 오클라호마 촌뜨기 억양을 가진 단조로운 목소리의 얼간이는 분명 몸에 숨긴 총을 꺼내려던 동작에서 미루어 짐작할 수 있듯 사실 전혀 다른 인물이었다. 칼은 옆으로 비켜섰다. 옆을 지나치는 남자의 얼굴은 창백하고 유난히 매끈했다. 최소한 스물다섯 살은 되어 보였지만 바이샐리아 토박이들의 말투를 빌리자면 "성년이 된 사람" 치고 특이하게도 면도조차 못할 것처럼 보였다.

칼은 남자가 소얼 스트리트를 북쪽으로 걷는 모습을 바라보았다. 그는 칼이 뒤따라오는지 확인하려는지 몇 초에 한 번씩 뒤를 돌아보았다. 의심과 두려움을 품은 초조한 동작에도 불구하고 남자의 둥근 얼굴은 여전히 둔하고 매끈하고 달걀처럼 텅 비어 있었다.

더 거슬러 올라간 1973년 9월, 프랜 클리어리*는 웨스트 카위 애비뉴의 자기 집 앞에서 특이한 사람을 마주친 적이 있었다. 차에 올라타다가 무슨 소리가 들려 고개를 들어보니 연한 금발에 둥글고 매끈한 얼굴의 남자가 그녀의 집 뒷마당에서 나오고 있었다. 남자는 거리로 달려가다가 클리어리를 보고 뒤로 돌더니 소리쳤다. "나중에 보자고, 샌디!" 그는 집에서 직각으로 난 길에 올라 북쪽으로 계속 달려서 시야에서 사라졌다. 프랜이 열다섯 살 난 딸 샤리*에게 이 일에 대해 말하니 샤리는 1주일 전 똑같은 인상의 남자가 자기 침실 창문을 엿보는 것을 보았다고 했다. 남자는 두 달 동안 그들을 괴롭히다가 10월을 마지막으로 사라졌다.

1973년부터 1976년 초까지 그 지역의 10대에서 20대 초반에 이르는 수많은 여성들이 자기 집 창문을 들여다보는 비슷한 인상의 남자와 마주쳤다.

그러나 빌 맥고원이 랜새커와 마주친 기억을 더듬어 작성한 몽타주가 1976년 12월 지역신문에 발표되자 범인은 이후 바이샐리아에 나타나지 않았다.

* * *

랜새커 수사는 전속력으로 추진되었다. 미결 상태에 있는 연쇄범행 수사에서 진전을 보려면 뒤로 돌아가야 한다. 초기 보고서를 숙독하고, 뒤늦게 깨달은 사실들을 확대경으로 보듯 들여다보아야 한다. 피해자와 목격자도 다시 면담해야 한다. 흐릿해진 기억은 때로 날카로워진다. 때로 간과했던 단서가 나타나기도 한다. 공식적으로 굳이 신고하지 않은 사실을 기억해내는 사람들도 있다. 이름은 기억하는데 숫자는 모른다. 전화가 걸려온다.

1977년 새크라멘토 당국과 접촉한 바이샐리아 형사들은 두 범인 사이에서 최소한 10여 가지의 공통점을 발견했다. 둘 다 집 안을 엉망으로 뒤졌다. 둘 다 더 값비싼 물건을 남겨두고 싸구려 장신구와 맞춤형 보석만 가져갔다. 둘 다 비슷한 접근 방식을 사용했다. 잠든 피해자에게 올라타고 손을 갖다 대서 입을 막았다. 둘 다 집 안에 있는 물건을 이용해서 임시 경보시스템을 만들었다. 둘 다 문 따는 도구로 문설주 주위를 찍어서 스트라이커 판을 우회하는 비슷한 가택침입방식을 사용했다. 둘 다 울타리를 뛰어넘었다. 둘 다 키가 175센티미터였다. 둘 다 집 안에서 지갑을 들고 나와 내용물을 밖에 버렸다. 흥미진진한 목록이었다. 바이샐리아 수사관들은 드디어 돌파구가 생겼다고 믿었다.

두 연쇄범행을 대조한 새크라멘토 카운티 보안관서 수사관들은 극복할 수 없는 차이점을 발견했다. 우선, 아홉 가지 중 여섯 가지 행동패턴이 일치하지 않았다. 족적이 달랐다. 신발 크기조차 일치하지 않았다. EAR은 블루칩 스탬프를 훔치지 않았다. 신체적 특징도 근본적으로 달랐다. 랜새커는 증언에 따르면 대단히 독특한 외모였다. 뭉툭한 팔다리와 손가락, 매끈하고 창백한 얼굴, 커다란 덩치를 지닌 어린아이. 그러나 EAR은 중간 정도부터 약간 날렵한 체구였고 한 피해자는 심지어 '콩알만 하다'고 묘사하기도 했다. 여름 동안에는 피부가 탄 것 같았다. 랜새커의 몸무게가 줄었다 해도 변신술을 쓰지 않으면 불가능한 일이었다.

바이샐리아는 동의하지 않고 수사 내용을 언론에 공개했다. 1978년 7월 〈새크라멘토 유니언〉지에는 두 사건이 연관되어 있을 가능성을 널리 알리고 새크라멘토 카운티 보안관서의 편협함을 비판하는 내용의 기사가 실렸다. 다음 날 새크라멘토 카운티 보안관서는 언론을 통해 〈새크라멘토 유니언〉지의 무책임한 저널리즘을 비난하고 바이샐리아 경찰서가 명성에 눈이 멀었다고 반격했다.

그러나 새크라멘토시 경찰서는 두 사건 사이에 관련이 있을 가능성을 배제하지 않았다. 리처드 셸비도 종종 그 방향으로 수사를 전개했다. 새크라멘토 보안관서는 지역 기반시설 기업에서 1975년 12월부터 1976년 4월 사이 바이샐리아 지역에서 새크라멘토로 전근한 직원 명단을 입수했다. 2명이 있었다. 하지만 조사 결과 혐의 대상에서 제외되었다.

40년이 흐른 현재, 공식적인 의견은 아직 일치하지 않지만 분위기는 서로 우호적이다. 새크라멘토 현 수사책임자 켄 클라크는 두 연쇄범행이 동일범의 소행이라고 믿는다. FBI도 동의한다. 반면 콘트라코스타 수사책임자 폴 홀스는 그렇게 생각하지 않는다. 내배

엽형 체질이 마술처럼 외배엽형 체질로 바뀌지는 않는다, 홀의 단호한 대답이었다.

오렌지 카운티, 1996

로저 해링턴은 불편한 함의에도 불구하고 한 가지 믿음만은 확고하게 유지하고 있었다. 아들과 며느리가 살해당한 지 10년 후인 1988년 10월 〈오렌지 코스트Orange Coast〉 잡지기사에서 그는 살해 동기는 키스가 아니라 패티의 배경에 관련이 있다고 확신한다고 말했다. 사건 당시 그들은 결혼한 지 몇 달 밖에 되지 않았다. 패티를 공격할 이유는 없었지만 그들이 그녀의 과거에 대해 얼마나 알고 있었을까? 부부가 살인자와 면식 관계였을 거라고 확신하게 된 한 가지 요인이 있었다. 베드스프레드였다. 범인은 그들의 머리 위에 굳이 커버를 덮어놓았다.

"범행을 저지른 자는 그들을 알고 있었고 그런 짓을 한 데 대해 미안한 감정을 느낀 게 분명하다." 로저는 기사에서 말했다.

옛날에는 미결사건들이 예기치 않은 전화로 해결되었다. 다이얼식 전화벨이 날카롭게 울리고 임종을 앞둔 고백이나 입증 가능한 사실 제보가 들어온다. 그러나 키스와 패티 해링턴 사건, 매뉴엘라 위툰 사건에서는 그런 전화가 울리지 않았다. 여기서 돌파구는 15년 동안 옮기지 않았던 마닐라 봉투 안에서 나온 유리관 3개였다.

돌파구가 나타났다는 소식을 로저 해링턴만큼 열렬히 환영한 사람도 없었다. 아들을 죽인 살인범의 빈 얼굴은 그의 머릿속 지도에서 거대한 공간을 차지하고 있었다. 〈오렌지 코스트〉에 실린 로저의 살인범 추적 연대기는 엄숙하고 직설적인 인용으로 끝났다.

"그것이 내가 계속 살아가는 이유다. 범인을 찾아낼 때까지 나는 죽을 수 없다."

수사관들을 수수께끼의 해답으로 한층 가까이 다가가게 해준 유리관 3개는 1996년 10월과 11월에 개봉해서 검사가 이루어졌다. 12월에 결과가 나왔고 오렌지 카운티 보안관서 수사관들은 가족들에게 전화할 준비를 했다. 그러나 로저 해링턴은 소식을 듣지 못했다. 그는 1년 반 전인 1995년 3월 8일에 세상을 떠났다.

만약 살아 있었다면 로저는 범인의 역사에 대해 많은 것을 알게 되었을 것이다. 아들과 며느리가 왜 머리까지 베드스프레드에 덮여 있었는지 잘못 생각하고 있었다는 것도 깨달았을 것이다. 그것은 아는 사람을 살해한 데 대한 참회가 아니었다. 범인이 마지막으로 커플을 살해한 사건 현장은 엉망진창이었다. 그는 키스와 패티의 피를 손에 묻히고 싶지 않았다.

1962년 어느 일요일 아침, 영국의 한 신문배달원이 길가에서 죽은 고양이를 발견했다. 열두 살 소년은 고양이를 가방에 넣어 집에 가지고 갔다. 런던에서 북쪽으로 50킬로미터 떨어진 도시 루턴이었다. 점심 전에 시간이 남자 소년은 고양이를 식당 탁자 위에 놓고 집에서 직접 만든 수술도구로 해부하기 시작했다. 납작한 핀으로 만든 수술칼도 있었다. 고약한 냄새는 집 안에 퍼져서 가족들을 괴롭혔다. 살아 있는 고양이를 해부했다면 이 일화는 테드 번디의 어린 시절일 수도 있었을 것이다. 한데 문제의 소년은 꿈나무 과학자였고 이후 연쇄살인범의 숙적으로서 그들의 크립토나이트를 창조했다. 그의 이름은 알렉 제프리스Alec Jeffreys였다. 1984년 9월 제프리스는 DNA 지문을 발견해서 법과학과 형사행정을 영원히 바꾸어 놓았다.

DNA 기술 1세대와 현재를 비교하자면 코모도어 64 컴퓨터와 스마트폰의 차이라고 할 수 있을 것이다. 오렌지 카운티 범죄연구실이 1990년대 초 DNA 검사를 수사에 활용하기 시작했을 때만 해도, 범죄학자 1명이 1건을 끝내는 데 4주나 걸렸다. 검사할 생물학적 시료는 분량이 충분해야 하고—예를 들어 혈흔이라면 동전 크기 정도—좋은 상태여야 했다. 현재는 극소량의 피부세포만으로도 몇 시간 만에 한 사람의 유전자 지문을 밝혀낼 수 있다.

1994년 제정된 DNA 신원확인법을 통해 FBI는 국가 데이터베이스를 유지할 권한을 갖게 되었고 CODIS(Combined DNA Index System, DNA 정보종합시스템)가 탄생했다. 오늘날 CODIS가 어떻게 운영되는지 가장 잘 설명하려면 거대한 법과학 피라미드의 꼭대기를 상상하면 될 것이다. 피라미드 가장 아래층에는 미국 내 각 지역에 위치한 수백 개의 범죄연구실이 있다. 연구실은 범죄현장에서 발견한 미확인 DNA 시료와 기타 수집된 용의자 시료를 주 단위 데이터베이스에 입력한다. 캘리포니아주에서는 입력된 시료가 매주

화요일에 자동으로 업로드된다. 또한 주는 교도소와 법정에서 DNA를 수집한다. 주 데이터베이스는 이렇게 수집한 모든 시료에 대해 확인 과정과 주 내부 대조 작업을 거친다. 이후 시료는 전국 사다리망을 타고 올라 CODIS에 도착한다.

빠르다. 효율적이다. 철두철미하다. 그러나 데이터베이스가 처음 개발되던 1990년대 중반에는 그렇지 않았다. 당시 범죄연구소는 RFLP(restriction fragment length polymorphism, '리프립rif-lip'으로 발음하며 제한효소 절편길이 다형성을 뜻한다) 분석에 DNA 프로파일링을 의지하고 있었는데, 이는 많은 시간과 노력을 요하는 과정이었고 곧 더 나은 기술에 밀려 사라졌다. 그러나 오렌지 카운티 범죄연구소는 늘 한 걸음 앞서 나간다는 평판이 있었다. 1995년 12월 20일 자 〈오렌지 카운티 레지스터The Orange County Register〉에 실린 〈검사의 표적: 과거 살인의 망령〉이라는 기사에는 지방검사들이 형사 및 범죄학자들과 손잡고 알려진 폭력범 4000명, 그중 다수가 성범죄자인 범인 DNA 프로파일을 확보하고 있는 캘리포니아주 법무부 버클리 연구소에 이전 미결사건의 DNA 증거를 넘기는 방안을 추진하고 있다는 내용이 실려 있다. 캘리포니아주 DNA 데이터베이스는 아직 초창기였고, 오렌지 카운티가 그 발전을 돕고 있었다.

6개월 뒤인 1996년 6월, 오렌지 카운티는 최초의 '콜드히트cold hit', 즉 현장 DNA 증거와 신원이 확보된 전과자 등록 데이터베이스 DNA가 일치하는 사건을 찾아냈다. 첫 콜드히트는 독특했다. 이미 복역 중인 재소자 제럴드 파커가 다섯 여자의 연쇄살인범이라는 사실이 밝혀진 것이다. 여섯 번째 피해자는 임신 중이었고 목숨은 건졌지만 만삭의 태아는 살리지 못했다. 부상 때문에 심각한 기억상실을 입은 피해자의 남편이 아내의 폭행혐의로 유죄를 선고받고 16년 동안 복역했다. 그는 즉시 무죄 방면되었다. 콜드히트를 발견했을 때 파커는 석방 한 달 전이었다.

오렌지 카운티 보안관서와 범죄연구소 직원들은 어안이 벙벙했다. 이제 걸음마 상태인 데이터베이스에 DNA를 넘기자마자 여섯 건의 미결살인이 해결되다니! 늘 갑갑한 회색이던 증거물보관소의 하늘이 개고 단조로운 마분지 상자 위로 햇빛이 쏟아지는 것 같았다. 오래된 증거들은 사람의 손길이 닿지 않은 채 수십 년 동안 먼지만 쌓이고 있었다. 상자 하나하나가 타임캡슐이었다. 장식이 달린 지갑, 수를 놓은 튜닉, 변사로 생을 마감한 사람들의 물건. 증거물 보관소 미결사건 구역은 실망으로 찌들어 있다. 그것은 결코 끝내지 못하는 할 일 목록이다.

이제 모든 사람들은 가능성에 부풀었다. 1978년 캘리코 조각보 퀼트에 묻은 얼룩 한 점에서 인간을 불러낼 수 있다니, 힘의 흐름을 역전시킬 수 있다니, 그것은 자극적인 기분이었다. 누군가 살인을 저지르고 사라지면, 뒤에 남는 것은 그저 고통만이 아니다. 다른 모든 것을 압도하는 부재, 극도의 공백이 남는다. 신원을 밝히지 못한 살인범은 열리지 않는 문 뒤에서 항상 문고리를 돌리고 있다. 그러나 우리가 그를 아는 순간, 그의 힘은 증발한다. 우리는 그의 평범한 비밀들을 알게 된다. 그가 수갑을 찬 채 땀을 흘리며 환히 불을 밝힌 법정으로 끌려들어가는 것을 바라본다. 몇 뼘 정도 더 높은 곳에 앉은 사람이 웃음기 없는 얼굴로 그를 내려다보고, 망치를 두드리고,

마침내 그의 이름을 한 음절 한 음절 말한다.

이름. 보안관서는 이름이 필요했다. 증거물 보관실의 버려진 상자들은 물건으로 가득 차 있었다. 유리관에 보관된 면봉 시료, 속옷, 싸구려 흰 시트, 섬유 1센티미터, 면봉 1밀리미터에 희망이 있었다. 당장 누군가를 체포하는 것 말고도 다른 가능성들이 있었다. 증거물에서 이끌어내는 DNA 프로파일이 현재 데이터베이스에 들어 있는 전과자와 일치하지 않을지라도 다른 사건에서 추출한 프로파일과 서로 맞아 연쇄살인범의 정체가 밝혀질 수도 있었다. 이 정보가 수사에 초점을 맞춰주고 동력을 주었다. 어쨌든 계속 전진해야 했다.

범죄연구소 연구원들은 숫자를 빠르게 지워나갔다. 1972년부터 1994년까지 오렌지 카운티는 2479건의 살인사건을 수사했고, 1591건을 해결했으며, 거의 900건의 미결사건을 남겼다. 오래된 사건을 재검토하는 전략이 수립되었다. 성폭행 후 살인범은 상습범이 될 가능성이 높고 DNA 타이핑에 용이한 생물학적 물질을 남기기 때문에 최우선순위가 되었다.

메리 홍은 미결범죄에 집중한 범죄학자 중 한 사람이었다. 짐 화이트가 그녀에게 귀띔했다. 15년이 지났지만, 그는 오랜 의심을 잊지 않고 있었다.

"해링턴." 그는 말했다. "위툰."

살해 당시 연구실에서 일하지 않았던 홍에게는 금시초문인 이름들이었다. 화이트는 그녀에게 이 두 사건을 최우선 순위로 조사하라고 독려했다. "난 항상 그 두 사건이 동일범의 소행이라고 생각했어요." 그는 그녀에게 말했다.

DNA 타이핑DNA typing에 대해 비전문적으로라도 짧게 설명하고 넘어가는 것이 도움이 될 것같다. DNA, 디옥시리보 핵산은 개별 인간을 유일무이하게 규정하는 분자서열이다. 인체의 모든 세포는(적혈구 세포를 제외하고) DNA를 포함한 핵산을 지니고 있다. 유전자 프로파일을 작성하려는 법과학자는 우선 정액, 혈액, 머리카락 등의 생체시료에서 사용가능한 DNA를 추출한 뒤 분리하고 증폭하고 분석한다. DNA는 4개의 반복되는 단위로 구성되며 이 단위가 배열되는 정확한 서열이 인간을 서로 구별되는 존재로 만든다. 인간에게도 바코드가 있다고 생각하면 된다. 바코드의 숫자는 유전자 마커(genetic marker)를 나타낸다. DNA 타이핑 초창기만 해도 겨우 몇 개의 마커만 발달시켜 분석할 수 있었다. 현재는 13개의 CODIS 표준 마커가 있다. 서로 다른 두 사람이 동일한 인간 바코드를 가지고 있을 확률은 대략 10억 분의 일이다.

1996년 말 메리 홍이 해링턴과 위튼 사건 성폭행 증거채취 키트(rape kit)를 찾아오기 위해 증거물보관소에 갔을 때는 DNA 타이핑이 급격한 변화를 맞이하는 시기였다. 전통적인 RFLP도 아직 주 데이터베이스에서 사용되고 있었지만 이 방법에는 어떤 방식으로도 시료의 질이 저하되지 않도록 충분한 DNA가 필요했다. 미결사건에는 이상적인 방식이 아니었다. 그러나 오렌지 카운티 범죄연구소에서는 이때 RFLP보다 훨씬 빠른 PCR-STR(polymerase chain reaction with short tandem repeat analysis, 중합효소연쇄반응 단염기서열 반복)이라는 새로운 기법을 도입했는데 이것이 현재까지 법과학 검사의 기반이 되고 있다. RFLP와 PCR-STR의 차이는 숫자를 수기로 받아적는 것과 고속 복사기를 사용하는 것의 차이다. PCR-STR은 특히 DNA 시료가 극소량이거나 시간이 흘러 변질되었을 수 있는 오래된 사건에 유용했다.

법과학으로 살인사건을 해결한 최초의 실례 중 하나는 중국의 검시관이자 탐정이었던 송자의 1247년 저서 《세원집록洗冤集錄》에 등장한다. 저자는 낫으로 잔혹하게 살해당한 농부 이야기를 적고 있다. 수사에 진전이 없자 지방관은 모든 마을 남자에게 자기 낫을 들고 모이라고 명한다. 그리고 땅에 낫을 놓고 몇 걸음 물러나라고 지시한다. 뜨거운 햇볕이 쏟아진다. 웅웅거리는 소리가 들린다. 금속성의 윤기가 나는 녹색 파리들이 잔뜩 무리지어 날아오더니, 단체로 경보라도 받은 것처럼 그중 한 낫에 내려앉아 사방으로 기어다닌다. 다른 낫에는 파리가 한 마리도 붙지 않았다. 지방관은 핏자국과 인간의 살점에 파리가 꼬인다는 것을 알고 있었다. 파리가 내려앉은 낫의 주인은 수치심에 고개를 떨구었고 사건은 해결되었다.

현대의 수사방법은 이렇게 단순하지 않다. 원심분리기와 현미경이 곤충을 대신한다. 해링턴과 위튼 성폭행 키트에서 채취한 신원미상의 남성 DNA는 범죄연구소의 가장 민감한 도구를 이용해 분석했다. 제한효소, 형광염료, 열사이클 같은 것들이었다. 그러나 법과학의 진보란 사실 피 묻은 낫에 파리를 불러들이는 최신 기법을 찾는 것이라고 할 수 있다. 목적은 13세기 중국의 농촌과 같다. 유죄판결을 보장할 수 있는 세포적 확실성을 찾아내는 것이다.

홍이 짐 화이트의 문간에 나타났다. 그는 책상에 앉아 있었다.

"해링턴." 그녀는 말했다. "위툰."

그는 기대감 어린 눈으로 고개를 들었다. 홍과 화이트같은 범죄학자들은 꼼꼼한 사람들이다. 그래야만 한다. 그들의 작업은 항상 법정에서 피고 측 변호사에게 난도질당한다. 따라서 광범위한 결론에 머무는 경우가 많기 때문에(예를 들어 애매하게 '둔기') 자기 방어적이고 조심스럽다는 이유로 경찰 측과 마찰을 일으키기도 한다. 경찰과 범죄학자는 서로를 필요로 하지만 기질적으로 매우 다르다. 경찰은 행동을 즐긴다. 종이가 널브러진 책상 앞에 앉으면 안절부절못하는 사람들이다. 그들은 밖에 나가기를 원한다. 범인의 행동은 근육의 기억으로 직감한다. 예를 들어 경찰이 어떤 남자에게 다가가는데 그가 갑자기 오른쪽으로 방향을 틀면 그는 권총을 숨기고 있을 가능성이 있다. 어떤 약물이 지문에 탄 자국을 남기는지(코카인), 맥박이 뛰지 않는 상태로 사람이 얼마나 오래 생명을 유지할 수 있는지(4분) 안다. 그들은 헛소리와 불결함에 단련된 상태로 혼돈 속을 묵묵히 지나간다. 직업상 상처를 입기도 한다. 반대로 자신이 상처를 입히기도 한다. 어둠이 물에 섞인 염료처럼 관통할 때 경찰은 죽은 소녀의 부모를 위로하는 역할도 맡는다. 어떤 경찰에게는 혼돈에서 위로로 전환하는 일이 차츰 어려워지기도 하고 아예 그런 역할을 포기하기도 한다.

범죄학자들은 라텍스 장갑 안에 한 겹 숨어서 혼돈의 궤도를 돈다. 범죄연구소는 무미건조하고 철저하게 질서를 유지한다. 거친 농담은 없다. 경찰들은 인생의 지저분함을 가까이서 상대한다. 범죄학자들은 그것을 정량화한다. 그러나 그들 역시 인간이다. 작업한 사건의 세부정보들은 머릿속에 남는다. 예를 들어 패티 해링턴의 아기 담요. 그녀는 성인이었지만 매일 밤 작고 흰 담요를 덮고 부드러운 실크를 문지르며 안정감을 얻었다. 아기 담요는 그녀와 키스 사이에서 발견되었다.

"동일범이에요." 홍은 말했다.

짐 화이트는 잠시 자신에게 미소를 허락한 뒤 다시 업무로 되돌아갔다.

몇 주가 지나고 1996년이 저물어갈 무렵, 홍은 책상에 앉아 컴퓨터로 엑셀 스프레드시트를 검토하고 있었다. 스프레드시트는 DNA 프로파일을 성공적으로 분석해낸 20개 남짓한 미결사건 모음이었다. 차트는 사건 번호와 피해자 이름을 당시 타이핑에 사용되던 5개의 PCR 위치, 즉 마커로 이루어진 프로파일과 상호 참조하고 있었다. 예를 들어 'THO1'이라는 마커 아래에 '8, 7'이라는 결과가 적혀 있는 식이다. 홍은 해링턴 사건과 위툰 사건의 범인 프로파일이 일치한다는 것을 알고 있었다. 한데 눈으로 스프레드시트를 훑어가는 동안 다른 프로파일 하나에 시선이 우뚝 멈췄다. 만의 하나, 그녀는 서열을 여러 번 되풀이 읽고 해링턴과 위툰 사건의 범인 프로파일과 대조했다. 머릿속 상상이 아니었다. 동일했다.

피해자는 1986년 5월 5일 어바인에 위치한 가족의 집에서 시체로 발견된 열여덟 살의 자넬 크루스였다. 크루스는 노스우드, 위툰의 집과 같은 택지지구에 살았고 두 집은 겨우 3킬로미터 떨어져 있었는데도 불구하고, 이 사건이 해링턴이나 위툰 사건과 관련이 있을지도 모른다고 추측한 사람은 아무도 없었다. 5년이 넘은 시간차 때문만은 아니었다. 자넬이 패티 해링턴과 매뉴엘라 위툰보다 10년 어렸기 때문만은 아니었다. 그녀는 달랐다.

어바인, 1986

•—편집자 주 다음 장은 미셸이 남긴 메모를 엮어 편집한 것이다.

자넬 크루스의 짧은 인생은 그 죽음 못지않게 비극적이었다. 생물학적 아버지는 오래전 그녀의 인생에서 사라졌다. 그녀는 여러 명의 의붓아버지와 임시로 아버지 역할을 한 사람들을 연달아 거쳤고, 그들 대부분은 다양한 방식으로 그녀를 학대했다. 어머니는 딸을 양육하는 일보다 파티와 마약에 더 열성을 쏟았다. 적어도 자넬이 보기에는 그랬다.

그녀는 자주 이사를 다녔다. 뉴저지에서 터스틴, 다시 애로우헤드, 뉴포트비치, 마지막으로 어바인.

열다섯이던 때, 그녀는 가장 친한 친구 집에 하룻밤 자러 갔다가 약을 먹고 친구 아버지에게 강간당했다. 자넬은 가족에게 이야기했고 가족은 근처 해병대에 주둔하는 군인이었던 그 남자에게 따지러 갔다. 그는 강간 사실을 부인했다. 자넬의 가족이 계속 압력을 가하자 그는 동료 군인들을 동원해 입을 다물라고 가족을 협박했다. 결국 자넬의 가족은 신고하지 못하고 그냥 넘어갔다.

이후 몇 년 동안 자넬은 반항을 시작했다. 그녀는 검은 옷을 입었고 사람들과 어울리지 않았다. 자해를 하기 시작했고 코카인에 손을 댔다. 유흥 목적이라기보다 체중감량을 위해서였다. 어머니는 YMCA 캠프에서 유타 직업훈련소, 단기 정신병원에 이르기까지 다양한 곳에 딸을 보냈다.

직업훈련소에서 고등학교 졸업장을 받고 어바인으로 돌아온 뒤 그녀는 인근 대학 강의에 등록하고 몇 살 연상의 남자들을 섹스 파트너로 삼아 돌아가면서 만났다. 처키 치즈Chuck E. Cheese(어린이를 위한 놀이시설을 갖춘 미국 피자 식당 체인이다—옮긴이) 스타일의 패밀리 레스토랑으로 〈로키와 불윙클의 모험〉에 나오는 사슴 이름을 딴 불윙클 레스토랑에서 호스트 일도 시작했다.

이런 농담이 있다. 어바인의 모토는 '우편번호 16개, 설계도 6개' 혹은 '어바인: 베이지색을 지칭하는 단어가 62개 있는 도시'. 자넬은 단색의 도시에서 혼란스럽게 무언가를 찾아 변덕을 부리며 방황했다. 하지만 그녀가 찾아 헤맸던 자극과 사랑은 찾아오지 않았다.

1986년 5월 3일, 그녀의 어머니와 의붓아버지는 칸쿤으로 휴가를 떠났다.

다음 날 저녁, 부모님이 여행을 가서 외롭다고 하자 불윙클의 남자 동료가 자넬과 같이 시간을 보내주었다. 그들은 그녀의 침실 바닥에 앉았다. 그녀는 자기가 쓴 시를 읽어주었다. 동료는 로맨틱한 기대를 품고 있었기 때문에 자넬이 엉망진창 가족에 대해 분노를 토로하는 45분짜리 정신과 상담 녹음테이프도 같이 들어주었다. 그러던 중 갑자기 밖에서 대문이나 문 같은 것이 쿵 닫히는 소리가 나자 그들은 놀랐다. 자넬은 창밖을 내다보고는 셔터를 닫았다. "그냥 고양이 같아." 그녀는 창밖을 내다보며 말했다. 얼마 뒤 다시 소리가 났다. 이번에는 차고 쪽이었다. 자넬은 이번에도 무시했다. "세탁기 소리야."

10대 동료는 다음 날 학교에 가야 했기 때문에 얼마 뒤 집을 나섰다. 자넬은 그에게 다정하게 작별 포옹을 했다.

* * *

린다 쉰*은 5월 5일 오후 매물을 보고 싶다는 고객을 위해 타벨 부동산에서 어바인의 한 집으로 출발했다. 엔시나 13번지의 주택은 침실이 3개, 화장실 2개가 딸린 단층집으로 매물로에 나온 지 몇 달이 지난 상태였다. 주인 부부와 네 자녀—어른이 된 두 딸도 있었다—가 아직 그 집에 살고 있었다. 5년 전 2킬로미터 떨어진 콜럼버스가 35번지에서 스물아홉 살의 주부가 침대에서 둔기에 맞아 살해된 집을 포함하여 노스우드 지역의 다른 주택들과 사실상 구별할 수 없는 집이었다. 살인사건은 빠르게 잊혔고, 범인은 잡히지 않았다.

엔시나 13번지는 집 뒤에 공원이 있었고 막다른 길 끝에서 두 번째 집이었다. 길 끝에는 생울타리 벽이 서 있었고 울타리 가운데로 난 틈으로 나가면 문명의 끝을 알리는 미개발구역이었다. 몇 킬로미터에 달하는 오렌지 관목과 열린 들판이 노스우드를 이웃 터스틴과 산타아나로부터 가로막고 있었다. 10년 전만 해도 엔시나 13번지와 주변 동네가 건설된 부지에도 오렌지 나무가 빽빽했다. 20년 뒤에는 도시화의 물결이 남은 오렌지 나무까지 집어삼켰고 거대한 야외 쇼핑몰과 규격화된 주택들이 노스우드를 이웃 도시와 연결했다.

쉰은 엔시나 13번지에 도착해서 초인종을 눌렀다. 베이지색 시베트가 드라이브웨이에 서 있었지만 집 안에는 인기척이 없었다. 그녀는 다시 초인종을 눌렀다. 아까 미리 전화했을 때도 그랬지만 여전히 정적만 흘렀다. 그녀는 열쇠보관함으로 가서 열쇠를 꺼내 집 안으로 들어갔다.

집 안을 둘러보니 식당 불이 켜져 있었다. 아침식사용 부엌 탁자 위에는 우유갑이 놓여 있었고 신문 채용란이 펼쳐져 있었다. 그녀는 식탁 위에 명함을 놓고 패밀리룸으로 가서 미닫이 유리문을 통해 뒷마당을 내다보았다. 정원 의자 몇 개와 수건이 걸쳐져 있는 안락의자 하나가 보였다. 안방으로 가서 손잡이를 돌려보니 문은 잠겨 있었다. 두 번째 침실은 아이 방 같았다. 복도 끝 마지막 방에 들어간 쉰은 머리에 담요가 덮인 채 움직이지 않고 침대에 누워 있는 젊은 여자를 보았다.

급작스러운 공포가 린다 쉰을 휘감았다. 집 안에 누군가 있을지도 모른다는 생각이 들었다. 어쩌면 좋지 않은 때에 들어오지 말아야 할 곳에 들어와서 보지 말아야 할 것을 보았는지도 모른다. 여자는 자는 것 같지 않았고 약물 과용 같은 것 때문에 의식을 잃었거나 죽은 것 같았다. 엔시나 13번지에서 뛰쳐나온 쉰은 사무실로 돌아가서 사장 놈 프라토*에게 자초지종을 알렸다. 그는 그녀에게 다시 전화를 걸어보라고 했다. 그녀는 두 번 걸어보았다. 아무도 받지 않았다.

린다와 놈은 해당 주택 거래를 담당하고 있던 센츄리 21의 동료 아서 호그*와 캐롤 노슬러*에게 상황을 알렸다. 반신반의한 상태로 엔시나 13번지에 들른 두 사람은 과연 젊은 여자를 발견했다. 분명 시체였다. 호그는 경찰에 전화해서 머리가 함몰된 젊은 여자를 발견했다고 신고했다.

어바인 경찰 배리 애니넥이 처음 현장에 출동했다. 그가 집에 들어서자 아서 호그가 곧장 부엌에서 나와서 다급하게 알렸다. "침실에 시체가 있습니다. 침실에 시체가 있어요."

애니넥이 복도 끝 마지막 침실로 가는 동안 호그는 이 말을 몇 번 되풀이했다. 침대 위에는 이후 자넬 크루스로 신원이 밝혀진 젊은 여자가 벌거벗은 채 죽어 있었다. 만져보니 차가웠고 맥박이 없었다. 시체는 똑바로 누워 있었고 얼굴에 덮인 담요에는 피해자의 머리가 있는 부위에 커다란 검은 얼룩이 있었다. 애니넥이 피해자의 얼굴에 달라붙은 담요를 천천히 벗겨보니 이마에 어마어마한 상처, 코에는 멍, 얼굴 전체는 말 그대로 가면처럼 피로 덮여 있었다. 치아 3개가 빠져 나가 있었고 그중 2개는 머리카락 속에서 발견되었다.

다리 사이에는 말라붙은 액체가 붙어 있었는데, 연구실 분석 결과 정액으로 판정되었다. 몸에는 파란 섬유다발이 붙어 있었는데, 누군가 몸 위에서 섬유를 찢은 것 같았다.

테니스화 족적은 집 동쪽에서 발견되었다. 현장에서 발견된 끈이나 무기는 없었다. 이후 뒷마당에 있던 묵직한 적색 파이프 렌치가 없어졌다는 사실이 밝혀졌다. 동네를 탐문한 경찰은 도움이 되는 실마리를 거의 찾지 못했다. 유리창 청소회사의 외판원은 살해 전날 밤에 전단을 돌리고 있었다. 엔시나 13번지의 여자가 맞아 죽었다는 소식을 들은 동네 아이는 근처 들판에서 부러진 야구배트를 발견했다고 경찰에 신고했다. 경찰은 아이를 따라 현장에 나갔다. 배트 표면에서 달팽이 한 마리가 기어가고 있는 것을 제외하면 대체로 멀쩡했다. 잔디가 배트 위로 자라고 있었다. 그 자리에 있은 지 오래된 것 같았다.

한 이웃은 오후 11시 15분경 머플러 소리가 유난히 요란한 자넬의 쉬베트가 집에 들어오는 소리를 들었다. 자넬의 동료가 집을 떠난 지 30분가량 지난 뒤였다. 이웃은 시동 끄는 소리, 문 닫는 소리도 들었다.

그날 오전 4시 그리고 오전 5시 30분, 서로 다른 두 이웃이 각각 엔시나 13번지에서 "유난히 밝은" 불빛이 새어나오는 것을 보았다고 증언했다.

자넬의 여동생 미셸은 매머드에서 휴가를 보내다가 전화를 받았다. "자넬이 살해당했어."

연결이 그리 좋지 않았다. 미셸은 믿기지 않는다는 목소리로 되물었다. "자넬이 결혼했다고?"

두 번째는 더 분명하게 들렸다.

수사책임자 래리 몽고메리와 그 동료들은 자넬의 행적을 수사하고 살해당하기 전 그녀의 인생에 어슬렁거렸던 수많은 젊은 남자들을 찾아냈다. YMCA 캠프에서 만난 랜디 길*은 자넬과 깊은 관계였고, 살해당하던 날 밤 그녀에게 전화했다. 그는 음주 문제가 있다고 알려져 있었다. 자넬은 살해 2주 전 그와 헤어졌다. 전과자 마틴 고메즈*는 이전 직장에서 자넬을 만나 성관계를 갖는 사이가 되었다가 강박성을 보이고 자넬을 지배하려고 해서 헤어졌다. 얼마 전에 데이트를 시작한 인명구조원 필립 마이클스*는 살해 당일 그녀와 어울렸다. 자넬과 잠도 자는 사이였지만 처음에는 그 사실을 부정했다.

그리고 세 사람의 데이비드가 있었다. 상담원으로 일하던 YMCA 캠프에서 자넬을 만났고 살해 이틀 전 마지막으로 그녀를 보았던 데이비드 데커*, 역시 불윙클에서 자넬과 같이 일했던 데이비드 톰슨*(마지막으로 살아 있는 자넬을 목격한 소년 론 톰슨과 다른 인물이다) 그리고 죽던 날 자넬의 집을 찾아갔고 그녀를 사랑한다고 말했던 다른 남자친구 데이브 코왈스키*. 그는 자넬에게 마음의 표시로 세이코 손목시계를 선물했다. 시계는 시체 옆에서 발견되었다.

살해 직전 자넬의 집에 찾아갔던 괴짜 외톨이 브루스 웬트*도 있었다. 자넬의 주소록에는 그의 이름 옆에 "병신, 변태, 나쁜 놈, 게이새끼"라고 적혀 있었다.

그리고 자백한 한 사람이 있었다.

* * *

톰 히클*은 친구 마이크 마르티네스*를 자기 밴 조수석에 태우고 극장에서 집으로 돌아가는 길이었다. 운전 중간쯤 마르티네스는 갑자기 그를 돌아보고 말했다. "털어놓고 싶은 말이 있어." 히클은 미처 마음의 준비가 되어 있지 않았다.

"내가 그녀를 죽였어." 마르티네스는 짐이라도 내려놓는 듯 말했다. "내가 자넬을 죽였어."

더할 나위 없이 진지한 얼굴이었다.

"내가 갖고 있는 그 쇠로 된 물건 알지?"

"무슨 물건을 말하는지 모르겠는데." 히클은 대답했다.

"신경 쓰지 마." 마르티네스는 말을 이었다. "난 그저 내가 사람을 죽일 배짱이 있는지 시험해보고 싶었어. 욕실에서 시작했는데, 처음에는 그냥 싸웠어. 그 쇠로 그녀를 때렸어."

히클은 어떤 기분이었는지 물었다.

마르티네스는 말했다. "아무 기분도 안 들었어. 그냥 평소 같았어." 히클은 소름이 돋는 것을 애써 숨겼다.

"내게 제니퍼*를 죽일 배짱이 있는지 시험해보고 싶었어." 마르티네스는 설명했다. 제니퍼는 그의 여자친구였다. "25년 동안 감옥에 들어가야 해도 상관없어. 여기는 사형제도가 없잖아. 나는 자넬을 죽였고 그 대가를 치를 거야."

마르티네스는 히클에게 자넬이 죽기 전 주에 그녀의 집에 갔다고 말했다. 그는 그녀의 부모님을 만났다. 그들이 여행을 갈 예정이고 자넬이 집에 혼자 있을 거라는 사실을 알아냈다.

"빅파이브에서 단발식 샷건을 샀어. 그걸로 제니를 쏴버릴 거야. 그녀는 죽어야 하니까."

히클은 아무 반응을 보이지 않으려고 있는 힘을 다했다.

"해치운 뒤에 경찰에 자수할 거야." 그는 약속했다. "토요일에 할 거야." 그는 어느 토요일인지는 말하지 않았다.

헤어지기 전 마르티네스는 히클에게 자넬을 죽였다는 건 농담이라고 말했다.

"네가 어떻게 나오는지 보고 싶었어."

히클은 경찰에 신고했다. 마이크 마르티네스는 경찰과 인연이 있었다. 마리화나 소지기도, 상점침입, 주거침입, 공갈폭행으로 체포된 경력이 있었고, 자살기도 두 건이 있었다. 그중 한 번은 하수관 세척제를 마셨다. 주거침입과 공갈폭행은 모두 마르티네스가 죽일 계획이던 여자친구 제니가 얽힌 사건이었다.

알고 보니 마르티네스는 같은 행동을 반복했다. 자넬이 살해되기 전날 밤이었다. 오전 1시, 술 취한 마르티네스는 미닫이 유리문을 통해 제니퍼의 아파트로 쳐들어가서 1주일 전 칼스주니어 식당에서 마주쳤을 때 왜 못 본 척 했느냐고 윽박질렀다. 번들거리는 눈빛으로 비틀거리면서 마르티네스는 제니퍼에 대한 사랑을 고백하고 이어 그녀의 종교적인 믿음을 공격했다. 제니퍼는 제발 나가라고 애원했지만 그는 듣지 않았다. 멍한 표정을 보니 그녀의 말을 들은 것 같지도 않았다.

"왜 나한테 전화 안 해?" 그는 계속 물었다.

이어 그는 방을 나갔다. 그가 떠났다고 생각하고 제니퍼가 조심스럽게 아래층으로 내려가보니 마르티네스가 부엌에 있었다. 그는 부엌칼을 들고 수건을 갈갈이 찢고 있었다. 그가 자신을 묶으려는 거라고 생각하고 제니퍼는 비명을 지르기 시작했다. 그는 그녀를 붙잡고 입을 막은 뒤 침실로 끌고 가서 침대에 내던졌다. 그녀는 비명을 지르며 싸워서 그를 아파트에서 내보냈다. 하지만 잠시뿐이었다.

그가 열쇠를 찾으러 돌아오자 제니퍼는 다시 비명을 지르며 나가라고 명령했다. 그는 그녀를 소파에 밀어붙이고 입에 두 번, 머리에 한 번 주먹질을 했다. 마침내 그는 떠났다.

6월 21일, 마이크 마르티네스는 가든 그로브의 자기 집 근처에서 체포되었다.

경찰차를 타고 경찰서로 가는 길에 마르티네스는 주장했다. "자수할 생각이었다고요. 톰이 날 함정에 빠뜨렸어요. 내가 한 짓이 아니에요. 이건 공정하지 않아요! 왜 나야!"

그는 고래고래 소리치기 시작했다. "당신네들 날 집어넣을 증거라도 있어? 없을걸. 나는 안 했으니까… 난 3년 동안 자넬을 본 적도 없어."

"아니, 증거는 많으시겠지." 그는 말을 이었다. "내가 멕시코인이니까. 난 돈도 없고. 변호사를 살 돈도 없어. 국선변호사를 써야겠지. 변호사란 작자는 내게 15년, 20년으로 합의 보자고 할 거야. 아마 사전에 모의한 1급 살인으로 들어가겠지. 한데 날 무슨 혐의로 기소할 거야? 1급 살인? 2급 살인? 이건 공정하지 않아. 왜 날 점찍었지?"

테이프 녹음기가 돌아가고 있었다. 경찰들은 그가 주절거리도록 내버려두었다. 그는 자기 무덤을 파고 있었다.

"좋아. 난 이런 상황이다 이거군. 완전히 사전 모의한 1급 살인 같은데. 수많은 결백한 사람들이, 주로 흑인이나 나 같은 멕시칸들이 죄를 다 뒤집어쓰지. 최소한 혈액검사는 해봐. 내가 결백하다는 걸 밝히고 진짜 범인을 찾아내. 내가 결백하다면 톰을 고소해도 되나? 하지만 내가 빠져나올 것 같진 않군. 몽고메리 그 자식은 자기가 가진 걸 이용할 거고 그거면 충분할 테니까."

경찰서에 도착하자 골드코스트 연구실에서 나온 기술자가 마르티네스의 혈액을 채취했다. 범죄연구소 직원이 머리카락 시료 채취를 도왔다.

7월 초, 마이클 마르티네스의 혈액 시료 검사 결과가 몽고메리에게 도착했다. 마르티네스는 용의선상에서 제외되었다.

직장 동료도 제외되었다. DNA 프로파일링이 법과학 지형에 처음 모습을 드러내기 1년 전이었지만 혈청학—혈청과 기타 체액 연구—분야의 발전이 수사관들에게 도움을 주고 있었다.

자넬의 살인자는 드문 유전자 구성을 지니고 있었다. 그는 타액, 정액 등의 체액에 혈액군항원을 분비하지 않는 비분비형이었다. 비분비형은 전체 인구의 20퍼센트 정도를 차지한다. 단백질 효소인 PGM(phosphoglycerate mutase, 포스포글리세린산 무타제) 역시 특이한 유형이었다. 오렌지 카운티 범죄연구소 법과학자는 범인과 동일한 비분비형 및 PGM 유형의 조합은 인구의 약 1퍼센트에서 발견된다고 크루스 사건 담당수사관에게 알렸다.

이런 유형이 외모에 영향을 미치지는 않는다. 건강과 행동유형과도 관계가 없다. 범인은 그저 흔치 않은 마커를 지니고 있을 뿐이었다.

수사관들은 법과학적 분석 결과를 인지했지만 그들에게는 얼굴과 이름이 필요했다. 그들은 해답이 자넬과 가까운 주변 인물들에게 있다고 확신했다. 그녀의 인생에 있었던 젊은 남자들 중 한 사람이 범인일 거라는 추측은 사라지지 않았다.

* * *

10년 뒤, 범인의 DNA 프로파일은 완전히 분석되었고 마르티네스도 그 외 자넬의 주변을 떠돌던 애인과 남자친구들도 용의선상에서 확실히 벗어났다. 원래 용의자들 중에는 범인의 DNA 프로파일과 일치하는 사람이 없었다. 대신 다른 3건의 살인사건을 저지른 신원미상의 범인과 일치했다.

과학자 특유의 냉정한 천성을 지닌 메리 홍은 쉽게 충격받지 않았다. 그러나 해링턴 · 위툰 · 크루스 사건의 범인이 일치한다는 사실은 그녀의 평정심조차 흔들어놓았다. 그녀는 눈을 커다랗게 뜨고 스프레드시트를 응시했다.

"믿을 수가 없군." 그녀는 컴퓨터 스크린을 바라보며 말했다.

벤투라, 1980

보안관서는 갑자기 생기기 시작한 새로운 단서를 담당할 특별미결사건수사팀을 조직했다. 전 카운티 미결사건 특별수사팀 CLUE의 팀원들은 1997년 1월 오래된 사건기록을 뒤지기 시작했다. 한편 메리 홍은 해링턴·위튼·크루스 DNA 프로파일을 전국 수백 개 범죄연구소에 팩스로 보냈다. 응답은 없었다.

수사관 래리 풀은 1998년 2월 성범죄팀에서 CLUE로 전출했다. 풀은 공군 출신이었고 엄격한 태도의 소유자였다. 그에게는 윤리적 회색 지대가 없었다. 그는 하느님을 사랑하고 욕설을 혐오했다. 업무에서 가장 좋은 부분이 무엇이냐는 질문을 받으면 대부분의 경찰들이 위장수사 기회, 길모퉁이에서 무엇이 나타날지 알 수 없는 상황에서 음습한 본능을 마음껏 표출할 때 솟구치는 아드레날린을 꼽는다. 풀은 위장수사를 한 적이 없었다. 그런 상황에 처한 그를 상상하기는 어렵다. 그는 다른 주에서 사형선고를 받고 복역 중이던 살인범을 심문한 적이 있었다. 남부 캘리포니아 경찰은 그 살인범이 실종된 여성을 죽인 범인이 아닐까 의심했기 때문이었다. 풀은 살인범에게 시체를 어디에 유기했는지 알려달라고 했다. 그게 옳은 일이기 때문이었다. 그의 양심을 위해, 여자의 가족을 위해. 살인범은 캘리포니아주 교도소의 수형생활이 더 낫다는 점을 언급하며 가볍게 협상을 시도했다. 정보를 주는 대가로 이감할 수도 있지 않을까?

풀은 서류를 챙겨 자리에서 일어섰다.

"넌 여기서 죽을 거다." 그는 이렇게 말하고 문을 나섰다.

미결사건은 그에게 적합했다. 그것은 문을 걷어차고 진입하고 싶어 안달이 난 경찰들이 채울 수 없는 빈자리였다. 풀은 할 수 있었다. 그는 자기 두뇌에 '명령을 내리고' 수사상의 난제를 머릿속 한 구석에서 곱씹다가 어느 날 이를 닦거나 차에 올라타면서 해답이 불쑥 찾아오는 상황을 즐기는 불면증 환자였다. 거리에 익숙한 경찰들은 방금 자기 가족을 불태워 죽인 아버지와 마주 앉아 마치 야구시합 구경을 하며 맥주 한잔 나누는 친구 사이처럼 이야기를 나눌 수 있었다. 그들은 어느 정도의 윤리적 모호함을 받아들이거나, 최소한 그런 척했다. 가식을 부릴 수 없는 풀 같은 사람은 미결사건에 적임자였다. 그는 보안관서에서 12년 차 베테랑이었지만 살인사건 수사에는 비교적 경험이 없었다. 세 사건이(해링턴·위툰·크루스) 담긴 마분지 상자가 그의 새 임무였다. 안에는 빼앗긴 네 사람의 목숨이 들어 있었다. 얼굴 없는 괴물 하나. 풀은 그를 발견할 때까지 자신에게 명령을 내리기로 결심했다.

풀은 어느 벤투라 경찰서 사건 번호가 해링턴 사건기록 안의 한 보고서 여백에 적혀 있는 것을 보았다. 그는 전화해서 문의했다.

1980년 3월 13일 벤투라의 집에서 살해당한 샬린과 라이먼 스미스.
_Classmate.com 제공.

라이먼과 샬린 스미스 살인사건 번호라는 답변이 돌아왔다. 벤투라에서는 악명 높은 사건이었다. 라이먼은 유명한 변호사였다. 곧 고등법원 판사가 될 예정이기도 했다. 샬린은 그의 밑에서 일하던 미인 비서였고 이후 그의 두 번째 아내가 되었다. 1980년 3월 16일 일요일 라이먼이 첫 결혼에서 낳은 열두 살 난 아들 게리 스미스는 정원 잔디를 깎기 위해 자전거를 타고 아버지 집에 갔다. 현관문은 잠겨 있지 않았다. 시계 알람 소리를 듣고 그는 조심스럽게 안방으로 다가갔다. 금색 양탄자 위에 나무껍질 조각이 흩어져 있었고 폭이 좁은 통나무가 침대 발치에 떨어져 있었다. 이불 아래에 있는 두 형체는 그의 아버지와 양어머니의 시체였다.

수사관들은 쇄도하는 실마리에 파묻혔다. 벤투라 항구를 내려다보는 스미스의 언덕 위 저택은 불안한 드라마를 숨긴 번질거리는 겉모습일 뿐이었다. 불륜. 그리 깨끗하지 못한 사업관계. 수사관들은 곧 스미스의 친구이자 한때 동업자였던 조 알십에게 집중했다.

알십은 사건 전날 스미스의 집을 찾아갔다. 그의 지문이 와인 잔에 남아 있었다. 게다가 그가 다니던 교회 목사는 알십이 자신에게 자백했다고 털어놓았다. 알십은 체포되었다. 경찰과 검찰은 자신만만하게 예심에 들어섰다. 그들은 알십의 변호사가 리처드 해너월트인 것을 보고 특히 기뻐했다. 해너월트는 음주운전자를 변호해서 승소하는 이력으로 그들에게 가장 잘 알려져 있었다. 그는 황당한 은유와 그릇된 추론을 좋아했다.

"점심시간에 저는 '강하다'는 것이 무엇을 의미하는지 잠시 생각해보았습니다." 그는 어느 날 알십 법정을 향해 말했다. 알십에 불리한 증거들에 대해서는 이렇게 표현했다. "조금씩 조금씩 호텔 앞의 긴 양탄자처럼 펼쳐지기 시작하는군요."

어설픈 익살처럼 들렸던 해너월트의 말 뒤에는 폭탄선언이 숨어 있었다. 익명의 제보자가 목사의 과거를 알아보라고 권유했던 것이다. 인디애나부터 워싱턴에 이르기까지 전국 각지에서 수십 년 동안 목사는 상습적으로 경찰에 신변 보호를 요청하고 온갖 수사에 끼어든 기묘한 이력이 있었다. 스미스 사건의 수사책임자 중 하나인 게리 앳킨슨 경사는 목사의 사연을 조용히 예상하고 해너월트가 의기양양하게 이야기를 시작하자 움츠러들었다. 알십을 고발한 뒤 목사가 살해협박을 받았다고 주장하자, 경찰서장은 그에게 경찰 무전기를 내어주었다. 어느 오후 목사의 겁에 질린 음성이 무전기에서 흘러나왔다. "그가 여기 있습니다! 나한테 덤비고 있어요!" 목사는 외쳤다. 그때 마침 목사의 집에서 겨우 한 블록 떨어진 텔레그래프와 빅토리아 교차로에 있었던 앳킨슨이 서둘러 달려갔다. 목사는 현관문 안쪽에 서서 앳킨슨이 이렇게 빨리 달려온 데 망연자실한 채 무전기를 멍하니 가슴에 대고 있었다.

"그는 갔습니다." 목사는 조용히 말했다.

최후변론에서 해너월트는 범인이 피해자 부부가 알던 사람이 아니라 낯선 사이코패스처럼 느껴지도록 범죄현장을 으스스하게 묘사했다. 커튼 줄로 결박한 점, 통나무를 휘두른 무시무시한 가격. 집 안에 불이 전혀 켜져 있지 않았다는 점을 보면 완전한 암흑 속에서 폭행이 발생했을 가능성도 있었다. 그리고 욕실 창문. 거기 서 있던 사람은 침실을 환히 볼 수 있었다. 창문에서 몇 미터 떨어진 곳에 장작 무더기가 있었는데 살인범은 거기서 50센티미터 길이의 통나무를 집어 들었다.

예심 후 벤투라 카운티 검사는 조 알십을 증거불충분으로 석방했다. 수사팀은 다시 원점으로 돌아왔다. 의견이 갈라졌다. 절반은 범인이 스미스 부부를 알고 있었을 거라고 생각했고, 절반은 성욕이 동기가 된 무작위적 범행이라고 생각했다. 몇 년 동안 스미스 사건 파일은 수사 중으로 분류되어 있었다. 10년 뒤 기록은 증거물 보관소로 넘어갔다.

래리 풀은 오렌지 카운티 보안관서에 스미스 사건과 유사점을 지닌 연쇄살인 미결사건이 있다고 벤투라 경찰에게 설명했다. 그리고 스미스 사건에 대한 법과학적 증거는 모두 오렌지 카운티 범죄 연구소로 넘겨달라고 요청했다. 메리 홍은 벤투라 경찰이 보낸 상자를 풀었다. 안에는 유리 슬라이드 2개가 들어 있었다. 홍의 마음이 무거워졌다. 성폭행 증거채취 과정의 일부로 시료를 채취한 면봉을 유리 슬라이드에 문지르고 그 슬라이드를 현미경으로 관찰하면 정자를 찾기가 쉽다. 그러나 그 면봉도 보통 키트 안에 들어 있다. 범죄학자는 항상 최대한 많은 생체시료를 확보하려고 하기 마련이다.

1998년 2월 17일, 풀은 홍의 보고서를 받았다. 그녀는 슬라이드의 정액에서 DNA 프로파일을 추출해냈다. 라이먼 스미스의 체액은 아니었다.

DNA 프로파일은 해링턴 · 위튼 · 크루스 사건에서 발견한 DNA 프로파일과 같았다.

벤투라 경찰서의 고참들은 믿으려 하지 않았다. 몇 년 뒤 방송된 텔레비전 프로그램 〈미결사건기록Cold Case Files〉의 한 에피소드에서 스미스 사건의 수사진 중 하나였던 러스 헤이스의 인터뷰가 나왔다. "누가 날 깃털로 툭 쳐도 쓰러졌을 겁니다." 그는 DNA 분석 결과에 대해 이렇게 회상했다. 기술에 대한 고참 특유의 불신으로 그는 설레설레 고개를 저었다.

"믿을 수가 없었습니다. 믿지 않았어요."

헤이스는 범인이 집 북쪽 욕실 유리창 밖에 서 있었다는 자신의 추정을 떠올렸다. 이 관문을 통해 라이먼과 샬린의 욕실을 들여다본 범인은 자신이 본 광경에 격분했다. 아마 사적인 행위였을 것이다.

"나는 부부와 가까운 사람일 거라고 생각했습니다. 그 창문을 통해 뭔가를, 침실을 훔쳐본 사람일 거라고. 그 광경 때문에 격분한 나머지 안에 들어가서 범행을 저질렀을 거라고."

아마 창문 밖에 범인이 서 있었던 위치에 관해서는 헤이스의 추정이 옳았을 것이다. 격분했다는 점도. 그러나 면식범은 아니었다. 살인범의 망상 속에서 못마땅한 눈길로 그를 둘러싸고 경멸 어린 불협화음으로 무릎 꿇리는 음탕하고 냉소적인 여인들—어머니, 여학생 혹은 전처.—어떤 존재인지는 알 수 없다. 샬린 스미스는 그 불운한 대역이었을 뿐이었다. 통나무를 집어든 행위는 증오로 변질된 성적 흥분 행위이자 단 한 명의 판사, 좀먹은 뇌가 내린 잔인한 처벌이었다.

* * *

피해자 수는 6명에서 멈췄다. 거의 20년 늦게, 경찰은 범인의 범행수법을 배워가고 있었다. 범인이 어떻게 적응했는지. 그가 기동성이 있었다는 사실도 알게 되었다. 사건이 발생한 지점을 지도에 표시하는 것은 마치 최초의 피해자를 찾는 전염병 수사 같기도 했다. 벤투라 이전에 그는 어디에 있었을까? 누군가 벤투라와 오렌지 카운티뿐 아니라 샌타바버라도 관련이 있지 않을까 하는 의문을 제기하는 오랜 신문기사를 찾아냈다. 제목은 〈경찰은 이중살인사건이 연결되어 있을 가능성이 있다고 본다〉. 〈산타아나 레지스터〉(《오렌지 카운티 레지스터》) 1981년 7월 30일 자에 실린 기사였다. 거의 20년 뒤 세 카운티는 다시 정보를 대조했다. 차이점도 있었지만—샌타바버라 남성 피해자 2명은 범인과 맞서 싸우려는 기색을 보인 순간 총에 맞았다—관련이 없다고 치부하기에는 너무나 많은 유사점이 있었다. 배회하며 엿보기. 중산층 피해자가 잠들어 있을 때 밤에 공격하는 습관. 둔기로 폭행. 미리 잘라놓은 끈을 현장에 가져온 점. 테니스화 족적. 65킬로미터 북쪽의 도시에서 발생한 2건의 이중살인사건에서 특징적인 양상들이었다.

•—편집자 주 벤투라 사건은 개별 수사 가운데 단연 가장 미로처럼 복잡했다. 미셸은 이 수사를 자세히 다룰 계획이었지만 수사기록을 입수하는 데 어려움이 있어서 시간이 지연되었기 때문에 이 책에서는 짧게 다루고 있다.

2014년 미셸은 벤투라 카운티 법원에 1400달러를 지불하고 조 알십 사건 예심 속기록 사본을 구했다. 마이크로필름에서 복사한 총 2806페이지 분량이었다. 미셸은 법원 서기가 갓 출력한 두꺼운 문서 사본을 넘겨주면서 한편으로는 어리둥절하고 한편으로는 조롱하는 눈빛으로 자신을 바라보더라고 회상했다.

공식 수사기록에 더욱 자세히 묘사되어 있을 물건들이 여기저기 감질나게 언급된 속기록을 읽으니 미셸은 벤투라 수사기록을 더욱 읽고 싶었다. 2016년 1월, 오렌지 카운티 보안관서에서 골든 스테이트 킬러 자료 30상자 분량을 대출하면서 그녀는 마침내 수사기록을 손에 넣었다. 그녀는 주로 조 알십이라는 엉뚱한 용의자에 초점이 맞춰져 있는 이 기록을 사망 전까지 상당 부분 읽었지만 이 책에 그 내용을 엮어 넣을 시간은 없었다.

스미스 수사와 조 알십 사건에 대한 좀 더 자세한 내용을 읽으려면 2002년 〈벤투라 카운티 스타Ventura County Star〉에 실린 콜린 케이슨의 연작 기사 〈말없는 목격자The Silent Witness〉가 탁월한 자료를 제공한다.

골레타, 1979

•— 편집자 주　다음 장의 일부는 미셸의 원고 〈살인마의 발자국을 따라서〉의 여러 초안을 엮어 편집한 것이다.

아침에 출근하려는데 남자가 린다*에게 다가왔다. "우리 개가 간밤에 당신 마당에서 칼에 찔렸습니다." 그는 말했다. 남자는 20대 초반 정도의 젊은이로 여린 생김새에 약간 흥분한 상태였다. 그는 두 사람이 서 있는 골레타 버클리 로드에서 60미터 정도 떨어진 지점에 있는, 계곡을 가로지르는 보행자 전용 다리를 가리켰다. 그와 그의 개 키모는 다리로 건너왔는데, 개는 목줄을 푼 상태였고 남자는 여유롭게 뒤따라왔다. 골레타시는 안전하고 심지어 지루하다는 평판까지 있는 베드타운이었지만, 밤에는 아무도 혼자 감히 새너제이 크리크를 어슬렁거리지 않았다. 관목으로 덮인 산악에서 시내 동쪽으로 구불구불 이어지는 좁은 계곡은 가지를 늘인 커다란 나무로 뒤덮여 있었다. 단풍나무, 오리나무, 누군가 손톱으로 긁어놓은 듯 종이처럼 껍질이 갈라지는 유칼립투스. 가로등도 없었고 들리는 소리라고는 눈에 보이지 않는 동물들이 먹이를 찾아 쿵쿵거리거나 부스럭거리는 소리뿐이었다.

그러나 키모는 독일 셰퍼드와 알래스카 맬러뮤트의 혼종으로 몸무게가 55킬로그램이나 되었고 보호본능이 강한 개였다. 남자는 그런 개에게 무슨 일이 생길지도 모른다는 생각은 해본 적이 없었다. 다리를 건너 주거지역으로 들어섰을 때 그는 키모가 린다의 집과 그 이웃집 사이로 뛰어들어 가는 것을 보았다. 집 뒤쪽에서 무언가가 주의를 끈 모양이었다. 키모는 호기심이 많았다. 남자가 서 있는 지점에서 볼 때 버클리 로드 5400블록은 고요했다. 1960년대까지 골레타는 호두나무와 레몬 과수원의 바다였고 어떤 지역, 특히 계곡 근처에서는 그 당시 분위기를 체험할 수 있었다. 엔진 돌아가는 소리, 전자제품 소리 하나 들리지 않았다. 고요하게 내려앉은 어둠 속에 여기저기 단층 목장용 주택들의 불빛만 반짝일 뿐이었다. 여기가 1979년 이른 가을의 캘리포니아주 교외라는 사실을 알려주는 것은 어느 집 진입로에 주차된 폭스바겐 지붕 위에 묶인 서프보드뿐이었다.

날카로운 낑 소리가 정적을 갈랐다. 잠시 후 키모가 다시 나타났다. 개는 비틀거리며 보도로 나와 남자의 발치에 쓰러졌다. 남자는 개를 돌려 눕혔다. 배에 생긴 긴 상처에서 피가 흐르고 있었다.

키모는 목숨을 건졌다. 몇 집의 대문을 미친 듯이 두드린 끝에 남자는 겨우 전화를 찾아 도움을 청할 수 있었다. 응급 수의사가 상처를 70바늘 꿰맸고 흉골에서 복부 끝까지 길게 흉터가 남았다. 하지만 남자는 키모가 도대체 어디서 다쳤는지 의문을 지울 수가 없었다. 린다는 그의 심정을 이해했다. 일은 조금 미루기도 하고 그녀는 옆집 이웃에게 도움을 청했다. 세 사람은 잔디 깎는 기계 칼날이나 꺾인 울타리 조각처럼 개를 다치게 할 만한 날카로운 물건이 없는지 힘을 합쳐 집 옆과 뒷마당을 뒤졌다. 하지만 아무것도 찾지 못했다. 기묘했다. 물이 차 있는 린다의 앞마당도 그랬다. 키모가 다친 순간 누군가 호스를 틀고 물을 흐르게 한 모양이었다.

린다는 개 주인 이름을 알아두지 못했다. 그는 정중하게 감사 인사를 하고 떠났다. 1981년 7월 집 밖에서 다른 남자가 그녀에게 다가와서 질문을 던지기 전까지 그 사건에 대해서도 거의 잊고 있었다. 키모가 다치고 1년 반 동안 많은 것이 변했다. 그 사이 동네에는 노란 범죄현장 테이프가 세 번이나 쳐졌다. 넓이가 2제곱킬로미터도 채 되지 않는 지역, 정기적으로 마리화나를 피우다 적발되는 10대 아이들을 '눈이 벌건 갱단'이라고 경찰들이 정답게 부를 정도로 아담하고 가정적이던 이 동네에는 보기 드문 일이었다.

2.7제곱킬로미터 규모의 레이건 대통령 휴가용 목장이 있는 샌타바버라는 히피 기질이 있는 돈 많은 호사가들에게 인기 있는 휴양지였다. 조리를 신고 하루 종일 돌아다닐 수도 있고 로데오 흉내를 낼 수도 있는 곳, 울긋불긋한 광고판에 오염되지 않고(미적 취향이 남다른 지역사회 명사들이 추진한 수년간의 캠페인으로 인해 금지되었다) 역사적으로 보존된 스페인 건축을 즐길 수 있는 곳이었다. 1950년부터 1991년까지 로스앤젤레스부터 샌프란시스코에 이르는 101번 고속도로 700킬로미터 구간에서 유일하게 멈춰야 하는 지점은

샌타바버라에 있는 신호등 네 군데뿐이었다. 사람마다 이유는 달랐지만 고속도로가 바다 경관을 가로막을 거라고 두려워한 지역 사람들 때문이었든가 관광객들이 지역 상점에 많이 들러주기를 바랐기 때문이었든가 고속도로 여행객들이 잠시 쉬면서 인생을 관조하게 하고 싶었기 때문인 모양이었다. 미국의 리비에라, 거친 산악지대와 태평양 사이에 아늑하게 자리 잡은 샌타바버라보다 더 좋은 장소가 어디 있겠는가? 낙원의 신호등 앞에 서서 느긋하게 시간을 보내고 싶지 않은 사람이 어디 있을까? 하지만 그 질문에 대한 답은 결국 아무도 없다는 것이다. 사고가 빈발했고 주말에는 교통정체가 심했으며 공회전하는 차량으로 인한 대기오염도 어마어마했다.

수사관들은 범인이 조심해야 한다는 사실을 배운 것이 어느 날 밤인지 알고 있었다. 그들은 그 밤이 범인을 변화시켰다는 것을 알고 있었다. 피해자들이 범인을 지목할 수 있었던 첫 번째 범행 이후 그들의 되감기는 끝났다. 1979년 10월 1일. 키모가 칼에 찔린 뒤 1주일도 채 지나기 전. 퀸 앤 레인에 살던 골레타의 한 커플이 눈부신 플래시 불빛과 젊은 남자의 악문 잇새로 새어나오는 속삭임 때문에 잠에서 깨어난 밤이었다. 여자는 남자친구를 줄로 묶으라는 지시를 받았다. 이어 침입자는 그녀를 묶었다. 그는 집 안을 뒤지고 온갖 서랍을 열었다 닫기도 했다. 욕설을 하고 협박했다. 돈을 요구했지만 그리 관심은 없어 보였다. 그는 여자를 거실로 데려가 바닥에 얼굴을 대고 엎드리게 한 뒤 테니스 바지를 눈가리개 대신 머리 위에 던졌다. 그녀는 그가 부엌으로 들어가는 소리를 들었다. 그가 혼자 노래하는 소리도 들렸다.

"나는 그들을 죽일 거야. 죽일 거야. 죽일 거야."

아드레날린이 솟구친 덕에 여자는 몸을 묶은 끈을 풀고 비명을 지르며 현관 밖으로 나갈 수 있었다. 침실에서 묶여 있던 남자친구도 뒷마당으로 뛰어나갈 수 있었다. 침입자가 다가오는 소리를 듣자 그는 바닥에 몸을 던지고 아슬아슬하게 플래시 불빛을 피해 오렌지 나무 뒤로 굴러갔다.

커플의 옆집 이웃은 FBI 요원이었다. 여자의 비명 소리에 놀라 밖으로 나온 요원은 10단 기어의 은색 니시키 자전거 페달을 미친 듯이 밟고 도망치는 한 남자를 아슬아슬하게 보았다. 펜들턴 셔츠, 청바지, 칼집, 테니스화, 언뜻 보인 갈색 머리. 요원은 차를 타고 뒤쫓았다. 몇 블록 뒤 샌퍼트리시오에서 헤드라이트 불빛에 남자의 모습이 들어왔다. 불빛이 자신을 비추자 용의자는 자전거를 버리고 두 집 사이 울타리를 뛰어넘었다. 자전거는 도난품이었다.

커플은 일반적인 인상착의밖에 진술하지 못했다. 백인에 옷깃 위로 늘어진 어두운 색 머리. 178센티미터에서 180센티미터 정도에 25세 전후로 그들은 추측했다.

그 일이 있은 뒤, 피해자들은 다시는 살아서 범인의 인상착의를 증언하지 못했다.

* * *

시체는 침실에 있었다.

1979년 12월 30일 아침, 샌타바버라 카운티 보안관서는 아베니다 페케나 767번지 정골외과의사 로버트 오퍼먼 박사의 집에서 걸려온 전화를 받고 출동했다. 오퍼먼의 친한 친구 피터와 말린 브래이디*는 그와 그의 여자친구 알렉산드리아 매닝과 약속한 테니스 시간에 도착해서 미닫이 유리문이 열려 있는 것을 보았다. 그들은 안으로 들어가서 오퍼먼을 불렀지만 대답이 없었다. 피터는 거실을 가로질러 복도 저쪽 침실을 들여다보았다.

"침대에 벌거벗은 여자가 누워 있어." 그는 아내에게 알렸다.

"우린 그냥 가자." 말린은 방해하고 싶지 않아서 말했다. 그들은 나갈 차비를 했다.

그러나 몇 걸음 옮기다가 피터는 멈췄다. 뭔가 이상했다. 오퍼먼을 그렇게 크게 불렀는데? 그는 돌아서서 한 번 더 자세히 보려고 침실로 향했다.

경찰들이 도착했을 때 말린 브레이디는 울면서 집 앞에 서 있었다.

"안에 두 사람이 죽어 있어요." 그녀는 말했다.

데브라 알렉산드리아 매닝은 물침대 오른편에 누워 있었다. 고개는 왼쪽으로 돌리고 있었고 손목은 흰 나일론 노끈으로 등 뒤에서 묶여 있었다. 오퍼먼은 침대 발치에 무릎을 꿇고 있었다. 그는 같은 노끈을 손에 움켜쥐고 있었다. 공구흔을 살펴보니 침입자는 아마도 한밤중 커플이 잠들어 있을 때 스크루드라이버로 문을 억지로 따고 집에 침입한 것으로 보였다. 아마 총을 보여주며 물건을 훔치러 들어왔다고 했을 것이다. 매닝의 반지 2개가 매트리스와 침대 프

왼쪽. 1979년 11월 30일 로버트 오퍼먼의 골레타 콘도미니엄에서 그와 함께 살해당한 데브라 알렉산드리아 매닝._샌타바버라 카운티 보안관청·오렌지 카운티 보안관서 제공.
오른쪽. 1979년 11월 30일 총에 맞아 살해당한 정골외과의 로버트 오퍼먼._샌타바버라 카운티 보안관청·오렌지 카운티 보안관서 제공.

레임 사이에 숨겨져 있었다.

침입자는 매닝에게 노끈을 던져주고 오퍼먼을 묶으라고 했을 것이고 매닝은 그렇게 했지만 단단히 묶지 않았다. 수사관들은 어느 시점에 아마 범인이 매닝의 손목을 다 묶은 뒤에 오퍼먼이 반격하기 위해 결박을 푼 것으로 짐작했다.

이웃들은 새벽 3시경 총소리를 들었으며 잠시 조용하다가 다시 한 번 더 총성이 울렸다고 증언했다. 오퍼먼은 등과 가슴에 세 번 총을 맞았다. 매닝은 뒤통수 왼쪽 위에 총상이 한 군데 있었다.

오퍼먼의 침대 옆 탁자에는 로버트 E. 알베르티의 《당신의 완벽한 권리: 인생과 인간관계에서 자기주장과 평등을 쟁취하는 지침서Your Perfect Right: Assertiveness and Equality in Your Life and Relationships》가 놓여 있었다. 빨간 꽃이 장식된 녹색 화관이 현관문에 걸려 있었다. 연말이었다. 현관참에는 소나무 화분이 있었다. 현장을 수색하던 수사요원들은 셀로판으로 싼 칠면조 고기가 중정에 버려져 있는 것을 발견했다. 그들은 어느 시점에 범인이 냉장고를 열고 오퍼먼 집안이 크리스마스 정찬에서 남긴 음식을 꺼내 먹었다고 결론 내렸다.

범인이 누구인지 몰라도 그는 그날 밤 쉴새없이 사방을 수색했다. 아디다스 육상화 별 모양 밑창이 오퍼먼의 콘도 주위로 한 바퀴 남겨져 있었다. 비어 있는 바로 옆집 아베니다 페케나 769번지에도 화단이 짓밟혀 있었다. 집 안에는 누군가 침입한 흔적이 있었고 특히 화장실에는 나일론 노끈이 남겨져 있었다.

살해 전 몇 시간 동안 주거침입과 강도가 발생했다는 신고가 동네 곳곳에서 들어왔다. 오퍼먼의 콘도에서 800미터 떨어진 윈저 코트의 한 커플이 오후 10시 15분 집 앞에 차를 세웠는데 한 남자가 그들 집 거실에서 뒷문 쪽으로 뛰어가는 모습이 보였다. 집 안으로 들어가자 침입자가 집 뒤 울타리를 넘는 소리가 들렸다. 그들이 확실하게 증언할 수 있었던 사실은 짙은 색 벙거지 모자와 재킷 차림의 백인 남자라는 것뿐이었다. 범인은 집에서 키우는 푸들의 눈을 주먹으로 잔인하게 때렸다.

사건 후 며칠 동안 수사관들은 곳곳에 버려진 나일론 노끈 조각을 계속해서 발견했다. 새너제이 크리크를 따라 난 흙길, 퀸 앤 레인의 어느 잔디밭. 하지만 퀸 앤 레인의 노끈은 언제 버려졌는지 확실히 알 수가 없었다. 몇 집 건너에는 겨우 두 달 전 오퍼먼과 매닝처럼 될 뻔한 운명을 간신히 피한 커플이 살고 있었다. 경찰 조서에 기록된 신고 내용은 똑같았다. 나일론 노끈, 문을 딴 흔적, 아디다스 육상화 족적.

골레타, 1981

데비 도밍고Debbi Domingo가 마지막으로 어머니 셰리와 나누었던 대화에서 가장 뚜렷이 기억하는 점은 그들이 말을 주고받지 않았다는 사실이었다. 그들은 소리를 질렀다. 1981년 7월 26일 일요일, 샌타바버라의 한여름이었다. 눅눅한 유칼립투스 냄새를 실은 해안의 안개는 사라졌다. 태평양은 따뜻해지고 있었고 철썩이며 손짓하는 흰 파도가 부드러운 모래사장과 30미터 키로 끝없이 줄지어 늘어선 야자나무 쪽으로 밀려오고 있었다. 젖은 머리에 금빛 피부를 한 소년들이 보드를 들고 현지인들이 '서퍼 뜀뛰기the surfer bounce'라고 부르는 걸음걸이로 바다를 향해 가고 있었다. 샌타바버라가 마술의 공간으로 바뀌는 시기, 그라나다 극장에서 파트타임으로 일하지 않는 동안에는 데비는 그 안에서 한껏 즐기고 싶었다. 그녀는 동쪽 해변의 에너지, 특히 배구 경기를 좋아했다. 그날 오후 그녀가 스테이트 스트리트의 공중전화 앞에서 10단 기어 자전거의 브레이크를 밟은 것은 한 가지 문제가 있어서였다. 그녀는 청바지 주머니에서 동전을 꺼냈다. 어머니가 전화를 받았다. 데비는 곧장 요점으로 들어갔다.

"수영복 가지러 갈게." 그녀가 말했다.

어머니의 냉정한 대답에 그녀는 놀랐다.

"안 돼." 셰리는 말했다.

데비의 눈 뒤에서 분노의 불꽃이 치솟았다. 그녀는 수화기를 꽉 움켜쥐었다. 어머니와 딸은 마지막으로 헤어졌을 때와 마찬가지였다.

그것은 나흘 전 애너카파 스트리트 1311번지, 문제 청소년을 위한 클라인 보틀 위기대응센터 본부가 있는 길모퉁이 소박하고 작은 집에서 일어났던 일이었다. 데비는 가출청소년으로 7월 중순에 급히 꾸린 가방을 자전거에 싣고 여기에 왔다. 그녀는 규칙을 어기는 법을 귀신같이 찾아내는 감지기능을 갖고 있었지만, 클라인 보틀은 제재가 엄격한 시설이 아니었다. 매듭공예로 작업한 양치식물이 여기저기 달려 있는 것으로 보아 이 점을 알 수 있었다. 겉보기에 아무 문제가 없어 보이는 가정 안에 숨겨진 미묘한 부정적 양육방식을 까발린 앨리스 밀러의 자기계발 분야 베스트셀러 《재능 있는 아이의 드라마The Drama of the Giftted Child》가 한창 인기 있던 시기였다. 밀러는 독자들에게 어린 시절 받았을 수도 있는 학대에 대해 '각자의 진실을 찾자'고 독려했고, 이로 인해 이야기 치료법 붐을 일으키는데 일조했다. 클라인 보틀 상담사들은 머그잔에 차를 따라 마시며 말주변이 없는 청소년들에게 어떤 감정도 입 밖에 내기에 진부하거나 부끄러운 것이 아니라고 말했다.

할당된 집안일에 더해 한 가지 규칙이 있었다. 아이들은 원하면 언제든지 올 수도 있고 갈 수도 있지만 치료에 참여한다는 동의서를 써야 했다. 직원들은 상담사가 입회한 가운데 문제를 해결할 수 있도록 셰리와 데비의 만남을 주선했다.

도밍고 가족은 명상에 적합한 사람들 같았을 것이다. 눈빛이 멍하고 스트레스와 방치로 피폐해진 마약 상용자 유형은 아니었다. 반대였다. 어머니와 딸은 둘 다 이목구비가 섬세한 미인이었다. 둘 다 바닷가에 어울리는 편한 차림이었다. 화장은 가볍게, 굽 낮은 샌들, 프린트 셔츠, 청바지. 데비는 가끔 머리를 땋거나 머리핀을 꽂았다. 셰리는 35세로 나탈리 우드를 닮은 깡마른 미인이었고 사무실 매니저로 일한 경력 때문에 직설적이고 유쾌한 태도를 지닌 사람이었다. 데비는 좀 더 풍만한 몸매였다. 대부분의 10대들이 그렇듯 커다랗고 파란 눈은 장기적인 미래보다는 단기적인 전망에 초점이 맞추어져 있었다. 둘 다 건강과 자기확신에서 비롯되는 침착함을 발산했다.

약속 시간이 되었다. 모두 자리에 앉는 동안 의례적인 인사치레도 나누었다. 데비와 셰리는 전깃줄 위의 두 마리 참새처럼 소파에 앉자마자 폭발했다. 고통받았다고 토로하는 쪽과 말도 안 되는 소리라고 어이없어하는 쪽이 서로 번갈아가며 정확히 똑같은 방식으로 분노를 발산하는 전투였다. 구슬릴 필요도 없었다. 경계, 규칙, 남자친구, 무례. 데비는 카운슬러가 남자였는지 여자였는지도 기억하지 못했다. 고함을 질렀던 것, 방 안에 제삼자가 있었던 것이 어렴풋이 기억날 뿐이었다. 그 모든 광경을 보았지만 어안이 벙벙한 채 무능하기만 했던 사람. 결국 데비는 전에 그랬듯 갑작스럽게 도망쳤다. 검은 머리 소녀는 가방에 소지품을 꾹꾹 눌러 밀어 넣고 쏜살같이 페달을 밟아 떠났다. 2주 뒤면 열여섯 살 생일이었다.

셰리는 도시가 자신의 딸을 삼키는 모습을 보고 걱정에 휩싸였다. 샌타바버라는 사람을 홀리는 매력이 있었다. 기만적이었다. 로맨스에 대한 약속이 도시를 지배하고 위험의 가능성은 은폐되었다. 1925년 19초 간의 지진으로 인해 샌타바버라 도심의 많은 부분이 파괴된 뒤 도시는 스페인 식민지 양식으로 재건축되었다. 흰 회벽, 붉은 기와지붕, 연철. 역사를 보존하자는 지역사회 지도자들은 계속 저층건물만 지었고 광고판은 퇴출했다. 도시에는 아늑한 소도시 분위기가 났다. 32년 동안 매일 '팝콘 맨'이라는 그리스계 이민자가 스턴스 워프 아래 자기 가판에서 바람개비와 팝콘을 팔았다. 더운 여름밤이면 열어둔 창문을 통해 밤에 피는 재스민 향이 흘러들어왔다. 대양의 파도소리가 자장가처럼 사람들을 꿈속으로 인도했다.

그러나 불안정함도 숨어 있었다. 거친 암류가 흙탕물을 일으키고 있었다. 불경기가 도심의 상업 상당 부분을 할퀴고 지나갔다. 로어 스테이트 스트리트에는 아직 공공장소 음주금지법이 없었다. 매일 밤 주정뱅이들이 비틀거리며 서로 고함을 지르다가 오줌을 싸고 구토를 했다. 음악 클럽도 변하고 있었다. 포크와 디스코가 사라지고 성난 펑크가 등장했다. 익명의 남자가 전화를 걸어 열한 살부터 열다섯 살 사이의 어린이들이 받으면 너는 죽는다는 말을 남기고 끊는다는 보도가 지방 신문에 실리기도 했다. 같은 남자인지 알 수 없지만 여자들에게 자신의 요구를 따르지 않으면 남편을 해친다고 협박하는 전화도 있었다. 현지 경찰은 이 익명의 변태를 '헉헉이'라는 별명으로 불렸다.

스테이트 스트리트와 캘리포니아주 남북을 잇는 주도로 중 하나인 101번 고속도로 교차점에는 신호등이 있었고 10년 이상 각양각색의 히피들이 샌디에이고나 유레카 같은 곳까지 태워달라는 팻말을 들고 거기 서 있었다. 텍사코 주유소에 히치하이커가 팻말을 쓸 수 있도록 펠트펜이 구비되어 있는 것은 샌타바버라의 전통이었다.

그러나 아무리 '사랑의 봄' 가운을 두르고 탬버린을 들고 있다 해도 요즘 히피들이 더 이상 젊지 않다는 것은 눈에 띄지 않을 수 없었다. 가까이서 보면 단지 바람과 햇빛에 거칠어졌을 뿐만 아니라 반복된 패배가 그들의 눈에서 빛을 앗아갔다는 것을 알 수 있었다. 목적지를 적은 팻말은 점차 줄어들었다. 어떤 이는 그저 하루 종일 원을 그리며 돌기도 했다.

샌타바버라의 자홍색 부겐빌레아는 그 미세한 균열에서 사람들의 시선을 빼앗았다. 셰리는 데비가 바깥 세상에서 다치지 않기를 바랐다. 모든 어머니의 두뇌에는 자식에게 생길 수 있는 온갖 끔찍한 일이 번갈아가며 끊임없이 떠오르기 마련이다. 그 반대 현상은 보통 일어나지 않는다. 왜 부모를 걱정하나? 특히 부모가 신처럼 보이다가 차츰 인간으로 보이기 시작하는, 나아가 부모가 장애물로, 꼼짝도 하지 않는 유난히 번거로운 문으로 보이는 10대가.

아니, 클라인 보틀에 따르면 "위험요소가 많은 쪽"은 데비였다. 집을 나온 예쁜 10대 소녀 이야기가 좋게 끝나는 일은 드물다. 한데 이번에는 그랬다.

집에 없었기 때문에 데비 도밍고는 목숨을 건질 수 있었다.

셰리는 데비와의 마찰이 그저 울퉁불퉁한 비포장도로처럼 일시적인 것이고 결국에는 화해할 거라는 사실을 알고 있었다. 세월이 지나 데비에게 지금 자기만 한 10대 딸이 생길 무렵에는 같이 떠올리며 웃을 수 있을 것이다. 그러나 일단은 해결책이 필요했다. 그녀는 모든 사람들이 '암탉'이라고 부르는 사무실 매니저였지만 자기 딸에게만큼은 엄마 노릇도 매니저 노릇도 도무지 뾰족한 대책이 없었다.

"어떻게 하지?" 셰리는 가장 친한 친구 앨런*의 집 뒤뜰 욕조에 앉아 와인을 마시며 물었다. 앨런은 남편과 같이 모두 10대인 딸 셋의 위탁 부모로 살고 있었다. 생모는 마약중독자로 남의 집 문간에 아이를 버렸다. 셰리는 아이들이 너무나 반듯하게 자랐다며 감탄했다.

"규율이지." 앨런이 말했다.

앨런이 볼 때 셰리는 너무 늦게 데비에게 규율을 내세웠다. 지나치게 관대했다는 것이다. 앨런은 매 순간 아이들이 어디 있었는지 확인했다. 딸들은 혹시 수업에 빠지면 앨런이나 그녀의 남편 행크가 무단결석자의 보모라고 자신을 소개하는 팻말을 들고 학교에 나타난다는 것을 알고 있었다. 사회적으로 굴욕을 당할 위험이 컸기 때문에 엇나갈 수가 없었다.

반면 셰리는 데비에게 너그러웠다. 데비가 귀가시간을 어기거나 등교하지 않아도 별말을 하지 않았다. 셰리는 천성적으로 낙관적이고 신중한 사람이었다. 그저 전형적인 10대의 행동일 뿐이라고 생각하고 벌을 주는 것을 꺼렸다. 이런 시기도 지나갈 거라고 그녀는 말했다. 데비가 태어났을 때 셰리는 겨우 열아홉 살이었다. 어머니와 딸은 상점에서 같이 옷을 입어보거나 좋아하는 식당 판초 빌라에서 점심을 먹을 때 낯선 사람들이 자매지간으로 생각하면 기분이 좋았다. 모녀가 킬킬거리며 웃으면 사람들은 실수했다는 것을 깨닫는다. 당연히 자매는 아니었다. 모녀는 친구 사이였다.

갈등이 고조되고 데비가 "난 당신 법칙 따위 필요 없어! 당신이 내 인생을 망치고 있다고!"라고 소리질렀을 때 셰리가 약간은 자신 없고 순한 말투로 "하지만 난 엄마야"라고 대답한 것도 이런 이유 때문이었다.

애당초 마찰의 출발 신호는 이혼이었다. 셰릴 그레이스 스미스가 해양경비대 전기기술자로 일하던 두 살 연상의 로저 딘 도밍고를 만난 것은 고등학생 시절이었다. 그들은 셰리가 열여덟 살이 된 직후인 1964년 9월 19일 샌디에이고에서 결혼했다. 데비는 그다음 해 8월에 태어났다. 거의 정확히 1년 뒤 아들 데이비드가 태어났다. 로저는 해양경비대를 그만 두고 감리교 목사가 되었다가 중등학교 교사가 되었다. 1975년, 가족은 샌타바버라로 이사했다.

데비는 인생의 첫 12년이 따뜻한 호박색 빛으로 가득 차 있었다고 회상한다. 집에서 구운 설탕 쿠키를 나누어주던 셰리, 노호키 폭포 공원의 점심 소풍. 그녀는 공원 벤치에 앉아서 아이들을 바라보는 부모님보다 직접 몽키 바monkey bar(일렬로 늘어선 봉에 차례로 매달려 앞으로 나가는 놀이기구이다—옮긴이)에 올려주거나 해안 모래 언덕을 뒤따라 허우적거리며 올라오는 젊은 부모님이 좋았다. 셰리와 로저는 햇빛 아래서 자란 육체적으로 건강한 사람들이었고 몸가짐에도 그 점이 드러났다. “나는 중학생이 될 때까지 냉소가 뭔지 몰랐어요.” 데비는 말했다.

하지만 셰리와 로저 사이에는 차츰 갈등이 생겼다. 샌타바버라 보안관서의 1157쪽짜리 사건기록 상당 부분은 셰리의 인생에 대한 상세한 추적으로 채워져 있다. 130쪽에서 로저는 결혼 생활, 특히 샌타바버라의 사교 생활에 대한 질문을 받았다. 그는 소풍을 회상했다. 그들은 근처의 고풍스러운 덴마크풍 마을 솔방을 자주 찾았다. 면담 중간에 그는 대명사를 ‘우리’에서 ‘그녀’로 바꿨다. 셰리는 춤추는 것을 좋아했다. “파티”를 좋아했다. 인용부호가 로저의 의도였는지 면담자의 의도였는지는 확실치 않다. 그러나 따옴표는 비난하듯 찍혀 있다. 셰리는 마약도 하지 않았고 술도 많이 마시지 않았다. ‘파티’라는 단어는 마약이나 술보다는 성향을 가리키는 것처럼 읽힌다. 로저는 풀밭 위에 등나무 바구니와 담요 한 장만 있으면 족했다. 하지만 어느 시점에서 셰리는 더 많은 것을 원했다. 그들은 1976년 12월에 별거를 시작했다.

로저는 샌디에이고로 돌아갔고 데비와 데이비드는 두 도시를 오갔다. 데비는 가족의 분열에서 기회를 보았다. 그녀는 부모가 서로 등을 돌리도록 조종했다. 한계를 시험한 것이다. 그리고 집안의 규칙을 무시했다. 조금만 압력이 들어와도 가방을 싸고 다른 부모한테 가서 살겠다고 엄포를 놓았다. 그녀는 이런 식으로 몇 년 동안 샌디에이고와 샌타바버라를 오가며 최소한 여섯 번 전학했고 한번은 학기 중에 옮기기도 했다. 1981년 7월이 되자 한때 좋았던 성적도 곤두박질쳤다. 그녀는 샌디에이고에서 연상의 남자친구를 사귀었는데, 어떤 문제에도 마음이 맞지 않는 셰리와 로저도 좋지 못한 소식이라는 데 의견을 모았다.

10대의 반항이 정점에 달하면 아무리 안정적인 가정이라도 흔들리기 마련이지만 하필 그때는 셰리도 인생의 전환기를 맞아 스트레스가 심했던 시기였다. 경기가 한창 내리막이던 6월, 그녀와 앨런은 컴퓨터 가구를 제작하는 작은 회사 트림 인더스트리에서 해고당했다. 셰리는 IBM 타자기를 빌려서 이력서를 다시 쓰고 새 직장 찾기에 나섰다. 게다가 하필 그때 그녀는 이사하기로 결심했다.

몇 년 동안 아이들이 아버지와 같이 샌디에이고에 있지 않을 때는 셰리와 아이들은 몬테시토의 게스트하우스를 빌려 살았다. 그러나 5월 가족에게 바바라 고모로 알려진 셰리 아버지의 사촌이 골레타의 집을 팔고 프레즈노로 옮기기로 했다는 소식이 전해졌다. 바바라 고모는 새 주인을 찾는 동안 집을 비우고 싶지 않았다. 셰리와 아이들이 집을 좀 봐주면 어떨까?

바바라 고모는 골레타 동북쪽 새너제이 크리크 근처 조용하고 녹음이 우거진 막다른 길 톨텍 웨이에 살고 있었다. 나무 널로 지붕을 이은 케이프 코드 스타일 주택에는 차고와 그 위층이 딸려 있었고 창문에는 셔터가 붙어 있었다. 이웃들은 그 집을 "큰 빨강 헛간"이라고 불렀다. 특히 셰리의 마음에 들었던 것은 하필 우연하게도 앨런의 집이 길 끝에서 직각으로 꺾은 톨텍 드라이브에 있다는 점이었다.

6월 초, 셰리와 아이들은 이삿짐센터의 도움을 받아 톨텍 웨이 449번지로 살림을 옮겼다. 이 동네에는 유칼립투스 나무가 울창하게 드리워져 있었다. 동네의 고요함이 대자연처럼 평화롭게 느껴지지는 않았지만 그 안정감도 데비를 안정시키지는 못했다. 하루 일과는 샌타바버라 메사 지역이나 몬테시토의 친구들 사이에서 벌어지고 있었다. 모든 것이 잠정적이고 일시적이었다. 부동산 중개인은 오픈하우스 일정을 진행할 예정이었다. 뜰에 나붙은 간판에는 "산타나 부동산/매물"이라고 적혀 있었다. 데비는 좋지 않은 영향을 주었던 샌디에이고의 남자친구를 그리워했고 그에게 전화를 거느라 전화요금이 어마어마하게 나왔다. 이사 온 지 몇 주 지나 셰리와 대판 싸운 후 데비는 가방 안에 물건을 최대한 넣어 자전거를 타고 떠났다.

대부분의 밤마다 셰리는 길 건너 앨런의 집까지 걸어가서 와인 한 병을 따고 욕조 안에 앉았다. 둘은 셰리가 자녀 양육 문제로 로저와 다툰 것을 두고 이야기를 나누었다. 구직 이야기, 연애 이야기. 셰리는 신문광고와 짝짓기 서비스를 실험해보는 중이었다. 도심 식당에서 어색하고 쭈뼛쭈뼛한 데이트도 몇 번 해보았다. 한 남자는 사무실로 셰리에게 전화를 걸어 "마르코 폴로"라는 수수께끼의 이름을 남기기도 했다. 메시지를 전달받은 셰리는 크게 웃었지만 아무 말도 하지 않았다. 앨런은 셰리가 다시 결혼하고 싶어 한다는 것을 알고 있었지만 그녀의 친구는 이혼녀로서는 놀랍게도 석양 무렵 저물어 가는 햇살을 받으며 손을 잡고 해변을 걷는 아련한 우편엽서 속 낭만적인 사랑을 갈망하는 구식 연애관을 지닌 사람이었다.

셰리는 이혼 이후 가장 가까이 다가온 한 남자에 대해 아직 신중하게 생각하고 있었다. 앨런은 그를 만난 적이 없었지만 한번 직장으로 몰래 찾아왔을 때 훔쳐본 적이 있었다. 그는 셰리보다 훨씬 어렸고 잘생기고 키가 컸으며 짙고 숱 많은 머릿결을 지닌 매력적인 남자였다. 앨런은 그들이 몇 년 동안 만났다 헤어지기를 반복했다는 것밖에 몰랐지만 셰리는 최근 끝났다고 결론 내렸다. 이제 옮겨가야 할 때다.

두 여자는 데비 문제에 대해 무엇보다 중요하게 이야기했다. 사랑의 매라고 앨런은 말했다. 행동에는 책임이 따른다는 걸 보여줘야 해.

"단호한 모습을 보여." 그녀는 조언했다.

클라인 보틀에서 부딪힌 지 나흘 후 데비가 전화했을 때 셰리는 바로 그런 모습을 보였다. 데비는 한 가지 생각밖에 없었다. 그것은 사과나 화해가 아니라 수영복이었다. 톨텍의 집에 남겨두고 나왔던 것이다.

"수영복 가지러 갈게." 그녀는 말했다.

"안 돼." 셰리는 말했다.

"뭐?"

"안 된다고 했잖아."

"그건 내 수영복이야!"

"여긴 내 집이야!"

데비는 화가 나서 전화기에 대고 울부짖었다. 셰리도 고함을 치며 맞섰다. 스테이트 스트리트를 지나던 사람들은 구경거리가 났다고 생각하고 걸음을 늦췄다. 데비는 행인들이 뭐라고 생각하든 상관없었다. 몸이 분노로 부들부들 떨렸다. 생각해낼 수 있는 최악의 말이 격렬하게 입에서 튀어나왔다.

"내 인생에서 제발 꺼지라고!" 그녀는 소리쳤다. 그리고 전화를 쾅 내려놓았다.

다음 날 오후 2시 30분경, 데비는 신세를 지고 있던 친구의 집에서 전화를 받았다. 전화를 건 사람은 데비가 일하는 그라나다 극장의 동료였다. 어머니의 친구 앨런이 극장으로 전화를 걸어 데비를 찾았고, 소식을 듣는 대로 즉시 전화하라는 전갈을 남겼다는 것이었다. 데비는 어머니에게 한 행동에 대해 앨런이 나무랄 거라고 생각하고 죄책감을 느끼지 않기 위해 마음을 단단히 굳혔다. 앨런의 첫마디는 데비에게 전혀 놀랍지 않았다. 엉덩이에 손을 얹고 나무라듯 입을 내밀고 있는 모습이 눈에 보이는 것 같았다.

"지금 당장 집으로 가봐라." 앨런이 말했다.

"난 안 가요." 데비는 말했다. "절대로."

그다음 정확히 무슨 이야기가 오갔는지 앨런과 데비가 기억하는 내용은 서로 달랐지만 데비가 즉각 집으로 가봐야 한다는 사실을 빠르게 이해했다는 데는 기억이 일치했다. 다급한 일이라는 사실을. 온갖 가능성 때문에 심란한 마음을 안고 데비는 친구의 폭스바겐 앞자리에 타고 집으로 향했다. 톨텍 웨이에 도착한 순간에 대해 데비가 가장 또렷이 기억하는 것은 노란 범죄현장 테이프가 도로 자체를 막고 있었지만 도로 서쪽 두 번째 집도 통제하고 있다는 사실이었다. 큰 빨강 헛간. 바바라 고모의 집.

평소 인적이 없는 막다른 도로에 수십 명의 사람들이 북적거리는 광경은 기묘했다. 정복 경찰들, 수트 차림의 형사들, 언론. 소음에는 스트레스와 혼란의 음조가 깃들어 있었다. 사람들은 빠르게 움직여 한데 모였다가 회전하며 긴장한 표정으로 정보를 찾고 있었다. 어쩌다 보니 데비는 테이프 안쪽으로 안내되고 있었다. 그녀는 소음을 뚫고 멍한 상태로 집에 들어갔다.

내 인생에서 제발 꺼지라고!

어머니의 차, 갈색 닷선 280ZX가 드라이브웨이에 서 있는 것이 눈에 띈 순간 심장이 내려앉았다.

그때 다른 차가 눈에 들어왔다. 검은 줄이 두 줄 있는 흰색 카마로가 집 앞에 서 있었다.

"그렉은 어디 있어요?" 데비는 누구에게랄 것도 없이 물었다. 그녀는 그의 모습을 찾아 주위를 둘러보며 목소리를 높였다. "그렉과 이야기하고 싶다고요!"

막다른 도로의 인파가 순간 멈추더니 한꺼번에 그녀를 돌아보았다. 다들 눈썹을 치켜세운 얼굴이었다. 그들은 그녀에게 다가오며 두 단어를 되풀이했다. 그 기묘한 화음은 마치 어머니가 지금쯤 편히 있기를 바라는 장소로 데비마저 둥둥 띄워 보내는 듯한 꿈결 같은 환각을 일으켰다.

"그렉 누구? 그렉 누구? 그렉 누구?"

* * *

•── 편집자 주　다음 장은 미셸이 남긴 메모와, 〈살인마의 발자국을

따라서〉가 〈로스앤젤레스〉에 실린 이후 〈로스앤젤레스〉 디지털 판에 실린 "작가 최종고(writer's cut)"를 엮어 편집한 것이다.

그렉은 그레고리 산체스로 27세의 컴퓨터 프로그래머였다. 둘 다 버로우스 코포레이션에서 일하던 1970년대 말 셰리 도밍고를 처음 만났다. 1977년부터 1981년까지 만났다 헤어지기를 너무 여러 번 반복했기 때문에, 그들이 마지막으로 끝내기로 했을 때조차 딸 데비는 이번에도 잠깐 헤어지는 거라고 생각했을 정도였다.

그렉은 셰리보다 여덟 살 젊었고, 때로 어린 티가 났다. 그는 남자다움에 집착하는 남자였다. 오토바이를 몰았고 레이스 줄무늬를 칠한 쉐보레 카마로를 몰았다. 유소년 야구단과 팝 워너 축구 코치를 했고 자기 아파트의 남는 침실에 온갖 고급 스테레오 장비를 다 설치했다. 그렉은 몸이 탄탄했고 항상 옷을 잘 입었다. 셰리처럼 그도 자신을 잘 가꾸는 사람이었다. 두 사람의 공통점은 어떤 꼼꼼함이었다. 둘 다 자랄 때 가진 것이 별로 없었기 때문에 자기 물건을 잘 가꾸었다. 4년 동안 그들의 관계는 의도적으로 원을 그렸다. 셰리는 그가 자라기를 기다렸다. 그는 그녀가 마음을 좀 열기를 기다렸다. 마침내 그들은 이제 충분하다고 결정했다. 둘 다 다른 사람을 만나기 시작했다.

1981년 6월, 버로우스 코포레이션은 샌타바버라 지사를 폐쇄한다고 발표했다. 산체스는 회사 플로리다 지점에 자리가 있는지 알아보기 위해 동부 해안으로 여행 갈 계획을 세우고 있었다. 다음 달 데비가 클라인 보틀 쉼터에 머물고 있는데 그렉이 연락해서 점심을 사주었다.

그렉과 데비는 가까웠다. 가족 같았다. 셰리와 데비 사이의 나이였기 때문에 아버지 같은 존재가 될 수는 없었지만 오빠 같은 사람이었다. 그는 재미있었고 그녀를 잘 다뤘다. 그는 데비를 데브라 D로 즐겨 불렀다.

"그렉, 내 이름은 데브라가 아니야." 그녀는 종종 상기시켰다.

"괜찮아, 데브라 D." 그는 놀렸다. "그런 거 걱정하지 말라고."

7월 중순 오후 햄버거를 먹으며 그렉은 자기가 플로리다로 옮긴다는 소식을 데비에게 알렸다. 그는 그녀가 충격받을 거라는 점을 알고 있었다. 일이 일어난 뒤에 알게 하는 것보다 직접 소식을 전해주고 싶었다고 했다. 하지만 직접 듣는데도 데비는 크게 풀이 죽었다.

"난 네 엄마에게 아주 여러 번 청혼을 했어." 그는 포기한 어조로 말했다. "그녀는 나랑 결혼하지 않을 거야." 셰리는 자기가 그렉보다 너무 나이가 많다고 여겼지만 데비는 어처구니없는 이유라고 생각했다.

데비가 모르고 있었던 것은 그렉에게 이미 다른 여자가 있었다는 사실이었다.

그는 5월에 태비사 실버*라는 여자를 만났다. 둘 다 같은 아파트 단지에 살았고 그렉은 태비사의 가까운 친구 신시아와 사귄 적이 있었다. 헤어진 뒤에도 신시아는 그렉과 친구로 지냈고 나중에 그를 태비사에게 소개해주었다. 그들은 사귀기 시작했고 관계는 빠르게 깊어졌다. 3주도 채 되지 않아 그렉은 일이 진지하게 진전된 속도에 스스로 놀라며 약간 경계도 하고 있었다.

그러나 타이밍이 좋지 않았다. 둘 다 한창 변화의 시기를 겪고 있었다. 태비사는 가을에 UCLA 치대에서 공부를 시작할 예정이었고 여름 동안 샌타바버라를 떠나 샌디에이고의 집으로 돌아갔다. 그렉은 일자리 문제가 불확실했고 플로리다로 전출할 계획을 세우고 있었다.

"지금 난 연애할 상황이 아니야." 그렉은 그녀에게 말했다.

"그럼 언제쯤?" 태비사는 반박했다. "네가 죽으면?"

그렉은 7월 23일 플로리다에서 돌아와 곧장 태비사에게 전화했다. 캘리포니아주에 계속 살기로 결정했던 것이다. 플로리다는 친구와 가족과 너무 떨어져 있었다. 태비사의 생일을 겨우 며칠 앞두고 그렉은 주말에 그녀를 샌타바버라에 초대했다.

그녀는 그 주 토요일에 샌타바버라로 와서 그렉과 같이 지냈다. 그는 청혼을 할 것 같은 기미를 약간 내보였다. 다음 날 밤 그녀는 그의 아파트로 찾아갔다. 그는 놀랍게도 마지막 순간 계획이 바뀌었다고 했다. 대신 다른 친구와 저녁을 같이 보내기로 했다는 것이었다.

그 친구는 셰리 도밍고였다.

셰리 도밍고의 이웃은 총성 한 발 그리고 뒤이어 한밤중에 사람 목소리를 들었다. 누군가에게 자제력 있고 감정적이지 않은 말투로 "진정하라"고 말하는 여자 목소리였다. 아마 도밍고의 마지막 말이었을 것이다.

수사관들은 이후 새기의 러그가 침실 문에 긁히는 또렷한 소리 때문에 산체스가 집 안에 누군가 들어왔다는 것을 미리 알아차린 것 같다고 추정했다. 그는 범인과 몸싸움을 벌인 것 같았다.

이 사건을 잘 아는 한 형사는 여자 목소리를 떠올렸다. 상대의 주의를 다른 곳으로 돌리게 하려는 침착한 음성. "범인은 열 받았을 겁니다." 그는 말했다.

이번에 범인은 현장에서 떠날 때 끈도 가지고 갔다. 그는 수사에 적응해가며 증거를 없애고 있었다.

* * *

월요일 아침 한 부동산업자가 매수희망자와 그 가족에게 집을 보여주기 위해 톨텍 웨이 449번지에 도착했다. 집 안으로 들어간 그는 안방에서 남자 한 사람, 여자 한 사람의 시체를 발견했다. 그는 즉시 고객을 집에서 데리고 나가 경찰에 신고했다.

피해자는 둘 다 나체였다. 산체스의 몸은 엎어진 자세로 옷장에 반쯤 들어가 있었다. 범인은 선반에 있던 옷가지를 끌어내려 그의 머리를 덮었다. 시체 옆에는 플래시가 있었다. 배터리에 산체스의 지문이 묻어 있는 것으로 보아 집 안에 있던 물건인 것 같았다.

산체스는 뺨에 총을 맞았다. 아마 몸싸움 도중이었거나 저항하는 과정이었을 것이다. 총상은 치명상이 아니었다. 종류를 알 수 없는 물체에 의한 스물네 군데의 둔기 손상이 치명상이었다. 도밍고는 피가 흥건한 침대에 얼굴을 아래로 하고 엎드려 있었다. 그녀도 같은 물체로 맞아서 사망했다. 몸 위에는 벽지와 어울리는 베드스프레드가 덮여 있었다. 두 손은 묶여 있었던 것처럼 등 뒤로 돌려져 있었다. 손목에 묶었던 흔적이 이 추측을 뒷받침했다.

수사관들은 아래층 손님 침실의 작은 창문이 열려 있는 것을 발견했다. 창문의 방충망이 뜯어져서 노간주나무 뒤 수풀 안에 숨겨져 있었다. 창문은 성인 남성이 들어오기에는 너무 작았으나 수사관들은 범인이 창문 안으로 팔을 넣어 바깥 욕실 문의 자물쇠를 풀었다고 추정했다.

현장을 수색하던 경찰들은 복도의 먼지투성이 조경용 공구선반에서 없어진 지 얼마 안 되는 공구 2개의 윤곽을 발견했다. 하나는 분명 파이프렌치였다. 또 하나의 없어진 공구는 이후 셰리의 전 남편이 터프 플러거turf plugger(상태가 좋지 않은 잔디를 떠내고 새 잔디를 심을 때 사용하는 조경 공구이다—옮긴이)라는 조경 공구인 것 같다고 증언했다. 터프 플러거도 파이프렌치도 결국 찾지 못했다.

경찰은 집집마다 돌아다니며 동네를 탐문했다. 바로 옆집 이웃은 오전 2시 15분경 개 짖는 소리에 잠에서 깼다고 증언했다. 그와 그의 아내는 창밖을 내다보았다. 걱정스러운 것이 눈에 띄지 않아서 그들은 다시 잠자리에 들었다.

열세 살 난 소년 2명이 오후 9시 45분경 동네를 걷다가 범행현장에서 한 블록 떨어진 큰 나무 뒤에 누가 서 있는 것을 보았다고 경찰에게 말했다. 아이들은 그 사람이 남자라고 생각했지만 확실하지는 않았다. 어둠 속이라 그냥 텅 빈 윤곽만 보였다.

렌과 캐롤 골드샤인*은 그날 밤 산책을 하러 갔다가 이상한 사람을 만났다고 신고했다. 오후 10시 30분경 유니버시티 드라이브를

조용한 샌타바버라의 막다른 길 톨텍 웨이. 셰리 도밍고와 그레고리 산체스가 살해된 현장이 출입금지된 모습. 30년 뒤 범행현장에서 검출된 DNA로 이 이중살인사건이 골든 스테이트 킬러의 범행임이 밝혀졌다._산타바바라 카운티 보안관청 · 오렌지 카운티 보안관서 제공.

따라 서쪽으로 걷고 있는데, 낯선 남자가 뒤따라오면서 점점 거리를 좁히는 것 같았다. 버클리 로드로 접어들자 남자는 길을 건너 두 사람과 나란히 계속 걸었다.

남자는 백인에 10대 후반에서 20대 초반으로 보였고 키는 180센티미터, 날렵한 몸매와 목까지 내려오는 금발의 직모를 가지고 있었다. 면도는 깨끗이 한 상태였다. 오션 퍼시픽 스타일 셔츠와 코듀로이 혹은 데님 소재로 보이는 연한 청색 바지 차림이었다.

같은 밤 오후 11시경, 태미 스트라웁*과 그녀의 딸 칼라*는 메리다 웨이에서 조깅을 하다가 독일 셰퍼드 한 마리와 함께 어느 집 차고 쪽을 바라보는 수상한 젊은 남자를 발견했다. 그는 이쪽으로 등을 보인 채 얼어붙은 듯 꿈쩍도 하지 않고 서 있었다. 20대 혹은

30대 초반으로 보였고 키는 178센티미터, 체구는 건장했다. 금발이었고 흰색 혹은 베이지색 테니스바지와 연한 색 티셔츠 차림이었다. 이후 몽타주가 만들어졌다.

형사들은 사건이 발생하기 전 오후 부동산 업자 캐미 바도*가 큰 빨강 헛간에서 오픈하우스를 진행했다는 사실을 알아냈다. 그녀가 다른 손님과 이야기를 나누는 동안 35세에서 40세 사이의 백인 남성이 들어가서 아무 말 없이 집 안을 둘러보기 시작했다. 그녀가 미처 대화에서 빠져나오기 전에 그는 떠났다.

공개가 끝난 뒤 바도는 집을 둘러보고 주방에서 무슨 금속 조각을 발견했다. 나중에 그녀는 그 금속 조각이 집 뒷문의 잠금장치와 비슷해 보인다는 것을 깨달았다.

바도는 묘한 오픈하우스 손님이 연파란 눈, 짧고 빛에 바랜 연갈색 고수머리였다고 증언했다. 피부는 그을려 있었고 키는 175센티미터, 녹색 악어그림 셔츠, 바랜 리바이스 차림이었다. 그녀는 샌타바버라 보안관의 몽타주 전문가를 만났고 몽타주가 작성되었다.

처음에 경찰은 마약거래상이 집 안에 침입해서 두 사람을 죽인 게 아닐까 하는 가능성을 염두에 두었지만, 피해자와 가까웠던 사람들은 모두 말도 안 되는 생각이라고 일축했다. 둘 다 마약을 복용하지 않았다. 형사들은 이어 셰리의 전남편을 주목했다. 인정사정없이 심문한 후 경찰은 그의 알리바이를 조사했다. 그의 말은 사실로 판명되었다.

이후 오랫동안 동네 사람들은 실패한 범행 1건과 커플 살인 2건을 저지른 유령 살인마를 '크리크 킬러'라고 불렀다. 표적이 된 세 커플 다 미혼이었기 때문에 혹시 살인범이 죄악을 저지르며 살아가는 사람들을 신의 이름으로 벌하려는 광신도가 아닌가 생각하는 사람도 있었다. 한편 샌타바버라 수사관들은 범인이 지역 건달 브렛 글래스비라고 확신하고 있었다.

1980년 처음 샌타바버라 수사관들이 용의자로 점찍은 글래스비는 잔인함과 불같은 성미로 유명한 지역 폭력배였다. 아무도 그에 대해 좋은 말을 하지 않았다. 그는 악당이었다. 능숙한 절도범으로서 피해자 로버트 오퍼먼과도 아주 약간 접점이 있었다. 오퍼먼의 사무실 건물에서 일하던 수위가 잔인하게 폭행당한 사건이 있었는데, 글래스비와 그와 한패인 깡패가 유력 용의자였던 것이다. 글래스비는 그 지역에 살았고 38구경 스미스 앤드 웨슨도 가지고 있었다. 오퍼먼·매닝 살인사건에 사용된 총이었다. 그러나 탄도검사 결과 총기는 범행에 사용되지 않았고 이 중 어떤 사건에도 글래스비가 연루되었다는 물리적 증거는 나오지 않았다.

브렛 글래스비 본인도 1982년 자기 형 브라이언과 함께 살해당했다. 형제는 멕시코에서 휴가를 보내다가 마약거래를 하러 산후안데 알리마 해변으로 갔다. 거기서 그들은 함정에 빠져서 돈을 빼앗기고 총에 맞았다. 샌타바버라 보안관서는 글래스비가 오퍼먼·매닝과 산체스·도밍고 두 커플 살인사건의 범인일 가능성이 높다는 관점을 계속 유지했고, 오렌지 카운티 미결사건 수사팀이 범행수법으로 보아 오리지널 나이트 스토커가 범인일 가능성이 있다고 추정했을 때도 계속 같은 결론을 고수했다. 오리지널 나이트 스토커의 마지막 범행은 1986년, 글래스비가 죽은 지 4년 뒤였다.

여러 번의 실패 끝에 2011년, 산체스·도밍고 범행현장의 담요에서 채취한 유전물질로부터 DNA 프로파일이 성공적으로 추출되었다. DNA는 골레타 사건이 동부 지역 강간범·오리지널 나이트 스토커의 범행이라는 사실을 확인해주었다.

조 알십과 마찬가지로 브렛 글래스비 역시 엉뚱한 용의자였다.

* * *

아무도 데비 도밍고에게 어머니를 죽인 범인에게 당한 다른 피해자들이 있을 수도 있다는 말을 하지는 않았다. 그녀가 알게 된 것은 2000년대 초 케이블 텔레비전 실제사건 프로그램에서 오리지널 나이트 스토커 연쇄사건을 다루기 시작했을 때였다. 그때 데비는 거의 10년 동안 메스암피타민에 중독되어 있다가 약을 끊은 지 7년째였고 텍사스주에서 교도관으로 일하고 있었다. 어머니가 살해당한 이후 그녀의 인생은 완전히 탈선했다.

7월의 그날, 어머니의 죽음에 대해 처음 알게 되었을 때 열다섯 살의 데비는 할머니에게 전화해서 어머니가 죽었다고 알렸다.

"데비." 할머니는 대답했다. "그런 농담은 하는 게 아니야."

거의 직후 그녀는 샌디에이고로 옮겨 갔다. 어머니 쪽 친척들은 서서히 그녀의 인생에서 물러났다. 어머니가 죽은 직후 우연히 엿듣게 된 가족들의 대화는 이후 데비의 뇌리에서 떠나지 않았다. "린다." 할머니가 이모에게 말했다. "네가 아니라서 정말 다행이야. 너였다면 내가 어떻게 했을지 모르겠다."

이후에도 오랫동안 데비는 관계를 다시 되살려보려고 할머니와 이모에게 손을 내밀었지만 그들은 응답하지 않았다.

오렌지 카운티, 2000

오렌지 카운티 보안관서의 고참들은 래리 풀의 깊게 팬 눈썹과 그의 작업 공간 위쪽 보드에 꽂힌 피해자 사진, 음산한 성채처럼 그 주변에 쌓인 바인더를 보곤 했다.

"그놈은 죽었어." 그들은 마치 간밤의 농구경기 점수를 알려주듯 풀에게 잘라 말했다. "아니면 종신형을 받고 감옥에 처박혀 있던가. 그런 놈들은 절대 제 손으로 그만두지 않아."

'그런 놈들'은 사이코패스, 연쇄살인범, 괴물들을 가리켰다. 뭐라 부르든 극단적으로 폭력적인 연쇄범죄자들은 죽거나 장애를 입거나 투옥되지 않는 한 살인을 멈추지 않는다는 것이 통상적인 상식이었다. 풀의 표적이 마지막으로 범행을 저지른 것은 1986년이었다. 지금은 2000년이었다.

"도대체 왜 거기에 신경을 쓰나?" 고참들은 풀의 신경을 건드리곤 했다. 그 태도에 풀은 부아가 치밀었다. 주위의 이런 반응은 그의 강직함에 불을 당겼고 마음에 품은 신념을 한층 더 굳건하게 해주었다. 꼭 이 자를 잡고야 말겠다.

당시 샌타바버라에는 아직 DNA가 없었지만 범행수법의 유사성에 따라 풀은 크루스 사건까지 연쇄살인으로 분류했다. 1979년 10월 1일부터 1986년 5월 5일까지 시체 10구, 생존자 2명. 사건 발생 범위가 넓어서 수사관이 해야 할 일도 많았다. 그들은 단서가 완전히 없어지기 전에는 언론과 접촉하지 않기로 결정했다. 범인에게 수사 방향을 귀띔하고 싶지 않았다. 이렇게까지 왕성하게 범행을 저지른 살인마라면 아마 중범죄로 교도소에 들어가 있을 거라는 점은 풀도 고참들과 같은 생각이었다. 그는 체포기록을 샅샅이 뒤졌다. 남의 집을 엿보는 자, 밤에 목표를 찾아 돌아다니는 자, 가택침입 절도범, 강간범. 볼티모어에서 한 전과자의 유골을 파내기도 했다. 없었다. 아무것도.

풀의 머릿속에서는 검색 명령어가 계속 돌아다니고 있었다. 어느 날 경찰학교 말년에 난생처음 참관한 부검 기억이 불쑥 떠올랐다. 시체를 포대에서 꺼내 철제 작업대 위에 올렸다. 죽은 사람은 180센티미터의 짙은 색 머리였고 건장했다. 그리고 손발이 모두 한데 묶여 있었다. 여성화, 스타킹, 팬티, 패드를 넣은 브라 차림이었다. 사인은 톨루엔 중독이었다. 사망자는 자기색정적인 모종의 행위에 몰입하면서 양말에 넣은 접착제를 흡입하던 중이었다. 팬티에는 사정 흔적이 눈에 띄었다. 이 광경은 풀에게 깊은 인상을 남겼다. 다시 생각해보니 범인이 혹시 피해자가 없을 때 자기 몸을 묶고 실험을 하지 않았을까 하는 궁금증도 일었다. 그는 기억을 더듬어 당시 부검 일자가 1986년 10월, 마지막 사건이 발생하고 5개월 뒤였다는 것도 알아냈다.

그는 팔다리가 묶인 채 죽었던 남자의 배경을 조사했다. 전과는 없었고 범행현장과 아무런 관계도 없었다. 시신은 화장되었다. 그가 범인이었다면, 풀은 생각했다, 우린 정말 낭패겠군. 풀은 1986년 5월부터 12월 사이 남부 캘리포니아의 모든 카운티에서 실시된 검시보고서를 모두 모아 살펴보기 시작했다. 하지만 쓸 만한 단서가 나오지 않았다. 그러다 보니 언론에 공개하는 것도 이제 그리 나쁜 생각은 아닌 것 같았다.

2000년 10월, 〈오렌지 카운티 레지스터〉에 DNA 연결고리에 대한 첫 기사가 실렸다. "DNA로 지역 내 연쇄살인범을 추적할 수도 있다." 이 기사에서 풀의 사무실에는 사건 관련 자료 서류철 93개가 있는 것으로 나왔다.

"우리가 찾고 있는 범인이 원조 '나이트 스토커'입니다." 풀이 말했다.

리처드 라미레스, 즉 1984년부터 1985년 사이에 남부 캘리포니아를 공포에 떨게 했으나 아쉽게도 비슷한 별명이 붙어서 헷갈리기 쉬운 '나이트 스토커' 이전에 활동한 범인이라는 뜻이었다. 이때부터 원조 나이트 스토커는 '오리지널 나이트 스토커'로 불리게 되었다.

기사는 범인이 어디 있을까 하는 추측으로 시작했다. 죽었다. 교도소에 갇혔다. 다음 살인을 계획하고 있다. 그의 과거에 대한 추측은 없었다. 오렌지 카운티 수사관들 중 많은 수가 내심 범인이 골레타에 사는 사람이 아닐까 추측하고 있었다. 살인이 처음 시작된 장소였기 때문이었다. 풀의 동료 래리 몽고메리는 심지어 골레타까지 차를 몰고 가서 새너제이 크리크 일대 초등학교 현역, 혹은 은퇴 교사에게 혹시 1960년대 중반 맡았던 어린 남학생들 중에 기억나는 문제아, 특히 동물을 학대하는 유형의 행동을 보여 걱정스럽게 했던 아이가 있었느냐고 며칠 동안 묻고 다녔다. 그는 여기서 몇몇 이름을 알아냈지만 확인해보니 다들 멀쩡한 어른으로 잘 살고 있었다.

1979년 10월 1일의 범행에는 특히 지역 깡패의 소행이 아닐까 싶은 미성숙한 요소가 있었다. 10단 기어의 도난 자전거, 집 안에서 집어 든 스테이크 칼. 그러나 당시 넘겨받은 다른 단서에서는 어딘가 다른 곳에서 갈고 닦은 경험이 느껴졌다. 약물에 흐릿해진 정신으로 우르르 몰려다니며 말만 많고 대단한 범죄경험도 없는 동네 건달이 아니라 혼자 고립된 상태에서 강박적으로 원초적인 범죄기술을 동원한 범인. 그는 그날 밤 단순히 커플의 집 자물쇠를 딴 것이 아니었다. 아예 문짝을 들어내서 울타리 너머로 던졌다.

보안관보들이 일제히 출동하는 가운데 자동차로 추적하는 무장한 FBI 요원을 10단 기어 자전거로 따돌릴 수 있었다? 그를 추적했던 FBI 요원 스탠 로스는 이후 지역 경찰로부터 왜 범인을 쏘지 않았느냐고 욕을 먹었다. 로스는 조롱에 신경을 곤두세웠지만 자신의 결정이 옳았다고 확신했다. 그가 알고 있었던 것은 여자의 비명 소리, 자전거를 타고 로스가 소리를 지르거나 경적을 울릴 때마다 한결 속도를 높여 도망친 평범한 백인 남성뿐이었다. 발포할 정도로 상황을 충분히 알지 못하는 상태였다.

로스는 점쟁이가 아니었다. 길가에 자전거를 버리고 샌패트리시오 드라이브 5417번지와 5423번지 사이로 달려가서 울타리를 뛰어넘은 남자가 다음에는 더욱 거친 모습으로, 매듭은 더욱 단단하게 조이고 용기를 북돋울 구호 따위 필요 없는 완전한 살인마가 되어 나타날 거라는 사실은 예측하지 못했다. 추적하던 그날 밤 범인은 달아나려고 페달을 밟아 로스에게서 멀어지고 있었지만 동시에 그는 다른 어떤 것을 향해, 일상적인 문제들이 사라지고 의식의 주변부에 자리 잡고 있던 강박적인 환상이 터져 나와 주도권을 잡는 정신 상태를 향해 달려가고 있었다.

로스는 총을 쏠 수 없었다. 물론 그날 밤 사건을 때로 머릿속에서 재구성해보지 않은 것은 아니었다. 차에 시동을 거느라 지나간 몇 초, 유턴, 50미터 전방에서 자전거를 타고 달려가는 형체, 헤드라이트의 지시를 받기라도 한 것처럼 불빛 오른쪽 가장자리로 합쳐지던 그림자. 자전거가 쓰러졌다. 남자는 달렸다. 그 남자가 앞으로 어떤 존재가 되리라는 것을 예견하는 능력이 로스에게 있었다면 그는 38구경 권총을 뽑아 그 자리에서 쏴버렸을 것이다.

모두가 이 1979년 10월 1일이 벼랑 끝이었다는 데, 미래의 살인마가 마침내 뛰어넘은 밤이었다는 데 동의했다.

궁극적으로 수수께끼의 빈집털이범은 커시드럴 오크스와 패터슨의 교차로 주변 동북쪽 반경 5제곱킬로미터 범위의 지역을 표적으로 삼았다. 샌타바버라에서 발생한 세 사건은 모두 월계수로 덮인 산에서 시작해서 골레타 동쪽 지역을 구불구불 흐르다 태평양으로 이어지는 새너제이 크리크에 인접한 위치에서 발생했다. 개울이 도심을 지나는 인근 지대는 나뭇가지가 지붕처럼 드리운 숲속에 이끼 낀 바위, 밧줄 그네, 비행청소년들이 버린 담배꽁초가 여기저기 흩어진, 허클베리 핀의 꿈속 같은 동네였다. 골레타 지도에서 범행 위치를 확인하다가 풀은 범인이 새너제이 크리크와 마치 탯줄처럼 연결되어 있었다는 사실을 깨달았다.

골레타 범행에서 주목할 만한 이유가 한 가지 더 있었다. 범인의 언어는 통제였다. 구속이었다. 기습공격이었다. 낮에는 기억에 남지 않는 패배자일지 몰라도 몰래 숨어든 집 안에서 그는 제왕이었다. 공포로 제압하는 무표정한 가면이었다. 때로 부엌에 우유와 빵을 남겨두는 그의 습관은 사이코패스의 자신만만한 여유였다.

한데 이 대가는 골레타에서 항상 통제권을 상실했다. 그는 거기서 세 번 범행을 저질렀고, 세 번 실패했다. 여성 피해자를 성폭행하는 데 이르지 못한 것이다. 첫 번째 범행에서 여자는 도망쳤고, 두 번째와 세 번째는 남자가 저항해서 총으로 쐈다. 총성을 듣고 경찰이 출동할 것이라고 걱정했는지 그는 신속히 여성 피해자를 죽이고 도망쳤다.

범인의 폭력성이 증대한 과정을 거슬러 올라간다는 것은 마치 공포영화를 거꾸로 돌려 보는 느낌이었지만, 그 되감기 과정은 중요했다. "범인은 자신의 미래보다 과거에 더 나약한 인간이었다." 저명한 영국 범죄심리학자 데이비드 캔터는 저서《범죄자의 그림자 Criminal Shadows》에서 이렇게 썼다. 캔터는 범인이 가장 최근의 범행 후 어디로 갔느냐 하는 점보다 첫 범행 이전에 무슨 일이 있었느냐를 알아내는 데에 연쇄범행을 해결하는 열쇠가 있다고 믿는다. 캔터는 이렇게 썼다. "그 사건이 벌어지기 전에는 자기가 그 범행을 저지를 것이라는 사실을 스스로 몰랐을 수 있기 때문에 사후보다 사전에 덜 신중했을 수 있다."

범인이 범행 이후에 더 신중했다는 것은 의심의 여지가 없다. 그는 관찰자였다. 계산적이었다. 벤투라를 예로 들어보자. 그는 샌타바버라와 오렌지 카운티에서 여러 번 범행을 저질렀지만 벤투라에서는 단 한 번이었다. 왜? 스미스 살인사건 이후 조 알십이 체포된 일이 어마어마한 뉴스로 다루어졌기 때문이었다. 대신 죄를 뒤집어 쓰게 된 얼간이도 있는 판에 굳이 같은 장소에서 다시 커플 살인사건을 저질러서 알십이 과연 유죄인가 하는 의혹을 불러일으킬 이유가 없지 않은가?

* * *

샌타바버라 보안관청은 관내 서쪽에서 비교적 최근에 개발되고 덜 고풍스러운 동네 골레타에서 3건의 가택침입이 발생했다는 사실을 조용히 묻어버리기 위해 노력했다. 역사가 오랜 기관들이 흔히 그렇듯 샌타바버라 보안관청 역시 나름의 조직문화가 있었고 배타적이고 비밀스럽다는 명성을 날리고 있었다. 범행현장에서 끔찍한 광경을 보면 형사의 뒷덜미에도 소름이 돋겠지만 직업상 대중 앞에서는 무표정한 얼굴을 유지해야 한다. 긴급 신고를 받고 처음 경찰이 출동한 이후 닷새가 지난 1981년 7월 31일 금요일 오후, O. B. 토마스 형사가 톨텍 웨이 449번지 인근을 탐문하기 시작하면서 시민들에게 전하고자 했던 인상도 분명 그런 것이었다. 탐문이란 집집마다 문을 두드리고 특이하거나 수상한 장면 혹은 사건을 본 적이 있는지 질문하는 일이었다. 시민들을 공포에 빠뜨릴 이유가 없었다. 토마스는 많은 사람들에게 질문을 던졌지만 사건의 자세한 내용에 대해서는 거의 입에 올리지 않았다. 현장에서 어떤 광경을 보았는지 그의 표정을 통해 알 수는 없었다.

린다는 톨텍 웨이에서 한 블록 떨어진 집에 살았다. 토마스 형사가 문을 두드리고 수첩을 꺼냈을 때 문득 떠오르는 기억이 있었다. 다친 개, 물이 흥건했던 앞마당. 이상하게도 그녀의 집에도 옆집에도 개를 해쳤을 만한 날카로운 물건이 눈에 띄지 않았던 일이었다. 그녀는 토마스 형사에게 그 이야기를 했다. 형사는 혹시 그 일이 있었던 날짜를 기억하는지 물었다. 린다는 수첩을 확인했다. 1979년 9월 24일이었다.

그들에게는 이 날짜의 의미가 곧장 분명하게 다가왔다. 첫 범행이 발생하기 1주일 전이었다. 한 목격자가 어둠 속에서 도망치는 모습을 언뜻 보고 증언한 것 외에 형사들은 용의자에 대해 거의 아는 것이 없었다, 백인 성인 남성. 범인이 무슨 이유로 이 따분한 규격형 주택 마을에 끌렸는지도 알 수 없었지만 그래도 알아낸 몇몇 사항은 있었다. 범인은 칼을 휴대했다. 첫 현장에서 달아나다가 떨어뜨렸다. 그는 밤에 동네를 배회했다. 경찰은 그가 피해자를 물색하기 위해 집집마다 돌아다니면서 남긴 족적을 찾아냈다. 그리고 그는 개울을 좋아했다. 아마도 남의 눈에 띄지 않고 이동하기 위해 무성한 관목과 지붕처럼 드리운 숲을 이용했을 것이다. 어쩌면 어린 시절 이끼 낀 바위와 밧줄 그네 사이에서 뛰어놀던 개인적인 인연이 있는지도 모른다. 이유가 무엇이든, 경찰은 족적과 미리 잘라 가져갔다가 버린 끈을 통해 그가 거기 있었다는 사실을 확인할 수 있었다. 그리고 범인이 침입한 세 집 모두 한 가지 공통점이 있었다. 세 집 다 개울과 가까웠다.

린다와 토마스 형사가 서 있는 위치에서는 뒤엉킨 나무와 개울에 평행하게 설치한 낮고 흰 나무울타리가 보였다. 그날 밤 개 키모가 어둠 속에서 움직이는 수상한 형체를 감지하고 뛰쳐나왔던 보행자 전용 다리도 있었다. 이후 벌어졌을 상황을 점차 분명히 짐작할 수 있었다. 개는 두 집 사이로 들어가서 이리저리 냄새를 맡았을 것이고, 범인은 놀라고 짜증이 나서 개를 쫓아내려고 칼로 그었을 것이다. 아마 범인의 몸에 키모의 피가 묻었을 것이고 피를 씻어내기 위해 린다의 집 호스를 사용했을 것이다. 그가 범행을 저지르기 전부터 동네에는 범인의 흔적이, 시간이 지난 뒤에야 이해되는 사소하고 신경 쓰이는 정황들이 종종 남아 있었다.

세월이 흐르고 구글 어스가 발명된 뒤 미결사건 수사관들은 캘리포니아주 전역에 걸친 용의자의 범행 행적을 디지털 지도와 타임라인으로 정리했다. 새너제이 크리크를 따라 찍힌 밝은 노랑색 핀 모양 아이콘은 범인이 골레타 북동부에서 범행을 저지른 지점을 나타낸다. 35년이 지났지만 동네는 그리 변하지 않았다. 지도를 좀 더 확대하면, 한밤중 개 짖는 소리가 범인의 존재를 처음 알렸던 그 뒷마당이 보인다. 족적의 깊이를 볼 때 그는 종종 벽에 기대거나 정원에 쭈그리고 앉은 채 한 자리에 오래 머물러 있었다는 것을 알 수 있다. 범인이 어두운 뒷마당에 서 있는 동안 키모가 낑낑거리며 집 앞쪽으로 나가고 개 주인이 집집마다 문을 두드리고 이어 자동차 한 대가 그들을 실어가려고 달려오는 광경은 쉽게 상상할 수 있다. 한 밤에는 고요함이 다시 내려앉는다. 범인은 집들 사이로 슬금슬금 빠져나와 호스의 물을 틀어 신발의 핏자국을 닦고 잔디에 남긴 핏물이 땅으로 스며드는 동안 다시 몰래 사라졌을 것이다.

콘트라코스타, 1997

"EAR이 뭐죠?" 폴 홀스가 물었다.

존 머독은 잠시 놀랐다. 이 약어를 들은 것은 오랜만이었다.

"왜?" 머독은 물었다.

그들은 캘리포니아주 범죄학자협회 학회에 참석하기 위해 비행기 복도를 사이에 두고 나란히 앉아 있었다. 1997년이었다. 머독은 최근 콘트라코스타 카운티 보안관청 범죄연구실장 직에서 은퇴했다. 전문분야는 총기와 공구흔이었다. 20대 후반인 홀스는 생화학 전공으로 UC 데이비스를 졸업하자마자 범죄학자로 보안관청에 들어왔다. 그는 독성학 분야에서 업무를 시작했지만 곧 자신의 적성이 현장 감식 쪽이라는 것을 깨달았다. 이어 그의 호기심은 현미경 밖으로 뻗어나갔다. 그는 수사관들과 같이 돌아다니기 시작했다. 그는 범죄연구소 안에 갇힌 미결사건 수사관이었다. 오래된 미결사건 상자를 꺼내 보며 증거물 보관소를 돌아다니는 것을 좋아했다. 그 안에는 이야기가 있었다. 증언록, 사진들, 다른 일로 정신이 산란

한 수사관이 여백에 휘갈겨 적은 단편적인 생각들. 연구실에는 모호함이 없었다. 오래된 사건기록은 모호함 투성이였다. 퍼즐이 그를 손짓해 부르고 있었다.

"폴, 그건 자네 일이 아니야." 동료 범죄학자가 그를 나무랐다. 폴은 상관하지 않았다. 그는 유쾌한 얼굴로 자기가 원하는 바를 정확히 관철할 줄 아는 잘생긴 보이스카우트 대장의 재능을 가지고 있었다. 그가 원하는 것은 수사관이 되는 것이었다. 그는 부서를 옮기기 위해 기회를 노리고 있었다.

나이 차이에도 불구하고 머독과 홀스는 그들에게 공통점이 있다는 것을 알고 있었다. 둘 다 과학에 능했지만, 그들을 이끄는 것은 이야기였다. 매일 연구실 일을 마친 뒤 홀스는 오래된 사건기록을 펼쳐놓고 앉아 인간 행동의 어두운 뒷골목 풍경에 경악하기도 하고 매혹되기도 했다. 미결사건은 그의 뇌리에 남아 지워지지 않았다. 그는 불명확한 것을 참지 못하는 과학자 특유의 성미를 가지고 있었다. 오래된 미결사건 몇 상자를 해치우고 나니 한 가지 패턴이 보였다. 가장 꼼꼼한 현장 감식 보고서에 서명된 것은 언제나 같은 이름, 존 머독이었다.

"파일함 안에 따로 보관된 몇몇 폴더에 큰 빨강 글자로 EAR라고 적혀 있는 걸 봤습니다." 홀스는 머독에게 설명했다. 홀스는 아직 그 파일을 넘겨보지는 않았지만 특별한, 거의 신성한 분위기가 감도는 존재처럼 따로 보관했다는 것을 알 수 있었다.

"EAR은 동부 지역 강간범이야." 머독이 말했다. 세월이 지났지만 그 중요성이 조금도 바래지 않고 머릿속에 또렷이 각인된 이름이었다.

"그런 사건은 모르는데요." 홀스가 말했다.

남은 비행시간 동안 고도 9000킬로미터에서 머독은 홀스에게 이야기를 들려주었다.

그는 사람이 있는 집을 전문으로 침입하는 강도였다. 처음에는 경찰들에게 별로 인지도가 없었다. 1976년 6월 중순, 그는 동부 새크라멘토의 한 젊은 여자 침실에 들어가서 티셔츠만 남기고 완전히 벗은 차림으로 '노팬티 댄스'를 췄다. 손에는 칼을 쥐고 협박을 속삭이고 집 안을 뒤졌다. 그리고 여자를 강간했다. 거친 범행이었지만 1976년 새크라멘토에는 변태 추행범이 많았다. 스키 마스크와 장갑은 지능 수준을 짐작하게 해주었지만 노팬티 댄스는 보통 술 취한 10대들이 하다가 엄마한테 목덜미를 붙잡혀 끌려오는 짓이었다.

그런 일은 일어나지 않았다. 강간은 계속되었다. 열한 달 동안 22건. 범행수법은 특징이 분명했고 변함없었다. 처음에는 그냥 물건만 훔친다는 말로 복종을 얻어낸다. 재갈이 물린 여성들은 물건처럼 그의 지시에 따라 움직인다. 보통 신발끈으로 손발을 묶고 거듭 다시 묶는다. 묘하게 젖가슴과 키스를 피하는 성폭행이 이어진다. 짜릿한 흥분을 위해 집 안을 뒤집어엎는다. 동부 새크라멘토 전역이 본격적인 공황 상태에 빠지자 신이 난 듯 한층 위험한 범행을 저지른다. 결박한 남자의 등에 접시를 쌓아 올리고 혹시 접시 떨어지는 소리가 들리면 아내나 여자친구를 죽인다고 협박한다. 동부 지역 강간범은 침실에 출몰하는 괴물이자 집 안 구조, 아이들 숫자, 출퇴근 일정 등 너무 많은 것을 아는 이방인이었다. 스키 마스크와 연기하는 듯한 쉰 목소리로 미루어 제2의 자아일 거라고 추측할 수 있겠지만 그렇다면 원래 자아는 어떤 인물일까?

새크라멘토 보안관서는 벽에 부딪혔다. 아주 세게. 동일한 젊은 백인 남성들이 거듭 지목되었다. 하지만 범인은 아니었다. 아니, 어쩌면 범인이었는지도 모른다. 그것이 문제였다. 모든 EAR 태스크포스 수사관들은 머릿속에 용의자의 얼굴에 대한 인상을 갖고 있었지만 각자 모두 달랐다. 범인은 군용 재킷을 입은 금발의 마약중독자였다. 자전거를 탄 모르몬 교도였다. 매끄러운 올리브 색 피부의 부동산업자였다.

캐롤 데일리는 태스크포스의 여성 책임 수사관이었다. 스물세 번째 강간사건이 발행하고 제정신이 아닌 피해자를 새벽 3시에 병원에 데려다주고 나자 불쑥 떠오른 어두운 생각에 그녀 자신도 놀랐다. **나는 남편을 사랑한다. 하지만 남자는 증오한다.**

동내를 배회하는 수상한 인물을 목격했다는 신빙성 있는 신고가 거듭되자 수사관 리처드 셸비는 밤에도 잠들지 못했다. 그는 남의 눈에 띄자 '여유로운 걸음으로' 멀어졌다고 했다.

소름끼치는 강간범은 느긋하게 걷고 있었다.

지역사회는 보안관보들의 눈빛에서 두려움을 읽기 시작했다. EAR이 그들의 뒤를 밟고 있다. 그들 모두를. 일몰과 함께 동네에는 집단 공포가 내려앉았다. 범인이 잡히지 않는다는 것은 불가능한 일일 것이다. 확률로라도 언젠가는 잡히겠지만 그때까지 기다릴 수만은 없지 않은가?

한데 동부 새크라멘토에 처음 등장했을 때와 마찬가지로 수수께끼처럼 EAR은 1976년부터 1978년까지 2년간의 공포를 뒤로 하고 사라졌다.

"이야." 홀스가 말했다. "그 뒤에는 어떻게 됐습니까?"

당시 열 살이었던 홀스는 그 사건이 일으킨 집단 마비와 반전들, 헛된 기대, 막다른 골목들을 알 리가 없었다. 모든 사람에게 이야깃거리가 있었다. 그의 상관은 헬리콥터가 머리 위에서 선회하며 조용한 동네를 탐조등으로 훑고 다녔다고 기억했다. UC 데이비스의 교수는 강간 방지 야간 순찰을 돌면서 아내와 첫 데이트를 했다고 했다. 동료 중 한 사람은 홀스에게 자기 누이가 피해자 중 한 사람이었다고 조용히 고백했다.

1978년 10월부터 EAR이 북부 캘리포니아에서 자취를 감춘 1979년 7월 사이, 그레이터 이스트 베이 지역에서 발생한 EAR 사건은 모두 11건, 2건은 새너제이, 1건은 프리몬트였다. 20년 뒤 수사를 재개한다는 것은 벅찬 일이었다. 현재 경찰서가 몇몇 사건을 맡았다. 새크라멘토 카운티를 포함한 모든 사법기관이 증거를 폐기한 뒤였다. 증거물 보관소 일반 운영원칙 때문이었다. 사건은 모두 공소시효가 지난 상태였다. 다행히 홀스가 일하는 CCCSO(콘트라코스타 카운티 보안관청)은 증거를 보관하고 있었다. EAR 사건기록이 따로 분류되어 있던 것은 우연이 아니었다. 의기소침해진 당시 콘트라코스타 카운티 보안관보들이 일부러 그 안에 두었던 것이다. 경찰 상패를 벽에 걸어놓는 것과 정반대되는 행동이었다. EAR은 그들의 실패였다. 전문가들이 말하듯 인간의 두뇌가 세상에서 가장 뛰어난 컴퓨터라면, 노장들은 EAR 사건기록을 눈에 띄게 두어 의욕

넘치는 젊은 두뇌를 꼬이고 싶었다. 때로 힘든 사건은 그저 릴레이 경주일 뿐이다.

"멍청한 놈들은 항상 잡혀." 경찰들이 즐겨 하는 말이다. 100명 중에 99명은 그런 놈들이었다. 하지만 단 하나, 해결하지 못하는 사건이 있다. 그런 사건은 수명이 줄어들 정도로 속을 썩인다.

* * *

1997년 7월, 홀스는 EAR 성폭행 증거채취 키트를 증거물 보관소에서 꺼내 어떤 단서를 찾아낼 수 있을지 살펴보기 시작했다. CCCSO 범죄연구실은 다른 캘리포니아주 연구실만큼 앞서나가지는 않았다. DNA 프로그램은 비교적 초창기였다. 그래도 키트 3개에서 기본적인 프로파일을 분석할 시료를 추출할 수 있을 것 같았다. 비록 EAR의 범행수법은 특징이 분명했고 북부 캘리포니아 범행이 서로 연결되어 있다는 데는 의심의 여지가 거의 없었지만 홀은 CCCSO에서 EAR의 소행으로 추정되는 세 사건이 확실히 동일범의 범행이라는 사실을 과학적으로 확실하게 입증할 수만 있다면 이를 통해 수사가 부활할 수 있을 것이라고 생각했다. 예전의 용의자들을 다시 불러들여 유전자 검사를 하면 된다.

DNA 증폭 과정은 시간이 걸렸지만 결과는 일치했다. 예상대로 콘트라코스타 카운티에서 발생한 세 사건은 동일범의 소행이었다. 이제 홀스는 실험실에 더 좋은 장비가 들어오면 보다 심도 있게 분석할 수 있는 EAR의 기본 DNA 프로파일을 확보했다. 그는 과학에 집중하던 동안 잠시 제쳐두었던 사건기록 자체에 파고들기 시작했다. 그는 EAR의 패턴을 파악했다. 정보를 수집하기 위해 몰래 돌아다닐 동네를 선택한다. 그리고 피해자에게 전화한다. 전술적인 준비를 한다.

홀스는 예전 용의자 목록을 작성하고 퇴직한 형사 래리 크럼프턴을 찾았다. 크럼프턴은 연쇄강간사건이 한참 절정이던 당시 CCCSO의 EAR 태스크포스 소속이었다. 보고서에 크럼프턴의 이름이 나온 횟수만 보아도 그가 사실상 수사 지휘자였다는 것을 알 수 있었다. 현장의 핵심적인 일꾼이었거나 수사에 정열을 다 바쳤을 것이다.

오래된 사건을 담당했던 은퇴한 형사에게 연락한다는 것은 반응을 예측할 수 없는 일이다. 어떤 이는 으쓱한 기분을 느끼지만 많은 경우 약간 짜증스러워한다. 이제 심장 약을 타기 위해 약국에서 기다리는 신세거나 낚싯배 배수구를 막는 판자를 덧대고 있다. 이쪽의 정중한 열의가 상대에게는 빼앗기게 되는 몇 분의 일상이다.

크럼프턴은 바로 그 순간 아주 오랫동안 계속해서 EAR에 대해 이야기하고 있었다는 듯 홀스의 전화를 받았다. 예기치 않았던 통화였지만 크럼프턴 집안에서 일상적으로 나누는 대화의 자연스러운 연장이었다.

크럼프턴은 노바스코샤에서 태어났고 웨스턴 영화에서 존 웨인이 신뢰했을 만한 키 크고 날렵하고 정직한 얼굴의 목장 사나이 같은 용모였다. 약간 숨 가쁘게 이야기하는 특이한 말투였다. 서두르지는 않지만 공기가 조금 더 필요할 것 같은 자신만만하고 짧은 선언투였다.

홀스는 크럼프턴에게 혹시 당시 유난히 수상해서 다시 조사해 봤으면 좋겠다 싶은 용의자가 기억나는지 물었다. 있었다. 그는 시큰둥하게 몇몇 이름을 댔다. 크럼프턴의 진짜 소원은 당시 보스의 거부로 자신이 추진하지 못한 옛 직감을 지금이라도 홀스가 수사했으면 하는 것이었다.

여러 수사기관 사이의 협력은 지금도 삐걱거리지만 1970년대 말에는 대놓고 형편없었다. 경찰들이 다른 기관의 사건에 대해 전해 듣는 유일한 길은 경찰 무선통신 혹은 입소문이었다. EAR은 1979년 여름 이스트 베이에서 자취를 감췄다. 크럼프턴의 상관들은 안도감에 춤을 출 지경이었다. 크럼프턴은 전전긍긍했다. 범인이 한층 악화escalating하고 있다는 것을, 피해자의 눈에서 점점 더 깊은 공포를 보아야 흥분한다는 것을 알고 있었기 때문이었다. 피해자를 죽인다는 협박은 예전에는 부자연스러운 말투였지만, 점점 더 혹독해지는 동시에 정신적인 속박에서 벗어나고 있는 사람처럼 점점 더 느슨해졌다. 크럼프턴은 걱정스러웠다. 속박을 벗어버린다는 것은 EAR에게 필요한 일이 아니었다.

1980년 초, 크럼프턴은 EAR 태스크포스에서 협력하다가 가까워진 새크라멘토 보안관서 수사관 짐 베빈스에게서 전화를 받았다. 베빈스는 사건에서 물러나려는 중이었다. 너무 수사에 몰입하다 보니 결혼 생활이 위태로워진 것이다. 그러나 그는 샌타바버라에서 살인 1건을 포함한 2건의 사건이 발생했는데 EAR의 냄새가 난다는 소문을 들었다고 크럼프턴에게 알렸다. 크럼프턴은 샌타바버라에 연락했다.

샌타바버라는 입을 닫았다. "여기 그런 사건은 없어요."

몇 달 뒤 주 단위 훈련 학회에서 크럼프턴은 우연히 샌타바버라 카운티 수사관 옆자리에 앉게 되었다. 잡담이 시작되었다. 크럼프턴은 잘 모르는 것처럼 굴었다. 그냥 일 이야기를 하는 척했다.

"얼마 전에 있었던 커플 살인사건은?" 그는 물었다.

크럼프턴은 자세한 내용을 들으며 오싹하는 기분을 느꼈지만 표정에는 드러내지 않았다.

"잘 듣게, 폴." 크럼프턴은 말했다. "남쪽에 연락해봐. 샌타바버라부터 시작해. 5명인가 죽었다고 들었어."

"그러죠." 홀스는 약속했다.

"동일범이란 거 난 알아." 크럼프턴은 이렇게 말하고 전화를 끊었다.

사건 20년 뒤, 홀스는 샌타바버라에 연락했지만 역시 그쪽은 입을 닫았다. 보안관서는 그가 설명하는 것과 비슷한 사건이 있다는 것을 부정했다. 그러나 대화 마지막에 상대편 형사는 뭔가 기억이 나는지 아니면 마음을 바꾸어서 뭔가 알려주기로 한 것 같았다.

"어바인에 알아보세요." 그는 말했다. "거기 그 비슷한 사건이 있다고 알고 있습니다."

문의는 어바인에서 오렌지 카운티 보안관서로 넘어갔고 거기서 홀은 범죄연구실의 범죄학자 메리 홍과 연결되었다. 홀스는 1976년부터 1979년까지 북부 캘리포니아에서 50건의 성폭행을 저지른 EAR, 즉 동부 지역 강간범으로 알려진 신원불명의 백인 남성 DNA 프로파일을 최근에 확보했다고 설명했다. 당시 EAR 수사관들은 범인이 남쪽으로 이동해서 계속 범행을 저지르지 않았나 의심했다고. 홀스는 범행수법을 빠르게 죽 열거했다. 중산층 혹은 중상류층 단층집, 밤중에 가택침입, 잠든 커플 습격, 결박, 여성은 강간, 때로 절도, 값비싼 물건보다 주로 피해자에게 개인적인 의미가 있는 맞춤형 장신구, 스키 마스크를 써서 신체적 특징 파악은 어렵지만, 증거를 보면 사이즈 9 신발, 혈액형은 A형, 비분비형으로 추정.

"우리 사건과 아주 비슷한 것 같은데요." 홍은 말했다.

홀스와 홍이 이야기하던 당시 그들의 연구실은 서로 다른 DNA 타이핑 기법을 사용하고 있었다. 오렌지 카운티는 STR 기법을 초창기에 도입한 연구실이었다. 그들은 단 하나의 유전자 DQA1을 대조할 수 있었고 이는 일치했지만 대조할 것이 그뿐이었다. 콘트라코스타 연구실도 아직 CODIS와 호환되지 않았다. 주 혹은 전국 데이터베이스와 연동되지 않는다는 뜻이었다. 홍과 홀스는 계속 연락을 주고받으며 콘트라코스타 연구실에 장비가 갖춰지면 정보를 공유하기로 했다.

* * *

정부 지원 범죄연구실은 상상할 수 있는 모든 경제적 부침을 겪는다. 선거로 당선된 공직자들은 경찰력을 삭감하는 정책이 인기가 없다는 것을 알기 때문에 범죄학자처럼 눈에 안 띄는 자리가 주로 구조조정 대상이 된다. 연구실 장비는 싸지 않기 때문에 연구실장들이 필요한 것을 여러 번 요청해야 승인이 나는 경우가 많다.

역사적으로 단출한 콘트라코스타 연구실이 오렌지 카운티를 따라가는 데 1년 반이나 걸린 것도 부분적으로는 그 때문이었다. 2001년 1월 콘트라코스타가 STR 타이핑 장비를 갖추자 홀스는 동료 데이브 스톡웰에게 EAR 사건에서 확보한 DNA 추출물을 다시 검사해서 세 사건이 정말 동일범의 소행이 맞는지 확인하자고 했다. 스톡웰은 맞다고 보고했다.

"오렌지 카운티의 메리 홍에게 연락해." 홀스는 말했다. "이제 우리도 같은 기술을 갖고 있어. 그쪽 데이터와 대조하자고."

스톡웰과 홍은 전화를 통해 각자 가진 마커를 읽어주었다.

"일치." 스톡웰이 EAR의 마커 하나를 읽자 홍이 답했다.

"일치." 스톡웰도 마찬가지로 상대의 마커에 대해 답했다.

스톡웰은 홀스의 사무실로 들어섰다.

"완벽히 일치해."

2001년 4월 4일 뉴스가 언론에 나갔다. 〈샌프란시스코 크로니클San Francisco Chronicle〉 지에 〈DNA를 통해 1970년대 강간사건과 연쇄살인사건의 관련성이 드러나다〉 라는 제목의 기사가 실렸다. 살아남은 강간 피해자에게 기사가 나온다고 미리 경고하지 않았기 때문에 많은 피해자들이 아침 식탁에서 신문을 집어 들고 충격을 받았다. 〈새크라멘토 비〉 1면에는 이런 제목이 실렸다. 〈연쇄강간사건, 새로운 단서가 발견되다—수십 년 전의 동부 지역 강간범이 오렌지 카운티에서도 범행을 저질렀다는 사실이 DNA를 통해 밝혀졌다〉.

많은 사람들에게 그보다 더 비현실적이었던 것은 〈새크라멘토 비〉의 1면에 실린 형사의 모습이었다. 리처드 셸비와 짐 베빈스. 키 크고 거칠고 걸걸하고 흠잡을 데 없는 기억력과 동료 형사들이 탐문을 못 하게 할 정도로 한심한 사회성을 지녔던 셸비. 그리고 짐 베빈스. 동료들은 장난스럽게 그를 푸딩 아이라고 불렀다. 베빈스처럼 사랑받은 사람도 없었다. 50미터 저쪽에서 그가 성큼성큼 걸어오는 모습이 보이기만 해도 상황을 해결하고 모든 일을 순조롭게 해줄 사람이라는 기분이 들 정도였다.

이제 두 노장들이 신문 1면에 다시 실렸다. 경찰에게 25년은 긴 시간이다. 세월의 흔적이 드러났다. 두 사람의 얼굴에는 어떤 표정이 있었다. 겸연쩍은 기분? 부끄러움? 그들은 자기들의 숙적이 지금 무엇을 하고 있을지 추측했다. 셸비는 정신병원에 한 표 던졌다. 베빈스는 죽었을 거라고 생각했다.

홀스는 기자들의 전화를 처리했고, 며칠 동안 흥분을 만끽했다. 그러나 아무리 사적으로 수사가 자신의 천직이라고 생각한다 해도 그는 이제 승진한 범죄연구실 팀장이었다. 완수해야 할 책임이 있었다. 결혼해서 어린아이도 둘 있었다. DNA가 일치하는 사건 기록 1만 쪽을 일일이 넘겨가며 읽을 시간이 없었다. 전례가 없는 어마어마한 분량의 증거였다. 수사 담당자들 사이에서는 낙관주의가 하늘을 찔렀다. DNA 프로파일? 캘리포니아주 전역에 걸치는 60건의 사건? 그들은 범인을 잡아들이면 누가 제일 먼저 취조할지를 놓고 싸웠다.

오렌지 카운티의 래리 풀이 돌격대장이었다. 풀에게 DNA 일치점이 발견되었다는 것은 좋은 소식이었지만 벅찬 업무이기도 했다. 마치 지난 2년 동안 익숙한 작은 방에서 잘 지냈는데 이제 그 방이 창고에 딸린 별채였다는 사실을 알게 된 기분이었다.

괴물이 죽었을 거라고 고집하는 완고한 경찰들의 경멸도 계속 떨쳐내야 했다. 성적인 동기가 있는 연쇄살인범은 억지로 저지당하지 않는 이상 살인을 그만두지 않는다. 어쩌면 어느 정의로운 집주인이 밤중에 숨어들어온 도둑을 총으로 쏴 죽였는지도 모른다. 시간낭비라고 그들은 말했다.

일곱 달 뒤 태평양 연안 북서부에서 날아온 소식이 풀의 사기를 북돋워주었다. 2001년 11월, 거의 20년 동안 자취를 감추어서 죽은 것으로 여겨졌던 신원불명의 연쇄살인마에게 언론의 관심이 집중되었다. 워싱턴의 그린 리버 킬러Green River Killer였다. 알고 보니 무수한 창녀를 살해했던 이 연쇄살인범은 시애틀 교외에서 잘 살고 있었다. 범행을 그만 둔 이유는? 그는 결혼을 했다.

"기술이 날 잡은 거야." 게리 리지웨이는 경찰에게 가운뎃손가락을 내밀듯 조롱했다. 그가 맞았다. 그는 얼굴에서 힘을 빼고 멍한 눈빛을 짓는 수법으로 오랜 세월 동안 경찰들을 따돌렸다. 이 멍청이가 설마 그 악마적인 연쇄살인범일 리가 없다고 그들은 생각했고 증거가 쌓여가는데도 계속 범인을 놓아주었다.

2001년 4월 6일, 동부 지역 강간범과 오리지널 나이트 스토커가 동일인이라는 소식이 언론에 공개되고 이틀 뒤 동부 새크라멘토의 손우드 드라이브에 있는 한 집에서 전화벨이 울렸다. 60대 초반의 여자가 전화를 받았다. 지금은 다른 성을 쓰고 있었지만 그녀는 거의 30년 동안 같은 집에 살고 있었다.

"여보세요?"

목소리는 낮았다. 그는 천천히 말했다. 그녀는 그 목소리를 즉각 알아들었다.

"우리가 같이 놀았던 때 기억하나?"

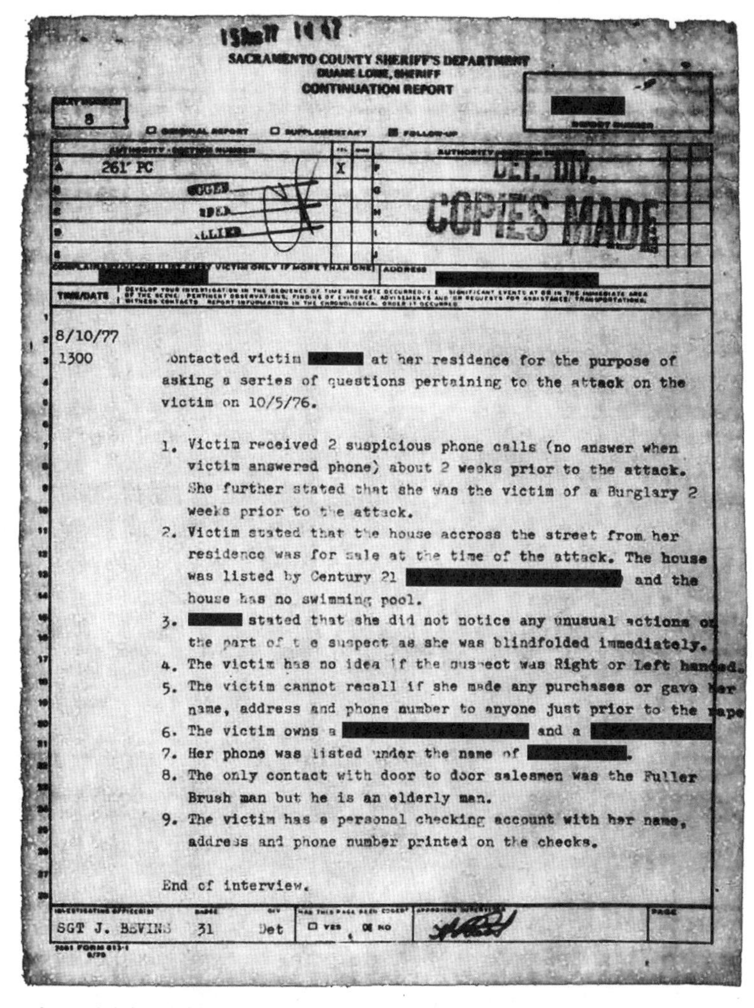

SACRAMENTO COUNTY SHERIFF'S DEPARTMENT
DUANE LOWE, SHERIFF
CONTINUATION REPORT

8

☐ ORIGINAL REPORT ☐ SUPPLEMENTARY ■ FOLLOW-UP

A 261 PC

DET. DIV.
COPIES MADE

8/10/77
1300 Contacted victim ■■■ at her residence for the purpose of asking a series of questions pertaining to the attack on the victim on 10/5/76.

1. Victim received 2 suspicious phone calls (no answer when victim answered phone) about 2 weeks prior to the attack. She further stated that she was the victim of a Burglary 2 weeks prior to the attack.
2. Victim stated that the house accross the street from her residence was for sale at the time of the attack. The house was listed by Century 21 ■■■ and the house has no swimming pool.
3. ■■■ stated that she did not notice any unusual actions on the part of the suspect as she was blindfolded immediately.
4. The victim has no idea if the suspect was Right or Left handed.
5. The victim cannot recall if she made any purchases or gave her name, address and phone number to anyone just prior to the rape.
6. The victim owns a ■■■ and a ■■■
7. Her phone was listed under the name of ■■■.
8. The only contact with door to door salesmen was the Fuller Brush man but he is an elderly man.
9. The victim has a personal checking account with her name, address and phone number printed on the checks.

End of interview.

SGT J. BEVINS 31 Det ☐ YES ☒ NO

이스트 에어리어 강간범 사건을 다룬 어마어마한 분량의 서류 중 전형적인 페이지 한 장._새크라멘토 카운티 보안관서 제공.

Anaheim, Cal.
BULLETIN
(Daily) JUL 3 1 1981

Murder links investigated

Investigators from three counties are probing a possible link between four double murders, including the bludgeoning murder of a young couple near Laguna Beach last year as they slept.

Although Orange County sheriff's investigators "have looked into" a possible connection between the county murders and murders in Ventura and Santa Barbara, Lt. Andy Romero said there has been no proof that the murders are related.

Dubbed the "night stalker" by some police detectives after a couple was killed in Santa Barbara, an FBI psychological profile suggested the murderer was a "psychopath who would strike again."

Some investigators believe he may have indeed struck again, but few clues have been found at the scene of each murder. No weapon has been found in connection with any of the murders.

According to Santa Barbara County public information officer Russ Birchim, the killer first appeared in Oct. 1979 when he terrorized a Santa Barbara couple in their home. The knife-wielding assailant fled after one victim escaped. No injuries were reported.

Two months later, in the same neighborhood, Dr. Robert Offerman, 44, and his girlfriend, Debra Manning, 35, were shot to death late at night in a bedroom of Offerman's condominium.

March 16, 1980, a Ventura couple was found dead in the bedroom of their home. Police believe a log from the fireplace may have been used by the murderer to bludgeon to death attorney Lyman Smith and his wife, Charlene. The weapon has not been found.

Keith Eli Harrington, 24, and his wife of four months, Patty, 27, were bludgeoned to death Aug. 19 or 20 as they slept in a bedroom of Harrington's father's home in Niguel Shores, south of Laguna Beach. Harrington was a Phi Betta Kappa medical student at UCI and his wife was a nurse.

The most recent murder occurred Sunday or Monday in the Santa Barbara suburb of Goleta and about five blocks from the scene of the first murder.

Greg Sanchez, 28, and an ex-girlfriend, Cheri Domingo, 35, died of massive head wounds. Sanchez, a computer technician, was also shot once but police said the wound was only "a contributing factor to death."

pacific clippings
post office box 11789
santa ana, calif. 92711

THE REGISTER
Daily JUL 3 0 1981

Double murders may be linked, police say

By Keith Fasthouse
Register staff writer

A possible link between the murder of a sleeping young couple in an exclusive South Laguna community last summer and three similar double murders that have occurred in Southern California during the past 18 months is being investigated by Santa Barbara County detectives.

Public information officer Russ Birchim said that striking similarities between the four double killings have led investigators to believe that one man — dubbed the "night stalker" — is responsible for all eight deaths.

The two most recent victims were bludgeoned to death in the bedroom of a suburban Santa Barbara home sometime Sunday night or Monday morning, Birchim said.

Investigators from the Orange County Sheriff's Department "have looked into" the three other sets of murders — one in Ventura County and two in Santa Barbara County — but have found no proof of a connection, according to Lt. Andy Romero.

Neither have Ventura city police, according to spokesman Larry White, who added that his department has had no contact with investigators from Orange and Santa Barbara counties concerning the slayings.

Nonetheless, the similarities between the four cases are startling:

- All the victims were relatively young couples killed in bed late at night as they slept.
- All were professional, middle- to upper-middle class people who lived in expensive homes.
- Six of the eight victims were bludgeoned to death. The other two were shot.
- In none of the four cases were there any signs of resistance, was a weapon recovered, or was anything stolen from the homes.

According to Birchim, investigators believe the killer first appeared in October of 1979, when an unidentified couple were terrorized in their suburban Santa Barbara home late at night by a knife-wielding assailant.

Birchim said the couple probably escaped death when the assailant fled after one of them escaped.

The first killings took place in the same wealthy neighborhood on December 30, 1979. Both Dr. Robert Offerman, 44, and his girlfriend, Debra Manning, 35, a Santa Maria psychologist, were shot to death in the bedroom after some person — or persons — broke into Offerman's condominium late at night.

Birchim said a psychological profile done after the murders by the FBI at the request of the Sheriff's Department suggested that the man responsible was a "psychopath who would strike again."

Three months later, on Sunday, March 16, 1980, another couple was found dead in their bedroom in a plush Ventura hillside home.

The victims, Lyman Smith, a prominent attorney, and his wife, Charlene, 33, were bludgeoned to death sometime late that Saturday night or early Sunday morning, according to police.

Police believe a log from the house's fireplace was used as a weapon, but were not able to prove it. There was no sign of forced entry.

Four months later, either on the evening of August 19, or Wednesday morning, August 20, Keith Eli Harrington, 24, and his wife of four months, Patty, 27, died of massive head injuries inflicted by a blunt instrument. They were killed as they slept in the bedroom of Harrington's father's exclusive home in Niguel Shores, south of Laguna Beach.

Harrington was a Phi Beta Kappa medical student from UC Irvine and his wife was a nurse. As with the Ventura killings, there was no sign of a forced entry.

And almost a year later, on a Sunday night or early Monday morning, yet another young couple was killed in a bedroom.

This time the killings took place back in the same suburb of Santa Barbara — Goleta — not more than five blocks from the site of the first murders.

The victims, Greg Sanchez, 28, and his ex-girlfriend, Cheri Domingo, 35, also died of massive head injuries, just like the Smiths and the Harringtons. Sanchez, who was a computer technician, was also shot once, but Birchim of the sheriff's department said the wound was only "a contributing factor to death."

Like the first killings, but unlike the other two, whoever killed Sanchez and Domingo had broken into the home.

pacific clippings
post office box 11789
santa ana, calif. 92711

Los Angeles, Cal.
TIMES MAY 0 5 1982

Sheriff Appeals for Information in Dual Slayings

The Orange County Sheriff's Department has appealed for information regarding the unsolved August, 1980, double-murder of Laguna Niguel newlyweds Keith and Patti Harrington.

Families of the slain couple have offered a $25,000 reward for information leading to the conviction of the killer or killers in the bludgeoning death of the couple on Aug. 19, 1980, in their home.

Keith Harrington was a 24-year-old medical student at UC Irvine and his wife Patti, 27, was a registered nurse.

People with information concerning the murders may call 834-3000. All tips will be kept confidential, a Sheriff's Department spokesman said.

pacific clippings
post office box 11789
santa ana, calif. 92711

THE REGISTER
Daily MAY 1 8 1982

Probe of Niguel Shores murders reaches dead end

By Anita Snow
Register staff writer

On Aug. 19, 1980, medical student Keith Harrington and his wife, Patty, a registered nurse, were bludgeoned to death as they lay in bed in a Niguel Shores home.

Almost two years later, Orange County sheriff's deputies have completed the last of almost 250 interviews in connection with the case. No arrests have been made and detectives say they've run out of clues.

"All we can do now is re-evaluate the information we've collected and begin re-contacting some of the people we've already interviewed," sheriff's spokesman Lt. Wyatt Hart said Monday.

Hart said the sheriff's department is asking that anyone who has information about the case, no matter how little, contact the department.

Members of the victim's families are reminding the public that they still offer a $25,000 reward for any information that leads to conviction of the person or persons responsible for the killings.

"We think there are people out there that know something about the killings," Hart said. "We're hoping we can jog some memories."

At the time of his death, Keith Harrington, 24, was a fourth-year student at University of California, Irvine, Medical School. His wife of four months, Patty, 27, was a registered nurse.

The Harringtons were killed in Keith's father's home at 33381 Cockleshell Drive, Niguel Shores, an exclusive, guarded community north of Dana Point.

Sheriff's detectives say nothing was taken from the house. There was no sign of forced entry.

Since the murders, Hart said, investigators have interviewed "everyone the Harringtons knew," including friends and family members.

Investigators also have looked into other similar double homicides throughout the country, hoping to make some kind of link, Hart said.

But they've come up empty handed.

Hart stressed that the sheriff's department will keep confidential the identities of any persons who provide information about the slayings.

He urged that those with information about the Harrington murders call (714) 834-3000, which is a 24-hour hotline.

오렌지 카운티 보안관서가 보관한 신문기사. 당시에도 몇몇 범행이 서로 연관되어 있을 가능성이 제기되기는 했으나 지역에 연쇄살인범이 있다는 사실은 아무도 모르고 있었다._〈애너하임 불레틴Anaheim Bulletin〉, 오렌지 카운티 보안관서—오렌지 카운티 기록부, 오렌지 카운티 보안관서—오렌지 카운티 기록부, 〈로스앤젤레스 타임스〉, 오렌지 카운티 보안관서 제공.

II

새크라멘토, 2012

• — 편집자 주 다음 장은 미셸의 기사 〈살인마의 발자국을 따라서〉의 초기본에서 발췌한 것이다.

동부 새크라멘토에 있는 어느 어수선한 고등학교의 좁은 사무실에서 내 맞은편에 앉아 있는 여자는 분명 낯선 사람이었다. 그러나 만나자마자 EAR-ONS 관련 약어를 클링온어처럼 자유자재로 구사하며 서로 대화하는 모습을 봤다면, 아무도 그렇게 생각하지 않았을 것이다.

"74년, 개를 때린 절도사건은요?" 나는 물었다.

사회복지사는 뒤통수에서 묶은 숱 많은 머리를 다시 다듬어 묶고, 록스타 캔을 한 모금 마셨다. 그녀는 '거의 예순'이었고, 크고 강렬한 녹색 눈동자에 허스키한 목소리였다. 그녀는 주차장에서 나를 맞으며 머리 위로 두 팔을 열심히 흔들었다. 나는 첫눈에 그녀가 마음에 들었다.

"그건 관계 없는 것 같아요." 그녀는 말했다.

1974년 랜초 코도바 절도는 최근 A&E의 〈미결사건파일〉 프로그램 EAR-ONS 관련 게시판에서 최근 발견된 사건이었다. 사회복지사는 분석에 열심이었고 게시판에서 사실상 리더였다. 시간이 지나면서 나도 사건에 대한 회원들의 철저함을 고맙게 생각하게 되었지만 처음에는 압도적이라고 느꼈다. 주제는 1000개, 글 개수는 2만 개가 넘었다.

내가 그 게시판을 발견한 것은 1년 반 전, 산더미 같은 사건 관련 자료와 1970년대의 정치적 불공정함으로 가득 차 있고 냉정한 경찰의 떨칠 수 없는 후회가 묘하게 감동적으로 묘사되어 있는 래리 크럼프턴의 책 《서든 테러Sudden Terror》를 말 그대로 한자리에서 독파한 뒤였다. 사건에 대한 정보량은 경악스러웠다. 존 베넷 램지가 살해된 1996년 12월 25일 밤을 다룬 책은 10여 권이 넘는다. 한데 EAR-ONS는? 10년 동안 주 전역에서 무려 60여 명의 피해자를 내서 캘리포니아주 DNA법규를 바꾼 사건[1], 범행현장에서 범인이 남긴 기묘한 말들("베이커즈필드에서 사람들을 죽였던 것처럼 널 죽일 거다"), 그가 썼다는 시("흥분의 갈구"), 심지어 테이프에 녹음된 범인의 목소리까지(경찰이 피해자의 전화에 설치해놓았던 장치에 녹음된 짤막한 조롱조의 속삭임) 있는데도 불구하고 관련 도서는 자비로 출판해서

---

1 이 사건은 모든 흉악범 및 특정 범죄(성범죄, 살인, 방화 등)을 저지른 성인과 청소년의 DNA 채취를 의무화하는 캘리포니아주 발의안 69조Proposition 69를 탄생시키는 계기가 되었다. 입법은 2004년 통과되었으며, 키스 해링턴의 형 브루스가 200만 달러에 달하는 기금을 조성하여 지원했다.

시중에서 찾기도 힘든 책이 단 한 권 있을 뿐이었다.

EAR-ONS 게시판에 처음 접속했을 때 나는 거기서 진행되고 있는 유능하고 철저한 크라우드소싱에 깊은 인상을 받았다. 물론 '유나바머' 테드 카진스키가 EAR-ONS라고 주장하는(그는 아니다) 어느 악의 없는 이용자처럼 괴짜도 있었다. 그러나 많은 분석 내용은 일류였다. 자주 글을 올리는 PortofLeith라는 이용자는 EAR이 활동하던 기간의 캘리포니아 주립대학교-새크라멘토의 학사 일정이 범행과 연관되어 있다는 점을 밝히기도 했다. 범행현장 위치부터 목격 지점, 데이나포인트에서 범인이 피 묻은 오토바이 장갑을 떨어뜨린 위치까지 상세하게 기록해서 회원들이 만든 지도도 있었다. 범인이 군대와 부동산, 의학과 관련되어 있을 가능성을 분석하는 게시물도 수백 건이나 되었다.

EAR-ONS 탐정단에게는 기술이 있었고 범인을 잡기 위해 그 기술을 사용하는 데도 진지했다. 나는 한 컴퓨터과학 대학원생을 로스앤젤레스 스타벅스에서 만나 그가 염두에 둔 용의자에 대해 이야기를 나눈 적이 있다. 만나기 전에 그는 각주, 지도, 용의자의 졸업사진들이 첨부된 7쪽짜리 문서를 보냈다. 나도 그 용의자가 설득력 있다는 데 동의했다. 한 가지 대학원생의 마음에 걸렸던 것은 용의자의 신발 크기였다(270밀리미터 혹은 275밀리미터였는데, EAR의 신발 크기는 평균 남성보다 약간 작았다).

게시판 이용자들은 편집증적인 데가 있고 필명을 고집하는 경향이 있으며, 인터넷에서 오랜 시간 연쇄살인범에 대해 논의하는 사람이라면 그리 놀라울 것도 없지만 서로 마찰을 일으키기도 한다. 내가 만난 사회복지사는 새크라멘토 수사관들과 게시판 이용자들 사이에서 일종의 문지기 역할을 하고 있었다. 이 점이 거슬렸는지 몇몇 이용자들은 그녀가 기밀정보를 넌지시 흘리기만 하다가 정확히 알려달라는 요구를 받으면 입을 다물어버린다고 불만을 토로했다.

그녀에게 종종 새로운 정보가 들어온다는 사실은 논란의 여지가 없었다. 2011년 7월 2일, 사회복지사는 새크라멘토 강간사건 현장 근처에 있던 수상한 차량에서 목격된 스티커라면서 도안 한 장을 게시판에 올렸다.

"NAS(Naval Air Station, 해군 항공기지) 노스아일랜드에서 찍힌 것 같지만 확실하지는 않고 기록도 없습니다. 이용자 중에 혹시 낯익은 사람? 어디서 찍은 사진인지 우리가 정확하게 알 수 있다면 좋겠습니다."

우리. 게시판 분위기를 점점 깊이 알게 되면서 흥미롭지만 놓칠 수 없는 사법기관의 존재가 눈에 띄었다. 갖가지 개인적인 이유로 10년 묵은 미결사건에 이끌려 모인 웹 형사들은 랩톱으로 살인마를 사냥하고 있었지만 수사관들이 미묘하게 방향을 조종하고 있었다.

사회복지사는 나를 차에 태워 옛 메이서 공군기지에 인접한 수수한 목장용 주택의 미로를 지나 규모가 더 크고 녹음이 우거진 아든 아케이드와 델 다요에 이르기까지 EAR 관련 주요지점들을 돌아보았다. 그녀는 5년 전부터 새크라멘토 수사관들과 비공식적으로 같이 일하기 시작했다고 내게 털어놓았다.

"한창 사건이 벌어지던 당시 나는 이 동네에 살았어요." 그녀는 젊은 어머니였고 강간 피해 숫자가 15명에 이르렀을 때 거의 무기력의 절정에 다다랐던 공포를 기억했다.

EAR-ONS가 범행 대상으로 삼았던 동부 새크라멘토 일대는 신나는 분위기를 만들기 위해 건설된 동네가 아니었다. 전체가 모조리 베이지색으로 칠해진 블록도 있었다. 단단히 입을 다문 조심성이 오히려 여기서 벌어졌던 끔찍한 일들을 증언하는 듯했다. 우리는 1976년 8월 29일 풍경 딸랑거리는 소리와 강렬한 애프터셰이브 냄새에 열두 살 소녀가 잠에서 깼던 말라가 웨이로 접어들었다. 마스크를 쓴 남자가 침실 창문 앞에 서서 방충망 왼쪽 위 구석을 칼로 뜯고 있었다.

"그 순간을 생각하면 정말 어두운 곳이죠." 사회복지사는 말했다. 한데 왜 굳이?

그녀는 오래전 침대에 누워 텔레비전 채널을 돌리다가 〈미결사건파일〉이라는 프로그램 말미를 접했다. 그녀는 대경실색해서 일어나 앉았다. **세상에, 그러다가 살인마가 됐구나**.

그 시절의 한 가지 불안한 기억은 아직도 뇌리에서 사라지지 않았다. 그녀는 혹시 이 기억이 머릿속에서 만들어진 허구가 아닌가 확인하려고 새크라멘토 경찰서 소속 형사에게 연락했다. 하지만 그렇지 않았다. EAR이 피해자에게 전화하는 습관이 있다는 사실이 일반에게 알려지기 전 "나에 대한 모든 걸 아는" 변태 스토커가 전화를 건다고 세 번이나 그녀가 경찰에 신고한 기록이 남아 있었다. 이제 그녀는 그 스토커가 EAR-ONS라고 믿는다.

멀리 아메리칸강이 푸르게 반짝였다. 그녀는 사건 해결을 도우라는 '영적인' 부름을 받았다는 기분이었다.

"하지만 나 자신을 돌봐야 한다는 것도 배웠어요. 자칫 내가 소모될 수 있거든요."

그럴까? 우리는 지난 4시간 동안 오로지 EAR-ONS 이야기만 했다. 남편은 그녀가 저녁 파티에서 이 화제를 꺼내려고 한다는 느낌이 들면 탁자 밑에서 발로 차고 속삭인다고 한다. "하지 마." 졸업 앨범 사진에서 날렵하고 종아리가 굵어 보였기 때문에(어느 시점에 이것이 EAR-ONS의 특징으로 알려져 있었다) 나는 1972년 리오 아메리카노 고등학교 워터폴로 팀원 한 사람에 대한 정보를 찾느라 오후 내내 시간을 보낸 적도 있다. 사회복지사는 한 용의자와 같이 점심을 먹은 뒤 DNA 검사를 위해 그가 남긴 물병을 수거해오기도 했다. 수사기록에서 용의자의 이름은 보통 성을 먼저 기록하는데, 정말 완전히 푹 빠져서 제정신이 아니었을 무렵에는 '래리 버그Lary Burg'라는 이름을 봤다고 생각하고 다시 보니 **도난(Burglary)**이었던 적도 있었다.

이제 내 목구멍 안에는 항상 비명이 걸려 있다. 어느 날 밤 남편이 나를 깨우지 않으려고 살금살금 침실에서 나가는데 내가 침대에서 벌떡 일어나 머리맡의 전등을 붙잡고 그의 머리에 휘둘렀던 적도 있었다. 다행히도 겨냥은 빗나갔다. 그날 아침 침실 바닥에 나뒹구는 전등을 보고 나는 내가 한 짓이 기억나서 오만상을 찌푸렸다. 이어 이불 위에 던져둔 랩톱을 찾아내서 탈무드 연구하듯 경찰 수사기록을 다시 들여다보기 시작했다.

그러나 나는 지나치게 몰입하지 말라는 사회복지사의 부드러운 경고에 웃지 않았다. 나는 고개를 끄덕였다. 우리는 토끼굴에 깊숙이 푹 들어가기보다 주변만 어슬렁거리는 척하기로 했다.

서른 살 난 사우스플로리다 남자 '키드'가 토끼굴에 합류했다. 키드는 영화학 학위를 가지고 있고 가족관계에 문제가 있다는 이야기를 언뜻 비친 적이 있었다. 키드에게는 자세한 사실관계가 중요하다. 그는 최근 케이블에서 〈더티 해리〉를 보다가 "오프닝 크레딧 이후 화면 가로세로 비율이 2.35:1에서 1.78:1로 변했다"는 이유로 시청을 중단하기도 했다. 영리하고 꼼꼼하고 때로 퉁명스러운 사람이다. 내가 볼 때 우리 사건 최대의 아마추어 희망이기도 하다.

EAR-ONS 사건에 대해 잘 아는 대부분의 사람들은 최고의 단서가 범인의 지리적 행적이라고 입을 모은다. 1943년부터 1959년 사이에 태어난 백인 남성 중에서 1976년부터 1986년 사이 새크라멘토, 샌타바버라 카운티, 오렌지 카운티에서 일한 사람의 숫자는 한정되어 있다.

그러나 Ancestry.com부터 USSearch.com 등의 웹사이트를 무작정 검색해서 거의 4000시간 분량의 데이터를 처리하고 가능성을 추출한 것은 키드뿐이었다. 그는 1983년 오렌지 카운티 전화번호부를 하드 드라이브에 넣어 가지고 있다. 그는 R. L. 포크에서 발행한 1977년 새크라멘토 교외 지역 전화번호부를 이베이에서 구입하기도 했다. 1983년 오렌지 카운티 전화번호부도 그의 하드 드라이브에 저장되어 있다.

키드의 작업이 수준 높다는 것을 처음 알아채게 된 것은 내가 이 사건에 처음 관심을 갖게 되었을 무렵, 게시판에 그가 올린 글을 보고서 아는 것이 많은 사람 같다 싶어 내가 발견한 용의자에 대한 이메일을 보냈을 때였다. 물론 지금은 일개 용의자에 대한 흥분하는 것은 인간관계가 처음 싹틀 때 치밀어 오르는 어리석은 사랑 같은 감정이라는 것을 안다. 희미한 경고음이 어디선가 들리지만 이 사람이야말로 운명의 상대라고 확신하고 그저 돌진하는 것이다.

내 머릿속에서 용의자는 이미 체포 직전 단계였다. 그러나 키드는 나보다 1년 먼저 자료조사와 데이터 분석을 시작했다. "한동안 그 이름은 손을 대지 않았네요." 그는 답장을 보냈다. 이메일 안에는 스웨터 조끼 차림의 음침하고 따분한 괴짜 같은 인상의 인물 사진이 들어 있었다. 내 용의자의 대학 2학년 시절 졸업사진이었다. "저한테는 최고 유력 용의자가 아닙니다." 키드는 적었다.

이후 그는 단순히 지리적 역사와 육체적 특징만으로 정한다면 EAR-ONS의 용의자로 가장 적합한 인물은 톰 행크스일 거라고 하면서 용의자 평가가 얼마나 까다로운지 강조했다. (이 역시 짚고 넘어가야겠지만 톰 행크스는 시트콤 〈절친한 친구Bosom buddies〉 촬영 일정만으로도 용의선상에서 제외된다.)

나는 지난봄 플로리다에서 가족과 휴가를 보내는 동안 커피숍에서 키드를 직접 만나기로 약속했다. 그는 연한 갈색머리의 단정하고 매력적인 인상이었고 논리 정연했으며 개인적으로 아무 관계도 없는 미결사건 범인을 잡겠다고 데이터마이닝에 집착할 만한 사람 같지 않았다. 그는 커피를 거절하고 카멜 라이트 담배만 계속 피웠다. 우리는 캘리포니아와 영화 산업에 대해 잠깐 이야기를 나누었다. 그는 좋아하는 영화인 빔 벤더스 감독의 〈이 세상 끝까지〉 감독판을 보러 로스앤젤레스에 간 적이 있다고 했다.

대체로 우리는 공통 관심사에 대해 대화했다. 워낙 내용을 전달하기가 복잡하고 어려운 사건이기 때문에 대략적인 내용을 알고 있는 사람을 만나면 언제나 마음이 놓인다. 우리 둘 다 자신의 집착에 대해 약간은 어리둥절하고 남들의 시선을 의식하는 면이 있는 것 같았다. 최근 어느 결혼식 피로연에서 신랑 측 어머니와 키드가 대화하고 있는데 오랜 친구인 신랑이 끼어들었다. "어머니에게 네 연쇄살인범 이야기 해드려!" 신랑은 키드에게 이런 말을 던지고 지나갔다.

나는 우리 안에 갇혀 있는 동물들이 먹이를 직접 찾는 것을 좋아할까, 누가 주는 것을 좋아할까 하는 실험에 대해 늘 생각한다고 키드에게 말했다. 사냥은 도파민을 분비하는 지렛대다. 하지만 이 광적인 수색이 우리가 찾아 헤매는 범인의 강박행동을—짓밟힌 화단, 창문 방충망에 난 긁힌 자국, 장난전화—정확히 닮았다는 불편한 깨달음에 대해서는 입 밖에 내지 않았다.

샌타바버라 카운티 보안관서 형사 제프 클라파키스Jeff Klapakis의 무뚝뚝한 말이 이런 집착에 대한 불편한 감정을 마침내 덜어주었다. 우리는 그와 그의 파트너가 사용하는 EAR-ONS '작전실'에 앉아 있었다. 외부인이 출입하지 않는 사무실 안에는 플라스틱 통이 가득 놓여 있었고 그 안에 오래된 서류 폴더가 쌓여 있었다. 그의 오른쪽 어깨 너머에는 포스터 크기의 골레타 구글 어스 지도가 걸려 있었고, 지도에는 이중살인사건이 발생한 지점들이 표시되어 있었다. 사건이 발생한 시간 간격은 19개월이었지만 거리는 겨우 1킬로미터밖에 떨어져 있지 않았다. 가지를 늘어뜨린 아름드리나무가 울창해서 EAR-ONS에게 은신처 역할을 한 새너제이 크리크가 지도 한복판을 곡선으로 지나갔다.

나는 클라파키스에게 왜 은퇴생활을 그만두고 다시 수사에 뛰어들었는지 물어보았다. 그는 어깨를 으쓱했다.

"나는 수수께끼를 좋아합니다." 그는 말했다.

자료조사 도중 접촉하는 모든 수사관들에게 짤막한 설명을 쓸 때마다 키드도 비슷한 표현을 썼다. "이것은 간단한 해답이 있는 큰 질문이고 그는 그 해답을 대단히 알고 싶을 뿐 관심을 갖게 된 이유는 도저히 짧은 글로 설명할 수 없다." 그는 자신을 3인칭으로 지칭하며 이렇게 썼다.

결국 키드는 "궁극의 목록"이라는 제목을 붙인 118쪽 분량의 핵심 문서를 내게 보여주었다. 남성 2000명의 이름과 생년월일, 주소 내역, 전과, 가능한 경우 사진에 이르기까지 각종 개인정보가 수록된 문서였다. 심지어 색인까지 작성한 철저함에 나는 입을 벌렸다. 어떤 남자들의 이름 밑에는 레이건 대통령 시절에 마지막으로 범행을 저지른, 이미 죽었을 수도 있는 연쇄살인범에 대해 상당히 많은 것을 알고 있는 우리 같은 사람이 아닌 이들에게는 아무 뜻도 없어 보이는 기호("자전거를 아주 좋아함" "친척: 보니")가 붙어 있기도 했다.

"언젠가는 이 모든 것을 뒤로 하고 내 인생을 살아야겠지요." 키드는 내게 이메일을 보냈다. "역설적인 점은 이 비실용적인(대부분의 사람들에게는 불가해한) 일에 시간과 돈을 쓸수록 혹시 이 자의 정체를 밝혀내서 그간의 투자를 정당화할 수 있지 않을까 하는 마음에 일을 계속하고자 하는 열망이 더욱 커진다는 사실입니다."

모든 사람들이 게시판 탐정들과 그들의 노력에 감탄하지는 않는다. 최근에는 한 선동가가 나타나서 한심하고 일그러진 집착 때문에 경찰 흉내나 내는 짓거리에 대해 한바탕 열변을 토한 적도 있었다. 그는 게시판 탐정들을 강간과 살인에 대해 건전하지 못한 관심을 지닌 경험 없는 참견쟁이라고 비난했다.

"몽상가 탐정들." 그는 이렇게 썼다.

그때 나는 이 탐정들 중 누군가가 아마 이 사건을 해결할 거라고 확신하고 있었다.

동부 새크라멘토, 2012

그들이 본 것—차가 있을 곳이 아닌, 집 뒤 텅 빈 벌판에서 비치는 헤드라이트 불빛. 흰 셔츠와 짙은 색 바지 차림의 남자가 새벽 3시에 이웃집 울타리에 난 구멍으로 기어들어가고 있었다. 자물쇠가 뜯긴 문, 침실 유리창을 비추는 플래시 불빛. 배수용 도랑에서 한 남자가 나타나 옆집 뒷마당으로 몰래 들어갔다. 아까 닫혀 있던 대문이 열려 있었다. 캐주얼한 정장 차림의 검은 머리 남자가 길 건너 나무 아래 서서 그들을 지켜보고 있었다. 마당에 난 수수께끼의 발자국. 한 남자가 풀숲에서 뛰쳐나와 자전거에 올라탔다. 다시 침실 창문에 플래시 불빛. 갈색 코듀로이 바지와 테니스화 차림의 남자 하체가 집 옆을 달려 화분 뒤에 숨었다. 인구조사를 하지 않는 해에 조사원이 현관에 찾아와 이 집에 몇 명이 사는지 물었다. 서른네 살 난 이웃 남자가 새벽 2시에 속옷 차림으로 팔다리가 묶인 채 집에서 비틀비틀 뛰어나와 도와달라고 외쳤다.

그들이 들은 것은 개 짖는 소리, 용암 암석을 깐 길에서 나는 묵직한 발자국 소리, 누군가 창문 방충망을 뜯는 소리, 에어컨에 쿵 부딪히는 소리, 미닫이문 조작하는 소리, 집 옆면 긁는 소리, 도와달라는 외침, 몸싸움, 총성, 여자의 긴 비명.

아무도 경찰을 부르지 않았다.

경찰 탐문을 통해 사후의 증언들이 모였다. 때로 경찰이 탐문하려고 들른 이웃집도 방충망이 찢겨 있거나 포치 등이 망가져 있는 경우가 있었다. 경찰 수사기록을 읽으며 처음에 나는 이웃의 무대응이 이상하게 여겨졌다. 그러다 차츰 집착하게 되었다. 새크라멘토에 동부 지역 강간범 공포가 절정에 다다랐을 때조차 주민들이 신고하지 않고 넘어간 수상한 행동들이 있었다.

"범인은 이 일대를 끊임없이 정탐했습니다. 왜 더 많은 사람들이 신고하지 않았을까요?" 나는 리처드 셸비에게 물었다. 셸비의 첫인상은 플레이서 카운티 오지 주민답게 거칠어 보이는 70대 중반의 은퇴한 경찰이었다. ("우리는 워낙 시골 한복판에 살아서 개솔린도 갤런들이 통에 보관한다오." 그는 말했다.) 그는 키가 크고 빈틈없는 눈빛이었다. 주먹코였고 경찰에 들어오지 못할 뻔한 그 사고로 인해 왼쪽 약지 절반이 없었다. 그러나 그의 연파랑색 셔츠와 언뜻 잘 들리지 않을 정도로 나직한 목소리에는 부드러움이 있었다. 점심 식사를 하러 나간 식당에서 레모네이드가 다 떨어졌다는 웨이트리스에게 찡그리지 않고 부드럽게 미소 지으며 내게는 거의 들리지 않을 나직한 목소리로 "그럼 아이스티로" 이렇게 중얼거리던 말투도 그랬다. 스스로 인정하듯이 새크라멘토 보안관서에서 우여곡절 많은 경력을 쌓은 셸비는 1976년 가을 일찌감치 사건을 접했고, 범인이 연쇄강간범이라는 사실을 처음 알아차린 사람 중 하나이기도 했다.

"뭘 신고합니까?" 셸비는 물었다. "밤이에요. 온통 검은 옷차림에 울타리를 따라 살금살금 걷는다면 뭐가 보이겠어요?"

"아니, 경찰 탐문 도중에 나온 증언들 말입니다. 이웃들이 보고 들었다고 인정한 것들이 너무나 많아서요."

1976년 9월 1일 세 번째 강간사건 직후 경찰이 랜초 코도바의 말라가 로드와 엘 카프리스 인근에서 탐문하다 남긴 글귀가 특히 뇌리에 남았다. "5~6명의 이웃들이 비명을 들었지만 밖을 내다보지 않았다고 진술했다."

1977년 1월 아메리칸강 남쪽에 거주하고 얼마 전 집에 도둑이 들었던 남자 주민은 한 젊은 남자가 옆집 창문을 엿보는 모습을 목격했다. 그는 상대에게 보는 사람이 있다는 사실을 알려주기 위해 헛기침을 했다. 낯선 사람은 도망쳤다. 거의 정중하기까지 한 대처 방식이었다. 1주일 뒤, 한 블록 북쪽에 사는 스물다섯 살 여자가 열한 번째 피해자가 되었다. 범행 당시 그녀는 임신 5개월이었다.

나는 셸비에게 경찰에 신고하기를 꺼리는 이런 태도가 1970년대 특유의 분위기였을지도 모른다고 말했다. 베트남전쟁 후유증으로 사회가 뿌리 없이 유동하던 시절의 정서가 아닐까 하는 말까지 꺼냈지만 셸비는 고개를 저었다. 그도 해답은 없었지만 그건 아니라고 했다. 정치질에 여념이 없던 간부들부터 셸비 자신이 순찰차를 운전하다 결정적으로 몇 번 길을 잘못 들었던 일, 자기 집 마당 관목 사이에 플래시, 스키 마스크, 장갑이 들어 있는 천 가방이 숨겨져 있는 것을 보고 신고한 주민에게 신고센터에서 '그냥 버리라'고 지시했던 일에 이르기까지, 그에게 있어 주민들의 수동적인 태도는 그저 실패가 워낙 많았던 사건에서 또 하나의 실패였을 뿐이었다.

셸비는 지금 새크라멘토에서 북쪽으로 50킬로미터 떨어진 시골에서 그의 말을 빌리면 '주로 농부들이 하는 일'을 하면서 살고 있다. 그러나 우리가 점심 약속 장소로 만난 곳은 그가 36년 전 돌아다니던 지역, 계기판 조명을 낮추고 오로지 지직거리는 무전 지시에 의지하여 여기서 우회전을 하면 헤드라이트 불빛이 스키 마스크를 쓴 키 175센티미터의 젊은 남자를 비추기를 바라는 마음으로 강을 낀 꼬불꼬불한 거리를 순찰하던 지역이었다. 셸비는 경찰 생활을 하면서 단 한 번도 동부 지역 강간범 같은 범인을 경험한 적이 없었다. 그들은 범인이 피해자에게서 훔친 작은 물건들을 건물 옥상에서 발견하곤 했다. 무슨 이유에서인지 범인은 그런 것들을 지붕 위에 던지고 있었다. 많은 수의 주민들이 자기 집 지붕 위에서 이상한 쿵 소리가 들렸다고 신고한 뒤에 셸비는 그제야 범인이 훔친 물건들을 지붕에 던진 것이 아니라 주머니에서 떨어진 것이라는 사실을 깨달았다. 범인은 남의 집 지붕 위로 기어 다녔던 것이다.

셸비는 센 말을 하기 직전에 시선을 피하며 내면의 부드러움을 약간 내보이는, 자신이 직설적이라는 데 자부심을 지닌 사람들 중 하나였다. 약속 장소는 그가 정했지만 그에게 이 동네는 언제나 적수의 예측할 수 없는 행보에 '그 소시오패스 자식'에게 좌절한 장소라는 사실을 알 수 있었다. 언젠가 그는 노스우드 드라이브 변의 빽빽한 나무 아래에서 잔뜩 쌓인 담배꽁초와 여기저리 방향을 바꾼 족적이 남아 있는 곳, 범인이 매복해서 훔쳐보던 지점을 발견한 적이 있었다. 주민들의 눈에 언뜻 띄었지만 아무도 신고하지 않았던 지점 중 하나였다.

“사람들은 그가 너무 영리하다고 하지요.” 셸비는 이렇게 말하고 눈을 깜빡이며 시선을 피했다. “사실 그는 항상 영리할 필요가 없었습니다.”

〈로스앤젤레스〉지에 싣기로 한 EAR-ONS 기사 취재가 갓 시작되었을 무렵 새크라멘토에 있을 때 나는 4000쪽이 넘는 예전 경찰 수사기록이 들어 있는 플래시 드라이브를 입수했다. 거래 당사자가 서로 상대를 믿지 못하는 상황이라, 팔을 뻗고 눈을 마주친 상태에서 동시에 자기 물건을 놓으면 상대가 집어가기로 약속한 구식 거래였다. 나는 남부 캘리포니아에서 발생한 살인사건 주변인이지만 중요한 관계자의 2시간짜리 인터뷰 비디오테이프를 가지고 있었다. 하지만 1초도 망설이지 않고 내놓았다. 집에 복사본이 있었기 때문이다.

얼굴 없는 연쇄살인범에 대한 공통된 집착으로 구축된 은밀한 동맹의 결과인 이런 물밑 거래는 흔했다. 온라인 탐정, 은퇴한 형사, 현직 형사 모두가 참여했다. 나도 “교환 요청”이라는 제목의 이메일을 꽤 받아보았다. 그들도 그렇겠지만 나 역시 오로지 나만이 아무도 보지 못하는 것을 찾아낼 수 있을 거라고 믿는 것이다. 그러려면 모든 것을 다 보아야 했다.

내 안의 과대망상증 사냥꾼은 얼른 호텔에 돌아가서 랩톱에 플래시 드라이브를 꽂아보고 싶었다. 신호등에 걸릴 때마다 나는 작은 사각형 드라이브가 잘 있는지 확인하려고 배낭 윗주머니를 만져 보았다. 나는 시내 제이 스트리트의 시티즌 호텔에 묵고 있었다. 납창틀과 겨자색 줄무늬 벽지로 장식된 객실의 온라인 사진이 마음에 들었던 곳이었다. 1층 로비 벽에는 책장을 짜 넣었고 안내 데스크는 화려한 중국풍의 빨강색으로 꾸며져 있었다.

"여기 스타일을 어떻게 표현하면 좋을까요?" 나는 투숙 수속을 밟으며 직원에게 물었다.

"법대 도서관과 유곽이 한데 섞인 곳이죠." 그는 말했다.

이 건물을 지은 건축가 조지 셀론이 샌 퀜틴의 설계도 맡았다는 것은 나중에 알았다.

나는 객실로 들어오자마자 빳빳한 흰색 호텔 가운으로 갈아입은 후 블라인드를 내리고 전화를 껐다. 미니바에 있던 구미베어 젤리 한 봉을 유리잔에 부어 내 옆 침대 위에 놓고 양반다리를 하고서 랩톱 앞에 앉았다. 지금부터 24시간은 아무도 방해하지 않는 드문 여유 시간이었다. 물감을 잔뜩 묻힌 작은 손을 씻어야 할 필요도, 일에 잔뜩 몰두한 남편이 부엌 문 앞에 나타나서 저녁 식사는 언제 준비하느냐고 귀찮게 할 일도 없었다. 나는 플래시 드라이브를 랩톱에 넣었다. 이메일을 빠르게 정리할 때와 같은 마음가짐으로 검지를 아래 방향 화살표에 갖다 대고 읽기라기보다 차라리 씹어 삼키기에 돌입했다.

경찰 수사기록은 로봇이 들려주는 이야기처럼 읽혔다. 판단이나 감정이 개입할 여지가 거의 없이 명료하고 정확하게 의미가 분절된 스타일이었다. 처음에는 이 간결함이 마음에 들었다. 관계없는 내용들이 걸러져 있으니, 범인의 이름이 빛을 발할 것만 같은 느낌이 들었다. 하지만 이것은 판단착오였다. 간결한 보고서 양식은 기만적이었다. 차근차근 읽어나가자 아무리 간결한 묘사도 구분할 수 없는 한 덩어리로 다가오기 시작했다. 예상치 않았던 강력한 감정을 전류처럼 전달하는 순간들도 있었다. 38세의 어머니가 어둠 속에서 바닥을 더듬어 아들의 장난감 톱을 찾아 부어오른 손을 묶은 끈을 자르려고 했지만 수포로 돌아갔던 순간. 강간범이 방을 나간 뒤 침대에 묶인 열세 살 소녀가 아끼는 개를 향해 "이 멍청아, 넌 왜 아무것도 안 했어?"라고 속삭인 순간. 개는 코로 소녀를 문질렀다. 그녀는 개에게 엎드려서 자라고 말했다. 개는 그 말에 따랐다.

시간이 사라졌다. 젤리도 사라졌다. 내 객실은 결혼 피로연이 열리는 천막 바로 위 10층이었다. 아까 복도에서 청록색 옷차림으로 사진을 찍던 신부 들러리들을 지나쳐서 들어왔던 기억이 났고 이제 음악이 시작되었다. 시끄러웠다. 나는 프론트에 알리려고 전화기를 들었다. 하지만 뭐라고 말할까? "즐거움을 좀 낮춰주세요." 이렇게 말해? 나는 수화기를 내려놓았다. 사실 나는 당분과 허기 때문에 그리고 혼자 어둠 속에서 자동차등록국 사무직원 비슷한 무감각한 목소리로 서술되는 50장짜리 공포 이야기를 너무 오랫동안 읽은 탓에 신경이 곤두서 있었다. 컴퓨터 화면 불빛 때문에 눈은 침침했고 물기를 빨아낸 비행기 변기처럼 바싹 말라 있었다. 쿨 앤드 더 갱의 〈셀레브레이션Celebration〉은 당시 내 정신 상태에 적절한 사운드트랙이 아니었다.

새크라멘토시는 캘리포니아 센트럴 밸리 북쪽 끝, 새크라멘토

강과 아메리칸강이 합류하는 지점에 위치해 있고 배수 기능을 염두에 두고 설계된 도시다. 산에서 흘러내려오는 물이나 강우 같은 초과 수량은 강을 따라 캘리포니아 삼각주를 지나서 대양으로 흘러들어가게 된다. 내가 이 사실을 알게 된 것은 배수용 도랑과 시멘트를 바른 운하가 경찰 수사기록에 자주 나왔기 때문이었다. 족적부터 증거, 수상한 인물을 목격했다는 증언, 심지어 범인이 피해자 1명을 끌고 내려온 사례에 이르기까지 동부 지역 강간범이 마치 무슨 지하 생물처럼 어둠이 내릴 때까지 지표면 아래에서 기다렸다가 이 길을 따라 이동했다는 점은 처음부터 분명했다. 나는 〈검은 산호초의 괴물〉의 상징적인 장면을 떠올렸다. 아름다운 배우 줄리 애덤스가 연기한 해양생물학자 케이가 탐사선에서 검은 석호로 뛰어드는 순간, 화면이 해저 시점으로 바뀌고 엉킨 해초 덤불 사이에서 무시무시한 인간형 괴물이 모습을 드러내더니 케이 아래로 미끄러져 다가와 홀린 듯 그녀의 행동을 따라하는 장면. 관객은 케이가 괴물을 보고 겁에 질려 발버둥치기를 기다리지만 비늘로 덮인 괴물의 앞발이 케이의 발목을 스칠 때 퍼뜩 놀라 약간 불안해질 뿐 괴물은 들키지 않는다.

동부 지역 강간범은 개인을 대상으로 스토킹을 했지만 경찰 수사기록을 읽고 나니 그가 새크라멘토 지하에 미로처럼 얽힌 운하와 배수 도랑을 가로지르며 동네 전체를 스토킹했다는 것도 분명히 알 수 있었다. 그는 단층집들을 좋아했고 보통 모퉁이에서 두 번째 집, 그린벨트 지역 인근, 들판이나 공원 근처를 좋아했다. 범행 전에 피해자의 집 근처 다른 집들을 정탐하고 불법으로 침입한 증거도 있었다. 작고 비싸지 않은, 때로 개인적인 의미가 있는 물건이 없어지곤 했다. 범행 직전에는 범행 장소 4~5블록 반경 내에서 수화기를 들면 끊어지는 전화 횟수가 급작스럽게 증가했다. 범인은 정찰을 했다. 사람들을 관찰하고 그들이 언제 집에 있는지 파악했다. 동네를 고르고 5~6명의 피해 후보를 정하고 심지어 우선순위를 매기기도 한 것으로 보였다. 그는 선택지를 최대화하고 준비 작업을 거쳤다. 그렇게 해놓으면 범행 당일 밤에 욕구를 충족시키지 못하는 경우가 없었다.

일정의 변경이나 단순한 운 덕분에 피해자가 되지 않은 여자들도 있다는 뜻이지만 석호에서 괴물이 욕망한 아름다운 대상처럼 가끔 뭔가 무시무시한 것이 스쳐지나갔다는 느낌을 받은 사람들도 있었다.

겨우 5~6줄로 할당된 탐문 기록 속에서 주민들의 진술은 특정한 시간과 장소를 환기시킨다. 그들은 디스코 클럽에서 돌아오는 길이었다든지 드라이브 인 극장에서 〈대지진〉이나 〈747 절대위기〉를 연속으로 관람했다든지 잭 라레인 센터에서 운동하고 왔다고 답했다. 사이즈 5인 여자 재킷 두 벌이 없어졌는데 하나는 갈색 스웨이드, 다른 하나는 가죽 재킷이라고 신고한 사람도 있었다. 한 소녀는 '울프먼 잭'을 닮은 수상한 남자를 보았다. 스프링클러, 풀러 브러쉬사(청소 용품), 개인 사진사, 칠장이 같은 방문판매원들은 거의 언제나 동네에 있었다. 어느 지역에서는 모든 사람들이 새벽 5시에 출근하는 것 같았다. 그들은 새 자동차 모델, '반짝거리는' 차가 눈에 띄었다고 했다. 다른 동네, 특히 아메리칸강 북쪽 동네는 경찰이 탐문하러 나갔을 때 집에 있던 유일한 사람이 입주 베이비시터였다. 이 동네 주민들은 '더러운' 차, 옆면이 움푹 팬 '고물 차', '상태가 안 좋은 차'를 수상하다고 여겼다.

1977년 4월, 한 소년이 여동생을 자기 어깨에 올려 앉혔다. 시선이 높아진 동생의 눈에 문득 이웃집 마당을 훔쳐보는 사람이 띄었다. 어두운 색 옷차림을 한 백인 남자가 풀숲에 숨어 있었던 것이다. 수상한 남자는 누가 자신을 목격했다는 것을 깨닫고 얼른 도망쳐 울타리를 여러 개 넘었다. 한 달 뒤, 젊은 웨이트리스였던 그 집 이웃은 새벽 4시에 남편을 깨웠다. "무슨 소리가 들려. 소리가 들린다고." 플래시 불빛이 그들의 침실 문간을 비췄다. 그녀는 이후 경찰에게 "EAR이 죽이겠다고 했을 때 그 말을 믿었다. 그래서 그냥 어둠 속에서 묶인 채 총알이 몸을 뚫고 지나가는 것은 어떤 기분일까 생각하며 누워 있었다"라고 증언했다.

* * *

새크라멘토 수사기록을 읽고 있으면 연쇄강간범이 활보하고 있다는 사실에 대한 대중의 인식 수준을 추적할 수 있다. 처음 10여 건의 범행이 일어나는 동안에는 인식이 거의 없거나 희미했다. 그러다 언론이 보도하기 시작하면서 소문과 공포 분위기는 차츰 커졌다. 1년이 지날 때쯤에는 플래시 불빛에 잠에서 깨어 '아, 세상에! 그놈이다'라고 생각했다는 피해자의 증언이 나오기 시작했다. 피해자들은 동부 지역 강간범에 대해 전해들은 소문, 예를 들어 범인이 피해자가 겁에 질린 모습을 좋아한다는 증언 같은 것 때문에 특정 한 방식으로 행동했다고 수사관들에게 진술했다. 그렇게 1년이 지나자 주민들의 무대응은 더 이상 사건에 대한 무지나 무력감 때문이 아니라, 방어벽을 구축하는 심리였다. 뭔가를 목격하면 문을 잠그고, 불을 끄고 침실로 들어가서 범인이 오지 않기만 기도하는 것이다. "무서웠어요." 한 여자가 인정했다. 그런데 왜 경찰에 신고하지 않나? 내 상상력은 온갖 가정으로 넘쳐났다.

그들은 이웃에 대해 생각하고 있지 않았지만 범인은 달랐다. 나는 범인에게 있어 이 게임의 짜릿함은 사람들의 심리를 갖고 벌이는 '점 잇기' 퍼즐에도 있었다고 믿는다. 예를 들어 범인은 첫 피해자에게서 윈스턴 담배 2갑을 훔쳐서 네 번째 피해자의 집 밖에 버렸다. 2주 전 이웃집에서 훔친 싸구려 장신구는 다섯 번째 피해자의 집에 남겨져 있었다. 스물한 번째 피해자는 정수처리장에서 아주 가까운 곳에 살았다. 그리고 12킬로미터 떨어진 곳에 살던 정수처리장 직원이 그다음 피해자가 되었다. 한 피해자의 집에서 훔친 알약이나 총알이 나중에 이웃집 마당에 버려져 있기도 했다. 어떤 피해자들은 성이나 직업이 같았다.

이것은 권력의 과시로 자신은 어디에나 있다는 신호였다. 나는 어디에도 없고 모든 곳에 있다. 너는 네가 이웃과 공통점이 있다는 걸 모를지 몰라도 공통점은 있다. 바로 나다. 나는 눈에 거의 띄지 않는 존재, 검은 머리이면서도 금발 머리, 땅딸막하면서도 날렵한 체구, 뒤에서 혹은 어스름한 불빛 속에서 목격된 존재, 너희들이 서로를 찾지 못할지라도 계속해서 너희를 연결해주는 실마리.

나는 좋지 않은 기분으로 새크라멘토를 떠났다. 잠을 잘 자지 못했다. 호텔을 나서는 길에는 숙취에 시달리는 피로연 손님들이 현관에 가득했다. 공항에서 나는 거대한 붉은 토끼 상을 지나쳤다. 새크라멘토에 도착했을 때는 다른 데 정신이 팔려 있었는지 눈에 띄지 않았던 작품이었다. 어떻게 못 보았을까. 높이 17미터, 무게 4500킬로그램의 알루미늄 토끼는 케이블에 매달린 채 수화물 찾는 곳을 향해 뛰어내리려는 듯했다. 나는 탑승을 기다리는 동안 '새크라멘토 공항 토끼'를 아이폰에서 검색해보았다. 미술가 로런스 아젠트가 새 터미널을 상징할 만한 기념물을 의뢰받고 2011년 10월에 공개한 작품이라고 에이피AP통신 기사에 나와 있었다.

"나는 무언가 밖에서 건물 안으로 뛰어 들어왔다는 느낌을 가지고 놀고 싶었다." 아젠트는 말했다.

커프링크스 코다

•— 편집자 주　다음 장은 미셸의 기사 〈살인마의 발자국을 따라서〉의 초기본에서 발췌한 것이다.

커프링크스를 주문한 다음 날 나는 키드에게 전화했다. 그리고 커프링크스를 익일배송 주문했다고 말했다.

"사서함 주소로?" 키드는 물었다. 아니, 나는 미처 생각하지 못했다. 터무니없는 시나리오가 머릿속을 스쳤다. 혹시 EAR-ONS가 커프링크스를 판 가게에서 일하고 고객 주소도 그가 입력하는 게 아닐까? 그렇다면 8달러짜리 커프링크스를 40달러나 주고 익일배송으로 주문하는 사람을 틀림없이 수상하게 생각할 것이다.

커프링크스를 EAR-ONS 수사관들에게 넘기는 것이 최선이라는 것은 알고 있었다. 이런 식의 허가받지 않은 일을 벌였다는 사실에 그들이 화를 낼 수도 있었다. 우연히도 얼마 전 오렌지 카운티의 래리 풀과 첫 인터뷰를 하기로 약속을 잡은 상태였다. 나는 인터뷰가 잘 풀린다고 생각되면 이 이야기를 털어놓고 사각형 지퍼락 봉지 안에 든 작은 금제 커프링크스를 그들에게 넘겨주기로 했다.

문제는 하필 그 수사관들 중에 풀을 만난다는 것이 내게 가장 자신 없었다. 그는 접근하기 어렵고 약간 차갑다는 평이 있었다. 나는 그가 지난 14년 동안 이 사건을 수사했다는 것을 알고 있었다. 그는 키스 해링턴의 변호사 형과 함께 주 발의안 69조를—2004년 캘리포니아주의 모든 중범죄자에 대한 DNA 데이터베이스 구축을 합법화한 "DNA 지문, 미결범죄 및 무죄 보호에 관한 법"—통과시키는 데 핵심적인 역할을 했다. 이제 캘리포니아주 법무부는 미국 내 최대 DNA 데이터 은행을 운용 중이다.

풀과 해링턴은 DNA 데이터베이스를 확대함으로써 EAR-ONS를 틀림없이 잡아낼 수 있을 것이라고 생각했다. 하지만 그렇게 되지 않자 몹시 실망한 것 같았다. 나는 래리 풀이 사방 벽에 EAR-ONS 몽타주 사진을 붙인 어둑어둑한 방에서 일하는 강철 같고 무감각한 경찰일 거라고 상상했다.

테가 굵은 안경과 빨간 체크무늬 셔츠 차림의 남자가 유쾌하지만 약간은 격식을 차리는 태도로 오렌지 카운티 지역 컴퓨터 법과학 연구실 로비에서 나를 맞았다. 우리는 회의실에 앉았다. 그는 그날 컴퓨터 연구실 당직이었고, 동료가 가끔 고개를 내밀고 무슨 말을 할 때마다 그는 간결하게 "접수했어"라고 답했다.

그는 사려 깊고 신중한 말투를 지니고 있었고 자신의 통찰력을 기꺼이 들려주는 너그러운 마음을 금욕적인 외면으로 가리는 부류였다. 래리 크럼프턴을 만났을 때는 그가 사건을 해결하지 못했다는 것을 개인적으로 몹시 분하게 받아들인다는 사실이 분명했었다. 그는 밤에 잠을 이루지 못하고 늘 이렇게 묻는다고 했다. '내가 뭘 놓쳤지?'

하지만 풀은 크럼프턴 같은 고통을 드러내지 않았다. 처음에는 오만이라고 생각했다. 이후 나는 이것이 희망이라는 사실을 깨달았다. 그의 사냥은 아직 끝나지 않았던 것이다.

우리는 대화를 마무리하고 있었다. 그는 절차를 우선시하는 사람 같았다. 커프링크스 이야기는 달갑게 여기지 않을 것이다. 하지만 마지막에 나는 결국 항복했다. 이유는 모르겠다. 나는 지나치게 빨리 뭐라고 주절거리며 배낭을 뒤지기 시작했다. 풀은 귀를 기울였지만 표정에는 아무것도 드러나지 않았다. 나는 커프링크스를 회의 탁자에 내려놓고 그쪽으로 밀었다. 그는 봉투를 들고 꼼꼼하게 관찰하기 시작했다.

"저한테 주시는 겁니까?" 그는 무표정한 얼굴로 물었다.

"네."

그는 보일락 말락한 미소를 얼굴에 띄웠다.

"사랑합니다."

* * *

내가 로스앤젤레스의 집으로 돌아왔을 즈음 풀은 이미 관련 피해자들을 찾아 커프링크스 고해상도 이미지를 그들에게 이메일로 보냈다. 커프링크스는 원래 세상을 떠난 가족이 남긴 유품이었는데 피해자들은 아주 잠시 가지고 있다가 도난당했다. 이미지는 진짜 유품처럼 보였지만 피해자들은 단순히 '유품이었으면' 하는 바람이 아닐까 하는 마음에 조심스러웠다. 그들은 그 장신구가 더 친숙한 다른 가족에게 연락을 했다. 이틀 뒤, 풀은 내게 소식을 전했다. 같은 커프링크스가 아니었다.

나는 실망했다. 풀은 동요하지 않았다. "나는 예전처럼 흥분하지 않아요." 그는 이전에 내게 말했었다. 10년 전 EAR와 ONS 용의자의 DNA가 일치한다는 발견으로 인한 충격이 아직 생생할 무렵, 그는 동원할 수 있는 온갖 수사력을 총동원했다. 고작 용의자의 DNA 시료 하나를 가져오기 위해 오렌지 카운티 보안관서 헬리콥터가 샌타바버라까지 날아가기도 했다. 당시 용의자는 적극적인 감시하에 있었다. 풀은 시신을 발굴하러 볼티모어로 출장을 가기도 했다. 당시는 9.11 테러 이전이었기 때문에 휴대용 가방 안에 용의자의 유골 일부를 넣어 운반했다.

결국 미결사건 수사 예산은 고갈되었다. 수사관들은 다른 업무에 배치되었다. 실마리 하나가 나타날 때마다 풀도 더 이상 그때처럼 감정적으로 몰입하지 않았다. 심지어 풀의 책상 위에 걸려 있는 EAR-ONS 몽타주 사진조차 신중하고 사실적이었다. 사진은 스키 마스크를 쓴 용의자의 얼굴이었다.

"이게 무슨 가치가 있습니까?" 풀은 말했다. "없습니다. 하지만 우리는 그가 이렇게 생겼다는 걸 알고 있어요."

그는 내게 일반인들이 계속해서 보내오는 제보 메일 무더기를 보여주었다. 그중에는 한 남자의 운전면허증 사진 복사본과 "이 사람이 EAR ONS입니다"라는 문구가 적힌 종이도 있었다. (남자는 신빙성 있는 용의자로 간주하기에는 너무 어렸다.)

풀의 추산에 따르면 그간 수사대상에 오른 용의자는 8000명이었다. 수백 명이 DNA 검사를 거쳤다. 첫 번째 검사 결과가 만족스럽지 않아서 남부 어느 주의 용의자 1명에겐 두 번 DNA 검사를 실시한 적도 있었다.

특별히 흥미로운 용의자를 만나면 풀은 항상 퉁명스럽게 이렇게 말했다.

"용의선상에서 탈락시켜보자고."

신중함에도 불구하고 풀이 수사에 대해 낙관적인 이유가 있었다. EAR-ONS 수수께끼의 우여곡절을 겪은 모든 사람들은 현재 흔들리는 무게추가 위쪽으로 향하는 중이라는 데 동의하고 있다.

로스앤젤레스, 2012

나는 공황 상태였다. 오랫동안 늘 그래 왔듯이 어른 10여 명, 열 살 이하 아이들 4명이 집에 찾아와 있었는데 7000단어 분량의 두 번째 원고 마감일이 화요일이었다. 며칠 전 나는 제발 이해해줬으면 하는 심정으로 짤막하고 솔직한 긴급구조 이메일을 보냈다. "디너롤. 버터." 추수감사절이면 나는 늘 중서부가 그리워진다. 그러나 그날은 화창하고 유난히 상쾌한 캘리포니아의 가을 오후였다. 친구의 회색 카디건과 입안 가득 포크로 떠 넣은 호박 파이, NFL 해설에 열중하다 보면 부겐빌리아와 뒤뜰 의자에 걸쳐 말리고 있는 젖은 수영복을 잊어버리게 되는, 계절이 실제로 바뀌는 지역에 살고 있다고 상상할 수 있는 그런 날씨 말이다. 그러나 나는 제정신이 아니었다. 마음이 초조했다. 나는 패튼에게 너무 작은 칠면조를 샀다고 필요 이상 잔소리를 했다. 식탁에 둘러앉아 기도를 할 때 나는 잠시 명절이라는 것을 잊고 소원 한 가지를 생각하며 눈을 감았다. 저녁 식사 후 아이들은 소파에 한데 모여 앉아 〈오즈의 마법사〉를 보았다. 나는 방에 들어가지 않았다. 어린아이들은 감성이 풍부한데 나는 감성을 억제해야 했다.

토요일에는 남편이 하루 종일 앨리스를 맡아주었고 나는 2층 내 작업실에 틀어박혀 글을 수정하고 계속 썼다. 오후 4시경, 현관 초인종이 울렸다. 우리 집에는 배달 오는 물건이 많고 나는 이미 그날 두 번이나 나가서 수령증에 서명했다. 거듭되는 방해 때문에 짜증이 났다. 보통 나는 초인종 소리를 무시하고 현관에 물건을 두고 가도록 내버려둔다. 그리고 택배인지 확인하기 위해 침실 창문으로 나가서 밖을 내다보면 페덱스 배달부가 대문을 닫고 나가는 뒷모습이 보인다.

한데 이번에는 무엇 때문이었지 나는 나선형 계단을 몇 단 내려가서 외쳤다. "누구세요?" 아무도 대답하지 않았다. 나는 침실 창문으로 가서 밖을 내다보았다. 분홍색 셔츠와 타이 차림의 날씬하고 젊은 흑인 아이가 우리 집에서 멀어지고 있었다. 10대라는 직감이 강하게 느껴졌다. 어쩌면 언뜻 옆모습을 본 것도 같았다. 집집마다 돌아다니며 잡지 정기구독을 권하는 행상이라고 생각하고 나는 커튼을 내렸다. 나는 더 이상 그 일에 대해 생각하지 않고 다시 일에 몰두했다.

45분 뒤, 나는 일어나 차 열쇠를 집어 들었다. 좋아하는 동네 식당에서 남편과 앨리스를 만나 저녁식사를 하기로 약속이 되어 있었다. 나는 문이 다 잠겨 있는지 확인하고 거리에 세워놓은 내 차로 나갔다. 절반쯤 나갔을까, 시야 왼쪽 가장자리에 이쪽으로 등을 돌리고 옆집 앞에서 아주 천천히 걷고 있는 한 젊은 남자의 모습이 언뜻 들어왔다.

그의 신체언어가 그렇게 특이하지만 않았어도 눈에 띄지 않았을 것이다. 그는 내가 집 밖으로 서둘러 나오자 완전히 그 자리에 얼어붙었다. 젊은 흑인 아이였는데 아까 우리 집 초인종을 눌렀던 아이는 아니었지만 비슷한 파스텔 톤의 파란 셔츠와 타이 차림이었다. 그는 가만히 선 채 내 방향으로 아주 약간 고개를 돌렸다. 나는 망설였다. 이번에도 역시 잡지 구독을 권유하는 10대인 것 같았고 내가 고객으로 가능성이 있을까 가늠해보는 게 아닐까 생각했다. 그러나 그보다 이상하다는 직감이 왔다. 신체언어가 너무나 이상했다. 나는 차에 올라 집에서 멀어지며 경찰에 신고하려고 전화를 들었다. 9번과 1번을 눌렀다. 하지만 뭐라고 말해야 하지? 수상한 젊은 흑인 아이? 인종차별 같았고 과잉반응 같았다. 나는 전화를 취소했다. 그 아이들이 공공연하게 범법 행위를 한 것도 아니었다. 그래도 나는 브레이크를 밟고 핸들을 왼쪽으로 꺾어 얼른 집으로 유턴했다. 45초도 채 지나지 않았는데 거리에는 둘 다 없었다. 해가 뉘엿뉘엿 저물고 있어서 잘 보이지도 않았다. 나는 그들이 다른 집 초인종을 누르고 영업을 하다가 집 안으로 초대받아 들어간 게 아닐까 생각했다. 나는 식당으로 향했다.

다음 날 밤, 위층에 있는데 초인종 소리가 들리고 패튼이 현관에서 누군가를 맞았다. "미셸!" 그가 불렀다. 나는 내려갔다. 옆집 이웃 토니가 서 있었다.

토니는 2년 반 전 우리가 이 집을 샀을 때 처음 알게 된 이웃이었다. 입주 전 보수 공사 때문에 건설업자와 집에서 이야기를 나누고 있는데, 매력적인 40대 남자가 현관에서 안을 들여다보더니 자기 소개를 했다. 사교적이고 자기를 약간 낮추는 데가 있었다는 기억이다. 이전 집주인은 이웃들과 어울리지 않아서 토니는 이 집 안을 한 번도 본 적이 없다고 했다. 그래서 궁금했다는 것이었다. 나는 들어와서 둘러보시라고 했다. 나는 그의 외향적인 성격을 보고 새로 이사 온 집에서 앞으로 좋은 이웃사촌이 되겠구나 생각했다. 그는 최근 이혼했는데 10대인 딸은 그와 같이 살면서 인근 가톨릭 여고에 다닐 예정이라고 말했다. 옆집은 렌트 중이라고 했다.

우리 관계는 늘 우호적이었지만 진짜 우정으로 이어지지는 않았다. 길을 지나치다 손을 흔들고 가끔 잡담도 나누었다. 처음 이사 왔을 때 패튼과 나는 뒷마당에서 파티를 열고 이웃들을 전부 초대할 계획을 세웠다. 의도는 좋았다. 우리는 계속 그 이야기를 나누었지만 항상 무슨 일이 생겼다. 집은 항상 수리 중이었고 둘 중 한 사람은 출장을 갔다. 그러나 앨리스의 공이 울타리를 넘어 옆집 마당으로 들어가면 토니와 그 집 딸이 언제나 친절하게 돌려주었다. 내가 어미를 잃은 새끼 비둘기를 그 집 앞 보도에서 발견하고 등나무 바구니로 둥지를 만들어 나뭇가지에 매달아주었을 때는 토니가 집에서 나와서 내게 미소 지으며 말했다. "당신은 좋은 사람입니다." 나도 그가 좋았다. 그러나 우리의 소통은 집을 드나들거나 개를 산책시키고 아이와 씨름하는 사이의 짧은 순간들에 머물렀다.

내 2층 사무실 창문은 그 집 쪽으로 나 있었다. 겨우 4.5미터 떨어진 거리였다. 나는 그 집 일상의 리듬에 익숙해졌다. 늦은 오후에는 현관문 쿵 닫히는 소리가 들리고 아름다운 목소리를 지닌 토니의 딸이 노래하기 시작했다. 나는 늘 그녀에게 목소리가 참 예쁘다고 말해주고 싶었다. 하지만 늘 잊어버렸다.

토니가 그날 우리 집에 온 것은 전날 도둑이 들었다는 소식을 전하기 위해서였다.

"무슨 일이 있었는지 알 것 같아요." 나는 그에게 거실 소파에 앉으라고 손짓했다. 그리고 어제 초인종이 울렸을 때 나가보지 않았던 일, 그 뒤의 상황에 대해 설명했다. 그는 고개를 끄덕였다. 토니 맞은편 집에 사는 나이 지긋한 부부는 그 아이들이 토니의 집에서 가방을 들고 나가는 것을 보았다고 했다. 아이들은 부엌 유리창을 통해 들어가서 집 안을 난장판으로 만들어놓았다. 경찰은 휴가철 주말에 좀도둑 패거리가 흔히 사용하는 수법이라고 했다. 초인종을 누르고 집에 사람이 있는지 확인한다. 아무도 대답하지 않으면, 들어간다.

"그냥 아이패드와 컴퓨터만 가져갔어요." 토니는 말했다. "하지만 우리 딸이 집에 혼자 있었더라면 하는 생각을 떨칠 수가 없습니다. 그랬더라면 어떻게 됐을까요?"

'딸'이라는 단어에서 그의 목소리가 떨렸다. 눈에 눈물이 괴었다. 나 역시 마찬가지였다.

"설명하실 필요 없어요. 상상하기도 싫군요." 나는 그의 손에 내 손을 얹었다.

"미셸은 범죄 논픽션 작가입니다." 패튼이 말했다.

토니는 놀란 표정이었다.

"뭘 하는 분인지도 모르고 있었네요."

그때부터 우리는 서로 지켜주자고 약속했다. 셋 중 누가 출장을 가면 서로 알리기로. 더 좋은 이웃이 되기로.

그날 밤 늦게 나는 지난 며칠 동안의 일들을 계속 머릿속에서 떠올렸다. 거실에서 느꼈던 친밀함, 토니와 나누었던 예기치 못한 감정에 대해 생각했다.

"우린 아직 그의 성도 모르잖아." 나는 패튼에게 말했다.

* * *

앨리스는 잠을 깊이 자지 못하고 악몽을 잘 꾸기 때문에 나는 밤마다 딸과 의식을 치른다. 매일 밤 잠들기 전에 앨리스는 자기 침실로 와보라고 나를 부른다.

"꿈 꾸기 싫어." 앨리스는 말한다. 나는 연갈색 머리카락을 쓸어 올리고 이마에 손을 짚어주며 그 커다란 갈색 눈을 똑바로 쳐다본다.

"너는 꿈을 안 꿀 거야." 나는 또렷하고 자신 있는 발음으로 말해준다. 그러면 앨리스는 몸에 긴장이 풀리며 잠이 든다. 나는 그렇게 해줄 능력이 전혀 없지만 어쨌든 약속한 대로 이뤄지기를 바라며 방을 나선다.

그것이 우리가 하는 일이다. 우리 모두. 좋은 의도로 지켜주겠다는 약속을 나누지만, 그 약속을 언제나 지키지는 못한다.

널 지켜줄게.

하지만 갑자기 비명이 들리면, 우리는 10대 아이들의 장난이려니 생각한다. 젊은 남자는 그냥 지름길을 찾아 울타리를 뛰어넘는다. 새벽 3시의 총성은 폭죽이나 자동차 엔진 소리다. 우리는 깜짝 놀라 침대에 일어나 앉는다. 차갑고 단단한 바닥, 결말 없는 대화. 우리는 따뜻한 베개에 다시 드러누워 잠을 청한다.

사이렌 소리가 다시 잠을 깨운다.

오늘 오후 커다랗고 흰 개를 산책시키는 토니를 보고 차 앞에서서 열쇠를 찾으며 손을 흔들다가도, 문득 급히 할 일이 떠오른다.

나는 아직도 그의 성을 모른다.

콘트라코스타, 2013

콩코드

캘리포니아주 콩코드의 역사에는 악마와 일련의 오해가 얽혀 있다. 1805년 스페인 군인들은 유럽 전도사들과 그리 사이가 좋지 않던 일군의 아메리카 원주민들을 쫓다가 사냥감을 버드나무 숲 근처로 몰아넣었는데 이곳이 현재의 콩코드다. 분명 원주민들은 빽빽한 숲 속에 숨어들었는데, 군인들이 돌격해보니 온데간데없었다. 겁에 질린 스페인 군인들은 이 지역을 몬테 델 디아블로, 즉 악마의 숲이라고 부르기 시작했다. 스페인어로 '몬테monte'라는 단어의 옛 용법에는 '숲'이라는 뜻이 있다. 세월이 흐르면서 '몬테'는 보다 일반적인 '산(mountain)' 혹은 '산(mount)'으로 변했고, 영어권 이주자들은 이스트 베이에 우뚝 솟은 해발 3848미터 높이의 산을 가리켜 디아블로산(Mount Diablo)이라고 부르기 시작했다. 악마의 산. 2009년 아서 미하레스라는 이 지역 주민이 이 산의 이름을 '마운트 레이건Mount Reagan'으로 바꿔달라고 연방 정부에 정식으로 요청했다. 악마라는 이름이 불쾌감을 줄 소지가 있다는 것이었다.

"나는 그저 하느님을 섬기는 평범한 사람입니다." 그는 〈로스 앤젤레스 타임스〉 인터뷰에서 말했다. 미하레스는 성공하지 못했지만 걱정할 필요는 없었다. 콩코드는 샌프란시스코에서 동쪽으로 50킬로미터 떨어져 있고 그 정도로 동떨어진 분위기다. 음산한 황무지가 있었는지는 몰라도 죄다 불도저에 밀려나갔고 개성 없는 상가가 그 자리를 차지했다. 내 호텔 맞은편에는 걱정스러울 정도로 사람이 없는 체인점과 식당들이 모여 있는 윌로우스 쇼핑센터가 있었다. 올드 네이비, 피어 1 임포츠, 퍼드러커스 등도 있었다. 내가 콩코드에 대해 물어본 거의 대부분의 사람들은 바트BART(Bay Area Rapid Transit, 샌프란시스코 도심과 근교를 연결하는 전철—옮긴이) 역이 있어서 편리하다는 점을 언급했다. "버클리까지 20분이면 가요" 라고 다들 말한다.

폴 홀스는 오전 9시에 호텔 밖에서 나를 태워 가기로 약속했다. 콘트라코스타 범행현장 투어에 나선 길이었다. 이스트 베이가 1년 중 가장 더운 달, 아침 기온이 26도까지 올라간 것을 보니 오늘도 이글거리는 하루가 될 모양이었다. 은색 포드 토러스가 정각에 호텔 앞에 멈췄고, 단정한 옷차림에 탄탄한 체구, 금발머리, 약간 그을린 피부의 남자가 차에서 내려 내 이름을 불렀다. 홀스를 직접 만나는 것은 처음이었다. 마지막 통화 도중 그는 가족이 키우는 골든리트리버 강아지 때문에 밤에 잠을 못 잔다고 기분 좋게 불평했지만, 직접 만나보니 세상에 걱정이라고는 없는 표정이었다. 40대 중반에 침착하고 태평한 얼굴이었고 운동선수 같은 걸음걸이였다. 그는 따뜻하게 미소 지으며 나와 굳게 악수를 나누었다. 우리는 지금부터 8시간 동안 강간과 살인에 대해 이야기할 예정이었다.

물론 홀스는 정식 경찰은 아니다. 그는 범죄학자로서 카운티 보안관청 범죄연구실 실장이었지만 경찰들과 오랜 시간을 보낸 경험으로 미루어볼 때 경찰을 연상시키는 데가 있었다. 여기서 경찰이라는 말은 특히 형사를 가리키는 것이다. 오랜 시간을 함께 한 끝에 나는 형사들의 몇 가지 특징을 알게 되었다. 그들 모두 비누 냄새가 아련히 풍긴다. 나는 머리에 기름때가 묻은 형사를 만난 적이 없다. 모두 타인과 눈을 잘 마주치며 부러울 정도로 자세가 반듯하다. 반어법은 그들의 말투가 아니다. 말장난은 불편하게 생각한다. 좋은 형사들은 대화에서 상대가 반사적으로 채우고 싶게 하는 긴 진공을 만들 줄 안다. 나 자신이 그 심문전략에 넘어가서 한심하게 주절거렸던 것을 생각해보면 자백이 얼마나 쉽게 나올 수 있는지 알 수 있다. 형사들은 얼굴에 유연성이 부족하거나 잘 감춘다. 나는 얼굴을 찡그리는 형사를 만난 적이 없다. 그들은 움츠러들거나 눈을 커다랗게 뜨고 놀라지 않는다. 나는 온갖 표정의 소유자다. 내 남편은 코미디언이고 많은 친구들이 연예계에서 일한다. 내 주위에는 항상 극적인 표정들이 넘친다. 형사들에게 표정이 없다는 사실이 곧장 내 눈에 띈 것은 그 때문일 것이다. 그들이 유쾌하면서도 활기찬 무표정을 유지한다는 점이 내게는 감탄스럽다. 흉내 내려고 해보았지만 할 수가 없었다. 나는 그 무표정 안에서 미묘하지만 분명 구별 가능한 변화도 알아보게 되었다. 오랫동안 배제했던 가설을 다시 듣게 될 때 그들은 보통 눈을 가늘게 뜨거나 턱에 힘이 들어간다. 장막이 걷힌다. 하지만 절대 본심을 내보이지는 않는다. 절대 "그 각도에서는 아주 오래전에 이미 검토했습니다" 이렇게 말하지는 않는다. 그저 흡수하고 정중하게 "음" 하고 대답할 뿐이다.

신중함 측면에서 그리고 사실상 다른 모든 측면에서 형사는 연예계 사람들과 다르다. 형사는 듣는다. 반응을 파악한다. 연예인은 자신의 영향력을 가늠하기 위해 오로지 좌중의 반응을 파악한다. 형사들은 구체적인 업무를 다룬다. 나는 여배우 친구가 자기 기분을 상하게 한 석 줄짜리 텍스트를 분석하는 것을 1시간 동안 들은 적이 있다. 언젠가는 결국 나 같은 사람의 눈에도 형사의 겉껍질에 난 금이 보이지만 처음에는 형사와 대화하는 것이 마치 다들 목소리를 높여 수다를 떠는 유명인 파티를 떠나 굳은 결의로 다음 과제를 기다리는 이글스카우트 모임에 참석하는 것처럼 의외의 안도감을 주었다. 나는 무미건조한 사람들의 땅에 사는 원주민은 아니지만 그곳에 머무는 동안 즐거웠다.

EAR이 이스트 베이에서 저지른 첫 범행 장소는 콩코드였고 내 호텔에서 차로 고작 10분 떨어진 거리였다. 홀스와 나는 잡담을 접어두고 곧장 사건 이야기로 들어갔다. 당연한 첫 번째 질문은, 그는 왜 여기로 왔을까? 왜 새크라멘토를 포기하고 1978년 10월에 이스트 베이에서 거의 1년간 지속된 범죄행각을 시작했을까? 가장 흔한 가설은 나도 알고 있었다. 홀스도 마찬가지였다. 그는 그 가설을 믿지 않았다.

"나는 범인이 새크라멘토가 두려워져서 장소를 옮겼다고 믿지 않습니다." 그는 말했다.

'두려워서 옮겼다'는 가설을 믿는 사람들은 1978년 4월 16일 EAR이 새크라멘토에서 15세 보모를 공격한 사건이 발생하고 이틀 뒤 경찰이 한층 정교하게 구성된 마지오레 살인사건 용의자 2명의 몽타주를 발표했다는 점을 지적한다. 젊은 커플이 개와 산책하다가 수수께끼의 총격을 당해 사망한 미결사건이었다. 몽타주가 발표된 뒤 EAR은 새크라멘토에서 범행을 중단했다. 새크라멘토 카운티에서 발생한 강간 1건만 그의 범행으로 알려질 뿐 그것도 1년이나 지난 뒤였다. 마지오레 몽타주 중 하나가 불편할 정도로 정확했을 것이라는 추정이 우세했다.

홀스는 그렇게 생각하지 않았다. 그는 범인이 거주할 확률이 가장 높은 지역을 분석하는 범죄분석 지도의 한 형태인 지리 프로파일링을 깊이 연구했고 그것에 능숙했다. 1970년대 후반 경찰들은 핀을 꽂은 지도 앞에 둘러서서 한가롭게 생각했다. 오늘날 지리 프로파일링은 알고리즘과 소프트웨어를 갖춘 독립된 전문분야다. 폭력적인 범죄의 경우 보통 범인의 거주지 주위에는 '버퍼 존Buffer zone'이 존재한다. 집 근처에서 범행을 저지르면 위험요소가 크게 느껴지기 때문에 버퍼 존 안의 목표물은 범인에게 매력이 덜하다. 연쇄범행에서 지리 프로파일러들은 버퍼 존, 범인이 거주하는 과녁 한복판과 그 주변 지역을 알아내기 위해 범행 장소를 분석한다. 범인들도 다른 사람들과 마찬가지로 예측 가능하고 반복적인 방식으로 움직이기 때문이다.

"나는 연쇄범죄자가 피해자를 어떻게 선택하는지에 대한 연구를 많이 읽었습니다." 홀스는 말했다. "선택은 일상적인 생활을 하

브라이언 마지오레와 그의 아내 케이티는 1978년 2월 2일 랜초 코도바에서 개와 함께 산책하다가 정체불명의 범인에게 총에 맞아 사망했다. 이 사건 역시 골든 스테이트 킬러의 범행임이 유력하다._Classmate.com 제공.

수사관들이 브라이언과 케이티 마지오레가 공격자를 피하려다 총에 맞은 채 발견된 랜초 코도바의 어느 집 뒷마당을 수색하고 있다._새크라멘토 카운티 보안관서·오렌지 카운티 보안관서 제공.

는 도중에 이루어집니다. 당신이 연쇄절도범이고 매일 일반인들처럼 차를 몰고 출퇴근을 한다고 가정해봅시다. 당신한테는 집이라는 고정점, 직장이라는 고정점이 있습니다. 하지만 주변에 주의를 기울이게 되지요. 지금 우리처럼 이렇게 앉아서." 그는 우리가 차를 세운 교차로를 가리켰다. "아, 저기 아파트 단지가 좋겠군, 이렇게 봐두는 겁니다."

새크라멘토에서 발생한 범행의 지리적 분포는 이스트 베이와는 완전히 다른 패턴을 보이는데 홀스에 따르면 이 점은 의미심장하다.

"새크라멘토에서 범인은 사방으로 종횡무진했지만 영역은 그 동북부, 동쪽 교외 지역에 머무릅니다. 지리 프로파일러들은 이런 경우를 '약탈자'라고 부르지요. 한 고정점을 중심으로 뻗어나가는 겁니다. 하지만 여기 남쪽으로 옮긴 뒤에 범인은 통근자가 되었습니다. 그가 680번 주간고속도로를 따라 아래 위로 이동했다는 점은 명백합니다."

680번 주간고속도로는 콘트라코스타 카운티 중심가를 가로질러 남북으로 뻗은 112킬로미터 길이의 고속도로다. 이스트 베이에서 발생한 EAR의 범행 대부분은 680번 고속도로 인근이었고 그중 절반은 고속도로 출구로부터 1.8킬로미터 이하의 거리에서 일어났다. 전문가가 작성한 지리 프로파일 지도에는 이스트 베이에서 발생한 사건이 작은 빨강색 점으로 표시되어 있었는데 거의 대부분 노랗게 칠해진 680번 고속도로 오른쪽, 즉 동쪽에 달라붙어 있었다.

"이제 680번 고속도로를 타고 위아래로 달릴 테니 한번 느껴보세요." 홀스는 말했다. "나는 범인의 인생에 어떤 변화가 있었기 때문에 범행 장소를 옮긴 거라고 생각합니다. 거주지는 계속 새크라멘토였지만 이제 직장까지 출퇴근을 해야 하는 상황이 되었기 때문에 자기 관할구역 밖의 범행 기회를 이용했던 거라고 짐작해볼 수 있어요."

'직장'이라는 단어에 귀가 쫑긋 섰다. 최근 주고받은 이메일을 통해 나는 홀스가 범인이 종사할 만한 업계에 대해 알아보고 있다는 느낌을 받았지만 그는 자세한 내용은 얼버무렸다. 지금 역시 그는 내 질문을 예상하고 말문을 닫았다.

"언젠가 그 이야기도 하겠죠."

홀스는 여기서 어린 시절을 보내지 않았다. 1978년에 그는 아직 아이였다. 하지만 23년 동안 콘트라코스타 카운티 보안관청에서 일했고 범죄현장을 수없이 찾아갔다. 그는 당시 이 지역이 어떤 풍경이었는지도 조사했다. 온갖 허가를 받았다. 항공사진도 연구했다. 지역 주민들과 이야기도 나누었다. 그의 머릿속에는 1978년 10월경 이 지역 지도가 들어 있었고 차를 몰고 가는 동안 그 지도는 현재 지도와 겹쳐져 있었다. 그는 속도를 늦추며 한 막다른 거리를 가리켰다. EAR이 콩코드에서 처음으로 범행을 저지른 집 바로 뒤에 주택들이 있었다.

"당시 저 집들은 없었습니다. 그때는 공터였어요."

우리는 조용한 주택가 모퉁이 집 앞에 차를 세웠다. 첫 이스트베이 사건기록에 들어 있던 사진 속에는 한 살 난 딸을 둔 매력적인 부부가 있다. 어린 딸은 물방울 무늬가 있는 생일 모자와 여름 드레스 차림이고 부모는 생일 선물인지 아기 앞에 각자 한 손으로 공 하나를 들어 올리고 있다. 아기는 사진사를 향해 부모는 카메라를 향해 미소 짓고 있다. 이 사진을 찍고 한 달 반이 지난 1978년 10월 7일 남편은 뭔가 자기 발을 건드리는 느낌에 잠에서 깼다. 눈을 떠 보니 스키 마스크를 쓴 검은 그림자가 그를 내려다보고 있었다.

"돈과 음식만 주면 돼. 그뿐이야. 내가 시키는 대로 안 하면 넌 죽는다." 침입자는 왼손에 플래시를, 오른손에 권총을 들고 있었다.

홀스는 35년 전 EAR이 넘어 들어갔던 식당 창문을 가리켰다. 어린 아기는 깨지 않고 범행 내내 잠들어 있었다.

집은 1972년 건축되었고 단층, L자 모양, 이 블록의 다른 집들과 거의 동일한 면적의 대지였다. 그간 본 다른 범행현장의 집들과 너무나 비슷해 보여서 나는 놀랐다. 집만 들어다가 다른 동네에 내려놓은 것 같았다.

"분명 동일한 종류의 집이군요." 나는 말했다. 홀스는 고개를 끄덕였다.

"그가 표적으로 삼은 동네 중에는 2층집이 거의 없습니다." 그는 말했다. "범인은 피해자가 자고 있다는 사실을 쉽게 알 수 있었을 거예요. 2층집에는 위층으로 올라가는 길이 하나, 내려가는 길도 하나입니다. 그런 상황에서는 막다른 골목에 몰릴 가능성이 있어요. 또한 단층집에서는 무슨 일이 벌어지고 있는지 창문에서 창문으로 오가면서 파악하기가 더 쉽습니다. 그리고 동네를 살피면서 울타리를 뛰어넘고 마당을 가로지른다면 아래층보다 위층에 사는 주민의 눈에 띌 위험이 더 많겠죠."

남편은 자신과 아내가 범행 당일 밤 11시 15분경 집에 도착했을 때 한 젊은 남자가 집 옆 골목에 세워둔 밴 근처에 서 있는 것을 보았다고 최면수사에서 진술했다. 밴은 상자 모양이었고 녹색 바탕에 흰 무늬로 두 가지 색이 칠해져 있었다. 젊은 남자는 20대로 보였고 검은 머리의 백인, 보통 키, 보통 몸무게였으며 밴 후방 오른쪽 모서리 근처에 서 있다가 타이어를 확인하는 것처럼 허리를 굽혔다. 매일 같이 시야의 가장자리를 스쳐지나가는 수백 개 이미지 중 하나의 파편. 나는 남편이 의자에 앉아 사진 1장을 기억에서 끄집어내 분석하는 모습을 상상한다. 나중에 생각해보니 핵심적인 것 같기도 하고 그렇지 않은 것 같기도 한 사진들. 사람을 미치게 하는 것은 하나하나의 무게가 불확실하다는 사실이었다.

"이 사건에서 놀라운 점은 범인이 집에 침투한 방식이 능숙하다는 점입니다." 홀스는 말했다. "그는 옆문을 시도한 것 같습니다. 문고리 근처를 뜯었어요. 한데 무슨 이유에서인지 그쪽을 포기합니다. 그는 앞으로 나왔습니다. 식당에는 창문이 있습니다. 범인은 주먹으로 유리창에 작은 구멍을 내고 걸쇠를 민 다음 그쪽으로 들어갔습니다."

"저는 절도에 대해서는 아무것도 몰라요. 솜씨가 좋았나요?"

"좋았습니다."

우리는 뜨거운 차 안에 앉아 EAR이 전략적으로 훌륭했던 점들을 열거했다. 블러드하운드, 족적, 타이어 자국은 수사관들에게 범인이 출입 경로를 영리하게 선택했다는 점을 알려주었다. 잠시 주차했다가 떠나는 차량이 많은 공사 현장이 근처에 있으면 그는 남의 눈에 띄지 않도록 거기에 차를 세웠다. 사람들은 공사 관계자라고 생각할 것이다. 그는 표적으로 삼은 집에 한쪽 길로 접근했다가 다른 경로로 빠져나갔다. 그래야 드나드는 모습이 보이지 않아 기억에 남을 가능성이 적다.

보통 잘 짖는 개들도 그에게는 짖지 않았다. 먹을 것으로 미리 길을 들였을 가능성이 있다는 뜻이다. 그는 여성 피해자를 거실로 데리고 나올 때 전등이나 소리를 끈 텔레비전 위에 담요를 던져놓는 특이한 습관이 있었다. 이렇게 해두면 앞이 보일 정도의 빛은 유지되지만 바깥에서 다른 사람들의 주의를 끌 정도로 환하지는 않다. 그리고 사전 계획. 모퉁이 집 부부가 집에 돌아와보니 남편의 서재 문이 닫혀 있었는데 이것은 드문 일이었다. 현관문이 잠겨 있지 않았던 것은 나갈 때 잠그지 않고 나갔던 것 같다고 진술했다. 그들은 범인이 이미 집 안에 잠입해서 복도 벽장 같은 곳 외투 틈에 숨은 채 부부의 목소리가 조용해지고 문 틈에서 새어나오던 불빛이 꺼질 때까지 기다린 게 아닌가 생각했다.

홀스와의 대화가 잠시 끊겼다. 사건에 대해 논의할 때마다 이제 이런 순간을 예상하게 되었다. 한 방 먹이기. 전 애인에 대해 지나치게 많이 말한 뒤 잠시 숨을 고르고 문제의 그가 얼마나 나쁜 놈이었는지 강조하기 위해 사이를 두는 것과 비슷한 순간이다.

"그는 범행을 저지르는 데 아주 능숙했지만," 홀스는 말했다. "밧줄로 건물을 타고 내려오지는 않았습니다. 범인이 특수훈련을 받았을 거라고 유추할 수 있는 증거는 없어요."

홀스의 부모님은 미네소타 출신이고 그도 말할 때 중서부 특유의 경쾌한 리듬을 드러내지만, EAR이 유난히 기술이 좋은 것은 아니라고 말하는 목소리에는 경쾌함이 없었다. 설득력이 없었고 스스로도 납득하지 못하는 것 같았다. 여기서 홀스는 형사들의 사건 분석 다음 단계로 넘어갔다. 바로 내적 갈등이다.

"배짱이 있지요. EAR은. 그겁니다." 홀스는 그답지 않게 턱을 악물고 말했다. "그가 다른 범인들과 다른 점은 집 안에 들어간다는 점입니다. 예를 들어 조디악 킬러. 여러 면에서 그의 범행은 겁쟁이가 저지를 만한 짓이었습니다. 으슥한 공원길. 멀리서. 집 안에 침입한다는 건 한 단계 올라서는 겁니다. 그 집 안에 남자가 있다면 한 단계 더 높아지고요."

우리는 지금까지 남성 피해자가 간과되어 왔다는 점을 논의했다. 그는 남편과 함께 공격당한 스톡턴의 여성 피해자를 면담했던 이야기를 들려주었다. 홀스는 낯선 사람에게서 불쑥 전화가 걸려오는 상황에 남편이 더 잘 대응하리라고 생각하고 우선 그에게 전화를 걸기로 했다. 남편은 아내가 그때 이야기를 하고 싶지 않을 것 같다고 정중하게 말했다. 묻어버린 일이다. 더 이상 그 기억을 되살리고 싶어 하지 않는다. 하지만 남편은 수사관의 질문을 아내에게 전달하겠다고 마지못해 말했다. 그러나 답변은 돌아오지 않았다. 그는 가망이 없다고 생각했다. 몇 달 뒤 아내와 연락이 닿았다. 그녀는 홀스의 질문에 대답했다. 기꺼이 돕겠다고 말했다. 아내는 기억을 되새길 의향이 있었다. 의향이 없었던 것은 남편 쪽이었다.

"문제가 있었던 건 남편이었어요." 그녀는 털어놓았다.

EAR의 남성 피해자는 1940년대 혹은 1950년대 출생으로 정신과 상담이라는 개념이 전혀 없던 세대다. 경찰 수사기록에서도 성 역할은 엄격하며 모호하지 않다. 형사들은 여자들에게 어디서 쇼핑하는지 물었고 남자들에게 출입문과 창문의 잠금장치에 대해 물었다. 그들은 여성 피해자의 몸에 담요를 씌워 병원으로 옮겼다. 반면 남성 피해자들은 무엇을 보았는가 하는 질문을 받았지 그들에게 무엇을 느꼈는지 물어보는 사람은 없었다. 많은 남성 피해자들은 군복무 경험이 있었다. 집에는 공구 창고가 있었다. 그들은 행동가이자 보호자였지만 행동하고 보호할 힘을 빼앗긴 사람들이었다. 그들의 분노는 세부적인 내용 안에 담겨 있었다. 한 남편은 아내의 발을 묶은 노끈을 이로 물어뜯었다.

"오늘날까지도 너무나 큰 트라우마가 남아 있습니다." 홀스는 시동을 걸며 말했다. 차는 출발했다. 모퉁이 집이 시야에서 멀어졌다. 생일을 맞은 아기의 젊고 예쁜 어머니가 사건 다섯 달 뒤 수사책임을 맡은 형사에게 손으로 적어 보낸 짤막한 쪽지가 파일 안에 남아 있었다.

로드,

다음을 동봉합니다.

a. 분실물 목록

b. 7~8월에 쓴 수표 목록

없어진 장신구는 모두 침실 서랍장과 화장대 위에 있던 것들입니다. 다른 물건들은 따로 적어두었습니다. 우리는 예전처럼 평범한 일상을 회복하기 위해 필사적으로 노력하고 있으니 이것으로 필요한 정보를 다 얻으셨기를 바랍니다. 양쪽 다 서로의 입장을 잘 이해한다고 믿습니다.

퍼즐 맞추기에 행운이 있기를!

이성적이고 단도직입적이고 굴하지 않는 회복력이 느껴지는 문장이었다. 낙관적이기까지 했다. 보기 드문 편지라는 생각이 들었다. 나는 쪽지를 읽으며 어떤 사람들은 끔찍하고 충격적인 사건을 견디고 극복한다고 생각했다. 수사기록을 몇 페이지 더 넘기니 이번에는 보안관보가 손으로 쓴 짧은 쪽지가 나왔다. 쪽지에는 이 가족은 더 이상 콘트라코스타 카운티에 거주하지 않는다고 적혀 있었다. 그들은 수백 킬로미터 떨어진 다른 도시로 이사했다.

퍼즐 맞추기에 행운이 있기를!

나는 느낌표를 낙관주의로 읽었다. 하지만 그 의미는 작별인사였다.

우리는 동쪽으로 달렸다. 콩코드에서 발생한 두 번째 범행은 첫 번째 사건이 벌어진 1주일 뒤였고 1킬로미터도 채 떨어지지 않은 위치였다. 홀스는 정지 표지판에서 멈췄다. 그는 다시 1978년 10월 지도를 머릿속에 불러내며 우리가 있는 도로에서 수직으로 이어진 길을 가리켰다. "바로 여기가 공사 현장입니다. 그래서 사람들, 공사 인부, 배달 트럭이 공사 지점으로 가려면 여기 이 도로나," 그는 우리가 있는 길을 가리켰다. "저쪽 도로로 와야 하지요."

1978년 10월 공사장으로 이어지던 두 주요 도로 중에서 하나가 첫 범행 현장을 지나고 다른 하나가 두 번째 현장을 지난다, 홀은 말했다. EAR이 직업상 이 지역에 오게 되었다고 생각한다는 홀스의 말이 기억났다.

"빌딩? 건축?" 나는 물었다.

"그쪽을 추적하는 중입니다."

관사 'a'가 아니라 'the'를 썼으니 여러 가능성 중에 하나는 아니다.

"그 건설 개발회사를 아시나요?"

그는 대답하지 않았지만 표정을 보니 알고 있다는 것을 알 수 있었다.

우리는 두 번째 콩코드 범행현장에 멈췄다. 이번에도 L자 모양의 단층집, 녹색 창틀에 크림색이었다. 아름드리 참나무가 작은 앞마당에 우뚝 솟아 있었다. 주민들이 주중의 여유 시간을 이 동네에서 오래 보낼 것 같지는 않았다. 개를 끌고 지나가는 사람은 없었다. 아이팟을 들으며 빠르게 걷는 사람도 없었다. 차도 거의 지나가지 않았다.

EAR은 지금까지 몇 번 스쳐간 흥미로운 가능성을 이 범행에서도 내보였다. 13일의 금요일, 오전 4시 30분. EAR이 피해자를 플래시로 비추고 악문 잇새로 위협적인 말을 내뱉는다는 대본은 서른아홉 번째 범행에 와서는 워낙 굳어져 있어서, 경찰 수사기록을 읽으면 '나'가 '우리'로 바뀌었다는 단서를 깨닫지 못하고 지나가도 이상하지 않을 정도였다.

"우리가 원하는 건 음식과 돈이 전부야. 그것만 주면 우리는 나가겠다." 그는 혼란스러워하는 커플에게 말했다. "여자친구와 내게 필요한 음식과 돈만 있으면 돼."

커플이 묶이고 고분고분하게 굴자 그는 이번에도 부엌 찬장을 쾅 닫고 서랍을 뒤지는 등 집 안을 어지럽히기 시작했다. 여성 피해자는 패밀리 룸으로 끌려갔다. 그는 그녀를 바닥에 눕혔다.

"살고 싶나?" 그는 물었다.

"네." 그녀는 말했다.

그는 욕실 수건으로 그녀의 눈을 가렸다.

"그럼 평생 기억될 최고의 섹스를 해보자고. 아니면 죽일 거야."

그녀는 한밤중 살인범들의 손에 가족 전부가 몰살당하는 이야기《인 콜드 블러드》가 생각났다고 수사관들에게 증언했다.

그러나 이후 이어진 일은 피해자에게는 무서웠겠지만 묘하게 유아적이었고 범인도 피해자에게 별 관심이 없었다. 그는 두 손으로 빠르게 성의 없이 그녀의 허벅지를 쓸었다. 잠시 그녀에게 자위를 시키다가 삽입하고 30초 만에 끝냈다. 그는 일어나서 다시 집을 뒤지기 시작했다. 집을 습격하는 것이 실제 섹스보다 더 자극적인 것 같기도 했다.

문이 열렸고 그녀는 바람기를 느꼈다. 범인은 집과 붙은 차고에 있었다. 쓰레기봉투가 부스럭거렸다. 그는 집에서 차고로 계속 왔다갔다하는 것 같았다. 그녀는 그가 무슨 말을 하는 것을 들었지만 그녀에게 하는 말은 아니었다.

"여기, 이걸 차 안에 넣어." 그는 속삭였다.

대답은 없었다. 그녀는 발소리를 듣지 못했다. 차에 시동 거는 소리도 없었다. 그녀는 범인이 어느 시점에 떠났다는 사실만 알았을 뿐 언제 어떻게 갔는지 몰랐다.

EAR에게 공범이 있다는 사실을 시사한 것은 이번이 처음은 아니었다. 첫 번째 피해자는 거실에서 열띤 속삭임으로 위협하는 두 사람의 목소리를 들었다고 증언했다. "입 닥쳐." 곧이어 "너한테 입 닥치라고 한 거야."

다른 피해자는 밖에서 자동차 경적 소리가 네 번 울리더니 이어 누군가 초인종을 울리기 시작했다고 증언했다. 앞 유리창 두드리는 소리도 들렸다. 그녀는 여자 목소리 같은 나지막한 여러 목소리를 들었다. 그중에 EAR의 목소리가 있었는지는 확실히 모른다. 그는 떠났고 목소리도 사라졌지만, 결박당한 채 거실 바닥에 엎드려 있던 피해자는 여러 사건이 동시에 있었던 일인지 서로 관계가 있는 일인지 기억할 수 없었다.

"내 친구가 저기 바깥 차 안에서 기다리고 있어." 그는 이런 말도 했다.

거짓말이었을까? 심리적으로 지원군이 필요하다는 기분을 느낄 때 용기를 북돋우는 전략? 수사 방향에 혼선을 주려는 시도? 대부분의 수사관들은 허세였을 거라고 믿는다. 하지만 홀스는 확신할 수 없었다.

"범인에게 가끔 도와주는 사람이 있을까? 성폭행 쪽은 아닙니다. 하지만 절도는? 어떻게 압니까. 연쇄범행 내내 '어쩌면' 싶은 때가 여러 번 있어요. 어쩌면 그 가능성도 검토해보아야 할지 모릅니다."

홀스도 EAR이 했던 말은 상당 부분 엉뚱한 방향으로 주의를 흩트리기 위한 목적이라고 본다. 범인은 밴에서 산다는 둥, 강가에서 야영한다는 둥 하는 말을 지껄였지만 노숙자가 풍길 만한 체취를 풍기지는 않았다. 피해자와의 관계를 지어내기도 했다. "주니어 프롬junior priom(고등학교 졸업 한 해 전 11학년에 열리는 댄스파티—옮긴이)에서 널 처음 본 순간 널 가져야 한다는 걸 알았어." 그는 눈을 가린 10대에게 속삭였지만 그녀는 아까 자기 침실 벽에 붙어 있던 테이프가 떨어지는 소리를 들었다. 주니어 프롬 사진을 떼는 소리였다. "널 호수에서 봤어." 그는 자기 집 드라이브웨이에 스키보트를 세워 놓은 여자에게 말했다.

베이커즈필드에서 사람들을 죽였다든지 군대에서 쫓겨났다든지 하는 어떤 거짓말들은 아마 스스로에 대해 갖고 있던 강인한 남성상을 충족시키기 위한 것이었으리라. 피해자와 가짜 관계를 만들어낸 것은 그것이 판타지의 일부였거나 애매한 친숙함으로 피해자를 더욱 불안하게 만들기 위한 것이었을 수 있다. 홀스와 나는 가쁜 호흡 같은 그의 행동에 대해서도 이야기했다. 피해자의 증언에서는 거의 과호흡 상태처럼 공기를 아주 잔뜩 들이마신다고 묘사된다. 1970년대에 이 사건을 다루었던 한 범죄 프로파일러는 이 호흡을 피해자로 하여금 자신을 무슨 짓이든 할 수 있는 미치광이로 생각하게 하려는 공포 전략이라고 생각한다. 천식 증상이 있는 홀스의 동료 수사관은 혹시 진짜 호흡기 관련 증상이 아닐까 생각했다. 아드레날린은 발작을 일으킬 수 있다.

EAR은 앞면이 아래로 가도록 탁자 위에 놓인 카드다. 추측은 막다른 골목에 다다랐다. 우리는 계속 돌아다닌다.

"샌라몬은요?" 홀스는 물었다.

샌라몬

우리는 680번 고속도로를 타고 남쪽으로 30킬로미터 떨어진 다음 범행 장소, 그 달의 세 번째 범행 위치로 향했다. 1978년 10월. 카터가 대통령이었다. 〈그리스〉가 그해 여름 크게 성공한 영화였고 존 트라볼타와 올리비아 뉴튼 존의 '서머 나이트Summer Nights'가 아직 라디오를 석권하고 있었지만 한편으로는 후의 '후 아 유Who Are You'가 차트에서 상승하고 있을 때다. 무표정한 눈빛을 한 13세의 브룩 쉴즈의 보송보송한 얼굴이 〈세븐틴Seven teen〉 표지를 장식하고 있었다. 양키스가 월드 시리즈에서 다저스를 물리쳤고 시드 비셔스의 여자친구 낸시 스펀전은 첼시 호텔 욕실 바닥에서 칼에 찔린 채 과다출혈로 사망했다. 요한 바오로 2세가 새 교황으로 선출되었다. 샌라몬 범행 사흘 전에 영화 〈할로윈〉이 개봉했다.

"울었던 건? 그건 정말이었을까요?" 나는 홀스에게 물었다.

10명 가까운 피해자가 범인이 울었다고 증언했다. "흐느꼈어요." 그들은 말했다. 범인은 말을 더듬었고 어쩔 줄 몰랐다. 어린아이처럼 높은 목소리로 훌쩍거리며 말했다. "미안해요, 엄마." 그는 울었다. "엄마, 제발 도와주세요. 난 이런 짓 하고 싶지 않아요, 엄마."

"난 그랬을 거라고 생각합니다." 홀스가 말했다. "여자들은 남자의 행동에 대해 통찰력이 있어요. 피해자가 범인의 분노는 가식이었다, 연기를 하고 있었다고 증언한 경우가 있지만 걷잡을 수 없이 흐느꼈는데 진짜 같았다고 느낀 경우도 있어요. 그는 내면에 갈등이 있는 사람입니다. 그가 운 것은 언제나 성폭행 이후였습니다. 그때 흐느꼈어요."

울음이 진짜라고 믿었던 피해자들 중에도 예외는 있다. 스톡턴 피해자, 남편이 범행의 기억을 극복하지 못했던 그 사건의 여성 피해자는 우는 것 같지 않았다고 했다.

"그녀도 소리를 들었습니다. 하지만 울음소리로 생각하지 않는다고 했어요." 홀스는 말했다.

"그럼 뭐라고 생각했죠?"

"고음의 히스테리. 웃음소리에 가까웠다고 했어요."

그간 전화회사가 서비스 요금을 부과해왔는데도 샌라몬 지역에 911 응급신고번호가 작동하지 않는 것을 오랫동안 아무도 신경 쓰지 않은 것 같았다. 조용한 길 끝에 사는 한 여자가 이 사실을 알아냈다. 2시간 동안 낯선 사람의 손에 성폭력을 당한 뒤 설상가상으로 삑삑거리는 소음이 수화기에서 흘러나오며 신고가 되지 않는다는 사실은 섬뜩한 충격이었다. 그녀는 범행 6주 뒤인 1978년 12월 10일 자 〈오클랜드 트리뷴Oakland Tribune〉 기사에 캐시라는 가명으로 인터뷰했다. 범행 당일 밤 잠에서 깬 캐시는 필사적으로 어둠에 시력을 적응하려고 눈을 굴렸다. 칠흑 같은 어둠 속에서 알아볼 수 있는 것은 단 하나뿐이었다. 육체에서 분리된 광기 어린 눈빛, "그냥 빤히 응시하는 작은 눈".

"난 그냥 그 남자가 너무 싫었어요." 기사에서 캐시는 신원을 알 수 없는 강간범에 대해 건조한 어조로 말한다. 필요할 때 긴급서비스를 제공하지 않는 전화회사에 대해 느꼈던 분노도 이야기한다. 이 분노 때문에 소량의 액수이지만 잘못을 바로 잡을 수 있었다. 이제 그녀는 911 요금 월 18센트를 청구서에서 제하고 있다.

캐시가 콘트라코스타 카운티 보안관청에 직접 전화를 걸자 그제야 경찰이 출동했다.

콩코드에서 발생한 2건의 강간사건 이후 보안관청은 소속 보안관보들에게 비상령을 발동했다. 새크라멘토에서 보낸 경고가 선견지명이 있었다. EAR은 이제 '우리 동네' 유리창에 스키 마스크를 들이밀고 있었다. 모두가 정신을 바짝 차려야 했다. 기동타격대가 EAR이 공격할 만한 동네를 물색하기 시작했다. 공터 근처에 주차한 차량이나 그 외 수상하다고 짐작되는 차량 등록번호는 조용히 기록되었다.

이렇게 눈을 벌겋게 뜨고 감시 태세를 취하는 것은 샌라몬 관할에서 흔한 일은 아니었다. 1970년부터 1980년까지 도시 인구는 네 배 이상 뛰었지만 여전히 나지막하게 오르내리는 초원과 여기저기 자란 참나무, 미개발 상태인 시골 지역이 많아서 공간적인 여유가 있고 고요했다. 경찰 무선통신은 정적 속에서 자장가처럼 울렸다. 순찰차 헤드라이트는 젊은 가족들이 사는 똑같이 생긴 차고와 목장용 주택의 어두운 창문들을 훑었다. 샌라몬의 단조로운 교외 풍경에서 수상한 인물이 눈에 띄는 일은 거의 없었다. 뜯겨나간 울타리 선도 없었고 관목에 손을 댄 흔적도 없었다. 보안관보들은 행동에 나서는 훈련은 받았지만 평화에 익숙했다.

10월 28일 오전 5시 직후 그 모든 것이 변했다. 야근 중인 보안관청에 지직거리는 무선음이 울리더니 간략하지만 걱정스러운 신고가 들어왔다. 주거침입, 강간 및 강도. 몬트클레어 플레이스. 현장에 최초로 출동한 사람은 1명의 경찰이었다. 피해자 캐시와 남편 데이비드*는 현관에서 침착하게 보안관을 맞았다. 부부에게 긴급한 치료가 필요하지 않다는 것을 확인한 뒤 보안관은 그들 등 뒤의 기묘한 현장으로 주의를 돌렸다. 집 안은 거의 완전히 비어 있었다. 몇 개 안 되는 가구의 빈 서랍은 모두 제멋대로 열려 있었다. 벽장 문도 열려 있었지만 안에는 옷걸이 외에 아무것도 없었다. 침입자가 물건을 다 가져갔나? 아니. 캐시와 데이비드는 설명했다, 그들은 마침 이사 갈 준비를 하던 참이었다.

범인은 부부가 이 집에서 지내는 마지막 몇 시간 사이 들이닥친 것이었다.

이번에도 부동산을 통해 정보를 얻었을 거라고 의심할 수 있었다. 내부자 정보를 암시하는 약삭빠른 타이밍도 그랬다. 캐시와 데이비드에게는 세 살 난 아들이 있었다. 그들은 EAR이 아들의 침실 문은 열지도 않고 근처에 가지도 않았다고 수사관에게 진술했다. 어린 자녀가 있는 다른 피해자들도 같은 진술을 했다. 범인이 어떻게 피해자를 표적으로 삼아 그들의 일상과 집 안 구조를 알아냈을까 하는 의문은 끝없는 추측을 낳았다.

게리 리지웨이, 그린 리버 킬러는 범행 전 피해자에 대해 조사하는 사전작업을 '순찰'이라고 불렀다. 변장 무기는 평범함이었다.

그는 시애틀-타코마 공항 주변에 있는 매춘으로 알려진 낙후된 지역인 퍼시픽 하이웨이 사우스의 세븐일레븐에 트럭을 후진해서 세웠다. 때로 보닛을 열기도 했다. 누가 봐도 엔진 문제에 정신이 팔린, 창백한 안색의 왜소한 남자였다. 그의 존재는 남의 눈에 띄지 않았다. 주변의 빛바랜 회색 풍경도 그의 존재를 매끄럽게 흡수했다. 누군가 아주 유심히 끈기 있게 관찰했다면 이상한 점을 발견할 수도 있었을 것이다. 그는 시간 가는 데 전혀 개의치 않았다. 진자처럼 깜빡이는 동공은 자기 차 엔진 외의 다른 온갖 것들을 위자 보드의 말판처럼 번갈아 빠르게 가리키며 강렬하게 주시했다.

철컹. 도시의 소음 속에, 젖은 타이어가 빗길에 미끄러지는 소리에, 편의점 문에 달린 종소리에 묻히는 너무나 일상적인 소리. 그것은 아무도 듣지 못한, 세상에서 가장 무서운 소리, 바로 리지웨이가 자동차 보닛을 닫는 소리였다. 순찰은 끝났다. 이젠 다음 단계가 시작되었다.

처음에 나는 EAR이 리지웨이처럼 평범한 풍경 속에 숨어 있었을 거라고 생각했다. 그 역시 장기간 주의 깊게 관찰하지 않으면 얻을 수 없는 정보를 갖고 있는 것 같았다. 그러나 분명 눈에 띄게 서성거리는 사람도 아니었다. 피해자 증언과 주민 면담을 비롯해 수사기록 수천 페이지를 읽어보았지만 일관된 용의자의 인상착의는 나타나지 않았다. 강간 50건이 발생하는 동안 나는 그래도 얼굴, 최소한 머리카락 색깔만큼은 증언이 서로 일치하지 않을까 생각했다. 하지만 그렇지 않았다. 거기에 수수께끼가 있다. 결국에는 확률이 이긴다. 행운은 믿을 수 없다. 어떻게 그는 그렇게 오랫동안 관찰당하지 않고 관찰할 수 있었을까?

내 추측은 제복 차림의 남자 쪽으로 계속 기울었다. 전화선 수리공이나 우체부, 리처드 스캐리의 비지타운Busytown에 나올 만한 평범한 노동자, 모든 것이 잘 돌아가고 있다는 것을 그 존재로 상징하는 사람. 아무도 한참 쳐다보지 않는 사람. 끊임없이 초점을 흐려지게 만드는 사람. 베이지색의 희미한 얼룩 속에서 사람들이 놓친 것은 그 화난 눈빛의 잡아먹을 듯한 힘이었다.

어바인 살인사건을 담당했던 한 퇴직 수사관은 내게 EAR이 정찰의 명수라는 인상을 버리라고 충고했다. 그가 볼 때는 대단한 사전 계획이나 내부정보가 필요한 범행이 아니라는 것이었다. 그와 파트너는 이 사건을 수사하던 어느 날 밤 한 가지 실험을 해보았다. 두 사람은 검은색 옷차림을 하고 밑창이 부드러운 구두를 신고, 살인범이 지나갔으리라고 짐작되는 경로를 따라 어바인 일대를 돌아다녔다. 콘크리트 벽 뒤에 몸을 숨기며 걷고 뒷마당 울타리 너머로 훔쳐보고 어둠 속에서 나무 둥치 뒤에 몸을 숨겼다.

사각형 불빛들은 그들을 끌어당겼다. 집 뒤쪽 창문으로 낯선 사람들 수십 명의 일상이 환히 눈에 들어왔다. 때로 커튼 자락 사이 가느다란 틈으로 부엌 싱크대에서 유리컵 하나를 씻고 또 씻는 여자의 멍한 얼굴이 보이기도 했다. 대체로 조용했지만 가끔 텔레비전에서 웃음소리가 터지기도 했다. 10대 여자아이가 치맛자락을 슬그머니 들어 올리는 남자친구의 어깨에 귀를 갖다 대기도 했다.

수사관은 그 기억을 털어놓으며 고개를 저었다.

"얼마나 많이 볼 수 있는지 알면 놀라실 겁니다." 그는 말했다.

사실 나는 만나본 모든 수사관들에게 동네를 배회하며 주민들을 훔쳐보는 일에 대해 물어보았고 그때마다 반응은 같았다. 고개를 저으며 세상에서 가장 쉬운 일이라는 대답이었다.

집요하게 훔쳐보는 사람들은 신체언어를 빠르게 파악한다. 집에 혼자 있는 여자가 불을 끄기 전 거실 뒤쪽 창밖을 흘끗 본다든지, 부모님이 잠들어 있을 때 10대가 평소보다 조용히 돌아다닌다든지 하는 것들이다. 한동안 관찰하면 패턴을 파악할 수 있다. 작전 시간이 상당히 줄어든다.

나는 홀스에게 EAR이 어느 정도로까지 체계적으로 피해자를 선택했다고 생각하는지 물어보았다.

“양쪽의 흔적이 다 있습니다. 사전 정찰을 상당히 했다고 생각되는 때가 있어요. 그는 누군가를 보고, 집중하고, 미행합니다. 반면 보자마자 공격했다고 생각되는 때도 있습니다.”

아무도 그가 얼마나 오랫동안 캐시를 지켜보았는지 모르지만, 짐작되는 장소는 분명했다. 집 뒤쪽은 크리스마스트리 농장을 면하고 있었다. 홀스는 뒷마당 울타리에서 발견된 ‘지그재그 조깅화’ 타입의 족적에도 주목했다.

홀스는 오른쪽으로 꺾어서 집 뒤쪽에 있던 트리 농장 위치를 가리켰다. 그리고 한두 블록 더 가서 다시 우회전 하니 세지필드 애비뉴 7400대 블록이었다.

“다음 날 여기 옆에 차가 한 대 서 있었습니다. 차에는 피가 있었고요.”

차는 포드 갤럭시 500이었다. 도난차량이었다.

"누군가 피를 흘렸겠죠, 코피 같은 것. 차가 출발하자 핏자국이 땅에 남았습니다. 증거는 오래전에 사라졌지만 한밤중에 크리스마스트리 농장을 통해 도망쳤다면 혹시 달리다가 나무에 부딪혔을 가능성은? 이후 자기가 훔친 이 차에 올라탔다가 버리고 달아난 건 아닐까? 예전에 누가 총격을 피하다가 전봇대에 부딪힌 사건이 있었습니다. 정확히 그런 핏자국이 남았어요."

핏자국은 동쪽으로 이어지다가 도로 경계석을 넘어갔다. 휴지가 하수구에 약간 남아 있었다. 핏방울은 점점 작아지다가 사라졌다. 이 사건의 모든 단서가 그렇듯이 이 단서 역시 벽에 부딪혔다. 아무것도 현관문으로 이어지지 않았다. 수색에서 찾아낸 모든 물체는 범인의 것일 수도 있고 아닐 수도 있었으며 언제나 추적 가능한 확증이 없었다. 이것은 가능성을 무한히 쏟아내는 사건이었다.

"모든 게 절반의 단서입니다." 홀스는 말했다.

"샌라몬에 있는 당시 건설현장은요?" 나는 물었다.

홀스는 캐시가 유용한 정보를 알려주었다고 했다.

"그녀가 범행 당시 이 동네 주위에서 진행 중이던 새 단지 건설현장을 여러 곳 알려주었습니다."

홀스가 캐시와 개인적으로 이야기를 나누었다는 뜻이라는 것을 깨닫는 데는 잠시 시간이 걸렸다.

"그녀와 만나서 이야기를 해보셨나요?"

그도 내가 충격받은 이유를 알고 있었다.

이 사건에 대한 저서《서든 테러》에서 래리 크럼프턴은 캐시를 폄하했다. 그는 경찰 심문 동안 그녀가 마치 거의 '궁극의 흥분'을 다시 만끽하는 태도를 보였다고 서술했다. 사건 후 그리 보기 좋지 않았던 그녀 인생의 몇몇 사실도 폭로했다. 그리고 남편과 아들이 안타깝다고 썼다. 나는 크럼프턴을 좋아하지만 이 점은 잘못되었다고 생각했다. 심각한 문제였다. 그는 심지어 피해자의 외모를 다른 피해자와 비교하기도 했다. 더 긍정적으로 평했지만 그래도 이것은 잘못된 일이다. 캐시를 그렇게 취급한 것은 대단히 분별력 없는 태도였으며, 최악의 경우 피해자에게 책임을 전가하는 행위다. 그의 서술은 폭력적인 성폭행에 대응하는 방법이 오직 하나뿐이라는 전제를 깔고 있다. 이는 공감과 이해가 결여된 태도다. 예를 들어 크럼프턴은 EAR이 구강성교를 요구했을 때 우선 물 한 잔을 달라고 했다는 캐시의 진술을 겁에 질린 피해자의 시간 끌기 전략일 수도 있다는 점을 간과한 채 조롱조로 묘사한다. 그리고 크럼프턴이 선택한 "서니Sunny"라는 가명은 의도적인 악의는 아니었을 수도 있지만 그녀에 대한 이런 묘사를 감안할 때 유난히 잔인한 선택으로 보인다.

크럼프턴의 책이 출간된 직후, 보안관청은 캐시에게서 이메일을 받았다. 그녀는 자신이 그 책에서 묘사된 방식에 대해 격분했다. 그들은 은퇴한 크럼프턴과 캐시를 연결시켜줄 권한이 없었지만, 그 대신 홀스와 여성 동료 한 사람이 그녀를 직접 만나기 위해 사무실로 초대했다.

"그녀는 나뭇잎처럼 부들부들 떨고 있었어요." 홀스의 어조에는 그녀를 탓하는 기색이 없었다. 캐시는 거의 그와 눈을 마주치지도 못했는데 홀스는 아직 사건의 트라우마가 남아 있기 때문이라고 생각했다. 피해자와 미결사건 수사관 사이의 관계는 사이는 내밀하면서도 가깝지 않은 묘한 조합이다. 스키 마스크를 쓴 남자가 캐시의 목에 칼을 들이대며 차가운 리놀륨 부엌 바닥에 쓰러뜨렸을 때 홀스는 겨우 열 살이었다. 19년 뒤, 그는 캐시의 사건번호가 붙은 지퍼락 봉투를 증거물 보관소에서 가지고 나와서 플라스틱 관에 든 면봉을 꺼냈다. 캐시는 그에게 낯선 사람이었다. 그는 강간범의 정자 세포를 현미경으로 관찰했지만, 그녀의 눈을 똑바로 바라보지도 악수를 나누지도 않았다.

그는 그 만남에서 몇 가지 질문을 하고 여성 동료에게 면담을 이끌도록 했다. 한데 캐시가 한 말이 그의 주의를 끌었다.

그녀와 그녀의 남편 데이비드는 오래전 이혼했다. EAR의 피해자였던 많은 커플이 그랬듯 그들의 관계도 살아남지 못했다. 캐시는 사건 이후 데이비드가 EAR의 목소리를 예전에 들은 적이 있는 것 같은데 어디서 들었는지 모르겠다고 했다고 전했다.

캐시의 이 말은 두 가지 이유로 중요했다. 첫째, 그녀는 지리 프로파일을 본 적이 없었다. 비록 콘트라코스타 카운티는 새크라멘토와 같은 분명한 생활 패턴을 제공하지 않았지만 지리 프로파일러는 범인의 주거지로 가장 가능성이 높은 곳이 바로 샌라몬이라는 결론을 내린 바 있었다. 샌라몬은 이스트 베이 연쇄사건의 중심에 있었고 그가 단 한 번만 범행을 저지른 몇 안 되는 지역이기도 했다. 범인의 주거지에서 멀리 떨어질수록 범행 대상이 될 가능성도 높아진다. 그러나 때로 약한 개인을 표적으로 노리는 범죄자의 경우 특정 피해자에 이끌리거나 잡히지 않을 거라는 자신감이 강할 때는 주거지 근처에서 범행을 저지르기도 한다.

지리 프로파일 지도상에서 EAR의 주거지일 가능성이 가장 높은 곳은 캐시의 집 바로 북쪽, 동서로 뻗은 영역이었다.

캐시는 FBI 프로파일러가 최근 EAR 태스크포스 회의에서 새로운 정보를 제시했다는 사실도 몰랐다. 프로파일러의 발언 중에 홀스도 크게 공감한 것이 있었다. 그녀는 몇몇 사건에서 목표물은 남성 피해자였을 가능성을 검토해야 한다고 했다. 어떤 경우 EAR은 남성 피해자가 저지른 어떤 잘못에 대해 복수하는 의미에서 범행을 저질렀을 수 있다는 것이다.

캐시의 말은 연결고리가 있을 가능성, 용의자와 피해자 사이에 가까운 관계가 있을 가능성이 간과되었을 수도 있다는 점을 시사했다. 유명한 연쇄사건들 중에도 이런 범행이 최소한 하나 정도는 있었던 경우가 많다. 테드 번디의 피해자였던 린다 힐리의 옛 룸메이트는 테드의 사촌이었고, 수사관들은 이후 확보한 학생 명단을 통해 테드와 린다가 최소한 수업 3개를 같이 들었다는 사실을 알아냈다. BTK 킬러 데니스 레이더는 여덟 번째 피해자 마린 헤지의 집에서 여섯 집 건너편에 살았다. 존 웨인 게이시는 로버트 피스트가 실종되기 직전 건설공사 고용 문제로 그와 가게에서 이야기하기도 했다.

EAR은 자신의 신원을 숨기기 위해 노력했다. 얼굴을 숨기고 목소리를 억눌렀다. 플래시로 피해자가 앞을 보지 못하게 하고, 자기 얼굴을 보면 죽이겠다고 협박했다. 그러나 한편으로 그는 대담했다. 개가 짖어도 물러서지 않았다. 1977년 12월 안개 낀 날 밤 대학생 나이의 한 남매는 조깅을 하다가 검은 스키 마스크를 쓴 남자가 아메리칸강 드라이브 3200 블록의 어느 집 관목 울타리 길로 나오는 것을 보았다. 남자는 조깅하던 두 사람을 보자 갑자기 멈췄다. 그들은 계속 달렸다. 뒤를 돌아보니 남자는 구식 모델 픽업트럭에 얼른 올라타고 있었다. 그가 잠시 주춤했다가 서둘러 차에 올라타는 모습에 왠지 불안해진 두 사람은 더 빨리 달렸다. 트럭이 시끄러운 엔진음을 내며 그들 쪽으로 달려왔다. 그들은 길 모퉁이를 돌았다. 트럭은 끽 하고 멈추더니 그들 쪽으로 거칠게 후진했다. 그들은 다른 집으로 달려가서 몸을 숨겼고, 트럭은 잠시 따라오다가 도로에서 빙빙 돌더니 마침내 포기하고 사라졌다.

EAR은 자기를 보호하는 데 극도의 조심성을 보였지만 범행의 순조로운 성공과 오만함은 완벽한 계획에도 구멍을 내기 마련이다. 과대망상이 속삭인다. 그는 이미 대부분의 사람들을 가로막는 일련의 정신적 장벽을 넘었다. 강간, 타인의 집에 침입하는 일, 혼자 있는 여성보다 커플을 지배하는 일. 수십 건의 연속 성공 이후 자신감과 아드레날린이 솟구치다 보니 어쩌면 자신과 아무 관계가 없는 피해자만 노린다는 규칙을 깨뜨리는 지점까지 나아갔을지도 모른다. 36년 전 한밤중에 들려온 낮게 쉰 속삭임이 어쩌면 단서일지도 모른다.

샌라몬 이후, EAR은 남쪽으로 65킬로미터 떨어진 새너제이에서 두 번 범행을 저질렀다. 홀스와 나는 시간을 아끼기 위해 새너제이는 건너뛰기로 했다.

“데이비스를 보여드리고 싶습니다. 데이비스는 중요해요.” 그는 말했다.

그러나 우선 두 군데 더 들를 곳이 있었다. 새너제이 이후 콘트라코스타 카운티로 돌아온 EAR은 댄빌에서 세 번의 범행 중 첫 번째 범행을 저질렀다. 홀스와 나는 680번 고속도로를 타고 1978년 12월 9일 범행현장을 향해 북쪽으로 향했다. 그가 가장 희망적이라고 생각하는 단서가 발견된 곳이었다.

댄빌

100년 전, 증기기관차의 꾸준한 엔진소리가 디아블로산에 인접한 넓은 녹색 계곡의 호황을 알렸다. 남태평양 철도(Southern Pacific Railroad)는 1891년부터 샌라몬에서 콩코드 사이의 34킬로미터 구간을 오가며 승객을 실어 날랐다. 모험심 넘치는 손님들이 원대한 청사진과 꿈을 손에 쥐고 기차에서 내렸다. 땅은 많았다. 분양과 개발이 시작되었다. 자동차의 발명 이후 여객열차는 결국 사라졌지만, 샌라몬 지선은 계속해서 바틀릿배, 자갈, 양 등의 화물을 실어 날랐다. 철도는 터널을 뚫고 풍경 속으로 들어갔다. 기차 호루라기가 시간을 알렸다. 기차역은 모두 똑같은 민들레빛 노란색 외관에 창틀은 갈색이었다. 월넛 크리크의 머우드 초등학교 옆으로 선로가 지나쳤다. 휴식 시간에 기차 소리가 울리고 땅이 진동하면 아이들은 돌차기 놀이나 피구를 멈추고 지나치는 승무원들에게 손을 흔들었고 답례로 경적이 울렸다.

남태평양 철도는 계곡의 농촌 풍경을 바꾸는 데 일조했지만 기차를 계속 달리게 하지는 못했다. 공업 중심지는 현실화되지 않았다. 대신 단독주택들이 건설되었다. 콘트라코스타 카운티 중심부는 "이스트 베이 외곽"이 되었다. 1964년 680번 주간고속도로 완공은 속도와 효율성, 철도의 죽음을 의미했다. 트럭으로 화물을 운반하는 것이 더 경제적이었다. 객차 숫자는 줄어들었다. 그리고 계속해서 줄어들기만 했다. 들판을 뒤덮었던 과수원은 없어지고 선로 양쪽으로 주택의 지붕들만 퍼져갔다. 남태평양 철도는 마침내 주간통상위원회(Interstate Commerce Commisson)에 선로를 포기하겠다고 요청했다. 1978년 9월, 처음 선로가 깔린 지 거의 100년 만에 지선은 완전히 폐쇄되었다.

철도 부지를 어떻게 하느냐는 논란이 뒤따랐다. 결정이 내려지기까지 폭 6미터의 땅은 공터가 되어 따뜻하게 불을 밝힌 동네를 가로지르는 어두운 통로로 남았다. 이 중립지역은 두려움보다는 무관심의 대상이었다. 특히 샌라몬 바로 북쪽에 위치한 댄빌을 통과하는 8킬로미터 구역은 더욱 그랬다. 댄빌 구역은 부지가 더 넓고 더 오래된 집들이 많았으며 주민들은 더 부유하고 더 조용했다. 버려진 선로는 깔끔하게 출입 금지선이 쳐진 뒷마당 너머에 놓여 있었다. 울타리 선은 말 그대로 장막이었다. 효용성이 사라지자 선로의 존재는 완전히 지워졌다. 아무것도 움직이지 않았고 아무 소리도 들리지 않았다. 12월의 어느 새벽, 독특한 소음이 적막을 갈랐을 때까지. 누가 들었다 해도 처음에는 별 신경을 쓰지 않았을 것이다. 소음은 꾸준하고 리드미컬했지만 민감한 귀를 지닌 사람이라면 다급함을 감지할 수 있었을 것이다. 오로지 목표를 향해 질주하는 블러드하운드처럼.

1978년 12월 초, 콘트라코스타 카운티 주민들 사이에는 어쩌면 이제 마음을 놓을 수 있겠다는, 희망적이지만 대체로 입 밖에 내지 않는 감정이 있었다. 그해 10월 동부 지역 강간범은 이 지역에 그저 단순히 나타난 게 아니라 그 신속함과 충격의 정도 측면에서 아예 광란의 도가니로 만들었다고 할 수 있었다. 21일 동안 3건이었다. 세 번째 사건 뒤, 사람들은 밤마다 문을 잠그고 환히 불을 밝힌 집에 틀어박혀 스키 마스크를 쓴 모호한 악마의 모습을 머릿속에 떠올리며 잠을 쫓았다. 그러나 이후 몇 주 동안 사건은 발생하지 않았다. 초기의 충격은 잦아들었다. 11월 18일 뉴스 앵커들은 정규 방송을 잠시 중단하고 3분의 1이 아동인 900여 명의 미국인들이 컬트 집단의 교주 짐 존스의 지령에 따라 시안화물을 탄 탄산음료 플레이버 에이드를 복용하고 가이아나의 정글 속 공동체에서 시체로 발견됐다고 보도했다. 존스의 교회였던 인민사원(Peoples Temple)은 가이아나로 거점을 옮기기 전에 원래 샌프란시스코에 본부를 두고 있었다. 사망자 중에는 학대 혐의를 수사하기 위해 공동체로 갔다가 이륙 직전 공항에서 총에 맞은 북부 캘리포니아 하원 의원 레오 라이언도 있었다. 존스타운 학살은 아연실색한 미국인들의 관심을 사로잡았지만 특히 베이 에어리어의 충격은 컸다.

추수감사절 주말이 평화롭게 지나갔다. 11월 30일 그믐, 아무리 으슥한 은신처라도 밝혀주던 불빛이 사라지자 밤하늘은 칠흑 같았다. 숨기로 마음만 먹는다면 이상적인 조건이었다. 그러나 EAR 범행 소식은 잠잠한 채 12월이 밝았다. 아직 문 잠그는 것을 잊는 주민들은 없었지만, 공포로 인한 반사 신경은 서서히 누그러지기 시작했다.

더 값비싼 물건들이 널려 있는데도 불구하고 EAR이 다섯 집에서 시계 라디오를 훔친 것은 우연한 일이 아니었을지도 모른다. 그에게 시간은, 시간을 통제하고 조종하는 일은 중요했다. 그는 얼마나 시간이 지나야 사람들의 경계심이 누그러지는지 묘할 정도로 예리한 직감을 지니고 있었다. 물론 지역사회와 피해자들이 그의 존재를 확실히 알 수 없어서 불안하게 만드는 것은 전략적으로 유리했다. 눈이 가려진 채 어둠 속에 묶인 피해자들은 사바나의 야생동물처럼 육감이 날카로워진다. 미닫이 유리문이 조용히 닫히는 소리도 커다랗게 철컥 하는 기계음으로 들린다. 더욱 희미한 발소리를 통해 거리를 계산한다. 희망이 깜빡인다. 그래도, 그녀는 기다린다. 감각을 곤두세운 팽팽한 긴장 속에 시간이 흐른다. 스스로의 숨소리 외에 다른 소리가 들리지 않나 귀를 세운다. 15분이 흐른다. 누군가 바라본다는 공포, 이쪽에서 볼 수 없는 시선이 자신을 주시하고 있다는 두려움은 사라졌다. 30분. 45분. 그녀는 거의 눈에 띄지 않을 정도로 몸에서 긴장을 푼다. 어깨가 처진다. 바로 그때, 숨을 내쉬려는 찰나, 악몽이 다시 시작된다. 칼이 피부를 스치고, 헐떡이는 숨소리가 돌아오고, 점점 가까이 다가오더니, 죽어가는 먹잇감이 조용해질 때까지 끈기 있게 기다리는 짐승처럼 괴한이 바로 옆에 자리 잡는 것이 느껴진다.

떠난 척하는 것은 잔인하고 효과적인 속임수였다. 한번 속아 넘어간 피해자는 다시 EAR이 떠났다고 생각되더라도 더 오래 기다릴 것이다. 공포에 혼미해진 어떤 피해자는 새가 지저귀고 희미한 새벽 햇빛이 눈가리개 틈으로 새어 들어올 때까지 몇 시간이고 기다리기도 했다. 경찰이 출동하기까지의 그 추가 시간 덕분에 EAR은 범행현장과 자신과의 거리를 더 벌릴 수 있었다.

12월 초, EAR이 콘트라코스타 카운티를 습격한 지도 6주가 지났다. 지역사회는 범인이 자기 집을 영원히 떠난 거라고 조심스럽게 희망하는 피해자와 같았다. 새크라멘토나 이스트 베이 주민들과 수사관들은 EAR이 자기 지역에 나타나지 않은 동안 65킬로미터 남쪽 새너제이에서 두 차례 강간을 저질렀다는 사실은 모르고 있었다. 11월 초에 한 건, 12월 2일에 한 건이었다. 새너제이 강간사건에 대해 알고 있었다 해도 EAR의 이동 경로를 보면 안심했을 것이다. 그는 꾸준히 남쪽을 향해 움직이고 있었다. 처음에는 콩코드, 다음에는 680번 주간고속도로를 타고 29킬로미터 남쪽의 샌라몬, 이어 아예 다른 카운티의 새너제이.

12월 8일 금요일 밤이 되자 콩코드, 월넛 크리크, 댄빌, 샌라몬 등 디아블로산 기슭에 자리 잡은 교외 주택지, 이스트 베이 외곽 도시 주민들은 안심하고 잠자리에 들었다. 상식적으로 생각할 때 범인은 남쪽으로 이동하고 있으니 다음에는 샌타크루스나 몬터레이가 표적이 될 것이다. 우리 동네는 이제 범인의 백미러 안에서 물러가고 있다. 최악의 시기는 끝났다. 자정이 지나고 새벽 1시가 되었다. 캄캄한 집 안에서 냉장고가 웅웅거렸다. 가끔 자동차 지나치는 소리만 정적을 깨뜨릴 뿐 고요했다. 집단적인 생체리듬은 휴식기에 들어갔다.

모든 곳이 그렇지는 않았다. 버려진 철로 바로 동쪽에 위치한 댄빌에서 누군가 높다란 나무 아래에 위치한 1.8미터 나무 울타리를 밟고 넘어가고 있었다.

울타리 뒤에 있는 목장용 주택을 밝히는 옥외 조명은 없었다. 울타리를 넘는 사람에게 밤은 이상적인 시간이었다. 장막이 그를 유혹했다. 그는 환한 집들 중에서 간혹 캄캄한 곳을 찾아 검은 옷차림으로 돌아다녔다. 검은 동공은 그림자를 찾았다.

그는 뒷마당을 가로질러 중정으로 향했다. 집 안에는 켜져 있는 조명이 없었다. 부엌 카운터에 여자 지갑이 놓여 있었다. 미닫이 유리문은 압력을 조금만 가하면 거의 소리를 내지 않고 뜯을 수 있었다. 그는 부엌으로 들어갔다. 어디선가 라디오 소리가 부드럽게 흘러나오고 있었다. 팔려고 시장에 내놓은 상태였기 때문에 195제곱미터 넓이의 집은 가구나 개인 소지품이 거의 없이 휑했다. 프렌들리 부동산 중개사가 지난 두 달 동안 낯선 사람들을 집 안에 들이고 있었다. 그도 기억에 남지 않는 그런 구경꾼들 중 하나였을까? 말을 했다 해도 나직하게 중얼거렸을 것이다. 다른 고객들은 관심을 표하며 질문을 했겠지만 말없이 구경에 몰두하는 그의 모습은 약간은 비판적인, 거절할 가능성이 높은 고객처럼 보였을 것이다. 머릿속에 기억해두려고 잔뜩 집중하는 표정은 부정적인 감상으로 해석되었을 것이다.

그는 문이 닫힌 방들을 지나 곧장 집 서북쪽 안방으로 향했다. 문간에 서서 3미터 정도 떨어진 침대를 바라보았다. 한 여자가 혼자 누워 있었다. 그녀는 얼굴을 베개에 묻고 엎드린 채 마치 '의식의 벼랑에서 떨어진' 사람처럼 아주 깊게 잠들어 있었다. 깊은 잠에서 갑작스럽게 깨어나기 전 잠시, 그녀는 누구였을까? 에스더 맥도널드*는 작았다. 그 이름이 인기 있었던 세대에는 '가녀린 소녀'라고 불렀을 체구였다. 그녀는 추운 중서부 주 고향 동네에서 열아홉 살에 결혼해 아이도 없이 10년 동안 살다가 이혼했다. 어느새 서른 살, 미국 해안 도시보다 중부에서는 더 많게 느껴지는 나이였다. 〈캘리포니아 드리밍California Dreamin'〉은 단순히 노래가 아니라 여기 눈부신 미래가 있다는 세이렌의 손짓이었다. 그녀는 여성 친구와 함께 캘리포니아로 이사했다. '사랑의 여름'은 끝났지만, 베이 지역은 과거를 벗고 새로운 인생을 시작하는 즉흥성의 장소라는 명성을 유지하고 있었다.

일자리도 있었다. 꽃 도매상과 전동기 수리회사. 20년 연상인 전당포 주인은 그녀에게 보석으로 구애하고 댄빌에서 같이 살자고 권유했다. 집은 샌앤드레이어스San Andreas 단층의 주요 가지인 캘러베러스 단층Calaveras Fault에서 8킬로미터 떨어진 위치였다. 6개월 뒤, 두 사람은 원만하게 헤어졌다. 남자는 집을 내놓고 짐을 싸서 나갔고 팔릴 때까지 그녀가 살아도 좋다고 했다. 그사이 동료 직원과 로맨스가 싹텄다. 전당포 주인은 아직 곁을 맴돌고 있었다. 이런 감정은 쌍방이 마찬가지였고 아직 명확한 결론이 나지 않은 상태였다.

12월의 추운 밤 새벽 2시경에 잠들어 있던 그녀는 이런 사람이었다. 지붕이 덮인 마차가 멈추고 전설 속의 재창조가 시작된 주에서 새로 출발한 여자, 특별할 것 없는 복잡한 애정 관계를 영위하고 있는 여자, 돌이킬 수 없이 변하게 될 여자. 방금 잠들어 있던 따뜻한 공간이 자신의 무덤이라고 믿게 될 때 남게 되는 가장 영구적인 손상은 무엇일까? 시간은 날카로운 상처의 모서리를 마모시키지만 상처 자체는 사라지지 않는다. 명칭 없는 증상이 영원히 몸속을 순환하며, 때로 오랫동안 휴면상태로 숨어 있기도 하고, 때로 강렬한 아픔과 공포의 파장을 발산한다.

손이 그녀의 목을 붙잡았다. 끝이 뭉툭한 무기가 목 옆부분을 눌렀다. 적어도 10명의 북부 캘리포니아 수사관들은 어둠 속에서 가장 먼저 흘러나올 속삭임이 무엇일지 예측했을 것이다.

"움직이지 마."

"소리지르지 마."

그가 돌아왔다. 아니, 더 정확하게는 왔던 길로 되돌아왔다. 범행 경로의 불확실성, 공격의 무작위성으로 볼 때 그는 차라리 예측 불가능한 어둠의 힘, 일인으로 이루어진 범죄의 물결이었다.

처음 신고를 접수한 보안관은 오전 5시 19분에 도착했다. 숨길 수 없는 흔적에 긴장이 차츰 고조되었다. 매듭을 묶은 흰 신발 끈, 찢어진 오렌지색 수건, 끊긴 전화선. 집은 정신이 번쩍 들도록 추웠다. 그는 최적의 청각 유지를 위해 라디오는 물론 온도조절장치까지 끈 것 같았다. 무선 통신이 오갔다. 전화가 울렸다. 푸르스름한 새벽빛 속에 사람들이 도착하기 시작했다. 현장 감식 수사관 래리 크럼프턴도 집 앞에 차를 세웠다. 이른 시각이었지만 그는 의미 있는 사실을 찾기 위해 집중하고 정신을 바짝 차렸다. 집 앞뜰에 붙은 부동산 간판과 비어 있는 옆집, 집 뒤로 지나가는 철로가 눈에 들어왔다. EAR의 강박적 욕구를 북돋우고 단 하나의 표적에 초점을 맞춰주는 이상적인 환경이었다.

몇 주 뒤, 크럼프턴은 경사로 승진하고 긴급 조직된 EAR 태스크포스에 합류했다. 범행현장에 들어서고 등 뒤로 문이 닫힐 때만 해도 그는 자신이 이 사건을 평생 짊어지게 되리라는 것을 모르고 있었다. 모든 추측이 빗나가고 막대기 형상은 목이 거의 매달리기 직전까지 갔는데도 패배를 거부하는 행맨 게임처럼. 크럼프턴은 그 자신이나 후계자가 수사의 동력을 뒤집어 빈 칸을 채워주기를 바라는 마음으로 마지막 기회를 남겨두고 패배를 유예했다. 마지막으로 정확한 알파벳이 나오면 어둠 속의 길고 고통스러운 추적은 간단하지만 너무나 오래 찾아 헤맸던 범인의 이름과 함께 끝나게 된다.

블러드하운드 세 마리 중에서 피타가 처음 도착했다. 개는 즉시 흥미를 보이며 코로 냄새를 킁킁 맡았다. 이 사냥개들의 머릿속에 무슨 생각이 스쳐갔는지 엄숙한 얼굴로 웅성거리는 사람들의 희망을 받아들인 것인지 알 길은 없었다. 피타의 임무는 부럽도록 명확했다. 냄새를 찾아서 따라가라. 조련사 몇 명과 크럼프턴을 포함한 경찰들은 피타가 집을 나가더니 중정을 지나 자신 있게 마당 서남쪽 모퉁이로 향하는 모습을 지켜보았다. 사냥개는 울타리에서 흥분하면서 넘어갈 태세였다. 조련사는 개를 끌고 마당을 나간 뒤 반대쪽으로 돌아 방치된 철로로 향했다. 개는 코를 들었다.

그들은 얼굴 없는 파괴자가 남긴 잔해를 다시금 샅샅이 살폈다. 그가 냉장고에서 꺼내 뒷마당에 놓아둔 슐리츠 몰트 리큐어 병에는 아직 거품이 묻어 있었다. 울타리에 난 긁힌 자국은 사진을 찍었다. 선로에서는 몇몇 사람들이 추위 속에 웅크린 채 피타가 다시 움직이기만 기다리고 있었다. 그들의 희망은 개의 콧구멍이 냄새

분자를 찾아내는 데 달려 있었다.

그때 휙 움직였다. 피타가 포착했다. 범인의 냄새를 맡은 것이다. 개는 앞으로 뛰쳐나가더니 선로를 따라 남쪽으로 왼쪽 길을 달리기 시작했다. 경찰견 부대에서 사용하는 표현으로 '냄새 맡은' 것이었다. 훈련된 걸음이었지만 타고난 정력으로 인정사정없이 속도를 올리고 있었다. 말 그대로 '고삐 풀린' 사냥개였다. 크럼프턴과 조련사들은 피타를 뒤따랐다. 철로 변을 따라 느닷없는 소란이 일고 위험하고 불길한 분위기가 감돌았다. 토요일 아침 댄빌에는 흔치 않은 일이었다. 반갑지 않은 이 혼란은 이후 몇 달 동안 되풀이된다.

피타는 출발지점에서 800미터 정도 달리다가 선로가 주택가 도로를 가로지르는 지점에서 갑자기 멈췄다. 벳시와 일라이, 다른 블러드하운드 두 마리도 현장수색을 위해 달려왔다. 피타의 조련사 주디 로브는 이후 보고서에서 시간 단위, 심지어 분 단위로 풍속이 변하면 냄새가 고인 지점이 달라질 수 있다고 썼다. 그러나 세 조련사는 몇 가지 점에서 의견이 일치했다. 개들은 냄새를 맡으며 여러 울타리를 지나쳤고 수많은 옆 마당을 달려갔다. 그들의 행동을 보면 용의자는 이 일대를 오랜 시간 돌아다녔을 거라고 짐작할 수 있었다. 그는 북쪽 면 울타리로 피해자의 뒷마당에 들어갔다. 떠날 때는 뒤쪽 울타리 서남쪽 모퉁이를 넘은 뒤 선로를 따라 남쪽으로 이동해서 아마 교차로에 미리 세워두었을 차량에 올랐을 것이다.

피해자는 한 경찰이 병원에 데려갔다. 검사를 마친 뒤 다시 차로 집까지 바래다주었지만 공무용 차량을 집 앞에 세웠는데도 피해자는 내리려 하지 않았다. 기억에 생생한 괴로움 때문에 그녀는 자리에서 움직일 수가 없었다. 햇빛도 위안이 되지 않았다. 집 안에 들어가고 싶지 않았다. 곤란한 상황이었다. 수사관들도 공감했지만 그녀가 필요했다. 그들은 현장을 같이 둘러보는 일이 중요하다고 부드럽게 피해자를 설득했다. 그녀는 빠르게 둘러보는 데 동의하고 끝난 뒤 떠났다. 친구들이 나중에 와서 물건을 가져갔다. 그녀는 다시 그 집에 들어가지 않았다.

수사기록에서 신원이 알려지지 않은 범인을 어떻게 불러야 하느냐는 언제나 문제가 된다. 보통은 '용의자'라고 하고 때로 '범인', 가끔 그냥 '남자'라고도 한다. 댄빌 수사기록을 작성한 사람은 죄상을 고발하는 데 있어 대단히 노골적이고 명료한 용어를 사용했다. 마치 페이지 안에서 비난의 손가락이 범인을 가리키고 있는 듯한 어감이었다. 수사기록을 읽는 순간 나는 공감했다. 이 단어는 개인적으로 내가 EAR을 생각할 때 사용하는 약칭이 되었다. 새벽 3시, 뜬 눈으로 침대에 누워 산더미 같은 모호한 단서들과 불명료한 인상 묘사들을 머릿속에서 뒤질 때 사용하게 되는 약칭. 나는 눈 한 번 깜빡하지 않고 고발하는 이 단어의 솔직함이 존경스럽다.

책임져야 할 자.

* * *

홀스는 아이언 호스 산책로(Iron Horse Regional Trail)에 인접한 댄빌의 한 주택가에 차를 세웠다. 콘트라코스타 중심부를 굽이치며 65킬로미터가량 이어지는 이 자전거, 말, 하이커들을 위한 도로는 남태평양 철도 선로를 포장해서 보행자 친화적으로 조성한 길이다.

"여기서 내려서 걸읍시다." 그는 말했다.

우리는 산책로를 따라 남쪽으로 향했다. 3미터 정도 걸었을까, 홀스가 어느 집 뒷마당을 가리켰다.

"블러드하운드는 EAR의 도주 경로를 추적해서 피해자의 마당 구석까지 왔습니다." 그는 앞으로 걸음을 옮겼다. 울타리 뒤쪽에 한 줄로 심은 용설란이 접근을 막고 있었다.

"범인은 여기서 울타리를 넘었습니다." 홀스는 가리켰다. 그는 두꺼운 칼처럼 생긴 용설란 잎을 한참 응시했다.

"이 집주인은 그 사건 때문에 정말 충격을 받은 것 같군요. 이 선인장을 심은 걸 보니."

우리는 계속 걸었다. 35년 전 블러드하운드가 EAR의 도주 경로를 발견한 뒤, 범죄학자 존 패티John Patty가 증거를 찾아 일대를 샅샅이 수색하면서 걸었던 길이었다. 패티는 수색 도중 뭔가 발견했다. 그는 발견한 것들에 표를 붙여 비닐 봉투에 밀봉했다. 그 봉투는 다시 상자에 담겨 증거물 보관소로 이동한 뒤 똑같이 생긴 수백 개의 상자와 나란히 철제 선반에 보관되었다. 33년 동안 아무도 그 상자에 손을 대지 않았다. 2011년 3월 31일, 홀스는 재수사 중인 EAR 사건 용의자의 1970년대 스키 마스크에 대해 문의하기 위해 증거물 보관소에 연락을 취했다. 홀스가 도착하니 보관소장은 상자를 준비해놓고 있었다. 스키 모자는 그 안에 있었다. 'RR 철도 선로에서 수거'라고 적힌 표가 붙은 지퍼락 봉투도 눈에 띄었다.

경찰 수사의 다른 모든 일이 그렇듯 증거물 수집 역시 문서로 행적을 남겨야 한다. 존 패티의 현장 증거물 목록 양식은 수기로 흘려 쓴 필체로 작성되어 있었고 답변은 간략했다. "1 a) 연필로 글씨가 적힌 3공 스파이럴 바인더 용지 2장, b) 연필로 지도가 그려진 3공 스파이럴 바인더 용지 1장, c) 약 100센티미터 길이의 보라색 실 1점, d) 타자기로 글자가 적힌 종이 조각."

이 물건들은 모두 함께 발견되었을까? 땅에 흩어져 있었을까? 홀스에게 위치를 알려줄 현장 사진이나 스케치는 없었다. 패티는 도주 경로 어디쯤에서 증거를 발견했는지 짤막하게 기록을 남겼다. 그뿐이었다. 홀스는 현장에 남은 DNA를 분석하는 터치 DNA 기술touch DNA technology과(상피세포 몇 개 정도의 극미량의 시료에서 DNA를 추출하여 분석하는 방법. 유죄판결의 증거로 쓰이기에는 오류가 많다—옮긴이) 고해상도 스캐닝으로 종이를 탐색하고 여러 전문가들에게 지도를 모든 측면에서 샅샅이 분석하게 할 수 있었지만, 이 모든 정보에 맥락을 제공할 수 있는 중요한 수사책임자가 없었다. 존 패티, 그는 1991년 암으로 사망했다. 미결사건의 골칫거리는 이런 것이다. 처음에 불필요한 것으로 여겨지다가 이후 중요성이 밝혀지기는 했지만 단서는 그 단서를 이해하던 사람과 함께 죽었다.

처음에 홀스는 '숙제 증거the homework evidence'를 어떻게 이해해야 할지 종잡을 수 없었다. 한 페이지는 학교 숙제로 쓴 커스터 사령관General Custer에 대한 형편없는 에세이의 시작 부분 같았다. 두 번째 페이지의 내용은 더 흥미로웠다. 서두는 "그 단어는 분노다"로 시작한다. 저자는 6학년 시절과 처벌로 똑같은 문장들을 반복해서 쓰는 치욕을 준 학교 선생에 대해 화를 터뜨린다. "나는 그 선생을 미워했던 것만큼 다른 사람을 미워해본 적이 없다." 저자는 이름을 알 수 없는 선생에 대해 이렇게 쓴다.

세 번째 페이지는 어느 주거지역을 손으로 그린 지도인데 상업 지구, 막다른 길, 산책로, 호수가 있다. 지도 뒷면에는 별 의미 없는 낙서가 적혀 있다.

이 증거는 홀스의 궁금증을 자극했고 빠르게 그를 끌어들였다. 예기치 않은 또렷한 섬광 같은 순간 덕분에 그는 계속 단서를 추적할 수 있었다. 전문가들에게 전화도 걸었다. 한 부동산 개발업자의 퉁명스러운 말 한마디가 EAR이라는 인물에 대한 그의 관점을 바꾸어놓았다. 모든 단서는 새로운 방향에서 재검토했다. 홀스는 자신의 이론이 동료 수사관들과 다른 방향으로 치우쳤다는 것을 알고 있었다. 하지만 너무 신경 쓰지 않기로 했다. 그는 세상을 보는 관점이 남들보다 '왼쪽으로 가 있는' 사람이라는 평판을 가지고 있었다. 그는 더 많은 질문을 했다. 증거에서 나타났듯 유치한 글 솜씨와 상당한 디자인 기술이라는 독특한 조합에 대해 그는 몇 가지 그럴 듯한 가설을 들을 수 있었다. 통찰력이 쌓여갔다. 이 사건에는 언제나 지하 묘지에서 길을 잃을 위험이 도사리고 있다. 매력적인 가능성은 지평선까지 펼쳐져 있다. 개인이 가진 나침반에는 편견과 믿고 싶은 열망이라는 허점이 내재되어 있다. 그래도 구체적인 과녁은 나타나지 않은 상태였지만 더 큰 목표물이 차츰 홀스의 시야에 좌우로 길게 모습을 드러내기 시작했다.

수사에서 예기치 않은 발견은 드물다. 그것은 전율의 순간이다. EAR 같은 범죄자의 신원을 알려줄 수도 있는 암호를 해독하는 것은 형사에게 회전문을 열고 롤러코스터에 들어서는 순간과 같다. 신경 접합부에서 불꽃이 튄다. 평정을 유지하고 멀티태스킹을 수행하던 사람도 순간 빠져든다. 빠져든 사람은 불이 붙은 순간을 기억한다. 증거물 보관소에서 용무를 끝낸 뒤 홀스는 상자 안에서 찾아낸 페이지를 가까운 복사기로 가져갔다. 연구실로 돌아와 손으로 그린 지도 사본을 들여다보고 있는데 사무관이 불렀다.

"폴?"

"음?"

"**폴**."

홀스는 지도를 내려놓고 눈을 들었다. 사무관은 지도를 돌려보라고 손짓했다. 홀스는 종이를 뒤집었다. 아까 뒷면에 낙서가 있다는 것은 눈에 띄었지만 주의 깊게 보지는 않았다. 이제 그는 사무관의 말뜻을 이해했다.

해석이 모호한 읽기 어려운 단어 몇 개가 적혀 있었다. 두 단어는 연필로 그어 지워져 있었고 그중 하나는 유난히 심하게 죽죽 그어져 있었다. 그러나 다른 점도 있었다. 나머지 의미 없는 낙서와 너무 어울리지 않는 단어라 의미를 파악하는 데 잠시 시간이 걸렸다. 글자의 구성도 달랐다. 글자가 크고 필기체와 활자체가 섞여 있었으며 마지막 글자 **T**가 각진 삼각형 모양으로 불필요하게 한 번 더 적혀 있었다. 쓴 사람이 화가 나서 눌러 쓴 것처럼 이 단어는 같은 페이지의 다른 단어보다 더 진하게 적혀 있었다. 나머지 낙서는 보통 필기하듯이 가로로 적혀 있었지만, 이 단어는 달랐다. 이 단어는 대각선으로 흘려 적은 모양이었고 페이지 아랫부분 절반을 거의 다

차지하고 있었다. 첫 글자 **P**는 다른 글자보다 더 컸으며 가장 당혹스러운 점은 P가 좌우 반전된 상태였다는 것이다.

전체적인 인상은 불안정한 정신 상태에 있는 사람이 썼다는 느낌이었다.

'PUNISHMENT'

벌.

홀스는 그 순간 글자에 푹 빠져들었다.

우리는 아이언 호스 산책로를 걷다가 한 전봇대 앞에서 우뚝 멈췄다. 멀리 200미터 정도 떨어진 교차로 북쪽으로 두 번째 전봇대, 블러드하운드가 EAR의 냄새를 잃어버린 장소였다. 그는 여기서 차량에 올라탔을 것이다.

"숙제 증거는 이 근방에서 발견되었습니다." 홀스는 말했다.

홀스는 이 페이지가 EAR의 것이라고 믿을 만한 현실적인 이유가 있었다. 사냥개가 결코 오류를 저지르지 않는다고 말할 수는 없지만 개 세 마리 모두 범인이 산책로를 따라 남쪽으로 도망쳤다고 방향을 가리킨 것은 강력한 증거다. 홀스에게 더욱 중요한 점은 도주 경로와 냄새가 끊긴 지점이 EAR이 표적에 접근하기 전에 보통 차를 세워둔다고 알려진 거리와 일치했다는 점이었다. 존 패티는 명망 높은 범죄학자였고 콘트라코스타 카운티 사건 수사에 깊숙이 참여했다. 패티가 증거를 수집했다면 분명 그것이 중요하다고 생각했기 때문일 것이다. 숙제 증거와 같이 발견된 다른 증거 두 점은 별다른 실마리를 주지 못했다. 보라색 실은 수수께끼였고 타자기

Mad is the word, the word that
reminds me of 6th grade. I hated
that year

I wish I had know what was
going to be going on during my
6th grade year, the last and
worst year of elementary school.
Mad is the word that remains in
my head about the my pitiful year
as a 6th grader. My madness
was one that was caused by disapointments
that hurt me very much. Dissapointment
from my teacher, such as feild trips
that were planed, then cannceled.
My 6th grade teacher gave me a lot
of dissapointments which made
me very mad and made me built a
state of hatel in my heart, no one
ever let me down that hard befor
and I never hated anyone as much
as I did him. Disapointment wasn't the
only reason that made me mad in
my 6th grade class, another was getting
in trouble at school espicially talking
that's what really bugged me was
writing sentances, those awlful
sentance that my teacher made

로 글자가 찍힌 종잇조각은 읽을 수 없는 상태였다. 그러나 스파이럴 수첩 종이는 생각보다 성폭행 범행 현장과 아주 어울리지 않는 물건은 아니다. 연쇄성폭행범과 살인범은 피해자 주변을 정탐할 때 종종 기록을 남기고, 때로는 자기만의 암호를 개발하기도 한다. 새크라멘토에서 EAR이 범행을 저지르던 당시, 수상한 사람을 신고한 목격자들 중 1명 이상이 그가 스프링 수첩을 들고 있었다고 했다. 게다가 수사당국을 피해 다니는 기술이 뛰어났던 EAR도 가끔 물건

me write, hours and hours I'd sit
and write 50-100-150 sentence
day and night I write those dreadful
Paragraphs which embarrased me and
more important it made me ashamed
of myself which in turn; deepdown
in side made me realize that writing
sentence wasn't fair it wasn't fair
to make me suffer like that, it
just wasn't fair to make me sit and
waight until my bones aked, until
my hand felt every horrid pain it
ever had and as I wrote, I got
mader and mader until I cried,
I cried because I was ashamed
I cried because I was discorted,
I cried because I was mad, and
I cried for myself, kid who kept on
having to write those blame
sentences. My angryness from
Sixth grade will scar my memory
for life and I will be ashamed
for my sixth grade year forever

[왼쪽, 오른쪽] "그 단어는 분노다." EAR의 범행현장 근처에서 발견된 종잇조각. 범인의 흔적을 쫓던 사냥개가 캘리포니아주 댄빌의 폐쇄된 철도부지에서 냄새로 찾은 여러 물건들과 같이 발견되었다. 손으로 쓴 내용은 글쓴이가 6학년 선생의 훈육방식에 대해 분노를 토로한 일기장의 한 꼭지로 보인다._콘트라코스타 카운티 보안관청 제공.

을 흘렸다. 의도적이었는지 아닌지는 확실치 않다. 스크루드라이버, 피 묻은 반창고, 볼펜.

"그 단어는 분노다"에서 튀어나오는 격분과 자기 연민도 또 하나의 단서다. EAR 같은 폭력범, 그러니까 살인으로 악화한 연쇄성 폭행범은 드물 뿐만 아니라 제각기 다른 점이 많기 때문에 그 배경과 행동을 일반화하는 것은 현명한 생각이 아니다. 그러나 공통의 주제는 존재한다. 미래의 악몽 주인공은 청소년 몽상가로 출발한다.

그의 세상은 이분되어 있다. 폭력적인 망상은 냉혹하고 실망스러운 현실에 대한 완충 역할을 한다. 자존감에 대한 위협으로 느껴지는 것들은 불균형적으로 내면화된다. 불만이 축적되고, 그는 오랜 상처를 손가락으로 문지른다.

폭력적인 망상은 심리적 연습으로 진전된다. 그는 대본을 외우고 방법을 다듬는다. 그는 부당한 대우를 받은 이야기 속의 영웅이다. 겁에 질린 얼굴들이 비통한 눈으로 번갈아가며 그를 올려다본다. 그의 왜곡된 신념체계는 흡혈귀의 교리를 중심으로 작동한다. 피해자에 대해 완벽한 힘을 발휘할 때 자신의 행동으로 피해자가 무기력감을 표현할 때 그때 그는 자신이 부족하다는 느낌을 쳐부술 수 있다. 그런 모습이야말로 자신 안에서 그가 인지하고 증오하는 모습이기 때문이다.

폭력적인 망상을 즐기는 사람들은 대부분 그 망상을 행동으로 옮기지 않는다. 그렇다면 무엇이 경계를 넘게 만드는가? 스트레스 요소들이 한데 합쳐진다. 감정적인 성냥이 불을 당긴다. 몽상가는 멍한 상태에서 깨어나 낯선 사람의 집에 들어간다.

"그 단어는 분노다"의 작가는 폭력범에게 흔한 불균형적인 감정 반응을 보인다. 벌을 준 6학년 선생님이 '내 심장에 분노의 국가를 건설했다'. 작가는 자신의 경험을 묘사하기 위해 자기 연민과 과장된 언어를 선택한다. '고통' '공평하지 않다' '끔찍하다' '진저리난다'.

우리는 다시 차를 향해 걷기 시작했다. 나는 여러 북부 캘리포니아 도시와 비슷한 궤적을 그린 댄빌에 대해 내가 알고 있는 것들

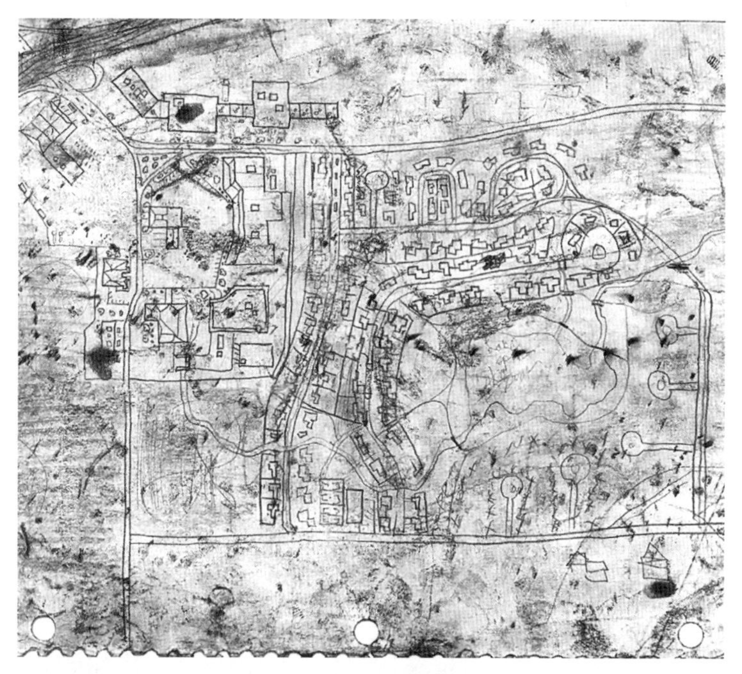

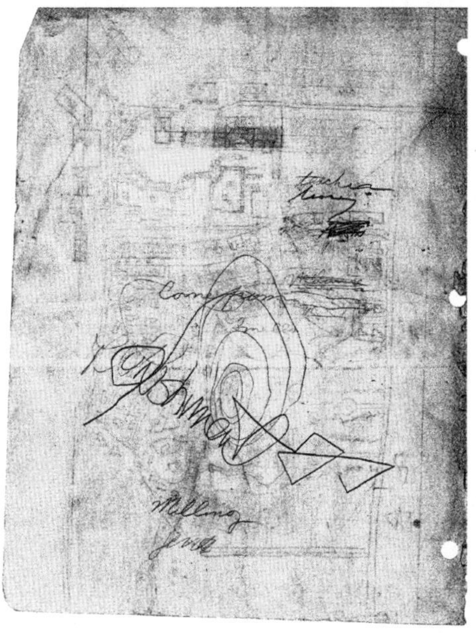

손으로 그린 이 지도는 "그 단어는 분노다" 일기와 함께 발견되었다. 표시된 지역이 어디인지는 확실하지 않지만 콘트라코스타 범죄학자 폴 홀스는 조경이나 주택개발 쪽에서 일하는 사람의 전문성이 엿보인다고 말한다. 지도 뒷면에는 낙서가 있고, '벌(Punishment)'이라는 단어가 힘주어 적혀 있다._콘트라코스타 카운티 보안관청 제공.

을 떠올려보았다. 오랜 옛날 이 일대에는 동북쪽 디아블로산에 진을 쳤던 아메리카 원주민이 거주했지만 1854년 골드러시로 거부가 된 한 백인이 들이닥쳐 40제곱킬로미터의 부지를 사들였다. 그의 이름은 댄이었다. 1970년대까지 과일과 밀을 주로 재배했지만 주택지구 건설이 번창하고 사람들이 입주하자 이 마을은 이스트 베이의 가장 안락하고 부유한 교외 지역으로 변모했다. 홀스는 자신이 검토한 항공사진에서는 EAR이 뒷마당을 어슬렁거리던 동안 인근에 대형 건설공사 현장은 찾을 수 없었다고 했다. 피해자의 집은 1960년대 중반에 건설되었다. 댄빌의 고풍스러운 역사는 입주자를 끌어들였다. 1980년이 되자 인구는 두 배로 증가했다.

오늘날 댄빌은 다양성이 부족하고 사회적 지위에 민감하다는 평을 받고 있다. 최근 미국 내에서 인구 대비 의류비 지출 1위에 오르기도 했다.

"EAR이 이런 곳에서 자랐다고 생각하세요?" 나는 홀스에게 물었다.

"중산층? 네, 저는 그가 극빈층 출신은 아닐 가능성이 높다고 생각합니다."

나는 EAR의 DNA 프로파일과 일치하는 인물이 없다는 문제를 꺼냈다. 전적으로 추정에 불과하다는 것은 알지만 나는 이 점이 범인은 외견상 존경받는 사람일 수 있다는 점을 시사한다고 생각해왔다. 나는 DNA에 대한 홀스의 견해를 넌지시 떠보았다.

"놀랍지요." 그는 말했다. "DNA 수사가 전국적으로 사용된 지도 10년이 넘었는데 아직 일치하는 사람이 없다는 게."

"가족 구성원 중에서도 일치하는 사람이 없다는 것도 놀랍지 않나요? 이건 그가 엄격한 가정에서 자란 사람이라는 뜻 아닐까요?" 질문의 탈을 쓴 의견이었다.

"그럴 수도 있다고 생각합니다. 지속적으로 범죄 행위를 저질러온 사람보다는." 그는 조심스럽게 말했다.

홀스와 나는 이제 몇 시간째 같이 돌아다니고 있었다. 그는 좋은 동행이었다. 자연스럽고 편안했다. 워낙 태평하고 온화한 태도였기 때문에 대화 패턴을 파악하는 데 오히려 평소보다 더 오래 걸렸다. 특정한 생각에 동의하지 않을 경우 그는 평정하게 자기 생각을 말했다. 그러나 일련의 질문을 불편하게 느낄 경우 그는 대답을 하지 않거나 주위 풍경에서 뭔가 흥미로운 점을 가리킨다든지 하는 방식으로 완곡히 회피했다.

나는 EAR의 사회경제적 배경이라는 주제에 대해서도 비슷한 회피를 감지했다. 홀스는 범죄학자다, 나는 다시 한번 상기했다. 그는 저울과 캘리퍼스로 정량화하는 전문가다. 현학적이지는 않았지만 상대가 게으른 추측을 제시하면 사실과 진흙을 분명히 구분했다. 내가 EAR의 굵은 종아리를 언급하자 그는 정정했다. 목격자가 실제 말했던 것은 굵은 허벅지였다. 그날 늦게 그는 피해자 증언을 바탕으로 EAR의 신체 특성에 대해 결론을 내린다는 것이 얼마나 무모한 일인지를 인상적인 스프레드시트를 통해 보여주었다. 눈 색깔과 머리 색깔은 제각기 천차만별이었다. 어두운 조명과 트라우마 때문에 지각능력이 저하된 것이다. 유일하게 일관성 있는 특징은 키라고 홀스는 말했다. EAR은 175센티미터였다. 용의자가 182센티미터라면 너무 크다고 할 수 있었다. 그래도 용의선상에서 제외하지는 않겠다고 홀스는 말했다.

"아무리 신중해도 나쁠 건 없습니다."

그는 근본적으로 과학자였다.

신중함과 과학적 정확성이 나를 기다리고 있었다. 그러나 댄빌을 떠날 준비를 하던 시점에 나는 아직 가설만 계속 되풀이하고 있었다. EAR이 평범함의 가면을 쓰고 있을 거라는 근거도 계속 주워섬겼다. 대부분의 살인 피해자는 상류층 동네에 사는 화이트칼라 전문가들이었다. 범인도 그 집단에 속하는 외모일 것이다. 어떤 형태든 일반적인 직장도 있을 것이다. 생계 수단이 있을 것이다.

"그에게 차가 있다는 것도 확실하고요." 나는 말했다.

홀스는 고개를 끄덕이며 표정이 어두워졌다. 뭔가 머릿속에 다른 생각이 있는데 이야기를 해야 할지 말아야 할지 망설이는 것 같았다.

"그에게 차가 있다는 건 확실합니다." 그는 다음 말을 아주 천천히 이었다. "나는 그에게 그 이상이 있을지도 모른다고 생각합니다."

나는 그게 무엇을 의미하는지 잠시 감이 오지 않았다.

홀스가 말했다. "나는 그에게 비행기가 있을지도 모른다고 생각합니다."

나는 말문이 막혀 제일 먼저 생각나는 단어를 내뱉었다.

"정말요?!"

그는 수수께끼 같은 미소를 지었다. 나는 그의 속마음을 잘못

읽었다. 홀스는 나의 추측에서 비롯된 질문들을 못마땅하게 여긴 것이 아니었다. 그는 자신의 이야기를 언제 계속해야 할지 생각하고 있었다.

"점심 때 자세히 설명하죠." 홀스는 약속했다.

우선 콘트라코스타 카운티에서 마지막으로 들러야 할 곳이 있었다. 월넛 크리크였다.

월넛 크리크

프랭크 로이드 라이트가 샌프란시스코 외곽 힐즈버러의 레저브와 로드에 지은 시드니 배젯 하우스는 나무로 둘러싸인 구불구불한 도로 끝에 자리 잡고 있어서 거리에서는 보이지 않는다. 이 집이 탁월하다는 입소문은 많았지만 직접 본 사람은 드물었다. 1949년 어느 오후 집을 혼자 지키고 있던 소유주의 장모는 현관에서 노크 소리가 나서 놀랐다. 손님은 두꺼운 안경을 쓴 중년의 사업가였다. 업무복을 입은 5~6명의 남자들이 심각한 표정으로 그 뒤에 서 있었다. 남자는 자기 이름을 조셉 아이클러라고 소개했다. 그와 그의 가족은 1942년부터 1945년까지 집을 빌렸고 1945년에 현재 소유주가 사들였다는 것이었다. 미국 삼나무로 만든 붙박이 가구와 유리벽이 돋보이는 배젯 하우스는 햇빛이 워낙 여러 방향에서 새어 들어와서 각 방의 분위기가 하루 종일 변했고 아이클러는 이 예술작품에 마음이 움직였다. 그는 이 집을 결코 잊지 못했다고 술회했다. 아니, 이 집에 살았던 경험이 그의 인생을 바꾸어놓았다. 건축업자였던 그는 자신의 영감의 원천을 보여주기 위해 동료들을 데려온 것이었다. 집 주인의 장모는 그를 집에 들였다. 문지방을 넘을 때 월스트리트에서 출발한 거친 사업가로 악명이 높았던 아이클러는 흐느끼기 시작했다.

1950년대 중반 무렵, 조셉 아이클러는 베이 에어리어에서 캘리포니아 모던 스타일—기둥 보 구조, 평평하거나 완만하게 경사진 A자 지붕, 개방형 실내, 유리벽, 중앙정원—의 단독주택을 공급해서 가장 성공한 건축업자 중 하나였다. 사업과 함께 그의 야심은 커졌다. 그는 빠르게 팽창하는 전후 중산층이 깔끔한 기하학적 선을 즐길 수 있도록 해주고 싶었다. 모더니스트 미학을 대중에게 전파하고 싶었다. 아이클러는 콘트라코스타 카운티 중심부에 단지를 건설할 부지를 찾기 시작했다. 몇백만 제곱미터 정도의 땅이 필요했다. 게다가 분위기가 맞아야 했다. 도시 확장으로 망가지지 않은 상태이지만 최신 공공기반시설은 갖추어져 있는, 개발의 문턱에 있는 곳이어야 했다. 1954년 아이클러는 월넛 크리크를 찾았다. 동네는 기본적으로 목장 마을이었다. 현재 주요 도로인 이그나시오 밸리 로드는 종종 소떼가 다니는 2차선 도로였다. 그러나 첫 쇼핑센터가 개장한 지 얼마 되지 않았다. 새 병원도 있었다. 고속도로 공사 계획이 한창 진행 중이었다.

마을 북동쪽 헤더 팜 공원 맞은편 호두 과수원에서 아이클러의 탐색은 끝났다. 멀리 디아블로산이 어른거렸다. 이곳이야말로 창조적인 전문가, 현대 미술과 디자인을 아끼는 진보적인 사람들, 눈을 가리고도 어디에 뭐가 있는지 찾아다닐 수 있을 정도로 틀에 찍어낸 것처럼 똑같은 집에 사는 데 질린 사람들의 공동체로 완벽한 장소라고 그는 생각했다. 아이클러 주택이 375채, 나머지는 일반 단지로 구성된 563채의 집이 1958년에 완공되었다. 소책자에는 하늘하늘한 드레스 차림의 아름다운 여자가 유리벽을 통해 단정한 뒷마당을 내다보는 사진이 실렸다. 지붕은 기둥 보 구조였고 의자는 임스 제품이었다. 아이클러는 새 공동체에 랜초 산미구엘이라는 이름을 붙였다.

동네를 폄하하는 사람도 있었다. 어떤 사람들은 거리 쪽으로 빈 벽을 드러내고 시선을 뒷마당으로 향하게 한 아이클러 설계가 반사회적이라고 생각했다. 정면 창문을 통해 이웃에게 손을 흔드는 일은 더 이상 불가능했다. 어떤 사람들은 보기 흉하고 차고를 닮았다고 생각했다. 그럼에도 불구하고 일명 아이클러 파에는 독실한 추종자가 생겼고 공원과 좋은 학교가 있는 랜초 산미구엘은 살고 싶은 동네라는 평판을 꾸준히 이어갔다. 그러나 뒤쪽에 유리벽과 미닫이문과 개별 마당을 완전히 차단하는 높은 울타리가 있는 독특한 집에는 다른 종류의 추종자 그러니까 진취적인 사고를 하는 사람들이 아니라 어두운 동기를 지닌 사람들도 꼬였다. 이는 결코 공공연하게 입에 오르지는 않았지만 오랫동안 은밀히 논의되어왔다.

홀스와 나는 월넛 크리크의 첫 EAR 범행현장에 차를 세웠다. 랜초 산미구엘의 첫 아이클러 주택이었다.

"나는 이곳을 콘트라코스타 카운티의 버뮤다 삼각지대라고 부릅니다." 홀스는 말했다. "이 동네에는 다른 연쇄살인범도 있었어요. 여성 실종사건 1건, 다른 연쇄살인범의 범행 1건. 1966년 한 주부가 팬티가 벗겨진 채 목이 졸려서 사망한 사건 그리고 EAR 범행

2건. 왜 유독 이곳에서?"

1979년 봄 월넛 크리크의 랜초 산미구엘에 살던 17세 소녀에게 발신자를 알 수 없는 전화가 계속해서 걸려오기 시작했다. 무엇보다 섬뜩한 점은 그녀가 아이를 돌보는 일을 하는 집을 따라가면서 걸려온다는 점이었다. 부모가 집을 비우고, 아이들을 재운다. 전화벨이 정적을 가른다. "여보세요?" 항상 귀에 익은 침묵이 이어지다가 딸깍 하며 전화는 끊긴다. 모종의 의도를 지닌 인간이 반대편에 있었다는 유일한 증거였다.

소녀는 엘 디비자데로 애비뉴에서 서로 마주보는 아이클러 주택 두 집을 규칙적으로 드나들었다. 5월 초, 그녀의 집에서 잠옷 한 벌과 전화번호부가 없어졌다. 하지만 그녀는 위험이 점점 접근하고 있다는 것을 느끼지 못했다. 아이클러 주택의 특징은 바깥으로 시선을 잡아끈다는 점이다. 유리벽은 보기 드문 박물관 유물처럼 집 안에 있는 사람들을 전시한다. 해가 지면 어둠과 집 안의 불빛의 대비 때문에 유리에 비친 자기 모습밖에 볼 수 없다. 이 불투명함은 불안한 상상력을 자극한다.

다섯 달 뒤 〈낯선 사람에게서 전화가 올 때〉라는 영화가 개봉된다. 유명한 도시전설을 소재로 한 이 영화의 줄거리는 10대 베이비시터가 점점 더 불길해지는 장난전화 때문에 고통을 받는다는 내용이다. "아이들 확인했나?" 정체를 알 수 없는 남자가 묻는다. 희끄무레한 다이얼식 전화는 시한폭탄처럼 위협적으로 거실에 놓여 있다. 베이비시터를 도우려는 형사가 다급하게 그녀에게 전화를 거는 시작 장면의 끝에서 공포감은 한껏 치솟는다.

"우리가 전화를 추적했어. 집 안에서 걸려오는 전화야."

현대적으로 구성된 동물적인 공포.

1979년 6월 2일 〈낯선 사람에게서 전화가 올 때〉는 아직 개봉 전이었다. 그 토요일 밤 월넛 크리크의 베이비시터에게는 장난전화가 걸려오지 않았다. 전화벨의 침묵이 다른 접근방식을 생각하고 계획한다는 사실을 의미한다고는 짐작하지 못했다.

부엌 식탁에 앉아 있는데, 발소리, 혹은 남자 목소리가 들렸다. 어느 쪽이 먼저 들렸는지 기억나지 않는다. 어두운 복도에서 스프링에 튕긴 것처럼, 갑자기 남자가 나타나 겁에 질린 심장에 박혔다.

남자는 말을 많이 하지 않고 그저 같은 말만 되풀이했다. 예측할 수 없는 변덕스러운 폭력으로 소통했다. 그는 그녀의 머리를 바닥에 밀어붙였다. 플라스틱 케이블 타이로 손목을 단단히 묶었다. 왼쪽 젖꼭지를 물어뜯었다. 범죄학자들은 현장에서 피해자의 사진을 찍어야 한다. 아무도 행복해 보이지 않았지만 모두가 카메라를 쳐다보고 있었다. 베이비시터가 아니라. 모두 아래로 내리 깐 그녀의 눈을 마주치지 않았다. 눈꺼풀은 영원히 올라갈 것 같지 않았다.

당시 길 건너에는 넓은 들판과 학교가 있었다. 옆집은 비어 있었고 임대 간판이 붙어 있었다. 개들은 EAR의 냄새를 길모퉁이까지 추적했다. 거기서 차량에 오른 모양이었다. 그는 풀장을 짓고 있던 집 앞에 주차했다.

강간 이후 일대를 순찰하던 경찰은 칼과 칼집을 지닌 음주운전자를 검문했다. 바지를 내린 채 잃어버린 고양이를 찾고 있다고 말하는 남자도 검문했다. 차량 안에는 자기가 찍힌다는 것을 모르는 여자를 줌 렌즈로 찍은 사진이 있었다. 시멘트를 발랐지만 여전히 월넛 크리크 아래로 흘러가고 있는 물길처럼, 그들은 그저 밤중에 어두운 충동으로 교외를 돌아다니는 부류일 뿐이었다.

23일 뒤, EAR은 랜초 산미구엘에 되돌아왔다.

연쇄사건 수사에서 실마리를 쫓는 수사관들은 종종 범인이 그들에게 말을 걸고 있다는 느낌, 마치 그들의 개인적인 생각이 전보로 날아가고 범인이 그에 화답한 것 같은 느낌이 들 때가 있다고 한다. 이는 경쟁에 집착하는 사람들에게 흔히 볼 수 있는 무언의 대화, 전투에 임하고 있는 두 사람만이 이해하는 작은 신호들의 교환이다. 경찰과 범죄자 사이의 첫 경주에서 수사관들은 초조하고 다급한 마음으로 시계를 바라보는 쪽이었고, 범인은 능글맞은 미소를 띤 배후조종자였다.

두 번째 아이클러 주택은 첫 번째 집에서 겨우 30미터 떨어져 있었다. 이번 피해자는 열세 살이었다. 아버지와 여동생은 집 안에 있었지만 무슨 일이 벌어지고 있는지 몰랐다. 블러드하운드는 조련사를 끌고 모퉁이까지 달려가다가 익숙한 지점에서 갑자기 멈췄다. 풀장을 짓고 있던 그 집 앞, 전과 똑같은 지점이었다.

범행의 세부적 특징 하나하나가 한데 어우러지며 능글맞은 웃음의 형상을 띠었다.

"그가 돌아온 적도 있나요?" 열세 살 난 소녀는 사건 뒤 수사관과 면담할 때 이렇게 물었다.

"절대로." 첫 번째 수사관이 대답했다.

"한 번도 없다, 절대로." 두 번째가 답했다.

"이 동네에서 제일 안전한 집이야." 세 번째가 답했다.

그렇게 말하면 어느 집이라도 정말 안전하다고 느끼기라도 할 것처럼.

이 일대는 홀스의 건설현장 가설에는 잘 맞지 않았다. 아이클러 주택은 모두 1950년대에 지어졌다. 당시 랜초 산미구엘에는 진행 중인 공사현장이 없었지만 인접한 현장은 있었다. 680번 고속도로로 3킬로미터 떨어진 곳이었다.

"약간 인적이 드문 곳입니다." 홀스는 주위를 둘러보았다. "뭔가 그를 이 외곽까지 이끌어내고 있어요."

홀스와 나는 콘트라코스타 카운티를 차로 달리는 느낌이 서로 달랐다. 내게 여기는 처음 와보는 지역이었다. 반면 홀스는 옛 살인현장을 다시 둘러보고 있었다. "모모 동네에 오신 것을 환영합니다" 간판을 볼 때마다 법과학적 증거, 충혈된 눈으로 연구실에서 현미경을 들여다보던 오후의 기억이 밀려올 것이다. 월넛 크리크는 실종된 소녀의 수수께끼와 겹쳐 홀스에게 특히 여운이 큰 곳이었다.

일레인 데이비스는 남색 피코트pea coat에 놋쇠 단추를 달 생각이었다. 어머니는 아버지를 직장에서 싣고 오기 위해 월넛 크리크 북쪽에 위치한 파이어니어 애비뉴의 집을 나섰다. 1969년 12월 1일 오후 10시 30분, 월요일 밤이었다. 데이비스 부부가 집에 돌아와 보니 연한 금발 머리, 하트 모양의 얼굴, 전 과목 A학점 모범생이었던 열일곱 살의 일레인은 사라지고 없었다. 세 살 난 여동생은 여전히 요람에서 잠들어 있었다. 집은 아무도 손댄 흔적이 없었다. 근시였던 일레인은 언제나 절실하게 필요한 안경을 집에 두고 갔다. 일레인의 물건들이 나타나기 시작했다. 코트에 달려던 단추는 집 뒤 들판에서 발견되었다. 금색 버클이 달린 갈색 로퍼는 알라모의 680번 주간고속도로에서 발견되었다. 한 가정주부가 120킬로미터 떨어진 샌타크루스산맥 외딴 고속도로에서 자그마한 소녀용 남색 피코트를 발견했다.

일레인이 실종된 지 18일 후, 샌타크루스의 라이트하우스 포인트에서 여자 시체가 해안에 떠올랐다. 방사선전문의가 뼈를 검사해보니 시체는 스물다섯 살에서 서른 살 사이였다. 일레인이 아니었다. 신원을 알 수 없는 여자는 묘비 없는 무덤에 묻혔다. 데이비스 실종 사건은 미결로 남았다.

31년 뒤, 은퇴를 앞둔 한 월넛 크리크 경찰 소속 형사가 홀스에게 수사기록을 가져왔고 그는 기록을 검토했다. 홀스는 방사선전문의가 오판을 해서 정확한 연령을 측정하지 못했다는 결론을 내렸다. 그는 다른 경찰들과 협력해서 신원 미상의 시체를 발굴했다. 한 언덕 기슭을 7.5미터 정도 파 들어가니 삽 끝에 뼈가 가득 든 비닐 시체 포대가 걸렸다.

일레인의 아버지는 사망했다. 어머니는 새크라멘토에 살고 있었다. 발굴 이틀 뒤, 월넛 크리크 형사들은 어머니에게 연락을 취했다. 일레인의 여동생이 같이 경찰을 만나기 위해 외지에서 달려왔다. 형사들은 어머니와 여동생에게 소식을 전했다. 일레인의 시신을 찾았다는.

"가족이 장례를 치렀습니다." 홀스는 말했다. "1주일 뒤 어머니는 세상을 떠났어요."

우리는 월넛 크리크를 떠나 북쪽으로 향했다. 계곡을 정확하게 구획하여 건설한 계획도시를 굽어보는 디아블로산, 기묘한 형태로 암반이 돌출된 산이 등 뒤로 멀어졌다. 디아블로산의 높은 바위틈에는 검은 퓨마가 어슬렁거린다고 알려져 있다. 수수께끼의 불빛이 번득이기도 했다. 1873년에는 살아 있는 개구리가 지하 70미터 깊이의 석회암에 부분적으로 박힌 채 발견되었다는 풍문도 있다. 8월 말부터 9월 초, 첫 가을비가 내린 직후에는 수컷 타란툴라 수백 마리가 땅에 난 구멍 속에서 나온다. 거미는 짝짓기 준비가 된 암컷이 실크처럼 우아한 거미줄을 드리운 굴을 찾아 민트 향 풍기는 마운틴 세이지 틈을 기어 다닌다. 플래시를 든 손님들이 타란툴라를 관찰하기 가장 좋은 해 질 무렵 혹은 해 진 직후 산으로 몰려간다. 박쥐가 회색 소나무와 참나무 위를 선회한다. 큰 수리부엉이가 엄숙하게 운다. 이리저리 길을 비추는 플래시 불빛 속에 가끔 움직이는 땅이 보인다. 유심히 관찰하면 접시만 한 타란툴라가 종종거리며 기어가고 있다. 수컷 타란툴라는 구멍으로 돌아가지 못한다. 최대한 짝짓기를 한 뒤 굶주림이나 추위로 죽는다.

우리는 다리를 건너 솔라노 카운티로 넘어갔다. 여기서 동쪽으로 꺾어 데이비스로 갈 예정이다.

"맑은 날에는 여기서 새크라멘토가 보입니다. 시에라산맥도요." 홀스가 말했다.

그는 새크라멘토와 이스트 베이 중간쯤에 살고 있다. 주말에도 종종 범행현장을 찾아다닌다.

"저는 운전하는 걸 좋아합니다." 남부 캘리포니아에 갈 기회가 있으면 그는 언제나 그곳의 범행현장을 찾는다. 디즈니랜드 가족 여행 도중에도 아이들이 호텔에서 졸고 아내가 아이들을 돌보는 동안 그는 차를 달린다. 자넬 크루스가 살았던 어바인의 노스우드 지역 엔시나 13번지 혹은 드루 위툰이 형수 매뉴엘라의 피를 씻어냈던 콜럼버스가 35번지.

"매번 저는 '왜 여기서'에 대한 답을 찾으려고 노력합니다." 홀스는 말했다. "왜 이런 짓을?"

데이비스

•── 편집자 주 이 글은 데이비스 여행에서 녹음된 오디오 녹취록에서 발췌한 것이다.

폴 홀스: 여기가 EAR이 이스트 베이로 이동했을 만한 경로입니다. 바로 이 길, 인터스테이트 80번을 따라서.

미셸: 그의 출신을 굳이 추측하자면 어딜까요? 어느 학교에 다녔을까 하는 부분… 확답이라고 생각하지 않을게요. 그냥 궁금해서요.

폴 홀스: 내가 추측한다면? 새크라멘토 주립대요. 만약 그가 대학 교육을 받았다면. 위치 측면에서 본다면 그의 범행 지점은 랜초코도바에 잔뜩 몰려 있습니다. 라리비에라 근방 그리고 새크라멘토 주립대 바로 옆에서도. 새크라멘토 주립대일 가능성이 있겠죠. 한데 새크라멘토 근방에는 범인이 다녔을 만한 커뮤니티 칼리지도 있어

요. 음, 고등학교? 글쎄요. 가능성이 너무 많습니다.

미셸: 아니 혹시 골레타에서 자랐을 거라는 느낌은 안 드세요?

폴 홀스: 단언하지는 않겠지만 새크라멘토에서 발생한 사건들을 보면 말이죠. 이 점도 언젠가 말씀드리려고 했습니다만 새크라멘토에서 발생한 사건 순서를 따라가다 보면 아주 초기에 그는 문자 그대로 새크라멘토를 종횡무진했습니다. 이 일대 지리에 개인적으로 익숙하다는 점을 보여주고 있어요.

미셸: 그냥 새크라멘토 주립대학에 다닌 것만은 아니다.

폴 홀스: 아니, 아니. 나는 범인이 새크라멘토에 개인사가 있을 거라고 생각합니다. 한데 골레타에도 개인사가 있을 것이냐? 모든 것이 가능합니다. 우린 몰라요. 하지만 남쪽이죠, 골레타는. 제게는 그래요. 더 내려갈 수 없는 남쪽입니다. 그라운드 제로죠. 그리고 어바인에도 뭔가 있습니다. 거기서 범인이 2건의 범행을 저지른 이유가.

미셸: 그 두 현장은 아주 가깝죠.

폴 홀스: 맞습니다. 벤투라와 라구나 니구엘, 두 사건은 특이점이고요. (●── 편집자 주 여기서 홀스는 데이나포인트 사건을 말하고 있다. 데이나포인트가 라구나 니구엘에 있다고 오해하는 사람들이 있다.)

폴 홀스: 제게는 데이비스·머데스토가 의미심장합니다.

미셸: 머데스토는 한 번이던가요, 두 번이던가요?

폴 홀스: 두 번.

미셸: 그렇군요.

폴 홀스: 처음 지리적 분석을 할 때 나는 EAR을 구역별로 나누

었습니다. 첫 구역은 새크라멘토입니다. 두 번째는 머데스토·데이비스고요. 세 번째는 이스트 베이, 네 번째는 남부 캘리포니아입니다. 이 두 번째 구역에 오면—스톡턴은 새크라멘토와 합쳤습니다. EAR은 스톡턴 다음에 새크라멘토로 돌아가지만 머데스토에서 범행을 저지른 뒤에는 이스트 베이로 넘어간 뒤에 돌아갔으니까요. 그리고 그는 머데스토와 데이비스 사이에서 왔다 갔다 합니다. 이 두 도시 사이는 주행거리로 180킬로미터인데요. 그리고 두 번째 머데스토 범행과 두 번째 데이비스 범행 사이는 겨우 22시간 차이밖에 나지 않습니다. 왜 이렇게 왔다 갔다 했을까요? 나는 이것이 업무와 관계있다고 봅니다. 수사진을 따돌리기 위해 이렇게 한 게 아닙니다. 그가 머데스토로 갔다가 데이비스로 돌아가고 계속 왔다 갔다 한 데에는 일과 관계된 이유가 있을 겁니다.

미셸: 겨우 22시간 간격인가요?

폴 홀스: 22시간 차이입니다.

미셸: 이야, 난 그렇게 시간적으로 가까운 줄은 몰랐어요.

폴 홀스: 한데 그렇게 됐습니다. 그 두 사건에서는, **오직** 그 두 사건만… 머데스토 사건에서는 택시 운전사가 이상한 남자를 공항에서 태웠다가 내려줬는데, 그는 피해자가 공격당한 지점 바로 남쪽에 위치한 새 건설현장 쪽으로 가는 것이 마지막으로 목격되었습니다. 그리고 데이비스 사건에서는 족적이 피해자의 집에서 UC 데이비스 공항까지 이어졌습니다. 신발 자국. 제가 보여드리려는 것이 그겁니다. 자, EAR이 그 1건의 범행을 위해 비행기를 몰고 머데스토로 이동했다가 두 번째 범행을 위해 UC 데이비스로 날아갔다는

것이 가능할까요?

미셸: 일 때문에?

폴 홀스: 일 때문에. 그렇다면 그는 어떤 사람일까요?

미셸: 네.

폴 홀스: 평범한 직장인은 비행기를 몰지 않습니다.

미셸: 네.

폴 홀스: 평범한 직장인은 "이 땅을 어떻게 배치해야 할까?"라는 그림을 그리지 않습니다.

미셸: 맞아요.

폴 홀스: 그러려면 재력이 있는 사람이어야 합니다. 한데 EAR 수사기록을 읽어보면 부자처럼 보이지는 않아요, 그렇죠?

미셸: 네.

폴 홀스: 이해할 수가 없습니다. 제게는 모순으로 보여요. 하지만 EAR은 원래 그런 놈입니다. 그에 대한 모든 것이 속임수예요.

미셸: 그럼 그에게 재력이 있었다는 쪽으로 기울어진다는 거군요?

폴 홀스: 저는 그렇게 생각합니다… 뭐, 학교 프로젝트로 그런 게 아니라면 말이지만, 그는 개발할 땅을 알아보고 있었고 건설회사에서 일했다고 생각합니다. 최소한 회사 내에서 상당히 발언권이 있는 위치에 있었을 겁니다.

미셸: 자, 이건 데이비스의 빌리지 홈스인데요. 빌리지 홈스는 아주 유명한 주택단지예요. 제가 지금 보여드리는 건 우연하게도 첫 번째와 두 번째 데이비스 범행 사이에 찍은 빌리지 홈즈의 항공

사진입니다. 그러니 말 그대로 이 사진은 서른여섯 번째 범행 8일 전에 찍힌 겁니다. 당시 그 동네는 이렇게 생겼어요. 그리고 범행장소 바로 북쪽에 진행 중인 이 공사현장을 보세요. 제가 공항 전체를 보여드리죠.

폴 홀스: 제가 만나본 스톡턴 피해자는 센트럴 밸리의 대형 건설업자 밑에서 일했습니다. 거기서 일을 많이 했어요. 한데 임신해서 회사를 떠났습니다. 개발업계에 있는 제 친구에게 그림을(그 숙제 증거물 지도) 보여준 적이 있습니다. 그 친구는 이러더군요. "이건 전문가가 그린 거야… 이런 기호를 사용하잖아." 자, 이건 건설업계 법과학 전문가가 한 말입니다. 그러니 그 의견에 무게를 둘 수밖에 없어요.

미셸: 당신 말이 맞는 것 같아요. 이건 망상이 아니에요.

폴 홀스: 아닙니다. UC 데이비스의 조경 건축가가 이렇게 말했어요. "여기에는 빌리지 홈스에만 볼 수 있는 독특한 요소가 있다"고.

미셸: 그래요?

폴 홀스: 거기 가면 보여드리죠. 빌리지 홈스는 아주 특이한 주택단지입니다. 한데 EAR이 거기서 범행을 저질렀단 말이죠. 혹시 EAR은 빌리지 홈스에 갔다가 그런 요소들을 보고, 자기 업무를 위해 이 그림을 그리지 않았을까요?

미셸: 맞아요. "이봐, 우리도 이런 거 한번 해보지." 이렇게 말하면서 내놓을 만한 그런 거요.

폴 홀스: 네.

•— 홀스는 첫 데이비스 범행이 있었던 아파트 단지에 도착했다.

서른네 번째 범행은 1978년 6월 7일 오전 3시 50분경에 발생했다. EAR의 첫 머데스토 범행 이틀 뒤였다. 피해자는 아파트 건물에 거주하던 21세 UC 데이비스 학생이었는데 EAR이 이런 건물을 표적으로 삼은 것은 이때가 처음이었다. 래리 풀은 이후 "구조적 이례"라고 썼다.

그는 중정 미닫이 문을 통해 2층에 위치한 집에 들어갔다. 그는 이 피해자에 대해 유난히 폭력적이어서, 처음에 그녀가 저항하자 얼굴을 여러 번 주먹으로 쳤다. 강간하는 동안 얼굴을 바닥에 세게 밀어붙여서 피해자는 코가 부러지고 타박상을 입었다.

대부분의 다른 범행보다 이 범행이 더 충동적이었다고 볼 만한 요인이 있다. 그는 스키 마스크 대신 나일론 스타킹을 쓰고 있었다. 알려진 유일한 무기는 손톱 다듬는 줄과 스크루드라이버뿐이었고 공격자는 티셔츠를 뒤집어 입고 있는 것 같았다. 그러나 장황한 주절거림, 피해자의 묶인 손 위에 성기를 올려놓고 자위를 강요하는 특유의 행위로 미루어볼 때 범행은 의심할 여지없는 EAR의 소행이었다.

폴 홀스: 자, 첫 데이비스 범행은 UC 데이비스에 재학 중인 대학생이었습니다. 섬유 전공.

미셸: 범인이 주차장에서 떠나는 모습을 목격한 사람이 있었던 그 사건이죠?

폴 홀스: 맞습니다. 검정 카마로 혹은 그 비슷한 차량. 하지만

정말 그였는지는 확실치 않아요. 아, 이곳은 변했군요. 제가 사실 예전에 여기서 한번 살았습니다.

미셸: 그래요? 대학 주거공간으로 사용되는 곳인가요?

폴 홀스: 캠퍼스 외부 기숙사입니다. 1970년대에는 달랐을 거예요. 제가 있던 시절과도 다르니까요.

•— 홀스는 시동을 끄지 않고 차를 잠시 세웠다.

폴 홀스: 이 근처는 온통 대학생들입니다. 러셀대로에도 대학생들이 오토바이를 타고 다녀요. 그가 무슨 이유로 데이비스에 왔다면 아마 누군가를 보고 따라왔을 겁니다.

미셸: 그렇군요.

폴 홀스: 무슨 이유에서든 눈에 띄는 여자를 보고 그녀가 어디 사는지 알아냈을 겁니다. 동네를 정탐한다든지 도둑질을 한 것 같지는 않아요. 그런 측면에서 전형적이지 않은….

미셸: 평소 범행 패턴과 비교할 때 말이죠.

폴 홀스: 네.

•— 그들은 두 번째 장소, 서른여섯 번째 범행현장으로 이동했다. 데이비스에서 발생한 3건의 EAR 사건 중 두 번째는 1978년 6월 24일 오전 3시경에 발생했다. EAR이 머데스토에서 서른다섯 번째 강간사건을 일으킨 다음 날이다.

피해자는 32세의 가정주부였고, 남편은 같이 침대에 누워 있었다. 둘 다 결박당했다. 범인은 부부의 열 살 난 아들을 욕실에 가둬두었다. 그는 집을 뒤진 뒤 여성 피해자에게 돌아가서 그녀를 거실로 옮기고 강간했다. 집을 떠나기 전 그는 페니 동전 묶음 17개를 훔쳤다.

폴 홀스: 이제 빌리지 홈스에 들어갑니다.

미셸: 네.

폴 홀스: 모든 거리 명은《반지의 제왕》에서 따왔어요.

미셸: 아, 그래요?

폴 홀스: 네. 개발업자 마이클 코벳이《반지의 제왕》에 아주 몰두했어요.

미셸: 몰두했다는 말은….

폴 홀스: 아, 광팬이었다고요.

미셸: 그렇군요. 따분한 괴짜였군요.

폴 홀스: 그와 그의 아내 주디 코벳이 이 단지 개발을 추진했습니다. 이 모든 주택을… 거리에 들어왔습니다. 이건 주택 뒤쪽이에요. 주택 정면은 공동 녹지를 바라보고 있습니다. 공동체 분위기를 북돋우기 위한 설계죠. 주민들이 편하게 나오도록. 정원이 있으니까요, 공동 정원이. 동네가 공유하는 녹지가.

미셸: 당신이 학생이라면 여기 살지 않을 건가요?

폴 홀스: 별로요. 아니 그럴 수도 있겠지만 당시 여기는 새 집이었습니다. 학생들은 살 능력이 안 돼요.

•— 홀스는 동네를 지나치며 범행이 일어난 집을 찾았다.

폴 홀스: 자, 피해자는… 이 집에 살았습니다. 오른쪽 바로 여기.

미셸: 흠.

폴 홀스: 이쪽 집들은 전부 당시에는 건설 중이었습니다. 한데 길고 좁은 막다른 길이니까 정부에서는 허가를 내줄 수 없다고 했어요. 그러자 코벳 부부가 소방차를 여기 동원해서 차도 돌아갈 수 있다는 걸 보여준 겁니다. 차로 돌아다닐 테니까 이 동네의 특징을 살펴보세요. 태양열이죠. 모든 집에 패시브 솔라passive solar(기계장치를 이용하지 않고 태양에너지를 실내에 끌어들이는 방식—옮긴이) 시스템이 있습니다. 당시에 큰 인기였지요.

폴 홀스: 이것이 그 예고요. 좌우가 경사진 도랑 위로 인도교가 있지요. EAR은 이쪽으로 왔습니다.

미셸: 어떻게 알죠?

폴 홀스: 족적. 코벳은 이 일대가 모래상자 같았다고 하더군요. 그는 매일 갈퀴질을 했습니다. 범행 뒤에 그가 여기 왔더니 갓 갈퀴질을 한 모래 위에 신발 밑창 흔적이 있었습니다. 족적을 따라가니 피해자의 집으로 이어지고 그 옆으로 돌아서 공동 녹지로 들어갔다고 했습니다. 코벳은 이러더군요. "음, 어릴 때 보이스카우트였는데 그때 발자국 찾기를 참 좋아했습니다. 항상 발자국을 유심히 보곤 했어요. 이 신발 자국이 눈에 띄는 순간 따라가 봐야겠다는 생각이 들더군요." 그는 보통 사람들보다 능력이 뛰어났던 겁니다. 수색 구조 전문가만큼은 아니겠지만….

미셸: 자기가 무슨 일을 하는지 알고 있었다.

폴 홀스: 그렇죠. 족적은 이쪽으로 지나가서 이쪽으로 나갔다고 하더군요.

미셸: 음.

폴 홀스: 공동 녹지로요.

미셸: 잠깐, 그러면 곡선을 그린 건가요? 둘러간 거죠?

폴 홀스: 네, 범인은 이쪽으로 왔고, 피해자의 집을 옆으로 돌았습니다. 족적은 피해자의 뒷마당에 있었어요.

미셸: 흥미로운 주택이군요. 이런 집에 들어가본 적은 없는 것 같아요.

폴 홀스: 독특합니다. 빌리지 홈스는 세계적으로 유명해요. 워낙 특이해서 프랑소아 미테랑은 헬리콥터를 타고 보러 왔을 정도입니다. 각지에서 학생들, 건축업자들도 구경하러 옵니다. 이런 거죠. '데이비스의 빌리지 홈스가 유명하다지. 우리도 주택 개발을 하니까 어디 그쪽에서 어떻게 했는지 보고 우리 작업에 적용시켜보자고.' 기사에도 실렸는데… 〈선셋Sunset〉지 표지에 났습니다. 베티 포드는 자전거를 타고 동네를 돌아보기도 했어요. 저도 아내와 같이 차를 타고 둘러봤는데 이러더군요. "난 절대 여기서는 안 살 거야."

미셸: 약간 폐소공포를 불러일으키는 면이 있어요.

폴 홀스: 그런 면이 있고 도둑들의 낙원입니다. 아무것도 안 보여요. 마음대로 들어와서 공격하고 나가도 아무도 모릅니다.

폴 홀스: 세 번째 피해자는 바로 저기 저 인근에 살았습니다. 여기 다음에 그쪽으로 갈 겁니다. 데이비스 범행 현장 세 곳은 모두 상

당히 가깝습니다.

미셸: 네, 그렇군요.

폴 홀스: 흥미로운 점 중의 하나는 이 피해자와 세 번째 데이비스 피해자가 카풀로 출퇴근을 했다는 점입니다. 아이들은 같은 보육원에 다녔고요. 제가 알기로 피해자 두 사람 사이의 알려진 관계는 그뿐입니다. 하지만 이 점은 자세히 조사한 적이 없어요.

미셸: 그렇군요.

폴 홀스: 아무도 이 피해자들을 다시 만나본 적이 없습니다. 두 사람이 차를 같이 타는 모습을 EAR이 보았을까, 그 때문에 두 사람을 선택한 걸까, 아니면 그냥 워낙 가까운 집을 표적으로 삼았으니 우연의 일치일까.

미셸: 네, 그 두 사람도 각자 상대가 피해자라는 걸 알고 있었나요? 그 점도 모르나요?

폴 홀스: 그것조차 모르겠습니다.

폴 홀스: 자, EAR은 여기서 나와서… 이쪽을 따라 걸었습니다. 처음에는 이 점을 못 보고 넘어갈 뻔했습니다. 코벳이 처음 출동한 경찰에게 말했어요. "이봐요, 내가 여기 족적을 찾았습니다." 그리고 경찰은 이런 식이었어요. "음, 여긴 공동 조깅로군요. 너무 먼데요. 범인이 여기 굳이 차를 세우고 저쪽까지 걸어갈 이유가 없어 보이는데요." 음, 족적은 이 올리브 덤불이 있는 길을 따라 저쪽으로 계속 이어집니다.

폴 홀스: 그리고 여기가 올리브 덤불 반대편이고요.

미셸: 좋아요. 그러면 여기 갓길에 차를 세웠을 수도 있을까요?

폴 홀스: 아니요, 족적은 계속 됩니다.

미셸: 맙소사. 사람들의 눈에 띌 위험이 있지 않았을까요?

폴 홀스: 밤 늦게? 여기는 칠흑이었어요!

미셸: 그렇군요. 게다가 검은 옷을 입고 있었을 거고요.

폴 홀스: 아니 이 자가 뭘 하는 놈입니까? 게다가 집들이 있는 마을 한복판으로 들어갔는데요. 걸어 돌아다니고. 그게 아마 더 위험할 겁니다.

미셸: 네, 그 말이 맞겠군요.

•— **홀스는 UC 데이비스 캠퍼스 안으로 차를 몰고 들어갔다. 오른쪽에는 여러 연구동이 자리하고 있고 왼쪽에는 밭이 펼쳐져 있었다.**

폴 홀스: 자, 그는 족적을 따라서… 여기까지 왔습니다. 저는 여길 지나갈 수가 없어요. 여기는 벌(bee) 생물학을 하는 곳입니다. 여기서는 벌 연구를 많이 해요.

미셸: 오, 네.

폴 홀스: 수사기록을 처음 읽었을 때는 글자가 잘 안 보여서 뭔가 했어요. 부Boo 생물학인 줄 알았습니다. 그리고 저쪽이 대학 캠퍼스니까 나는 '아무것도 아니겠지.' 생각했어요. 한데 코벳이 족적을 놓쳤다고 한 장소를 보니 신발 자국은 왼쪽으로 방향을 바꾸었습니다. 여기 왼쪽에 뭐가 있을까? 자… 보십시오. 공항입니다!

미셸: 아!

폴 홀스: 자, 그래서 저는 공항에 전화했죠. "무슨 기록이 남아 있습니까?"

•── 우리 둘 다 웃었다.

폴 홀스: 저는 비행에 대해 순진한 생각을 갖고 있었어요. 비행을 할 때마다 일일이 비행계획서를 남길 거라고요. 비행기 한 대가 공항으로 들어가면 관계자들 전부 그 비행기가 왔다는 걸 알고 있을 거라고. 한데 그들은 이렇게 말했습니다. "아니, 아니. 아무나 왔다 갈 수 있어요. 우리는 여기 누가 있는지도 모릅니다. 일과 시간 후에 들어오면 자기들이 비행기를 묶어놓지요. 나가서 일 보고 돌아오고, 우린 누가 있는지 몰라요.

미셸: 정말인가요? 이상하네요.

폴 홀스: 자, 이 사건은 머데스토 사건 22시간 뒤에 일어났습니다. 머데스토 사건에서는 택시 기사가 공항에서 이상한 사람을 태웠다가 새 건설현장 근처에서 내려줬는데 피해자의 집 쪽으로 향했다는 증언이 있습니다.

미셸: 하지만 그 남자가 왜 이상했다는 건가요?

폴 홀스: 택시 운전자는 그가 가방을 1개만 들고 있었다고 했습니다. 그리고 그냥 이렇게 말했습니다. "실반과 메도우로 갑시다." 내릴 때는 "바로 여기서 세워주시오"라고 했죠. 그는 차에서 내려서 택시 기사 말로는 공사 중인 집들밖에 없는 쪽으로 그냥 정처없이 걸어갔습니다. 그리고 다음 사건… 둘 다 공항과 관련돼 있어요.

미셸: 저는 그런 비행기를 갖고 있다면 어떤 사람일까 추측하는 중이에요. 경비행기겠죠?

폴 홀스: 음, 경비행기라면 여러 가능성이 생기죠. 이런 건설업자들은 보통 좌석이 여러 개 있는 사업용 제트기를 씁니다. 경비행기를 갖고 있을 만한 사람, 백만장자는 아닌 사람 혹은 상당한 돈이 있는 사람이라면….

미셸: 네.

폴 홀스: 이 건설업자들에게 "혹시 비행기 조종하세요? 캘리포니아주 전역에서 개발사업을 하고 있다면 비행기로 날아가야 하지 않나요?" 이렇게 물어보면 그들은 대답할 겁니다. "네, 비행기로 가지요. 비행기를 조종하는 건 아주 돈이 많이 들긴 하지만 자존심과 관련된 문제니까요. 성공한 사업가로 보이고 싶다면 자기 제트기를 타고 여행을 하는 게 좋습니다. 그리고 네, 건설 중인 제국에 문제는 없나 가끔 현장을 둘러보러 다니지요."

미셸: 네, 흠. 다른 사건에도 혹시 비행기와 관련된 작은 단서 같은 건 없나요? 예를 들어… 그가 조종사에 관련된 물건을 갖고 있었다든지?

폴 홀스: 아뇨, 제가 알기로는 없습니다.

•— 홀스는 세 번째 데이비스 지역 피해자의 집을 찾고 있었다. 서른일곱 번째 범행은 1978년 7월 6일 오전 2시 40분에 일어났다. 피해자는 최근 별거해서 혼자 침대에 누워 있던 33세 여성이었고 아들들은 다른 방에서 자고 있었다. EAR은 아이들을 무기로 삼

아 시키는 대로 하지 않으면 아이들을 죽이겠다고 여자를 협박했다. 피해자를 강간하고 항문성교를 한 뒤, 그는 흐느꼈다. 이후 석 달 동안 잠잠하던 EAR은 이스트 베이 지역에 다시 나타났다.

폴 홀스: 모퉁이 집입니다. 아마 끝 집이었을 겁니다. 이쪽 집들은 당시 여기 없었을 거예요. 뒤쪽에도 집이 없었습니다. 학교에서는 건설 공사가 진행 중이었습니다. 자, 여기가 범행 장소입니다. 당시 일대에는 공사현장이 많았습니다… 여기. 자… 피해자는 이전 데이비스 피해자와 카풀을 했지요.

미셸: 이야, 생각했던 것보다 범행현장들이 서로 아주 가깝군요. 아니, 어떤 곳은 그렇지 않지만 어떤 곳은… 흥미로워요.

폴 홀스: 맞습니다. 이 일대는. 그는 동네에 익숙해졌어요. 댄빌은 범행 지점이 빽빽하게 몰려 있습니다. 콩코드. 월넛 크리크.

미셸: 그렇죠, 랜초 코도바… 바로 옆집인 곳도 있지 않던가요?

폴 홀스: 네, 바로 옆집은 아닌데 블록을 돌면 바로 나타나는 거리인 경우도 있어요. 사이에 다른 집을 두고.

미셸: 맞아요. 아니, 바지를 입지 않고 걸어서 도망친다면 그 동네에 살거나 차가 바로 집 앞에 있어야겠죠. 미치광이거나. 아니면 전부 다거나.

폴 홀스: 음, 제가 오랜 시간을 투자한 사람 중에 필립 휴스라는 연쇄살인범이 있는데… 정신과의사 면담 중에 그는 고등학교 시절 한밤중에 벌거벗은 채 집을 나간 뒤 동네의 다른 집에 들어가서 여자 옷을 훔친 적이 있었다고 했습니다. 부모님은 몰랐습니다.

미셸: 실제 폭력적인 범행을 저지르기 전인가요?

폴 홀스: 네, 우리가 아는 한. 동물도 죽였습니다. 아시죠… 연쇄살인범의 3대 요소(동물 고문, 방화, 이른 소아기 이후의 야뇨증, 세 가지가 성인이 된 이후의 성범죄 가능성을 짐작할 수 있게 한다는 이론).

미셸: 맞아요.

폴 홀스: 하지만 이건 고등학교 시절이었습니다. 어떤… 옷을 입지 않고 밖을 돌아다닌다는 데 흥분이 있었을 거예요.

미셸: 맞아요.

폴 홀스: 실용적인 측면도 있지 않습니까? 예를 들어 첫 범행 때 "음, 바지는 어떻게 하지? 그냥 입지 말아야겠다. 걸리적거리면 곤란하니까." 이렇게 됐다든가.

미셸: 그래요. 네, 제게 흥미로운 건 그가 살인을 할 때 여러 번 그냥 현장에 있는 도구를 사용했다는 점이에요.

폴 홀스: 네, 그는 총이 있었지만 기로 때려죽일 때는 거기 있던 물건을 이용했습니다.

미셸: 때려죽이는 살인범이 다른 방법을 이용하는 살인범과 다른 점이 있나요?

폴 홀스: 음, 때려서 살해하는 것과 칼로 찔러서 살해하는 것은 본질적으로 같습니다. 그러니까 매우 사적인 특성이 있는 행동이라는 측면에서. 상대에게 어마어마한 폭력, 많은 분노를 쏟아내는 행위죠… 주먹으로 때리거나 목을 조르거나… 이런 것들이 전부 다….

미셸: 손으로 죽인다는 건 결국 모두 같은 데서 나오는 행위다?

폴 홀스: 네, 다 같습니다. 총기 살해는 덜 사적이에요. 그리고 쉽습니다. 총이 있으면 누구든지 아무나 죽일 수 있어요. 멀리서 죽일 수도 있습니다. 그러나 상대와 물리적으로 대면하고 있다는 건 사적인 거죠. 피해자의 목을 조르면서 눈을 바라보았다는 사람들에 대한 이야기도 있고….

미셸: 맞아요.

폴 홀스: 그러면서 그들은 신이 된 기분을 느낍니다. 본질적으로 자기 자신이 피해자가 사느냐 죽느냐를 결정지으니까요.

프레드 레이

프레즈노에서 남동쪽으로 48킬로미터 떨어진 캘리포니아주 킹스버그의 한 카페에서 형편없는 커피를 두 잔째 마시던 중, 나는 오랫동안 나를 괴롭혀온 수수께끼의 해답을 얻었다. 답을 준 남자 프레드 레이는 키가 크고 말수가 적으며 대대로 센트럴 밸리 농부였던 집안의 후예답게 비음이 약간 섞인 느릿한 억양을 가지고 있다. 긴 손가락으로 요점을 강조하지 않을 때 그는 손을 포개서 학자처럼 가슴 위에 가만히 얹어 놓는다. 대체로 갈색을 띤 머리카락은 35년 전 수사했던 이중살인사건에 대한 질문을 받는 은퇴 형사치고는 부러울 정도로 숱이 많다. 레이가 낡은 서류가방을 들고 나타나 대초원지대 특유의 말투로 인사했을 때 나는 별로 호감을 느끼지 못했다. 그는 고등학생들을 피해 가능한 일찍 만나자고 했지만 두껍고 투명한 비닐을 깐 탁자 몇 개가 전부인 작은 카페에는 70대 이하의 손님은 아무도 없었다. 선반에는 스웨덴풍의 자질구레한 장식품이 놓여 있었고(킹스버그는 리틀 스웨덴으로 유명하다), 좁은 유리 카운터에는 여기저기 페이스트리가 널려 있었다. 몇 명 안 되는 카페 손님 중 2명은 레이의 아내와 그가 다니는 교회의 목사였다. 목사는 내가 외지에서 온 방문객이라고 소개를 하기도 전에 어디서 왔느냐고 물었다. 나는 로스앤젤레스에서 왔다고 답했다.

"캘리포니아주에 오신 것을 환영합니다." 목사는 말했다.

그러나 레이에 대한 인상은 대화를 시작하고 그가 샌타바버라 카운티 보안청 형사로 일하던 시절, 특히 특정 부류의 문제 청소년을 심문한 경험에 대해 이야기하자 갑자기 바뀌었다. 대체로 젊은 백인 남성이던 문제아들은 겉으로는 큰 위협처럼 보이지 않았다. 승마로와 개인 소유의 해변이 널린 상류층 동네 호프 랜치에 살지 않더라도, 설사 홀리스터의 트레일러 파크에 산다 해도 유서 깊은 해안 부자 도시 사람 특유의 느긋한 태도가 아이들의 몸에도 배어 있었다. 더벅머리 게리와 키스 같은 아이들은 일찌감치 에너지를 소진하고 도스푸에블로나 산마르코스 고등학교를 중퇴하는 1970년대 후반의 낙오자들이었다. 그들은 낡은 안락의자를 끌고 아보카도 덤불 속에 들어가서 몰래 집에서 재배한 마리화나를 피웠다. 해스킬 비치에서 하루 종일 서핑을 했고, 밤에는 모닥불 앞에 둘러앉아 사람들에게서 안전하게 멀어진 기분으로 술을 마셨다. 그들은 경찰이 바닷가 파티를 해산하러 세이지 덤불이 깔린 절벽 아래로 내려오지는 않는다는 것을 알고 있었다. 그들이 일으키는 문제는 다 경범죄였다. 사소한 것들이었다. 한데 레이는 상당수의 그런 청소년들이 서로에게도 비밀에 붙이는 오싹한 놀이에 몰입하고 있다는 것을 알게 되었다. 아이들은 한밤중에 모르는 사람의 집에 몰래 침입하는 긴장감을 즐기고 있었다.

그들은 정탐하고 있었다. 엿보고 있었다. 도둑질은 그러다 부차적으로 저지르는 범죄였다. 남의 집에 몰래 잠입해서 바닥을 살금살금 기어 들어간 뒤 어둠 속에 우뚝 서서 사람들이 잠든 모습을 지켜보는 것이 그들의 자랑거리였다. 한번 입을 열기 시작하니 아이들은 레이에게 놀라운 모험담을 들려주었다.

"나는 남자들에게 말을 하게 하는 요령이 있습니다." 레이가 말했다.

"어떻게요?"

그는 두 손을 펼쳐 보였다. 표정이 보일락 말락 부드러워졌다.

"음, 글쎄, 다들 그렇지 않습니까." 은밀하면서도 노골적인 말투였다. "누구나 다른 사람의 집 안에서 무슨 일이 벌어지는지 보고 싶어합니다."

이건 타당한 말이었다. 나는 고개를 끄덕였다.

"맞아요."

문득 레이는 원래의 모습, 진짜 레이로 돌아왔고 나는 내가 눈치채지 못하는 사이 그가 약간 몸을 구부정하게 하고 표정도 좀 더 허물없이 보이도록 힘을 빼고 있었다는 것을 깨달았다. 이것은 드라마 〈로 앤드 오더Law & Order〉에서 용의자의 정보를 이끌어낼 때 사용하는 서툰 수법이 아니었다. 갑작스러운 분위기 전환은 놀라웠다. 나도 레이의 연기에 감쪽같이 속았다. 레이가 가장 능숙하게 사용하는 연기는 커다랗고 예측 불가능한 미소였다. 상대의 마음을 맞추기 위한 것이 아니기 때문에 그 표정을 이끌어내면 더욱 기뻐지는 그런 미소였다. 그는 나를 속아 넘겼고, 그도 알고 있었다. 그는 씩 웃었다.

"그들 모두 자기 이야기를 하고 싶어 하지만 이야기를 듣고 기겁하지 않을 만한 사람에게 이야기하고 싶어 합니다. 아무 감정도 내보이지 않고 앉아서 재미있게 듣고 있는 것처럼 대체로 동의만 해주면 다들 이야기해요."

수십 년 전 레이가 만나본 문제 청소년들은 구체적인 한 가지 이유 때문에 내게 흥미로웠다.

"그 가택침입자들을 심문하셨지요. 혹시 그중에 그가 있지 않았을까요?"

"아니요." 그는 곧장 답했다.

이어 조심스럽게 덧붙였다. "그럴 수도 있겠지요."

하지만 그는 고개를 젓고 있었다.

그. 내가 한 모든 인터뷰에 등장하는 3인칭 인물, 얼굴 없는 살인마. 레이는 그의 테니스 신 밑창 족적을 따라 범행현장 일대를 샅샅이 거슬러 올라가며 피해자를 찾아 창문마다 들여다본 적도 있었다. 히치하이커를 차에 태우고 머리 옆쪽을 쏴 죽인 뒤 시체와 성행위를 하는 연쇄살인범 사건에 깊이 관여하기도 했다. 형사로 일하면서 머리 없는 시체 옆에 서 있기도 했고 젊은 여자의 부패한 피부에 새겨진 제의적인 흔적을 검사하기도 했다. 그러나 그가 "뒷덜미의 털이 비죽 서게 한" 유일한 범인이라고 언급하는 사람은 바로 나를 여기 데려온 그였다. 그.

내가 골든 스테이트 킬러로 명명한 신원 미상의 남자를 자신이 심문했을 거라고 믿지 않는다는 사실은 놀랍지 않았다. 내가 만나본, 이 사건 수사를 맡은 모든 형사들이 마찬가지였다. 그들은 범인이 남긴 미리 자른 노끈을 손에 쥐었고 그의 정자를 현미경으로 관찰했다. 그들은 최면 상태의 목격자와 생존자의 증언 녹화를 재생하고 또 재생하며 범인의 신원을 알려줄 단서를 혹시 놓치진 않았나 귀를 기울였다. 은퇴한 지 수십 년이 지난 한 형사는 용의자로 의심되는 오리건주의 한 사람을 찾아가서 집 밖 숲 속에 쭈그린 채 DNA 시료를 채취할 수 있는 쓰레기가 나올 때까지 기다리기도 했다. 골든 스테이트 킬러는 그들의 꿈에도 나타났고 결혼 생활을 망가뜨렸다. 그는 형사들의 머릿속에 너무나 깊이 각인되어 있어서 실제로 눈을 마주 본다면 틀림없이 알아볼 거라고 믿는, 그래야만 하는 지경에 이르렀다.

"블러드하운드가 된 기분이에요." 한 형사는 내게 말했다. "상가 같은 데서 그가 날 지나친다면 난 알아볼 거라고 믿습니다."

나는 레이에게 젊은 가택침입범들이 흥미로운 이유는 최근 골레타를 방문했기 때문이라고 말했다. 골레타는 1979년부터 1981년 사이에 그가 세 번 범행을 저지른 캘리포니아주 중심부 샌타바버라 12킬로미터 서쪽 해안 도시다. 세 번의 범행 모두 골레타 북동쪽의 수수한 동네에서 2제곱미터 범위 안의 지역에서 발생했다. 족적과 범인의 주머니에서 실수로 떨어진 듯한 노끈을 보면 그가 북쪽 산지에서 시작해서 규격형 주택이 늘어선 동네를 구불구불 돌아 태평양으로 흘러들어가는 좁은 계곡 새너제이 크리크를 따라 움직였다는 것을 알 수 있다. 피해자 모두 계곡 근처에 살았다.

계곡 바닥을 따라 걸어보았는데 나는 레이에게 말했다. 가지를 길게 늘인 아름드리나무가 그늘을 드리우고 이끼 낀 바위가 사방에 널려 있는 잡초 산책길은 놀기 좋아하고 부모의 관심이 부족해서 도피처를 갈구하는 교외의 청소년들에게 너무나 매력적인 곳이었다. 밧줄 그네가 시카모어 나뭇가지에서 늘어져 있었다. 일대에서 자란 어른들은 1970년대 중반 소년들이 BMX 자전거 도로를 만들었다고 내게 말해주었다. 아이들이 스케이트보드를 타는 비밀의 터널과 시멘트로 바른 배수 도랑도 있었다. 조명은 없었다. 길은 혼란스럽고 찾아가기 어려웠다. 어린 시절 이 동네에서 오래 산 사람이 아니면 알 수 없는 그런 곳 같았다.

"특히 퀸 앤 레인의 첫 번째 공격을 생각하면요." 나는 말했다. 퀸 앤 레인의 집은 다른 집 뒤에 위치해 있어서 도로에서는 보이지도 않았다. 계곡을 따라 난 길을 걷다 보면 보이는 집이었다.

1979년 10월 1일 퀸 앤 레인 범행을 언급하니 레이의 침착한 얼굴이 굳었다.

"그날 밤 그놈을 잡을 수도 있었는데." 레이는 말했다.

그가 이제부터는 죽여야 한다고 생각하는 계기가 되었던 그 밤이었다. 피해자들이 살아남고 이웃, 비번이었던 FBI 요원이 10단 기어의 도난 자전거를 타고 달아나는 용의자를 추적했던 밤. 나는 추적 경로를 따라 걷다가 요원이 그를 놓친 지점에서 멈췄다. 요원은 출동 중인 부보안관들과 무선으로 교신하고 있었다. 그가 어떻게 잡히지 않았는지 도무지 알 수가 없었다.

"그럴 줄 알았어." 레이는 말했다. 그는 고개를 설레설레 저었다. "부보안관들이 그럴 줄 알았다니까."

그들은 범인이 도망치게 내버려두었다.

용의자들

짐 월더*가 이후 30년간 EAR 사건과 얽히게 된 첫 순간은 1979년 2월 2일 이른 새벽, 콘트라코스타 보안관보 칼 패브리의 플래시 불빛에 잠에서 깨었을 때였다. 월더는 서태평양 철도 제동수로 근무하다가 회색으로 밑칠한 1968년식 폰티액 르망을 680번 주간고속도로 근처에 세우고 잠시 눈을 붙이고 있었다고 했다. 패브리는 이 말을 믿지 않았다. 월더의 차는 고속도로에서 2.5킬로미터는 떨어진 카미노 타사하라에 서 있었다. 낮잠을 자러 뭐하러 그렇게 멀리까지 운전을 하겠는가? 그는 자다 일어난 게 맞는지 월더의 눈을 살펴보았다. 파브리는 오기가 생겼다. 전날 밤 이 동네를 훔쳐보고 돌아다니던 수상한 남자를 놓쳤기 때문에 일대를 순찰하던 참이었다. 다섯 달 전, 새크라멘토에서 가장 악명 높은 유령, 동부 지역 강간범이 남서쪽으로 112킬로미터 떨어진 이 동네까지 마수를 뻗쳤다. 4건의 범행. 아이언 호스 산책로 근처 길모퉁이 집에 사는 이혼한 32세 여성이 가장 최근 12월에 피해를 입었다. "물건 세우는 거

좋아하나?" 침입자는 그녀에게 속삭였다. "왜 얼굴 볼 때마다 내 걸 세우고 그래?" 월더가 지금 차를 세워놓은 지점에서 겨우 1.8킬로미터 정도 떨어진 곳이었다.

패브리 부보안관은 월더에게 그대로 있으라고 지시하고 신원 조회를 해보았다. 교통법규 위반으로 영장이 발부된 상태였다. 2년 전 새크라멘토에서 저급 마리화나 유통 단속에 걸린 적이 있었다. 21세, 178센티미터, 68킬로그램. 대략적인 윤곽은 그럴듯했다. 패브리와 그의 파트너는 월더를 체포했다. 이런 상황에서 다들 그렇듯 가볍게 항의하던 월더는 패브리의 파트너가 머그샷을 찍기 위해 폴라로이드 카메라를 꺼내자 스위치가 켜졌다. 그는 흥분했다. 패브리는 그를 육체적으로 제압해야 했다. 이상했다. 청년은 경범죄 전과밖에 없었다. 사진이 찍히는 데 왜 이렇게 민감하게 반응하지? 그들은 사진을 찍기 위해 월더의 고개를 치켜세워야 했다.

유치장으로 가는 동안 월더는 체포한 경찰들과 거의 일방적으로 기묘한 대화를 시도했다.

"진짜 범죄자는 아무도 안 잡아." 그는 경찰들에게 말했다. "그런 놈들은 항상 도망가지."

유죄를 시사하는 우연의 일치가 처음부터 쌓였다. 주소를 묻자 월더는 카마이클 서터 애비뉴를 댔다. 동부 새크라멘토였다. 한 보안관보는 샌라몬에서 EAR의 범행이 발생했을 즈음 근처에서 월더의 차와 비슷한 독특한 차량을 본 것 같다고 했다. 체포 직후 월더는 차를 버리고 새 차를 구했다. EAR 태스크포스 수사관이 심문하자 그는 입을 다물고 어머니의 힘을 빌어 변호사를 내세웠다. 어머니는 성인이 된 아들을 '우리 지미'라고 부르고, 아들의 보호관찰관과 난투극을 벌이기 직전까지 갔던 고압적인 여성이었다. 변호사는 수사관들에게 "유죄를 뒤집어 쓸 수 있기 때문에" 자신의 고객은 타액 시료를 제출하지 못한다고 말했다. 태스크포스는 계속해서 월더에게 압력을 가했다. 그는 계속해서 저항했다. 그는 자신의 혈액형이 A형이며 신발 크기는 9라고 자진해서 털어놓았는데 이는 EAR과 동일했다. 마침내 8월 경찰은 그를 여자친구의 아파트에서 불러내서 그녀가 집 안에서 마리화나를 재배한다는 것을 알고 있다고 말하고 냉혹한 선택을 맡겼다. 지금 타액을 채취하지 않으면 여자친구를 체포하겠다고. 그는 타액을 채취했다.

타액 검사 결과 월더의 결백이 증명되었다. 그는 분비형이었다. EAR은 비분비형이었다. 태스크포스는 그를 용의선상에서 제외하고 더욱 새로운 실마리를 찾아 옮겨 갔다.

* * *

30년 뒤, 폴 홀스는 월더의 결백에 의문을 제기했다. 범죄연구소 베테랑으로서 그는 당시 분비형-비분비형을 가리는 검사 기술이 완벽하지 않았다는 것을 알고 있었다. 1980년대 품질관리 전문가들이 그 방법에서 심각한 문제를 발견했던 것이다. 그 사이 과학자들은 전체 인구 중 소수는 변칙적 분비형, 즉 체액 일부에서는 ABO형 물질을 분비하고 일부에서는 그렇지 않은 사람들이라는 사실을 발견했다. 홀스는 분비형이냐 아니냐에 따른 용의자 제외가 믿을 만한 검증이 아니라고 생각했다.

또한 30년이라는 세월이 흘렀기 때문에 유리한 면도 있었다. 그들은 이제 EAR에 대해 훨씬 더 많은 것을 알고 있었다. 컴퓨터 구글 어스를 켜고 발자국이나 목격자를 뜻하는 노란 핀에서 파란색 작은 차, 작은 인간 표시를 숨가쁘게 넘나들며 범행현장과 수상한 정황이 목격된 현장에 시간 순서대로 찾아갈 수도 있었다. 속도와 높이를 조절할 수도 있었다. 책상에 앉아서 살인범의 행적을 눈으로 쫓을 수도 있었다. 지그재그 형태의 길은 무작위적으로 보였지만 누군가에게는, 그 자에게는 그렇지 않았다.

홀스는 20년 전 처음 마음이 움직였을 때 수사팀으로 옮기지 않은 것을 후회했다. 그때는 확실성이 이겼다. 그는 어린아이 둘을 키우고 있었다. 법과학 부서에서 승진하는 중이었다. 누가 봐도 그는 우두머리 감이었다. 금발, 날렵한 체구, 상냥하고 잘생긴 얼굴. 그는 눈을 찡그리거나 눈동자를 굴리는 법이 없었다. 그의 부모님은 미네소타 출신이었고, 그도 O 발음을 약간 길게 끄는 버릇이 있었다. 언젠가 내가 루퍼트 머독을 언급했더니 그는 누구를 말하는지 알아듣지 못하고 어깨를 으쓱했다. "우리는 활동 반경이 다릅니다." 그를 보면 그의 부모님이 '항상 널 생각하고 있다'는 뜻으로 《성적인 살인—패턴과 동기Sexual Homicide: Patterns and Motives》를 그에게 선물했다는 것은 짐작하기 힘들 것이다.

한때 DNA 검사는 오랜 시간이 걸리는 지루한 수작업이었다. 예를 들어 성폭행 사건이라면, 플라스틱 관에 든 면봉을 꺼내 정자를 분리하고 흰 조각과 쟁반, 증류수가 사용되는 점적 기술로 DNA 마커의 위치를 알아낸다. 기술이 발전하면서 로봇 팔과 장비가 점점 더 많은 작업을 수행하게 되었다. 덕분에 홀스는 더 많은 시간을 미결사건에 할애할 수 있게 되었다. 홀스는 웰더가 범인일지도 모른다고 생각했다.

2011년 보안관서 증거물 보관소에서 처음 '숙제'증거를 접하기 전 그는 스키 마스크를 찾고 있었다. 웰더의 스키 마스크. 그는 웰더가 가장 유력한 용의자였던 시절, 태스크포스 수사관들이 77년 새크라멘토에서 마리화나를 팔다가 체포된 그의 친구를 면담했다는 것을 알고 있었다. 친구는 수사관들에게 웰더의 물건 몇 가지를 넘겼는데 그중에 검은 스키 마스크도 있었다. 웰더의 DNA 프로파일은 당시 시스템에 확보되어 있지 않았다. 홀스는 마스크에서 찾아낸 머리카락이나 피부 세포에서 DNA 프로파일을 추출할 수 있지 않을까 생각했던 것이다.

불운하게도 웰더가 잠적했다. 지구상에서 완전히 사라져버린 것 같았다. 2003년 가정폭력 혐의와 관련된 법정 출석일에 나타나지 않았고 체포 영장도 발부되어 있었다. 운전면허증은 2004년 6월에 정지되었다. 이후로는 아무것도 없었다. 신용카드도 나타나지 않았다. 직장을 구한 흔적도 없었고 보조금을 타간 기록도 없었다. 홀스는 웰더의 골치 아픈 인생을 최대한 재구성하려고 애썼다. 학교 기록을 요청해서 받아보니 흥미롭게도 6학년 선생님이 남자였다. 당시로서는 흔치 않은 경우였다. 홀스는 선생과 통화했다. 나이 많은 교사는 웰더를 기억하지 못했다. 그러나 문장을 반복해서 여러 번 쓰게 하는 것은 당시 교실에서 흔히 사용되던 처벌이었다고 말했다.

교사는 10년 전 신원을 밝히지 않은 한 남성이 그에게 전화해서 '자유는 공짜가 아니다'라는 노래를 불렀다고 했다. 그가 학급에서 말썽을 피우는 아이들에게 부르게 한 노래였다. "기억하시오." 남자는 이렇게 말하고 전화를 끊었다. 교사는 이 전화에 몹시 심기가 불편해서 전화번호를 바꾸고 비공개로 돌렸다. 그는 홀스에게 더 도움이 되지 못해 유감이라고 말했다.

홀스는 폴 콜웰이 쓴 '자유는 공짜가 아니다'의 가사를 찾아보았다.

"조지라는 이름의 장군이 있었지." 네 번째 연은 이렇게 시작했다. "그는 밸리 포지에서 소규모 부대를 이끌었다네."

* * *

론 그리어*가 틀림없었다. 그는 누추한 아파트에서 담배를 하루 세 갑 피우는 흡연자였다. 수사관들은 그가 가장 좋아하는 담배가 무엇인지 정찰을 통해 알아내고 자연스럽게 한 개비 건넸지만 그는 한 모금도 피우지 않았다. 그는 잔뜩 긴장해 있었고 조심스러웠다. 새크라멘토 보안관서 형사 켄 클라크와 그의 파트너는 그리어의 긴장을 풀기 위해 최선을 다했다. 그 자리에서 DNA를 얻어내지 않으면 포기하지 않을 생각이었다. 그러나 그리어는 물병을 입에 대고 물 한 모금 마시는 것도 거부했다. 우리가 무엇을 원하는지 알고 있어, 켄은 생각했다. 그래. 초조한 태도, 법과학에 대한 지식. 이 자가 틀림없다.

그리어는 30년 전의 한 보충 수사기록을 통해 확보한 인물이었다. 많은 수사관들은 EAR의 이름이 서류 안 어딘가에, 검문 내역이나 수상한 상황 신고 안에 있을 거라는 믿음을 갖고 있었다. 둘러댄 핑계가 아주 설득력 있었거나 시시한 알리바이가 받아들여지는 바람에 용의선상에서 제외됐을 것이다. 켄과 그의 파트너는 오래된 수사기록을 차근차근 검토하기 시작했다. 그리어라는 이름은 일찌감치 나왔다.

그는 1977년 4월 15일 오전 4시 27분 EAR 강간사건이 겨우 몇 블록 떨어진 곳에서 접수된 지 몇 분 뒤 노란 2도어 닷선을 몰고 선라이즈대로를 남쪽으로 달리다가 검문에 걸렸다. 그는 잡역부로 일하는 정미소에 출근하는 길이라고 경찰에게 말했다. 그는 극도로 조용하고 협조적이었다. 경찰은 트렁크를 열었다. 상당히 흥미로웠다. 그는 가택 수색에 동의했다. 어머니는 최근 사망했고 현재 누나와 같이 사는 중이라고 했다. 아니, 정확히 말하자면 누나가 소유한 페어오크스의 가파른 산비탈 덤불 속에 방치된 창고 트레일러에 살고 있었다. 트레일러는 길이가 2.4미터도 채 되지 않았고 사람이 허리를 펴고 서기도 힘들었다. 그는 이전 EAR 강간 1건에 대해서 직장과 관련된 확실한 알리바이를 가지고 있었다. 그러나 그리어를 조사한 수사관들은 그를 잊지 않았다. 그의 차 안에서 발견한 것에 대한 기억을 떨칠 수가 없었던 것이다.

켄과 그의 파트너가 30년 뒤 그의 근황을 추적한 것도 그 때문이었다. 그리어는 이제 건강이 몹시 좋지 않았다. 역시 물은 마시지 않았다. 담배도 피우지 않았다. 마침내 인내심과 책략이 다한 수사관들은 봉투를 핥아보라고 그를 설득했다. 만의 하나를 위해 그가 안 보는 사이 모든 차 문 손잡이를 면봉으로 닦았다.

그리어가 1977년 봄날 밤 EAR 강간사건 현장 근처에서 검문을 당한 이유는 범인의 일반적인 신체적 특징과 부합했기 때문이었다. 그는 백인 남성, 25세, 175센티미터, 68킬로그램이었다. 순경의 플래시 불빛에 처음 들어온 물건은 자동차 앞자리에 놓인 플라스틱 핸드 로션 병이었다. 페인트칠이나 수술할 때 쓰는 종류와 비슷한 흰 마스크가 조수석 대시보드에 놓여 있었다. 트렁크를 열어보니 입구가 열린 셀로판 포장지 안에 밧줄이 들어 있었다. 테니스 신발 한 켤레도 발견되었다.

커다란 지퍼백 2개도 있었다. 안에는 권총과 사냥용 칼이 들어 있었다.

켄과 그의 파트너는 그리어의 DNA를 범죄연구소에 보냈다. 기다렸다. 결과가 돌아왔다.

믿을 수가 없었다.

그리어는 범인이 아니었다.

이미 말했듯이 특정 용의자에게 집착하는 것은 누군가를 만나 첫눈에 반한 맹목적인 순간과 매우 비슷하다. 단 하나의 얼굴에 모든 관심이 집중된다. 머릿속에서 늘 설득력 강한 무성 일대기 영화가 편집되고 있기 때문에 세상과 현실의 소리들은 그저 단조롭게 깔리는 배경음악에 지나지 않는다. 집착의 대상에 대해서는 아무리

많은 정보도 충분치 않다. 더 많은 것을 원하게 된다. 언제나 더 많은 정보를. 그의 신발 취향도 봐두게 되고 구글 맵의 도움을 받아 차로 그의 집 앞을 지나치기도 한다. 심한 확증 편향에 몰입한다. 투사한다. 미소 띤 얼굴로 촛불이 꽂힌 케이크를 자르고 있는 페이스북 사진 속의 중년 백인 남자는 자신의 생일을 축하하고 있는 것이 아니라 칼을 들고 있다.

지쳐 보이는 래리 풀이 1997년 오렌지 카운티 미결사건 형사로서 처음 오리지널 나이트 스토커 사건을 맡았을 때 자신도 용의자에 대해 "더 감정적으로" 대했다고 인정하자 나는 동질감을 느꼈다. 초췌한 얼굴로 당시 자신이 "더 풋풋했다"고 말하는 그는 마치 사랑의 변덕에 마음을 닫고 얕은 관계만 전전하는 중년남자 같은 말투였다.

풀은 2001년 여름 부보안관 사무실에 출두하라는 지시를 받고 흥분했던 첫 순간을 기억했다. 그런 소환은 언제나 좋은 소식을 뜻했다. 사무실에 들어서자 여러 사람이 그를 바라보며 미소 지었다. 지구대장, 부서장, 행정직원들, 무엇보다도 오리지널 나이트 스토커의 DNA 프로파일을 개발한 오렌지 카운티 범죄학자 메리 홍이 그랬다. 홍은 다른 건물에서 일하고 있었다.

풀은 문을 닫기도 전에 주먹을 허공에 내질렀다. "됐군요!" 당시 그는 3년째 쉬지 않고 어쩌면 강박적으로 일하고 있었다.

일치하는 지문이 나왔다, 부보안관이 풀에게 말했다. 댄빌 범행현장 중 한 곳에 있던 전등에서 살인범의 것으로 믿을 수 있는 지문이 나왔다. 피해자는 그가 불을 켜는 소리를 들었다고 증언했다.

전등은 최근 포장을 풀었기 때문에 다른 사람의 지문이 묻을 리가 없다는 것이었다. 은퇴한 콘트라코스타 수사관 한 사람이 오래된 지문을 찾아 최근 오렌지 카운티에 보내왔다.

"잘됐군요." 풀은 말했다.

부보안관은 용의자가 5년 전 자연사했다고 말을 이으며 그 남자의 서류를 탁자 위로 밀어주었다. 방 안의 어느 누구보다 범인에 대해 잘 알고 있던 풀은 폴더를 펼쳤다. 모두가 기대 가득한 눈빛으로 그를 바라보았다. 풀은 가슴 저리는 실망감을 느꼈다.

"아, 아닙니다. 나이가 맞질 않아요." 풀은 말했다. 용의자는 1934년 생이었다. 풀은 보고서를 넘겼다. 전과도 마음에 들지 않았다. 총기 관련 혐의. 불법거래, 은행강도. 현재 증인 보호 프로그램에 소속되어 있었다. 풀은 이 사람이라는 느낌이 들지 않았다.

방 안의 분위기가 변하는 것을 느낄 수 있었다.

"제게는 용의자로 보이지 않습니다." 풀이 말했다. "하지만 누가 압니까, 그 때문에 지금껏 못 잡았는지도. 우리가 기대하던 인물이 아니라서."

"이 사람이 어디에 묻혔는지 찾아봐." 부보안관이 말했다.

"알겠습니다." 풀이 대답했다.

풀은 죽은 용의자가 피해자의 남자친구와 친구였다는 사실을 알아냈다. 두 사람은 범행 몇 주 전에 사이가 틀어졌다. 피해자와 남자친구는 비슷한 시기에 스테레오를 도둑맞았는데 풀은 용의자가 친구에게 앙심을 품고 복수하려는 생각으로 저지른 짓이 아닐까 하는 가설을 생각해보았다. 스테레오를 훔치러 집에 몰래 들어왔을 때 전등을 건드렸을 것이다. 그는 도벽이 있는 나쁜 친구였지 살인범은 아니다.

하지만 풀의 보스는 확실한 증거를 원했다.

"시체를 발굴해서 DNA 검사를 해야겠어." 그는 말했다.

풀은 시체를 발굴하기 위해 비행기를 타고 볼티모어로 갔다. 오렌지 카운티 보안관서에서 용의자를 찾기 위해 시체를 발굴하는 일은 처음이었다. 피해자는 선례가 있었지만 용의자는 한 번도 없었다. 볼티모어 강력반이 시체 발굴을 도왔다. 납골당을 열자 마치 커다란 펩시 캔을 딴 것처럼 쉭 소리가 났다. 시체는 곰팡이에 덮여 있을 뿐 아주 좋은 상태였다. 하지만 냄새가 지독했다.

"최악의 부패 상태보다 열 배는 더 심하다 생각하면 될 겁니다." 풀이 말했다.

볼티모어 강력반 형사들이 남자가 묻힌 언덕에 올라서자 담배를 피워 문 것도 놀랄 일은 아니었다.

풀은 용의자의 치아와 머리카락을 가지고 온 가방에 넣었다. 넙다리뼈와 살점 일부도 드라이아이스를 채운 상자 안에 넣은 채로 공항에서 수속을 밟았다. 오렌지 카운티에 착륙한 뒤 수하물 컨베이어벨트에서 나오는 상자를 들어보니 액체가 새고 있었다.

DNA 검사 결과 풀의 의심이 입증되었다. 죽은 지문 남자는 범인이 아니었다.

* * *

더그 피들러*여야만 했다.

어느 날 밤. 정확히는 오전 12시 1분, 내 편지함에 발신인 '존 도'에게서 이메일이 도착했다.

존 도는 익명으로 쓰는 이유를 설명하지 않았다. 그는 다른 문제에 관심이 있었다. 팟캐스트에서 내가 사건 이야기를 하는 것을 듣고 자기가 생각할 때 좋은 정보를 알려주고 싶었던 것이다. "Worldcat.org는 어떤 도서관이 특정한 책이나 언론매체를 소장하고 있는지 검색할 때 유용한 도구입니다. 크럼프턴 형사의《서든 테러》를 검색하면 오리건주 세일럼, 아이다호주 포스트 폴스, 아이다호주 헤이든 레이크, 네브래스카주 시드니, 캘리포니아주 로스 가토스가 나옵니다. 혹시 EAR-ONS는 온라인으로 책을 구매하지 않으려고 도서관에서 책을 구하지 않았을까요?"

흥미로운 생각이었다.《서든 테러》는 자비출판된 책이었다. 회원이 책을 비치해달라고 따로 신청하지 않았다면 도서관이 소장하고 있을 가능성이 매우 낮았다. 오리건과 캘리포니아주에서 책을 신청한 사람은 누구인지(은퇴한 형사들) 알 것 같았기 때문에 나는 아이다호와 네브라스카에 집중했다. 회원의 프라이버시를 보호하는 것이 중요하기 때문에 도서관이 대출자의 이름을 내게 알려주지는 않을 것이다. 나는 컴퓨터를 응시했다. 빈 검색창이 내가 사용할 방법을 찾기만을 기다리고 있었다. 나는 해당 지역의 우편번호와 지난 세월 동안 EAR이 합류했을 가능성이 있을 것으로 생각되는 집단명을 입력하기로 했다. 바로 성범죄자 신상공개 명단이었다.

1시간 동안 나는 화질이 거친 변태와 패륜아들의 머그샷을 넘기고 있었다. 시간 낭비처럼 느껴지기 시작했다. 그때 나는 그를 보았다. 이 사건을 조사하기 시작한 이래 처음으로 불빛이 번쩍 느껴졌다. **너다.**

나는 그의 기록을 살폈다. 더그 피들러는 1955년생이었다. 키와 몸무게가 맞았다. 원래 캘리포니아주 출신이었고 1980년대 후반 강제력을 사용하거나 공포심을 유발하여 자행한 강간, 14세 이하의 아동에 대한 음란하고 선정적인 행위 등 여러 건의 성범죄 전과가 있었다.

족보 웹사이트를 통해 나는 그의 어머니가 새크라멘토 카운티 대가족 집안이라는 것을 알아냈다. 새로운 정보를 알아낼 때마다 맥박이 더욱 빨라졌다. 1980년대 초반, 어쩌면 그 이전에 그녀는 스톡턴 북쪽, EAR 강간사건이 일어난 동네에서 가까운 곳에 살았다. 더그의 전처는 오렌지 카운티 각지에 주소가 있었는데 그중에는 데이나포인트도 있었다. 키스와 패티 해링턴이 살해된 집에서 겨우 2.7킬로미터밖에 떨어지지 않은 위치였다.

그는 팔에 황소로 쉽게 오해할 수 있는 동물 문신이 있었다(자기 집에서 EAR을 보았던 한 소녀는 최면상태에서 그의 팔에 슐리츠 몰트 리큐어 병에 붙어 있는 황소처럼 보이는 문신이 있었던 것 같다고 증언했다).

나는 그의 이름을 구글 뉴스에서 검색해보았다. 결과를 보는 순간 나는 의자에서 벌떡 일어날 뻔했다. 1969년 8월 〈로스앤젤레스 타임스〉에 열아홉 살 난 소년이 부모 중 한 쪽이 다른 남동생한테 프라이팬으로 머리를 맞고 칼에 찔려 사망했다는 기사가 실려 있었다. 남동생은 가족 간의 싸움에서 어머니를 도우려고 끼어들었다. 그 남동생의 이름은? 더그 피들러였다.

둔기 폭행. 칼. EAR은 범행을 저지르는 동안 기묘한 행동을 많이 했지만, 내가 볼 때 그중 가장 기묘한 점은 때로 흐느끼며 운다는 사실이었다. 흐느낌 사이로 처량하게 부르던 단어, "엄마! 엄마!"

현재 더그는 나이 든 어머니와 함께 아이다호의 한 소도시에 살고 있었다. 구글 스트리트 뷰로 검색해보니 잡초가 길게 자란 수수한 흰색 집이었다.

명시적으로 말하지는 않았지만 폴에게 더그 피들러에 대한 이메일을 보낼 때는 내가 그에게 범인을 넘겨주고 있을 가능성이 대단히 높다는 기분이 들었다.

"잘 낚았군요." 폴에게서 답장이 왔다. "배경도 체격도 다 좋아 보입니다. 방금 전화와 다른 데이터를 통해 DNA(CODIS) 정보상 그는 용의선상에서 제외되었다는 점을 확인했습니다."

그전 몇 시간 동안 나는 계속 파란불만 받으며 거칠 것 없이 도로를 질주하는 기분이었다. 한데 변속기가 고장 났다. 시간여행자의 지혜는 사람을 현혹할 수 있었다. 우리는 더 많은 정보와 첨단 기술로 무장하고 과거로 되돌아간다. 그러나 너무 많은 마법을 지니고 있다는 데 오히려 위험성이 있다. 데이터가 쏟아진다는 것은 방향을 틀어 연결해야 하는 지점이 더 많다는 뜻이기도 하다. 우리는 수많은 조각으로 악당의 모습을 쌓아올리고 싶다. 그 점은 이해할 수 있다. 우리 모두 패턴을 찾는 사람들이다. 찾던 것의 윤곽이 어렴풋이 보이면 때로 털고 나아가지 못하고 한참 붙잡혀 있기도 한다.

"그런 용의자 계속 던져줘요!" 폴은 이렇게 썼다.

그는 내 기분을 상하게 하지 않으려고 노력하고 있었다. 그도 경험한 일이기에. 처음 사건을 맡았을 때 특정 용의자에 대해 잔뜩 흥분했다는 이야기를 듣고 나는 15년이 지난 지금은 어떻게 반응하는지 물었다. 그는 보고서를 받아서 과묵하고 엄격한 얼굴로 훑어보는 시늉을 해보였다.

"좋아." 그는 짤막하게 말하고 보고서를 서류 무더기 위에 던지는 척했다.

그러나 나는 그가 보스의 문으로 들어서서 모여 있는 사람들의 면면을 확인하던 그때처럼 평생을 수사기관에서 일하면서 상상만 했을 뿐 경험하지 못했던 그 순간이 다가왔다는 기대감에 부푸는 모습을 본 적이 있었다. 뭔가 흥미로운 것이 나타났을 때 나는 때로 그가 얼마나 빨리 이메일로 답장을 보내는지 알고 있었다.

나는 그가 주먹을 허공에 내지르며 '됐군!' 하는 시늉을 하는 것을 본 적이 있었다. 나는 그가 그 순간이 다시 찾아오기를 말없이 얼마나 고대하는지 알고 있었다.

로스앤젤레스, 2014

“사람들이 로키에 대해 잊고 있는 게 첫 장면이야. 그가 기차로 가는 장면. 다리가 말을 안 들어. 그는 전성기를 지났어. 움직이질 않아. 비틀거려. 계단조차 올라가기 힘들어.”

패튼은 로키 이야기로 내 기분을 북돋우려는 중이었다. 나는 그에게 단서가 모두 막다른 골목에 부딪힌다는 이야기를 하고 있었다. 평범한 사람이 이런 난관을 얼마나 견딜 수 있을까?

“하지만 로키는 그저 매일 아침 일어나서 했어. 하고 또 하고. 그 미결사건 수사관들과 비슷한 거야. 시간과 에너지를 모두 투자하지. 전화를 걸고 상자를 뒤지고 달래서 이야기를 끌어내고 면봉으로 세포를 채취하고. 그런데도 답은 아니다, 야. 그런 일로 죽을 수는 없어. 다음 날 아침 일어나서 커피를 마시고 책상 정리를 하고 다시 처음부터 시작하는 거야.”

젊은 코미디언 시절 아무 보수 없이 냉담한 관객 앞에서 계속 무대에 오르던 패튼 자신에 대한 이야기이기도 하다는 것을 나는 알고 있었다. 그 안에는 그런 불타는 의지가 있었고 자신과 같은 사람들의 이야기를 좋아했다. 싱크대 앞에 서서 설거지를 할 때 때로 그의 입술이 소리 없이 움직이는 것이 눈에 띈다.

"거기서 뭐하는 거야?" 나는 이렇게 물은 적이 있다.

"농담 만드는 거야."

처음부터 다시. 더 낫게. 한 번 더.

"기억하겠지만 로키는 아폴로 크리드를 이기지 못했어." 패튼은 말했다. "하지만 그는 아폴로를, 세상을 놀라게 했어. 포기하기를 거부했기 때문에."

우리는 결혼 8주년 기념 저녁식사를 하고 있었다. 패튼은 와인잔을 들었다. 막다른 골목에 다다른 무기력한 패배감에서 나를 깨워 일으키기를 원한다는 것을 알 수 있었다.

"당신의 미래에 악당들이 사진첩 하나 가득하기를 바라며." 그는 말했다.

"그만해!" 나는 대꾸했다. "그런 말 하지 마."

의도는 좋았다. 하지만 나는 그런 미래를 상상할 수가 없었다. 거부했다.

"사진첩에 악당이 가득 찰 필요는 없어. 그는 유일한 악당이야."

그 말을 한 순간, 나는 그것이 얼마나 역겹게 들리는지 깨달았다. 내가 말하려던 것은 EAR 이후에도 이 정도로 열광해서 누군가를 추적하는 것, 숨 가쁘게 파란불을 쫓아 달리다 결국 충돌하는 일을 거듭하는 것은 상상할 수 없다는 뜻이었다.

탁자 밑에서 패튼은 고풍스러운 포장지로 아름답게 싼 커다란 선물을 꺼냈다. 그는 선물 주는 것을 즐긴다. 젊은 미술가와 공예가를 찾아 독특한 선물을 함께 작업하는 것을 좋아한다. 한 해에는 나를 본 뜬 인형을 만들어 농담으로 인액션 피규어inaction figure(애니메이션이나 만화 캐릭터 인형을 뜻하는 액션 피규어에 빗대서 움직이지 않고 일만 하는 인형이라는 뜻으로 한 농담—옮긴이)라고 부르기도 했다. 내가 잠옷 바람으로 침대에 앉아 내 〈트루 크라임 다이어리〉 웹사이트를 켜놓은 랩톱을 놓고 스타벅스 바닐라 라테를 들고 있는 모습이었다. 또 한번은 젊은 금속공예가에게 나무 상자를 의뢰해 선물하기도 했다. 우리가 7년 동안 살았던 집이 상자 정면에 청동 판으로 묘사되어 있었다. 내부에는 미니어처 서랍들이 숨겨져 있었고, 그 안에는 우리가 나눈 추억의 기념품이 들어 있었다. 입장권, 포스트잇 노트 등.

작년에는 미술가 스콧 캠벨에게 내가 악명 높은 범죄자들과 대결하는 장면을 묘사한 작은 수채화 세 점을 의뢰했다. 한 그림에서 나는 커피 잔을 들고 조디악 킬러를 바라보고 있었다. 다른 그림에서는 지금부터 악명 높은 비행기 납치범 D. B. 쿠퍼를 취조할 것처럼 수첩을 들고 있었다. 그리고 세 번째 그림에서 나는 랩톱을 들고 얼굴에 수수께끼 같은 미소를 띤 채 나의 숙적, 마스크를 써서 얼굴을 알아볼 수 없는 나의 골칫거리 EAR을 마주보고 서 있었다.

나는 올해 선물을 풀었다. 정식으로 장정해서 맞춤 주문한 검은 책갑에 넣은 내 〈로스앤젤레스 타임스〉 기사였다. 책갑에는 내 이야기에서 가장 중요한 기록을 보관할 수 있는 칸도 있었다. 내가

미셸 맥나마라가 좋아하던 집필 환경._ 패튼 오스월트 제공.

지방 뉴스와 EAR에 대해 가졌던 인터뷰 영상도 맨 아래 서랍에 들어 있었다.

나는 연달아 두 번째 결혼기념 선물이 EAR에 관련된 물건이라는 점을 나중에야 깨달았다.

그러나 이것은 EAR이 내 인생을 얼마나 지배하게 되었는지 알려주는 가장 강력한 증거가 아니었다. 더욱 강력한 증거는 내가 패튼에게 카드 1장 쓰는 것조차 잊고 있었다는 사실이었다.

새크라멘토, 2014

홀스는 월더의 배경을 집중적으로 파헤쳤다. 카마이클 서터 애비뉴 월더 가족의 집은 EAR이 범행을 저질렀던 동네 주위의 핵심 버퍼 존에 위치하고 있었다. 1970년대 중반, 월더는 랜초 코도바의 저소득층이 사는 아파트 단지를 관리하던 어머니의 일을 도왔다. 그 단지 중 한 곳이 EAR이 범행을 저질렀던 집 바로 옆이었다. 홀스는 1975년 5월 월더가 새크라멘토에서 심한 교통사고를 당해서 얼굴에 흉터가 남았다는 사실을 알게 되었다. 일곱 번째 피해자는 반심리적 수법을 이용해볼 생각으로 EAR에게 섹스를 잘한다고 말했다. 그러자 범인은 사람들이 늘 자기를 작다고 놀린다고 대답했는데, 실제로 작긴 했으니 아마 진심으로 한 말들이었을 것이다. EAR은 그녀에게 "내 얼굴에 무슨 일이 생겼다"라고 말하기도 했다.

4건의 범행은 월더가 다닌 델 캄포 고등학교에서 800미터 떨어져 있었다. 피해자 중 한 사람의 아버지는 월더가 델 캄포를 그만둔 뒤 이어서 다닌 대안학교 교사였다. 1976년 월더는 두 피해자가 자주 들러서 식사했다고 진술한 블랙 앵거스 식당에서 일했다.

월더는 1978년 서태평양 철도에서 일하기 시작했다. EAR이 범행 범위를 넓혀간 것과 마찬가지로 그도 일 때문에 스톡턴, 머데스토를 오갔고 데이비스를 (밀피타스로 가는 길에) 지나쳤다. 1978년 8월 그는 월넛 크리크에서 과속 벌금 청구서를 두 번 받았다. 두 달 뒤 그 지역에서 EAR의 이스트 베이 범행이 시작되었다. 월더의 월넛 크리크 과속과 관련된 재판 일은 그곳에서 범행이 일어나기 2주 전이었다.

1997년 월더는 정지 신호를 지키지 않아 검문을 당했다. 허리춤에 덕트 테이프를 감아 만든 칼집에서 스테이크 칼 2개가 발견되었다. 가정폭력 체포 관련 법정 문서를 보면 전처를 "널 갈기갈기 난도질해주겠어"라고 협박했다는 내용이 있다.

"조용히 해. 안 그러면 칼로 잘라버린다." EAR은 말했다. 그도 귀나 발가락, 손가락을 자른다는 협박을 자주 했다.

월더는 죽었거나 눈에 띄지 않기 위해 어마어마한 노력을 하고 있는 것이 틀림없었다. 홀스는 검시관청에 거듭 연락해서 비슷하게 생긴 신원미상의 시체가 없는지 문의했다. 마침내 그는 월더가 남긴 유일한 자식을 찾아냈다. 아버지와 연락이 끊긴 딸이었다. 콘트라코스타 수사과 형사는 딸에게 2004년 복역 중 아버지에게서 빌린 돈을 갚기 위해 찾는 중이라고 말했다. 딸은 2007년 이후 월더와 연락한 적이 없다고 말했다. 아버지가 공중전화에서 한 번 전화한 적이 있었다. 당시 그는 새크라멘토에서 노숙자로 지내고 있었다.

홀은 새크라멘토 수사기관에 혹시 월더에 대한 서류를 찾을 수 있는지 문의했다. 단기 체류자는 경찰을 응대할 소소한 일들이 생긴다. 월더가 새크라멘토 지역에서 노숙자 생활을 했다면 그의 이름이 어느 보고서인가에 적혀 있을 것이다. 어쩌면 전산 처리된 적은 없더라도 기록 어딘가에 파묻혀 있을 것이다. 마침내 홀스는 전화를 받았다.

"월더는 없습니다만," 경찰이 말했다. "그의 동생이 한 범행의 목격자로 증언한 기록이 있습니다. 그는 앤틸로프 유니언 76 주유소 뒤 차 안에서 삽니다."

홀스는 월더 관련 서류 안에 보관해두었던 동생의 재산문서 사본을 꺼냈다. 아버지를 통해 동생에게 상속된 집이 있었는데 융자금도 없었다. 홀스는 어리둥절했다.

"월더의 동생이 왜 노숙자로 살지요?" 홀스는 물었다. 잠시 수화기 반대편에서 침묵이 흘렀다.

"그 사람이 월더의 동생인 게 확실합니까?" 홀스는 물었다.

곧 새크라멘토 보안관청에서 홀스가 기다리던 연락이 왔다. 휴대용 지문감식기를 가지고 심각한 표정으로 월더의 동생을 찾아갔더니 그가 무너져서 두 손을 들었다는 것이었다. 그는 자백했다. 엄지손가락 지문으로 신원이 확인되었다. 노숙자는 짐 월더였다. 그들은 월더의 피부 세포를 면봉으로 채취해서 DNA시료를 연구실로 급송했다.

홀스는 이스트 베이 각지에 흩어진 관련 장소를 차례로 보여주다가 차를 세우더니 1979년 2월 2일 월더가 폰티액 르망을 세워놓고 안에서 잠들어 있던 댄빌의 정확한 지점을 가리켰다. 아직도 그를 괴롭히는 질문들이 있었다. 도대체 왜 30일짜리 구류를 피하기 위해 8년 동안 숨어 살았을까?

그러나 가장 중요한 질문, 그가 18개월 동안 수사해온 그 문제는 답을 얻었다.

"그는 EAR이 아니었습니다." 홀스는 말했다. 그는 고개를 저었다. "하지만 말씀드리죠. 정말 모든 것이 같았습니다."

우리는 그 장소를 응시했다.

"그들이 맞게 대조한 게 확실할까요?" 나는 DNA 검사에 대해 물었다.

홀스는 아주 잠시 망설였다.

"새크라멘토는 일을 아주, 아주 잘합니다." 그는 말했다.

우리는 계속 차를 몰았다.

새크라멘토, 1978

1978년 2월 새크라멘토 동쪽에서 발생한 이중살인사건 현장 바깥에 서서 상념에 잠겨 있다가 켄 클라크 형사는 불쑥 내게 물었다. "혹시 오바마 지지하십니까?" 우리는 잠시 미소 띤 얼굴로 마주 보고 있다가 동시에 웃기 시작했다. 그는 우리의 정치적 견해차를 대수롭지 않게 떨쳐내고 계속 쏟아내기 시작했다. 그는 끝없이 말하는 수다쟁이였다. 쓸데없이 끼어들지 않는 것이 내게 도움이 되었다. 우리는 클라크가 동부 지역 강간범이라고 믿는 범인이 젊은 커플을 총으로 쏴 죽였던 마당 바깥에 서 있었다. 마지오레 살인사건은 EAR의 범행이라는 확증이 없었지만 클라크는 최근 수사기록을 통해 EAR과 인상착의가 유사한 사람이 그날 밤 일대를 배회하고 주거침입을 저지르면서 케이티와 브라이언 마지오레가 개와 산책하다 범인의 총에 맞은 지점까지 접근했다는 사실을 발견했다. 목격자들은 용의자의 인상착의를 잘 기억하고 있었다. 몽타주가 발표되자 EAR은 갑자기 콘트라코스타 카운티로 옮겨갔다. 폴 홀스는 그가 '겁을 먹고' 도망쳤다는 추측을 믿지 않는다고 내게 말했지만, 클라크는 그가 놀란 것이라고 생각했다. 그는 내게 몽타주를 보여주었다. "나는 이것이 우리가 가진 것 중에 그와 가장 가까운 모습이라고 생각합니다."

클라크는 현재 자기가 단서를 찾는 중이라는 오래된 수사기록을 보여주었다. 차량 검문과 가택 훔쳐보기 사건도 포함되어 있었다. 당시 별 관련 없다고 여겨졌던 기록들이었다. 클라크는 이유를 알 수 없었다. 그저 답답해 죽을 지경이었다. "예전에 같이 벌거벗고 물놀이한 적이 있는 형수가 봤을 때 물건 크기가 괜찮았다는 이유로 용의자를 보내줬다니." EAR은 작았다. "게다가 농담 아닙니다, 아랫입술이 너무 두툼했대요."

새크라멘토에는 추적해볼 수사 방향이 잔뜩 남아 있다. 그는 왜 여기 왔을까? 1976년 7월 1일 군 전 부대가 비행훈련장을 메이서 공군기지로 옮겼을 무렵 강간사건이 시작된 것은 우연이었을까? 캘리포니아 주립대학교 새크라멘토 캠퍼스는? 거기 학사일정은 범행과 정확히 일치한다(그는 대학 휴일에는 절대 범행을 저지르지 않았다). 지리 프로파일러는 첨단 기술을 이용하여 EAR이 거주했다고 추정되는 거리들을 구체적으로 지적한다. 나는 동네를 답사한다. 옛 수사관들을 만나본다. 내가 발견한 내용을 사냥에 참여한 랩톱 아마추어 형사들에게 알린다.

• 편집자 주　미셸 맥나마라는 2016년 4월 21일에 사망했다.

1979년 10월 1일 골레타에서 발생한 범행을 수사하던 형사가 발견한 족적._ 샌타바버라 카운티 보안관청 · 오렌지 카운티 보안관서 제공.

마스크를 쓴 도둑을 묘사한 이 스케치는 이스트 에어리어 강간범의 얼굴이라고 추정된다. 1979년 7월 5일 잠에서 깬 댄빌 주민이 인기척을 내자 놀라 도망쳤다._ 톰 매크리스 · 콘트라 코스타 카운티 보안관청 제공.

염탐하다가 10대 소녀에게 목격된 인물의 스케치. 1979년 8월 8일 그는 소녀가 샌 라몬의 집에 혼자 있을 때 침입하려고 했다. 이 사건은 이전 EAR 사건 현장에서 겨우 250미터 떨어진 지점에서 발생했다. 남의 눈에 띄었다는 사실을 깨닫자 그는 이전 범행에서 도주로로 사용했던 크리스마스트리 농장을 통해 도망쳤다._톰 매크리스·콘트라코스타 카운티 보안관청 제공.

1977년 2월 16일 더글러스 무어* 를 저격한 염탐꾼의 몽타주._새크라멘토 카운티 보안관서 제공.

III

폴 헤인스와 빌리 젠슨의 이야기

•— 편집자 주 사망 당시 저자는 《어둠 속으로 사라진 골든 스테이트 킬러》를 한창 집필 중이었다. 이 책의 출간을 준비하면서 저자의 주요 조사원이었던 폴 헤인스Paul Haynes, 일명 키드와 저자의 친구였던 저명한 탐사보도 기자 빌리 젠슨Billy Jensen은 저자가 못다 쓴 내용을 정리하고 남은 자료를 한데 엮었다. 다음 장은 헤인스와 젠슨이 공동으로 쓴 글이다.

미셸이 죽고 1주일이 지난 뒤, 우리는 그녀의 하드 드라이브를 얻어 골든 스테이트 킬러에 대한 파일을 연구하기 시작했다. 파일은 모두 3500개였다. 게다가 10여 권의 노트, 연습장, 종이쪽지, 디지털 문서로 저장된 수사기록 수천 페이지도 있었다. 그녀가 오렌지 카운티 검사로부터 받은, '원석'이라는 애칭으로 불렀던 상자 37개도 있었다.

수천 개의 조각그림 퍼즐 조각. 단 한 사람만이 원본이 어떤 형태인지 알고 있다. 그 사람은 미셸이 아니었다. 바로 범인 자신이었다.

미셸의 흰고래는 블랙 달리아Black Dahlia 킬러도, 조디악 킬러도, 악명 높은 미결사건을 저질렀지만 비교적 범행 횟수는 적어서 수사기록 자료가 적은 잭 더 리퍼Jack the Ripper도 아니었다.

아니, 미셸은 여자 50명 이상을 강간하고 적어도 10명을 죽인 괴물을 쫓고 있었다. 범행 현장은 쉰다섯 군데 이상, 수천 개의 퍼즐 조각이 있었다.

우리는 미셸의 하드 드라이브를 열어 그녀가 완성한 장들을 검토하기 시작했다. 그녀가 남긴 원고는 우리가 애초에 왜 그녀의 글에 이끌렸는지 일깨워주었다.

그녀의 산문은 페이지에서 뛰쳐나와 독자 옆에 앉아서 미셸이 살인마를 쫓아 랜초 코도바, 어바인, 골레타의 거리를 누비는 이야기를 펼쳐 보인다. 정보량은 방대하다. 집요하면서도 인물의 내면에 이입하는 그녀의 문장은 유창한 서술 속에 사실관계를 녹여낸다. 너무 많은 정보 때문에 독자가 지칠 때쯤 그녀는 인상적인 문장이나 호소력 있는 장면 묘사를 통해 분위기를 전환하고 독자의 주의를 다시 끌어들인다. 그녀의 원고와 '트루 크라임 다이어리'는 언제나 이 장르의 전형적인 극단 사이에서 완벽한 균형을 찾는다. 그녀는 끔찍함의 핵심 요소를 환기시키는 데 움츠러들지 않으면서도 잔혹한 사실 묘사에 선정적으로 탐닉하는 것을 피하고, 독선적인 정의의 사도를 만들어내거나 피해자를 성인으로 묘사하는 데 빠지지 않는다. 그녀의 언어가 불러일으키는 것은 흥미, 호기심, 퍼즐을 풀고 영혼을 얼리는 빈틈을 채우고 싶다는 충동이었다.

그러나 미셸이 완성하지 못한 부분이 있었다. 우리는 이미 완성된 부분을 펼쳐놓았다. 그녀는 범죄 논픽션 장르에서 흔히 볼 수 없는 미묘한 뉘앙스를 가지고 있었다. (어쩌면 커포티는 예외로 하고. 그는 때로 독자의 주의를 끌고 싶을 때 이야기를 지어냈다.) 미셸은 모방할 수 없는 형식의 논픽션 책을 쓰고 있었다. 우리는 이 점을 숙고하고 심지어 잠시 시도도 해보았다. 그러나 소용없었다. 그녀는 이 이야기를 너무나 여러 형태로 써놓았기 때문에—이미 완성된 장, 〈로스앤젤레스〉지에 기고한 원고 그리고 수많은 블로그 글 등—빈 곳을 채울 재료는 충분했다.

그렇기는 하지만 그녀가 직접 책을 완성할 수 있었더라면 틀림없이 더 확대하고 싶었을 주제는 있었다. 그런 파일이나 메모 쪽지에는 그녀가 좀 더 알아보고 싶은 단서가 적혀 있었다. 물론 이미 버린 쓸데없는 실마리일 수도 있었다. 보통 친구의 '할 일 목록'에 '파리 여행'이나 '스카이다이빙' 같은 것이 적혀 있겠지만 미셸의 목록에는 '머데스토 가기' '골레타 주민의 전화번호 검색 인명부reverse directory(전화번호로 검색해서 성명이나 상호를 알아내는 색인—옮긴이)를 완성할 것' 'DNA를 23andMe나 Ancestry.com에 제출하는 방법을 알아볼 것' 같은 것이 적혀 있었다.

* * *

2011년, 미셸이 '트루 크라임 다이어리' 사이트에 EAR-ONS

에 대한 첫 글을 올렸을 때(아직 골든 스테이트 킬러라는 별명을 지어주기 전이었다) 폴이 그 글의 링크를 A&E 〈미결사건파일〉 포럼에 게재하면서 미셸은 폴의 존재를 처음 알게 되었다. A&E 〈미결사건파일〉 포럼은 당시 이 사건에 대해 토론이 이루어지는 유일한 공간이었다.

미셸은 즉각 그에게 이메일을 썼다.

"안녕하세요! 당신은 제가 제일 좋아하는 포럼 이용자 중 한 분입니다." 그녀는 자기가 보기 드문 성을 접했는데 그 성을 가진 몇 안 되는 사람들이 분포한 지역이 흥미롭다고 말을 이었다. 어쩌면 조사해볼 가치가 있을지도 모른다.

"저는 불면증에 시달리고 있어요." 그녀는 설명했다. "잠을 못 잘 때는 적당한 EAR 용의자를 찾아 돌아다닙니다. 그쪽의 시스템이 어떤지는 모르지만 저는 두 가지를 해왔어요. 골레타 공동묘지에 있는 이름 추적하기 그리고 어바인 지역, 특히 노스우드 지역 학교 졸업생 명단에 있는 이름 추적하기. 그럭저럭 최면 효과가 있답니다."

불면증의 결과물은 하드 드라이브에 고스란히 남아 있었다.

- '숙제' 증거물 지도와 대조하는 데 사용한, 옛날 골레타 지도와 항공사진
- 범행현장에서 발견한 신발 밑창과 끈 이미지
- 도밍고 살인사건에서 사용된 것으로 보이는 터프 플러거 공구 분석

- 바이샐리아 랜새커 사건에 관한 어마어마한 폴더와, 랜새커와 EAR-ONS가 동일인이라는 점을 증명하기 위해 제시한 가설들

다음은 동부 지역 강간범의 피해자가 도난당한 특정한 물품 목록이다.

- 달러 은화 "MISSILE"
- 달러 은화 "M.S.R." 8.8.72
- "나의 천사를 위하여"라고 새겨진 반지. 1.11.70
- "N. R."이라는 머리글자가 새겨진 금 커프링크스 한 쌍
- 남자 금반지, 80포인트 다이아몬드, 사각형, 금덩어리 3개
- 반지 "(삭제) 영원히 (삭제)" 2.11.71
- 머리글자 WSJ 이 새겨진 금반지
- 골동품 인터내셔널 프렐류드 스푼링spoon ring
- 라이커밍 대학 졸업반지

강간범은 시계 달린 라디오 다섯 점을 훔쳤다. 특별한 애착을 가지고 있다는 메모.

그중에는 1976년 도스 푸에블로스 고등학교 크로스컨트리 팀원들의 이름과 주소가 정리된 스프레드시트도 있었다. EAR이 근육질의 다리를 지닌 젊은 육상선수가 아니었을까 하는 추측 때문에 빠져든 토끼굴이었다.

"흥미로울지도 모르는 인물들"이라는 제목의 문서도 있었다.

오랜 시간에 걸쳐 작성한 문서였으며 용의자일 가능성이 있는 사람들의 이름과 생년월일, 이런저런 메모와 정보가 덧붙여져 있었다. 어떤 정보에는 "내 아이폰에서 들어온 내용"이라는 태그가 붙어 있었다. 영화 시사회에서 시간을 보낼 때 직접 적어 자신에게 보내면서 달아놓은 표시였다.

다른 메모장에는 이렇게 적혀 있었다. "판타지를 과소평가하지 말 것: 남자 앞에서 강간하는 것이 아니라—남성을 두려워함, 기능 문제 없음, 프라이버시, 몸을 비트는 남성은 그의 판타지의 일부가 아니다. 엄마를 부르며 울기. 참회가 아니다. 판타지의 일부일 것이다."

미셸 자신의 심리 분석도 있었다.

- 그는 강박적인 엿보기꾼, 수색꾼이었다. 그를 뒤쫓는 우리들도 같은 질병을 앓고 있다. 그는 창문을 엿보았다. 나는 '엔터'를 누른다. 엔터. 엔터. 마우스 클릭, 클릭, 클릭.
- 쥐는 먹이를 직접 찾는다.
- 아드레날린이 분비되는 과정은 수색 그 자체이지 잡는 순간이 아니다. 그는 거의 눈에 띄지 않아 두려움이 배가 되는 죠스의 가짜 상어 같은 존재다.

사실관계가 불명확하다든지 수사관들이 간과한 골치 아픈 질문이 있으면 미셸은 옛 수사기록의 증인에게 연락하기도 했다. 그런 증인 중 하나가 앤드루 마켓*이다.

1979년 6월 10일 밤은 특히 무더웠고 마켓은 잠을 청하는 동안 산들바람이 들어오도록 침실 창문을 열어두었다. 자정 전후, 그는 창문 밖 자갈길에서 버석거리는 발소리를 들었다. 창밖을 내다보았더니 낯선 사람이 이웃집 창문에 시선을 고정한 채 그의 집 옆으로 살금살금 걷고 있었다. 마켓도 그 창문을 쳐다보았더니 그 집에 사는 커플이 아이를 침대에 눕히는 모습이 보였다.

마켓은 소나무 쪽으로 미끄러지듯 다가가 잔디 깔린 어둠 속으로 사라지는 사람을 계속 지켜보았다. 그는 늘 침대 근처에 두는 22구경 권총을 꺼내 슬라이드(노리쇠)를 당겼다. 총에서 난 작은 소리가 들렸는지 수상한 사람은 얼른 울타리를 뛰어넘어 앞마당 쪽으로 달아났다. 마켓은 이웃집에 가서 현관문을 두드렸다. 아무도 대답하지 않았다.

그는 권총을 집에 가져다놓고 다시 이웃집 문을 두드릴 생각으로 옆집으로 향했다. 중간쯤 갔을까, 도로를 지나치는 차량의 헤드라이트 불빛이 블록 북쪽의 집들을 훑자 수상한 남자가 자전거에 올라 어느 집에 기대 서 있는 모습이 언뜻 보였다. 마켓이 다가가자 남자는 미친 듯이 페달을 밟아 정원을 가로지르더니 어둠 속으로 사라졌다. 마켓은 경찰에 신고했다. 경찰차는 동네를 한 바퀴 돌며 그 남자를 찾았지만 소용 없었다.

몇 시간 뒤 반 블록 떨어진 곳에서 마흔일곱 번째 EAR 범행이 발생했다. 수사관들은 탐문 중에 마켓을 다시 만났고 그는 같은 이야기를 들려주었다.

배회하던 수상한 남자는 20대 백인 남성, 목깃까지 내려오는 머리, 리바이스와 진한 색 티셔츠 차림이었다. 가장 최근 EAR 피해자의 증언과도 일치했다. 그가 타고 도망친 자전거는 피해자의 냉장고에 있던 올림피아 맥주 캔과 함께 그날 아침 몇 블록 떨어진 곳에 버려져 있는 것이 발견되었다. 수사관들은 이것이 범행 몇 시간 전 1.8킬로미터 떨어진 열린 차고에서 도난당한 자전거라는 것을 알아냈다. 형사들은 차고 근처에서 매듭을 묶은 흰 신발끈 2개를 발견했다.

미셸은 마켓이 다시 면담해볼 만한 사람이라고 느꼈다. 그녀는 2015년 말 그에게 연락했다.

그녀는 자신이 스케치한 지도에 그날 밤 있었던 일을 알고 있는 대로 간략하게 요약해서 마켓에게 보내면서 맞으면 맞다고 확인해주고 필요한 부분은 수정해달라고 청했다. 폴은 17장의 사진을 추렸고, 미셸은 마켓에게 이 중 누가 그날 밤 목격한 남자와 가장 닮았는지 물었다.

전화가 연결되자 미셸은 마켓에게 그날 밤 본 범인에 대해 가장 먼저 떠오르는 단어를 말해보라고 했다. 그는 한순간도 망설이지 않고 대답했다. "학생."

2011년에 작성한 "EAR 단서" 파일에서, 미셸은 EAR에 대해 밝혀진 여러 사실들을 한데 모아 프로파일을 만들었다.

- 육체적으로 범인은 175센티미터에서 178센티미터 사이, 수영선수 체구라는 진술이 가장 자주 나온다. 날렵하지만 근육질의 가슴과 눈에 띄게 굵은 종아리. 아주 작은, 좁고 짧은 성기. 신발 크

기는 9에서 9 반. 지저분한 금발. 보통보다 큰 코. 혈액형은 A, 비분비형.

- 그는 전화로 피해자와 접촉했다. 때로 범행 전에, 때로 이후에. 때로 수화기를 들면 끊기는 전화가 오기도 한다. 극적이고 공포 영화 같은 깊은 숨소리를 내며 협박하기도 한다.
- 그는 스키 마스크를 썼다. 총을 휴대했다. 펜 형태의 플래시를 가지고 있었으며, 눈앞이 안 보이도록 불빛을 비춰 피해자가 깜짝 놀라 잠에서 깨는 것을 좋아했다. 그는 피해자를 묶기 위해 수건을 길게 끈 모양으로 찢거나 신발 끈을 이용했다.
- 그는 대본이 있었고 그 대본을 고수했다. "내가 시키는 대로 안 하면 죽인다" 같은 약간의 변형도 있었다. 자기가 원하는 것은 그저 돈과 음식이라고 했다. 때로는 자기 아파트에 가져갈 거라고 했다. 때로는 밴을 언급했다. 여자에게 남자를 묶도록 하고 두 사람을 분리했다. 때로 남자의 등에 접시를 쌓고 그릇 떨어지는 소리가 들리면 여자를 죽인다고 협박했다.
- 윤활제로 사용하기 위해 범행현장에 종종 베이비로션을 가지고 갔다.
- 이웃집 자전거를 훔쳐서 타고 도망치는 것을 좋아했다.
- 그와 관련된 개인적인 물건: 진료가방이나 더플백처럼 긴 지퍼가 달린 가방. 파란 테니스화. 오토바이 장갑. 코듀로이 바지.
- 운전면허증과 장신구, 특히 반지를 훔쳤다.
- 그가 말한 내용 중 어떤 것은 사실이 아닐 수도 있지만 그래도 흥미롭다: 베이커즈필드에서 사람을 죽였다. 로스앤젤레스로 다

시 돌아간다. "네가 미워, 보니." 공군에서 쫓겨났다.

- 1977년 10월 말 개인적으로 무슨 일이 있었던 것 같다. 그 당시 발생한 두 번의 범행 도중 그가 흐느꼈다는 증언이 있다.
- EAR-ONS와 관련이 있을 수 있는 차량: 녹색 쉐보레 밴, 사이드 스텝sidestep이 달린 1960년대식 노란 픽업 트럭, 폭스바겐 버그.

패튼이 미셸에게 전달한 이메일을 보면 그녀가 미 해병대 직업 군인인 시아버지에게 당시 그 지역에 있던 군기지에 대해 자료조사를 해달라고 부탁했다는 사실도 알 수 있다. 강간범이 당시 공군이었을 가능성이 있기 때문이었다.

전달된 이메일 내용:

발신인: 래리 오스월트

발신일: 2011, 4, 18. 2:01:06 PM PDT

수신인: 패튼

제목: 새크라멘토 인근 공군기지

네 엄마가 미셸이 새크라멘토 인근 공군기지에 대해 물어봤다고 하더구나. 여기 목록이 있다.

새크라멘토 근처:

매클래런, 2001년 폐쇄

메이서, 1993년 폐쇄

빌, 현재까지 있음—새크라멘토 북쪽 65킬로미터 거리.

트래비스의 위치는 캘리포니아주 페어필드인데, 샌프란시스코보다 북쪽이고 새크라멘토에서는 꽤 떨어져 있다.

더 필요한 내용이 있으면 알려주기 바란다.

아버지

오랜 세월 동안 많은 사람들이 EAR-ONS의 프로파일을 작성했지만 미셸은 한 단계 더 나아가 지리 프로파일링을 통해 범인의 신원을 작성할 수 있는지 알아보기 위해 강간사건이 발생한 위치까지 파고들었다. 그녀가 남긴 메모 중에는 EAR-ONS의 지리적 특성에 대한 단상도 있다.

- 내 느낌상 가장 중요한 위치 두 곳은 랜초 코도바와 어바인이다.
- 첫 번째, 세 번째 강간은 랜초 코도바 안에서 서로 겨우 몇 미터 떨어진 지점에서 발생했다. 세 번째 범행 이후 범인은 바지를 입지 않은 채 서두르지 않고 걸어서 사라졌는데, 이는 그가 근처에 살았다는 뜻이다.
- 그는 1981년 2월 6일 어바인에서 매뉴엘라 위튼을 살해했다. 그리고 5년 뒤 자넬 크루스를 살해했다. 매뉴엘라와 자넬은 같은 주택단지 내 겨우 3.2킬로미터 떨어진 위치에 살았다.
- 흥미롭게도 매뉴엘라의 자동응답기 테이프는 범행 당시 도난당했다. 용의자의 음성이 테이프에 남아 있어서였을까? 그렇다면 그 동네의 누군가가 듣고 자기 목소리를 알아볼까 봐?

미셸이 2014년 8월 작성한 "지리-장"이라는 문서는 3년간 쉬지 않고 자료조사를 한 뒤 지도를 재점검하는 내용이다. 문서를 열어보면 단 한 줄이 적혀 있다. "카마이클은 버퍼 존 같은, 중앙의 빈 공간으로 보인다."

지리 프로파일로 범인 찾기

범인의 가장 기본적인 특징은—이름과 얼굴—알려져 있지 않지만 동부 지역 강간범이 약 70만 명에 이르는 1970년대 중반에서 후반 사이 새크라멘토 카운티 주민 중 하나라는 점은 거의 확실하게 말할 수 있다.

EAR이 범행을 저질렀던 다른 여러 지역들, 즉 스톡턴, 머데스토, 데이비스, 이스트 베이와 무슨 관계가 있는가 하는 점은 불분명하다.

동부 지역 강간범은 새크라멘토에서 대단히 많은 수의 범행을 저질렀고 지역의 지리에 대해 익숙하고 도처에서 범행을 저질렀다는 점으로 미루어볼 때 현지 주민이 틀림없을 것으로 보인다. 두세 번 범행이 발생한 스톡턴, 머데스토, 데이비스 같은 도시는 그와 어떤 관계가 있었는가가 의문으로 남는다. 어쩌면 가족이 살고 있었거나 업무가 있었을 수 있다. 그냥 지나치던 길이었을 수도 있다. 어쩌면 지도에 다트를 던졌는지도 모른다.

그러나 EAR이 새크라멘토에서 살았거나 최소한 일을 했다고 생각하지 않는 수사관을 찾기는 어렵다.

1976년부터 1978년 혹은 1979년 사이 그가 새크라멘토에서 살았다는 추정은 거의 확실하고 이어 1980년대 초중반까지 남부 캘리포니아에서 살았다는 추정도 대단히 가능성이 높다. 이 두 가지를 사실로 놓고 보면 수색범위는 대단히 좁아진다. 그 기간 동안 해당 지역에 살았던 주민 목록을 작성하면, 용의자 범위는 100만 명에서 거의 1만 명 정도로 줄어든다.

이 과정이 아마존에서 상품을 검색할 때 필터를 적용하는 것처럼 간단하다면 이상적일 것이다. 몇 번 클릭만으로 성별(남성), 생년(1940~1960년), 인종(백인), 키(175센티미터에서 180센티미터), 거주지(카마이클 AND 어바인; 혹은 랜초 코도바 AND 우편번호 92620; 혹은 시트러스 하이츠, 골레타 AND 데이나포인트), 어쩌면 추가로 직업(부동산 중개인, 건설노동자, 도장공, 조경사, 간호사, 약사, 병원 잡역부, 경찰, 보안요원, OR 군인—여러 수사관과 아마추어 탐정들이 EAR의 직업일 가능성이 있다고 꼽은 직업들이다). 이 모든 검색변수만 설정하면, 짠! 용의자일 가능성이 있는 후보를 빠뜨리지 않고 비교적 간단하게 추릴 수 있다.

그러나 그렇게 쉽지는 않다. 명단을 어디서 확보해야 하는데 사람을 모두 기록한 중앙 데이터베이스는 없다. 여러 목록을 합치거나 새로 구축해야 한다. 이런 목록을 구성하는 일은 미셸이 가장 낙관적으로 생각한 프로젝트 중 하나였다.

EAR은 바이샐리아 출신일 수도 있다. 어쩌면 골레타에 살았을 수도 있다. 어바인의 우편번호 92620 주소지에 살았을 수도 있다. 코도바 고등학교를 다녔을 수도 있다. 1977년 새크라멘토 전화번호부와 1983년 오렌지 카운티 전화번호부 양쪽 다 이름이 실려 있을 수도 있다. 다른 방식으로 누락되었을 만한 용의자 후보를 발견하기 위해 공개가 제한된 정보나 공식적인 용의자 명단을 꼭 볼 필요는 없다. 필요한 모든 정보와 도구는 이미 온라인 공공기록 수집 사이트, 인구 통계, 등기부, 졸업앨범, 1970년대부터 1980년대까지 전화번호부 등의 형태로 나와 있다(다행히도 그중 많은 부분이 전산처리되어 있다).

미셸이 죽기 전 해에 폴은 Ancestry.com의 결혼 및 이혼 기록, 관련 카운티 부동산 등록부(웹 스크래핑 프로그램으로 수집 가능), 졸업생 명단, 옛 교차 검색 인명부 및 전화번호부 등의 기록에서 이름을 모아 해당 기간 새크라멘토와 오렌지 카운티 주민 총 명부를 구축하기 시작했다.[1]

이어 미셸은 할 수 있는 무슨 일이든 돕겠다고 자원한 캐나다의 컴퓨터 프로그래머에게 연락했다. 폴의 주문에 따라 프로그래머는 다수의 목록을 처리해서 일치하는 문자열을 찾아내는 상호참조 프로그램을 만들었다. 폴은 이 프로그램에 2개 이상의 목록을 입력해서 일치하는 결과를 분석할 수 있었다—일치하는 목록은 4만 개가 넘었다.

일치하는 목록이 만들어지면 폴은 이 목록을 훑어보고 공공기

---

1 기록부와 전화번호부의 텍스트는 스캔한 이미지 자료를 텍스트로 변환하는 광학적 인식 혹은 OCR이라는 소프트웨어 기능을 이용해서 수집했다. 인쇄 및 스캔의 질이 고르지 않은 아날로그 자료를 디지털 눈으로 판독하는 작업이기 때문에 글로 옮기면서 생긴 오류와 문법적 오류가 많았다. 예를 들어 알파벳 O와 D를 구분하지 못한다든지 구두점, 부호, 기타 글자와 숫자가 아닌 기호가 의미 없이 나열된다든지 하는 경우였다. 이런 문제 때문에 수십 년 된 자료 스캔본을 일관성 있고 해독 가능한 포맷으로 옮기는 데는 수백 시간의 후처리 작업이 필요했다.

록 수집 사이트를 이용해서 잘못된 일치 항목을 걸러냈다(존 스미스 같은 흔한 이름일 경우가 많다). 이어 폴은 일치하는 항목에 해당하는 당사자나 남자 친척 중 아무도 용의점이 없다고 확신할 때까지 최대한 많은 정보를 수집했다. 이 과정에서 걸러지지 않은 이름들은 최종 용의자 후보 명단에 들어갔다.

연쇄 도난, 강간, 살인 같은 경우 용의자 명단은 종종 수천 개 이상으로 불어난다. 이 정도 규모의 명단을 일상적으로 관리하는 것은 어렵기 때문에 전과 기록이나 체포 기록, 모든 연쇄범행을 저질렀을 수 있을 가능성, 신체적인 특징 그리고 지리 프로파일을 작성했을 경우 용의자의 직장과 집 주소 등의 요인으로 용의자의 우선순위를 정하는 프로그램이 필요하게 된다.

지리 프로파일링은 특수 범죄 수사기법으로서—어쩌면 과학보다 예술에 가깝다고 여겨지는 행동 프로파일링보다 더 유용하고 과학적일 것이다— 범인의 고정점을(집, 직장 등) 파악하기 위한 목적으로 연쇄범행 관련 핵심 위치들을 분석한다. 이 기법을 사용하면 아주 넓은 용의자 후보군 안에서 특정 영역에 초점을 맞출 수 있다.

일반적인 기술이 비공식적으로 등장한 것은 꽤 오래전이었지만—구로사와 아키라의 〈천국과 지옥〉(1963)에서도 납치범을 찾기 위해 수사관들이 이 기법을 사용했다—'연쇄살인범'이라는 단어가 일반 대중에게 널리 사용되기 시작한 지 10년이 지난 1980년대 후반까지 지리 프로파일링 체계에는 이름조차 없었다. 아직 정착되지 않았던 수사기법이라는 점으로 미루어 생각할 때 EAR이 지리 프로파일링을 의식하고 수사에 혼선을 초래하기 위해 남부 캘리포니아의 머나먼 지역까지 굳이 이동해서 범행을 저질렀다든지 했을 가능성은 없을 것이다. 게다가 EAR이 남부 캘리포니아에서 저지른 범행들은 DNA 증거로 밝혀지기까지 대체로 EAR의 범행으로 여겨지지 않았다(그는 바로 이런 인식을 피하고자 했던 것으로 보이며 증인을 없애려는 목적도 피해자를 죽이기 시작한 이유 중의 하나일 것이다). 오캄의 면도칼 법칙에 따라 EAR은 남부 캘리포니아에서 범행을 저지르던 당시 그곳에 살았다는 결론이 나온다.

단지 남부 캘리포니아 주민이 아니었다는 이유로 누군가를 용의선상에서 완전히 제외한다는 것은 위험할 수 있지만 그런 용의자가 흥미로우려면 상당히 설득력 있는 혐의가 있어야 할 것이다.

그러나 EAR의 알려진 범행 횟수가 적고 넓은 구역에 분포한 남부 캘리포니아는 지리 프로파일링에 이상적인 지역은 아니다. 새크라멘토는 EAR이 10년이라는 기간 동안 수많은 범행을 저지른 지역이기 때문에 지리 프로파일을 구축하기 위해 사용할 수 있는 사건 관련 지점들이 많다.

EAR의 소행으로 확인된 범행 지점 스물아홉 군데, 절도 및 엿보기 신고, 기타 사건 지점 백여 군데라면 EAR이 거주했을 가능성이 가장 높은 동네를 지목하는 지리 프로파일을 구축하는 데 충분하고도 남는 데이터다. 지리 프로파일 용어를 사용하자면 이런 지역을 버퍼 존이라고 한다. 버퍼 존은 전형적인 연쇄범인이 자기 집과 너무 가까운 곳에서 범행하는 것을 꺼린다는 사실에 착안한 태풍의 눈 같은 지점이다.

그러니 최소한 이론상으로 EAR의 신원을 찾아내는 일은 1980년대 초 남부 캘리포니아에 살았던 사람들 중에서 그 이전 1970년대 중반부터 후반까지 새크라멘토 카운티에 살았던 사람들, 그중에서도 버퍼 존에 살았던 사람들을 찾는 일이라고 말할 수 있다.

* * *

연쇄범행 이후 뻗어나간 지역 말고 초기 범인이 잘 알던 지역을 보면 새크라멘토 범행을 시간 순으로 몇 가지 단계로 나눌 수 있다. 우리는 다섯 단계를 선택했다.

- 1~4번 범행(언론보도 통제)
- 5~8번 범행(언론보도 통제)
- 9~15번 범행(새크라멘토 동부에서 활동하는 연쇄강간범이 있다는 첫 뉴스 기사 이후 보도 통제가 풀린 뒤)
- 16~22번 범행(EAR의 주 표적이 혼자 사는 여자에서 커플로 변한 최초의 사건부터 1977년 여름 석 달 동안의 범행 중단 직전까지)
- 24~44번 범행(1977년 여름 범행 중단 기간이 끝나고 새크라멘토 카운티 바깥에서 저지른 첫 범행 이후)

각 단계별로 레이어를 넣은 구글 지도를 만들면, 단계별로 나누어 따로 보거나 번갈아 보면서 각 단계 내의 위치 분포를 서로 대조하고 차츰 확장되는 범인의 활동 반경 속에서 일관된 고정점이나 버퍼 존이 있는지 알아볼 수 있다. 또한 공격지점이 촘촘히 붙어 있을 경우 범인이 그 일대에 대해 아주 잘 알지는 못한다는 점을 시사할 수 있다.

특히 흥미로운 점은 새크라멘토 카운티에서 카마이클, 시트러스 하이츠, 페어오크스가 만나는 일대, EAR의 범행이 가장 넓게 펴져 있었던 지역이었다. 가장 또렷한 비퍼 존을 형성한 곳이기도 했다(지도 1 참조).

폴은 EAR이 지도상에서 노스 리지 컨트리 클럽이라고 되어 있는 지점 근처 어딘가에 산다고 가정하고, 이 일대에서 범행이 일어날 때마다 그 위치가 표면적으로 이전 범행 장소의 버퍼 존 반대방향이라는 점에 주목했다. 아마도 본능과(속도 조절) 계산의(감시가 삼엄해진 지역을 피하려는 생각) 상호작용이었을 것이다.

폴은 완전히 즉흥적이고 비과학적인 접근법으로 지리 프로파일을 시도해보기로 했다. 그는 구글 지도에서 캡쳐한 스크린샷을 포토샵에서 열고 이 일대에서 연달아 발생한 범행 장소를 한 쌍씩 선으로 연결했다. 각 선의 중간지점과 각 선이 다른 선과 만나는 교차점을 표시한 뒤 각각 연결하고 그 결과 만들어진 2개의 그림자를 넣었다. 가장 어둡게 그림자가 생긴 지역을 EAR의 대략적인 거주지로 추정할 수 있다(지도 2 참조).

이번에는 교차점이 가장 빽빽하게 집중되어 있는 지역을 찾기 위해 범행 지점을 한 쌍으로 연결한 선의 중간지점에서 직각으로 선을 다시 그었다. 결과는 유사하다(지도 3 참조).

이어 역시 즉흥적이지만 약간 다른 접근방식으로 동부 지역에

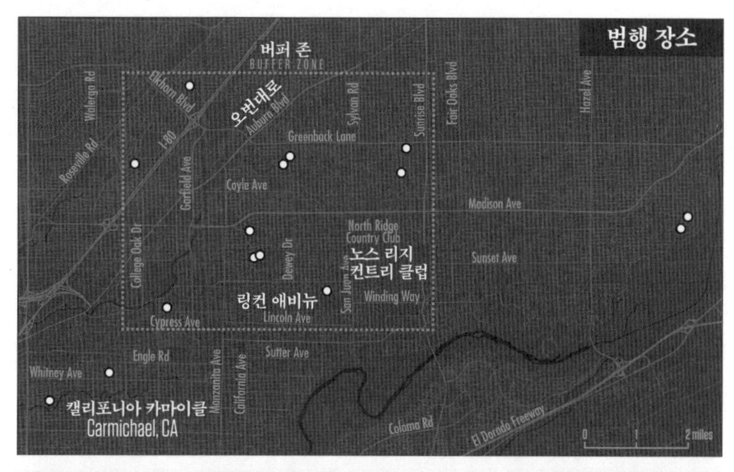

지도 1(위), 지도 2(아래).

서 가장 외곽에 위치한 범행지점을 서로 연결하여 삼각형을 만든 뒤 그 중간지점을 찾기 위해 세 변의 중간점을 서로 연결한 작은 역삼각형을 만들었다. 그는 더 이상 이 과정을 반복할 수 없을 때까지 계속 삼각형을 만들었다(지도 4 참조).

위에 기술한 지도 외에도 독자들을 위해 일일이 소개하지 않

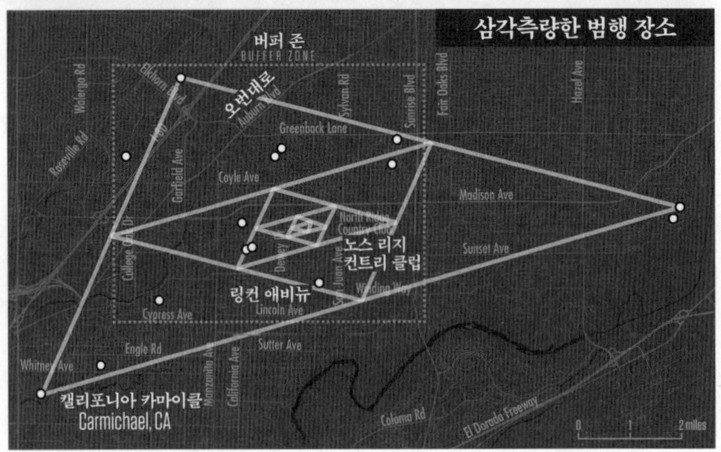

지도 3(위), 지도 4(아래).

고 생략한 지도도 많은데 모두 비슷한 버퍼 존이 나왔다. EAR의 고정점은 카마이클과 페어오크스 경계, 듀이 드라이브와 매디슨 애비뉴 교차로 근처 어딘가라는 점을 시사한다. 연쇄범행 중 다섯 번째 범행 장소가 발생빈도 측면에서 범인의 집에 가장 가깝다는 사실을 발견한(전체 사건 중 24퍼센트가 다섯 번째 범행장소와 가장 가까웠던

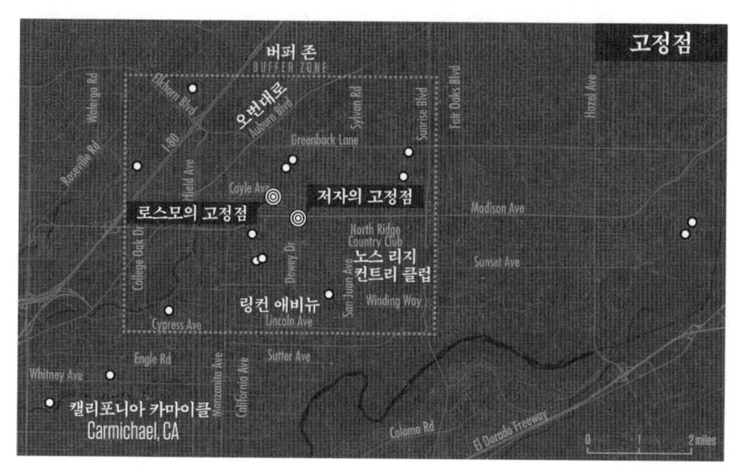

지도 5.

반면 첫 번째 범행장소와 가장 가까운 사건의 비율은 18퍼센트다) 1995년 FBI 연구(워런 외) 또한 이런 결론을 어느 정도 뒷받침한다. 다섯 번째 EAR 범행은 제시된 고정점에서 두 번째로 가까웠고 가장 가까운 열일곱 번째 범행은 아주 근소한 차이로 더 가까울 뿐이다(약 100미터 정도).

2년 뒤, 미셸은 현대 지리 프로파일링의 아버지 킴 로스모Kim Rossmo가 작성한 EAR 새크라멘토 범행에 대한 지리 프로파일을 입수했다. 사실 로스모 자신이 이 용어를 창안했다.

로스모의 고정점은 코일 애비뉴와 밀번 스트리트 교차점 근처였다. 폴이 로스모의 분석을 보지 않은 상태에서 상정한 고정점에서 북서쪽으로 800미터도 채 떨어지지 않은 위치였다(지도 5 참조).

DNA 족보로 살인범 찾기

미셸의 하드 드라이브에 저장된 나머지 3500개의 문서를 훑어 내려가다 보면 드문 PGM 마커가 들어 있는 EAR의 Y-STR 마커를 (부계를 결정짓는 Y 염색체상의 짧은 염기 서열 반복) 수록한 "최근 DNA 결과"라는 제목의 파일이 나온다.

골든 스테이트 킬러의 DNA를 갖고 있다는 것은 수사에 단연 유리한 비밀 정보를 갖고 있는 것과 같다.

그러나 범인의 DNA는 대조할 데이터베이스가 있을 때나 유용하다. CODIS에는 일치하는 DNA가 없었다. 캘리포니아주 재소자 기록 Y-STR 데이터베이스에도 없었다. 범인의 아버지나 형제, 삼촌 중에서 지난 16년 동안 강력범죄로 유죄판결을 받은 사람이 있었다면, 폴 홀스나 에리카 허치크래프트에게 연락이 갔을 것이다. 그들은 범인의 가족을 살펴보고 연쇄범행이 발생한 지역 인근에 살았던 가족 구성원에 주목해서 수사를 시작했을 것이다.

그러나 아무것도 없었다.

범죄자가 아니라 족보광들이 모여 DNA 프로파일을 대조하는 데 사용하는 공공 데이터베이스가 있다. 범인의 Y 염색체상 STR 마커를 이런 데이터베이스에 입력하면 일치하는 정보가 나오거나 최소한 수사에 도움이 될 만한 성을 얻을 수 있다.

폴 홀스는 2013년 이를 시도했다. 미소 지으며 "내가 해결했어!"라고 외치던 미셸처럼, 그도 자신이 마침내 이 기법으로 범인을 찾았다고 생각했다.

미셸은 반쯤 완성한 "새크라멘토, 2013년"이라는 제목의 원고에서 그 이야기를 썼다.

폴 홀스는 서류함 서랍이 쿵 닫히는 소리를 아직도 들을 수 있었다. 그는 EAR에 관련된 모든 자료를 비워 상자에 넣고 오렌지 카운티의 래리 풀에게 페덱스로 보냈다.

"래리가 갖고 있어." 홀스는 생각했다. 이제 시간문제다.

10년 뒤, 홀스는 따분하기 짝이 없는 기분으로 사무실에 앉아 있었다. 그는 이제 범죄연구소 소장이었다. 두 번째 결혼 생활 중이었고, 두 번째 아내와 아이 둘을 더 가졌다. 그는 모든 전문분야의 기법이 완전히 물갈이되는 것을 지켜보았을 정도로 오랫동안 연구소를 지켰다. 모발 분석? 생각만 해도 몸이 움츠러들었다. 그와 동료들은 때로 둘러앉아 예전에 사용하던 도구들과 1세대 휴대전화처럼 거추장스럽고 결함도 많던 장비에 대해 이야기하며 웃곤 했다.

이제 그는 안정적인 승진과 가족 부양을 위해 10여 년 동안 미뤄두었던 자신과의 약속을 지키려는 참이었다. 수사관 폴 홀스. 언제 들어도 어감이 좋았다. 그는 적절한 사람들과 접촉하고 있었다. 필요한 경력도 만들었다. 미결 수사를 전임으로 맡기 위해 검찰청으로 옮기는 절차가 이미 진행 중이었다.

그러나 한 가지 문제가 있었다. 검찰청으로 가지고 가야 할 문제. EAR. DNA를 통해서도 신고를 통해서도 그가 모습을 드러내지 않는 한 해 한 해마다 홀스의 흥미는 커져갔다. 아내가 알았다면 집착이라고 했을 것이다. 스프레드시트도 만들었다. 여가시간의 드라이브는 범죄현장 답사가 되었다. 한 번도 아니고, 매주.

때로 얼굴 없는 한 남자가 피해자는 물론 그 가족에게 끼친 피해를 생각할 때면 형사들의 체면, 낭비한 돈, 시간과 노력, 가족의 시간, 망가진 결혼 생활, 평생 사라진 성생활을 생각할 때면… 홀스는 거의 욕설을 하지 않았다. 그런 성격이 아니었다. 그러나 이 모든 것을 생각하면 그저 빌어먹을, 이런 기분이었다. 빌어먹을. 개자식.

이 사건을 수사했던 1세대 형사들은 이제 건강 문제를 갖고 있었다. 시간이 날 때마다 이런 저런 일을 담당했던 2세대 형사는 곧 은퇴할 예정이었다. 시간이 없었다. EAR은 그들을 돌아보며 반쯤 닫힌 문 뒤에서 히죽 웃고 있었다.

홀스는 의자를 컴퓨터로 가져갔다. 작년 한 해, 자신의 가계에 관심이 많은 사람들 사이에서 DNA 조상찾기가 인기를 끌었다. 잘 알려지지 않은 사실이지만 신원 미상의 범죄자를 찾아내는 도구로도 유용했다. 수사기관에 있는 사람들은 조심스러웠다. 프라이버시 문제. 홀스는 DNA를 잘 알았다. 아주 잘 알았다. 그가 볼 때 DNA 족보는 확실한 해결책이 아니라 도구였다. 그는 EAR의 DNA에서 추출한 Y-DNA 프로파일을 갖고 있었는데, 이는 EAR의 부계를 분리해냈다는 뜻이었다. 사람들이 자기 사촌이나 가까운 친척들을 찾는 특정 족보 웹사이트에 이 Y-DNA 프로파일을 입력할 수 있었다. 자기 Y-DNA 프로파일의 마커 세트 12번부터 111번까지 아무것이나 입력하면 일치하는 사람의 목록, 즉 조상이 같을 수도 있는 가족의 성이 뜬다. 대부분의 경우 일치하는 마커와 나 사이의 유전적 거리는 1인데, 친척을 찾는다면 1은 별 의미가 없는 먼 거리이고 극히 드물게 나오는 0이 아주 가까운 친척을 뜻한다.

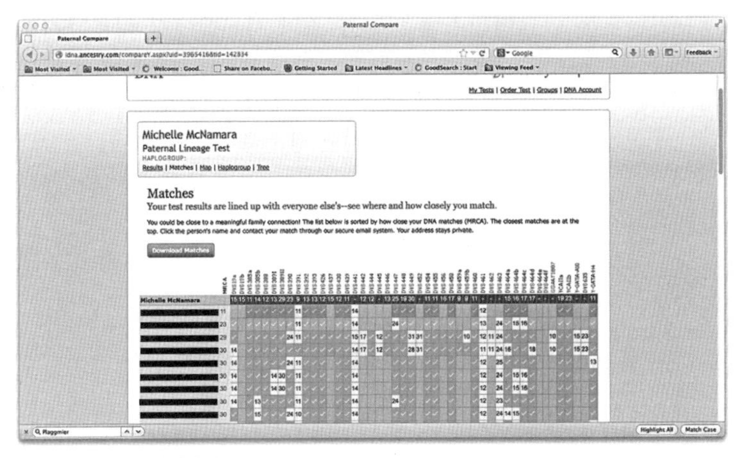

Ancestry.com 데이터베이스.

홀스는 이 검사를 두어 주마다 실시했다. 기대는 하지 않았다. 그래야 계속할 수 있었다. 2013년 3월 중순의 어느 날, 그는 다시 익숙한 염기서열을 넣고 입력을 눌렀다. 잠시 후 목록이 떴다. 대부분 이전 검색을 통해 익숙한 성들이었다. 하지만 목록 맨 꼭대기에 있는 성은 처음 보는 이름이었다.

EAR은 극도로 드문 마커 하나를 지니고 있다. 전 세계 인구의 2퍼센트만이 이 마커를 가지고 있다. 홀스가 맨 꼭대기의 이름을 눌러보니 이 프로파일에는 그 드문 마커가 들어 있었다. 게다가 다른 EAR 마커 11개도 모두 일치했다. 유전적 거리는 0이었다. 홀스는 이전에 한 번도 0을 본 적이 없었다.

우선 무엇부터 해야 할지 알 수 없었다. 그는 가장 자주 정보를 교환하는 새크라멘토 카운티 보안관서 형사 켄 클라크에게 전화를 걸기 위해 수화기를 들었지만 번호를 입력하기 전에 다시 놓았다.

새크라멘토는 마르티네스에 있는 홀스의 사무실에서 차로 1시간 거리였다. 그는 자동차 열쇠를 집어들었다.

우선 36년 전 이 모든 일이 시작된 장소로 가고 싶었다.

미셸은 이 일의 결말을 결국 보지 못했다. 그것은 EAR 수사에 참여했던 사람이라면 누구나 미쳐버리게 만들 만한 결말이었다. 은퇴한 비밀경호국(Secret Service) 요원이자 아마추어 탐정인 러스 오아지가 익명으로 EAR의 마커를 같은 데이터베이스에 올린 것이었다. 폴 홀스가 일치하는 프로파일을 발견했다고 생각한 것은 사실상 두 사람이 같은 살인범의 DNA 프로파일을 올리고 동일 인물이라는 결론을 얻은 것이었다.

DNA는 미셸이 골든 스테이트 킬러라는 미궁을 돌파하는 최선의 길이라고 생각한 실마리였다. 캘리포니아주는 주 내 데이터베이스에서 DNA 족보 검사를 허가하는 미국 내 9개 주 중 하나다. 만약 골든 스테이트 킬러의 형이 내일 강력범죄로 체포된다면 일치하는 프로파일이 뜨게 된다. 그러나 그 데이터베이스에는 전과가 있는 사람만 입력되어 있다.

미셸은 범인을 찾을 수 있을지도 모른다고 생각하고 살인범의 DNA 프로파일을 Ancestry.com 온라인 Y-STR 데이터베이스에 입력했다.

페이지 꼭대기를 훑어보면 유망해 보인다. 꼭대기의 이름은 (이름은 전부 지웠다) 여러 항목이 일치한다. 이 이름은 아주 드문 이름이었다(미국과 영국에서 손에 꼽을 정도로 적다). 이름 옆의 MRCA는

'가장 가까운 공통 조상(Most Recent Common Ancestor)'이라는 뜻이며 숫자는 공통 조상을 찾을 확률이 50퍼센트가 될 때까지 거슬러 올라가야 하는 세대 수다. 이 남자와 미셸(살인범의 DNA를 올렸다) 사이의 MRCA는 11세대로(확률 50퍼센트) 나왔다.

이 결과를 폴 홀스와 다른 전문가에게 상담하니 미셸이 처음 생각한 만큼 의미심장한 것은 아니었다. 이 남자의 가계를 330년 거슬러 올라가야 한다는 뜻이었고, 거기까지 올라가도 겨우 50퍼센트 확률로 범인을 찾을 수 있다는 뜻이었다.

이 결과를 놓고 정확한 범인 하나를 찾는다는 것은 이 검사로는 불가능했다.

미셸이 만나본 전문가 중에는 생부모를 찾는 사람들을 돕는 법과학 계보학자 콜린 피츠패트릭Colleen Fitzpatrick이 있었다. 피츠패트릭은 피닉스의 악명 높은 애리조나 운하 살인범을 비롯하여 몇몇 대형 사건을 해결하는 데 중요한 역할을 했으며, 법과학 계보학에 대한 책을—문자 그대로[2]—쓰기도 했다. 그는 미셸과 오랜 시간 때로 이른 새벽에도 통화하며 골든 스테이트 킬러의 신원을 알아낼 수 있는 계보학적 접근 방식을 논의했다.

미셸이 죽은 후 콜린은 앞선 사이트에서 찾아낸 부계혈통을 활용할 방법이 없더라도 실마리는 있다고 빌리에게 설명했다.

"아주 먼 부계조상이 일치하는 사람들만 나온다 해도 그 사람들의 성이 모두 같으면 그것이 범인의 성일 가능성이 높다고 추정

---

2 콜린 피츠패트릭이 쓴《법과학 계보학Forensic Genealogy》은 2005년에 출간되었다.

할 수 있고 그 사람들과는 아주 여러 세대를 거슬러 올라가는 확대 가족이라고(직계 혈통의) 볼 수 있을 것입니다. 그러나 이 경우처럼 여러 성이 섞여 나온다면 그중 특정한 성을 지목할 수 없지요. 때로는 걸려 나온 이름들의 '어감'을 통해 특정한 민족인지 짐작할 수 있을 겁니다. 예를 들어 혈통이 가까운 사람들의 명단이 모두 아일랜드 이름이라면 범인도 아일랜드인일 것이라고 짐작할 수 있습니다. 제가 운하 연쇄살인사건을 수사할 때 사용했던 방식이 바로 이것입니다. 범인의 성이 밀러Miller라는 것을 알아냈을 뿐만 아니라 아일랜드 출신의 밀러라고 피닉스 경찰에게 알렸습니다. 몇 주 뒤, 그들은 브라이언 패트릭 밀러Bryan Patrick Miller를 체포했지요. 제가 EAR이 독일 이름을 지닌 영국 출신일 거라고 추정한 것도 바로 이런 과정을 통해서였습니다. 미셸을 위해 실시한 검사를 통해 제가 발견한 '어감'은 그랬습니다."

그렇다면 용의자는 가족이 어느 시점부터 영국에서 거주하기 시작한 독일 이름을 가진 남자였다. 물론 입양되었을 수도 있었다. 그렇다면 모든 희망이 사라진다.

결국 중요한 것은 시료를 대조하는 데이터베이스의 규모다. 2016년이 되자 고객의 DNA 프로파일을 분석해서 급격하게 규모가 불어나는 데이터베이스에 입력하는 회사가 많이 생겼다. 이런 회사는 상염색체 DNA 검사를 사용한다. 100달러 정도의 금액과 소량의 타액만 있으면 DNA 프로파일을 받아볼 수 있다. 미래에 내가 알츠하이머병에 걸릴 것인가 여부, 나와 같은 눈 색깔이 나올 확률 같은 것을 알 수 있을 뿐만 아니라 이 검사는 입양자나 홀어머니 밑에서 자란 사람들에게도 사용된다. 결과를 통해 몰랐던 사촌의 존재도 알게 되고 더 나아가 생부 및 기타 자신에 대한 정보를 알 수 있게 된다. 당장 결과가 나오지 않더라도 희망은 있다. 새로운 친척이 웹사이트에 DNA를 등록하면 회사에서 이메일로 알려준다. "새로운 DNA 친척이 등록하셨습니다." 빌리는 몇 년 전 자신의 DNA를 등록했는데 최근 23andMe에서 이런 이메일을 받았다. "지난 90일 동안 당신과 DNA를 공유하는 51명이 DNA 친척에 등록하셨습니다." 검사 결과는 부계 혈통만 맺어주지 않는다. 모든 사람들을 다 맺어준다.

무엇보다도 이 데이터베이스의 규모는 어마어마하다. 23andMe에는 150만 개의 프로파일이 등록되어 있고 Ancestry는 250만 개다.

수사기관이 범행현장에서 발견한 DNA를 이런 데이터베이스에 입력하고 시스템 안에 있는 범인의 친척을 통해 올바른 방향을 찾아갈 수 있다면 얼마나 많은 살인, 강간, 기타 강력범죄를 해결할 수 있을까. 불행히도 이런 회사는 프라이버시 문제와 이용약관 때문에 수사기관과 협조하지 않는다.

23andMe와 Ancestry.com의 데이터베이스에 수수께끼의 답이 숨어 있을 거라는 생각으로 미셸은 여러 밤을 지샜다.

선별한 마커 대신 살인범의 실제 유전물질을 이런 데이터베이스에 등록한다면 6촌, 8촌지간인 사람들을 발견할 확률이 커질 것이고 그 사람을 통해 살인범의 신원을 알아낼 수 있을 것이다.

그러니 해답은 이 잠긴 문 뒤에 숨어 있을지도 모른다. 프라이버시 문제와 불법 수색 및 압류 문제로 만들어진 자물쇠 뒤에.

미셸은 급격하게 규모가 불어나는 이 상업적 데이터베이스에 범인의 DNA를 입력할 수 있기를 바랐다. 그렇게 하려면 이용약관을 우회해야 했을 것이다. 그러나 DNA를 데이터베이스에 입력하려면 회사에서 보내 준 튜브에 침을 뱉어서 다시 보내야 한다. 미셸은 범인의 타액이나 상피세포를 채취한 면봉을 가지고 있지 않았다. 그녀는 종이에 인쇄한 프로파일을 갖고 있었다. 그러나 빌리의 과학자 친구에 따르면 여기도 편법은 있었다. 그럼에도 불구하고 프라이버시와 이용약관, 수정헌법 4조를 이유로 비판하는 논리는 〈쥬라기 공원〉에서 제프 골드블럼이 연기한 과학자 이언 맬컴의 고전적인 대사를 연상시킨다. "당신네 과학자들은 할 수 있을까 없을까에 너무 몰입한 나머지 해도 되는가 안 되는가는 생각해보지를 않아."

* * *

이 책의 바탕이 된 원고를 〈로스앤젤레스〉에 연재하기 시작했을 때 미셸은 공식 수사기록을 조금씩 입수했다. 꼼꼼하게 자료를 읽고 기록에 등장한 인명과 장소, 물건의 색인을 만들기 시작했다. 목적은 세 가지였다. 보고서 안의 수사요소를 편하게 찾기 위해서, 인물을 명확하게 정리하고 이후 지리적 이동에 따라 관계있는 사람들을 찾기 위해서, 중복되는 이름이나 피해자 사이의 공통점을 찾기 위해서.

미셸은 전·현직 수사관들과 인간관계를 맺었고, 이후 그들은 정보를 공개적으로 교환하기 시작했다. 그녀는 명예 수사관이었다. 그녀의 에너지와 통찰력은 지친 수사에 활력을 불어넣어 주었다. 그녀는 우리가 발견한 것들과 최종 목록을 몇몇 현직 수사관들에게 넘겨주었다.

공식 수사기록 모음은 차츰 규모가 커졌다. 2016년 1월 엄청난 양의 물리적 자료를 획득한 것이 그 정점이었다. 미셸과 폴은 EAR-ONS 사건기록이 가득 찬 서류상자 65개가 들어 있는 오렌지 카운티 보안관서의 좁은 벽장으로 안내받았다. 그들은 기록 열람은 물론 당국의 감독하에 원하는 것을 대출해도 좋다는 허락까지 받았다.

이것이 원석이었다.

그들은 로스앤젤레스로 운반할 상자 35개와 대형 플라스틱 통 2개를 골랐다.

미셸은 미리 생각해둔 것이 있었다. 차 한 대에 같이 타고 하루 종일 돌아다니는 대신 두 사람은 각자 SUV를 몰고 산타아나에 입성했다. 그들은 서류 상자를 짐수레에 싣고 오렌지 카운티 보안관서 본부 뒤쪽 화물 출입구로 운반해서 차량 두 대에 나눠 실었다. 그들이 무슨 일을 하고 있는지 모르는 부보안관들이 건물에서 나왔지만, 다행히 아무도 눈치채지 못하는 것 같았다. 그들은 보안관서 사람들의 마음이 변하기 전에 최대한 빨리 움직였다.

그들은 로스앤젤레스로 돌아왔고 상자는 미셸의 집 2층으로 옮겨졌다. 한때 딸의 놀이방이었던 공간은 이제 자료실이 되었다.

그들은 곧 자료를 파헤치기 시작했다. 모든 성배, 미셸이 미처

보지 못했던 모든 자료가 거기 있었다. 부가 보고서도 산더미 같았다. 부가 보고서야말로—특정 사건기록 폴더라는 부동산에 수록되지 못하고 EAR 서류함 뒤쪽으로 밀려난 고아와 노숙자, 외톨이 자료들—그들이 가장 열람하고 싶어 했던 보물 중의 하나였다. 미셸과 폴은 그 파일 안 어딘가에 범인의 이름이 있다면 그것은 아마 여백에 흘려 쓴 메모 중 하나일 거라는 믿음을 가지고 있었다. 잊고 있던 용의자, 간과한 목격자 증언, 한 번도 추적하지 않았던 수상한 차량 혹은 당시 그 장소에 있을 만한 적당한 핑계가 있었던 것 같았던 수상한 사람.

미셸은 고용량 디지털 스캐너 두 대를 샀고 그들은 자료를 스캔하기 시작했다. 이 자료 중 상당량은 폴 홀스, 켄 클라크, 에리카 허치크래프트 같은 현직 수사관들도 보지 않았던 것들이었다. 스캔을 해두면 파일에 쉽게 접근할 수 있고 텍스트 검색도 가능했으며 수사관들의 호의에 대한 보답으로 미셸이 귀중한 서비스를 제공한다는 의미도 있었다.

이는 수사가 시작된 후 가장 큰 성과였다. 상황을 바꿔놓는 커다란 전환점이라고 할 수 있었다. 미셸은 범인의 이름이 이 상자 어딘가에 있을 확률이 80퍼센트 이상이라고 믿었다.

＊＊＊

〈로스앤젤레스〉지 기사가 출간된 뒤 미셸은 기사를 읽은 뒤 자신이 사건을 해결하겠다는 결심에 몇 시간이라도 골똘히 고민한 아마추어 탐정들이 보내는 편지에 대해 블로그 글을 올렸다.

> 지난주 나는 내 기사 〈살인마의 발자국을 따라서〉의 독자로부터 수십 통의 편지를 받았다. 많은 이메일 안에는 증거에 대한 각자의 통찰과 1976년부터 1986년까지 캘리포니아주 전역에서 범행을 저지른 연쇄살인범 골든 스테이트 킬러를 어떻게 잡는 것이 가장 좋을 것인가에 대한 신선한 아이디어가 들어 있었다.
> 지도가 가장 많은 아이디어를 낳았다. 많은 독자들이 각자의 전문적인 혹은 학술적인 배경을 토대로 가설을 만들어 보내주었다. '골프 커뮤니티'에 경험이 있는 한 건설업자는 지도가 자신이 일했던 많은 커뮤니티와 비슷해 보인다고 썼다. 손으로 그린 길이 골프 카트 도로와 비슷하다는 것이었다.
> 한 독자는 세밀한 영역 경계선에 대해 오싹한 통찰을 보냈다. 범인이 어둠 속에서 돌아다닐 때 만나게 되는 장애물을 파악하기 위해 그린 울타리 선이라는 것이었다.
> 한 독자는 "내게 6학년 시절을 떠올리게 하는 단어는 분노다"의 일기장 안에 단서가 있다고 느꼈다. 6학년의 숫자 6이 알파벳 G와 비슷해 보인다는 것이었다. 일기를 쓴 사람은 다른 단어를 쓰려다가 6으로 바꾸고 숫자 앞에 관사 the를 붙인 것 같은데, 아마 그 단어는 그가 자란 도시일 것이다. 아마 도시 이름은 G로 시작할 것이라고 그녀는 추정했다.
> 에세이 증거물 "그 단어는 분노다"는 6학년 시절 남자 선생님에 대한 분노를 서술하는 내용이다. 쓴 사람이 초등학교에 다녔을 1960

넌대에 6학년 남자 교사가 비교적 드물었다는 점을 지적한 독자도 여럿이었다.

또 다른 독자는 골든 스테이트 킬러가 젊은 범죄자로 첫발을 내딛었을 바이샐리아에는 근처 르무어 해군항공기지 소속 조종사가 많이 살고 있다고 적었다. 범행이 발생한 다른 여러 지역이 군 항공기지에 가깝다는 점으로 미루어볼 때 범인은 조종사의 아들이었을 가능성이 있다.

이런 단서 몇몇은 범인이 어떤 사람인지 구체화하는 데 도움이 될지도 모른다. 중고 시장에서 수십 가지 서로 다른 조각이 한데 섞여 있는 조각퍼즐처럼 어떤 단서는 범인과 아무 관계가 없을 것이다.

미셸은 이 모든 조각이 들어맞는지 끝까지 하나하나 확인하기로 결심했다.

그녀의 하드 드라이브에서 마지막으로 수정된—2016년 4월 18일, 사망 사흘 전이었다—문서 중 하나의 제목은 "아직 할 일"이었다.

- 데비 디에게서 플래시에 대해 알아낼 것. 혹시 다른 집에서 플래시를 가져왔을 가능성은? 혹시 그렉이 톨텍을 방문했는지 아는 바가 있나?
- (형사 중 한 사람)은 O·M(오퍼먼·매닝) 사건 이후 병가를 내고 심리상담을 받아야 했다. 레이는 그가 본 최악의 현장이었다고

말했다(어윈에게 보낸 이메일에 이런 내용이 있다). 왜 도밍고·산체스 사건보다 더 나빴는지?

- 에리카에게: 내가 범행현장을 읽는 훈련을 받지 못해서 그러는데, 크루스가 무슨 일을 당했다고 생각하는지?
- 켄 클라크에게: 마지오레 사건 당시 언론 및 여론이 연쇄살인이라고 추정했는지? FBI가 DNA 족보 검사를 시도했을 때 200개에서 400개 정도 결과가 나올 거라고 기대했지만 하나도 나오지 않았다는 것이 사실인지?
- 어릿광대 복장으로 걷고 있던 남편 혹은 남자에 대한 이야기가 정확히 무슨 의미였는지 켄에게 알아볼 것.

질문은 몇 페이지고 계속된다. 미셸의 블로그 '트루 크라임 다이어리'에서 우리는 그녀가 던진 질문에 대한 해답을 찾기 위해 노력할 것이다. 사건에 대한 토론은 계속되고 있으며 우리는 밤낮으로 새로운 단서와 범인에 대한 가설이 등장하는 수많은 게시판을 읽고 독자들이 참여하기를 희망한다. 미셸은 사건이 해결되기만 한다면 누가 해결하는지는 관심없다고 늘 말했다.

이 사건에 미셸이 남긴 영향은 의문의 여지가 없다. 켄 클라크의 말을 빌리면, 그녀는 "미국에서 가장 인지도가 낮은, 그러나 가장 왕성하게 활동했던 연쇄범죄자 중 하나에 사람들의 관심을 환기시켰다. 내가 이 사건을 수사하던 당시 기록을 직접 읽지 않았다면 거의 믿기지 않을 정도의 이야기일 것이다. 전문적인 조사와 세부적인 내용에 대한 관심, 범인을 찾아내겠다는 진솔한 욕구를 통해 미셸은 고통받은 사람들의 프라이버시를 지키는 일과 사람들이 알아볼 수 있도록 범인의 모습을 묘사하는 일 사이에서 균형을 잡을 수 있었다".

"그렇게 여러 관할 소속의 수많은 수사관들에게 신뢰를 얻는다는 것은 쉽지 않다." 에리카 허치크래프트는 우리에게 말했다. "그러나 미셸은 그 일을 해냈고 그것은 그녀가 쌓은 신뢰와 불굴의 인내, 사건에 대해 진심으로 관심을 가졌다는 사실 때문이었다."

폴 홀스도 동의하며 미셸을 사건 담당 형사 파트너로 생각했다는 말까지 했다. "우리는 끊임없이 의견을 나누었습니다. 내가 뭔가 흥분해서 그녀에게 보내면 그녀도 마찬가지로 흥분했어요. 자료를 파고들어 이름을 발견하면 내게 조사해보라고 보내곤 했습니다. 이 사건은 온갖 감정의 롤러코스터입니다. 범인을 찾았다고 생각하고 높이 올라갔을 때는 더없이 행복하다가 DNA 검사로 유망했던 용의자를 제외하게 되면 다시 바닥으로 내리꽂히는 거죠. 미셸과 나는 그 우여곡절을 같이 겪었습니다. 내 용의자, 그녀의 용의자. 이메일을 주고받으며 흥분이 차츰 커지다가도 결국에는 마찬가지로 탈락이라는 결말을 겪어야 했어요."

"미셸은 저의 신뢰뿐만 아니라 수사팀 전체의 신뢰를 얻을 수 있었고 자신만의 통찰과 끈기로 타고난 수사관이라는 것을 입증했습니다. 사건에 대해 학습하는 능력, 누구나 가질 수 없는 통찰, 집요함, 호감이 가고 함께 있으면 즐거운 성격까지 모두 다 한 몸에 지닌 놀라운 사람이었어요. 이 사건에서 외부자로 출발해서 어느새 우리의 일원이 된 것은 그녀가 유일합니다. 이 사적이면서도 공적인 파트너 관계는 형사수사에서 정말 독특한 것이었습니다. 미셸은 그 일에 완벽했습니다."

"마지막으로 미셸을 본 것은 라스베이거스였는데 우리는 오랜 시간 사건 이야기를 하며 어울렸습니다. 그날이 그녀를 대면한 마지막 날일 줄이야. 그녀가 마지막으로 보낸 이메일은 4월 20일 수요일이었습니다. 언제나 그렇듯 자기와 자료조사담당이 발견한 파일이 있는데 알고 있어야 할 것 같아서 보낸다는 내용이었어요. 마지막은 '곧 다시 이야기하죠. 미셸'이었습니다."

"금요일 밤에 그녀가 사망했다는 소식을 들은 뒤 그 파일을 다운로드했습니다. 그녀는 그때까지도 날 돕고 있었어요."

2013년 12월 편집자에게 보낸 이메일에서 미셸은 모든 실제 사건기자들이 미결사건에 대해 쓸 때 해결해야 하는 문제를 언급했다. 이야기를 어떻게 끝맺을 것인가?

> 나는 수사진행 상황에 대해 아직 낙관적이지만 현재 미결로 남아 있는 수수께끼에 대해 글을 쓴다는 것이 까다롭다는 사실에 눈을 감고 있지는 않습니다. 잡지에 기사가 나간 뒤 독자들에게서 이메일이 어마어마하게 날아 왔는데 거의 전부 "이 점은 생각해보셨겠지만 혹시 안 하셨다면 이건 어떨까요?"로 시작하는 내용이에요. 모든 사람들의 마음속에는 단서만 제대로 주어진다면 자신이 수수께끼를 해결할 수 있다고 믿는 셜록 홈스가 있는 게 틀림없습니다. 미결 상태라는 점이 독자들에게 불만으로 남을 수 있다는 것이 문제라면 발상을 전환해서 이를 강점으로 생각해보는 게 어떨까요? 저

는 범행이 발생하던 당시의 자료는 물론 최신 자료도—지리 프로파일, 신발 분석, 범인이 범행을 저지른 요일 등—문자 그대로 수백 페이지 분량을 갖고 있습니다. 이런 자료를 책 속에 제공해서 독자들에게 형사 놀이를 할 수 있는 기회를 주는 것도 좋은 생각 아닐까요.

우리는 그의 이름을 알아낼 때까지 멈추지 않을 것이다. 우리 역시 형사 놀이를 할 것이다.

폴 헤인스, 빌리 젠슨

2017년 5월

노인에게 보내는 편지

당신의 접근 방식은 당신을 말해준다. 울타리에서 쿵 부딪히는 소리, 억지로 딴 중정 문을 통해 싸늘하게 내려가는 실온, 새벽 3시 침실에 스며든 애프터쉐이브 로션 냄새, 목덜미의 칼날. "움직이지마. 안 그러면 죽인다." 체내 협박 감지 시스템이 묵직한 잠기운 아래에서 고분고분 깜빡인다. 일어나 앉을 시간은 없었다. 잠에서 깬다는 것은 포위되었다는 사실을 자각한다는 뜻이었다. 전화선은 끊겼다. 실탄은 총에서 비워졌다. 몸을 묶을 끈이 준비되어 있다. 당신은 마스크 아래에서 낯설게 거칠게 숨을 쉬며 곁눈으로 행동을 지시한다. 당신의 익숙함에 그들은 겁을 먹는다. 당신의 손은 쉽게 찾기 힘든 전등 스위치로 대뜸 날아간다. 당신은 이름을 알고 있다. 아이들 숫자도, 집 구조도. 당신은 치밀한 사전 계획으로 결정적인 우위를 점하고 있다. 눈부신 플래시 불빛과 잇새로 내뱉는 협박에 피해자들이 잠에서 깨었을 때 당신은 언제나 그들에게 낯선 사람이었지만 당신에게 그들은 그렇지 않았으므로.

심장이 고동친다. 입술이 마른다. 당신의 특징은 가늠할 수 없다. 당신은 단단한 밑창이 달린 신발의 잠깐의 스침이었다. 당신은 결박한 양손 사이에 밀어 넣은 베이비로션 바른 성기였다. "잘해봐." 아무도 당신의 얼굴을 보지 못했다. 아무도 당신의 전체 몸무게를 느끼지 못했다. 눈을 가린 피해자들은 냄새와 청각에 의지했다. 꽃향기 나는 탤컴파우더, 계피 향 약간, 커튼 봉에 달린 종, 더플백 지퍼 소리, 바닥에 동전 떨어지는 소리, 훌쩍거리는 흐느낌. "아, 엄마." 가죽이 닳은 로열블루 테니스 신발.

서쪽 방향에서 개 짖는 소리가 멀어진다.

당신이 뒤에 남긴 것들이 당신을 말해준다. 샌라몬 몽클레어의 한 목장용 주택 창문 방충망에 수직으로 낸 10센티미터 틈, 관목 덤불 속의 녹색 손잡이 손도끼, 너도밤나무에 걸린 끈 조각, 뒷마당에 떨어진 슐리츠 몰트 리큐어 빈병의 거품, 종류를 알 수 없는 청색 페인트 자국, 당신이 울타리를 뛰어넘은 것으로 추정되는 지점을 찍은 콘트라코스타 카운티 보안관서 3번 사진 명부 네 번째 프레임, 몇 시간 째 마비된 채 보라색으로 변한 소녀의 오른손, 먼지 위에 남은 쇠 지렛대 윤곽.

두개골이 부서진 시체 여덟 구.

당신은 관음증 환자였다. 습관과 일상을 끈기 있게 기록하는 자다. 파견직에 일하는 남편이 야간 근무로 바뀌던 첫날 밤 당신은 범행을 저질렀다. 새크라멘토 손우드 3800블록 사건 현장 욕실 창문 아래에는 4일에서 7일 된 헤링본 밑창 족적이 있었다. 경찰들은 당신이 거기 서서 피해자의 침실을 들여다보았다고 추정했다. "네

늙은 남편하고 놀 듯이 해봐." 그는 평소 어떻게 하는지 아는 것처럼 말했다. 당신은 소녀가 평소 남자친구와 침대에서 하던 대로 그녀에게 하이힐을 신겼다. 기념품으로 비키니 폴라로이드 사진을 훔쳤다. 찌르는 듯한 플래시를 들고 당신의 머릿속에서 펼쳐지는 영화의 감독이자 주연배우처럼 짧은 말을 반복하며 돌아다녔다.

거의 모든 피해자는 같은 장면을 증언했다. 당신이 한참 집 안 다른 곳을 무심하게 뒤지다가 되돌아오는 것을 느끼는 순간. 말 한마디, 움직임 하나 없었다. 하지만 그들은 당신이 거기 서 있다는 것을 알았고, 스키 마스크의 두 구멍에서 밖을 내다보는 생명력 없는 시선을 상상할 수 있었다. 한 피해자는 당신이 자기 등의 흉터를 응시한다고 느꼈다. 한참 아무 소리도 들리지 않아서 그녀는 '갔구나' 생각했다. 숨을 내쉬는 순간, 칼끝이 내려와서 흉터 가장자리를 훑기 시작했다.

판타지가 당신의 아드레날린이었다. 당신의 상상력은 실패한 현실을 보상했다. 당신의 부족함은 악취를 풍겼다. 한 피해자는 반심리적 수법을 동원해 속삭였다. "당신 잘해요." 당신은 놀란 듯 갑자기 그녀를 놓았다. 당신의 강한 남자 흉내에는 허세의 냄새가 났다. 이를 악문 속삭임에는 떨림이 있었고, 가끔 말을 더듬었다. 다른 피해자는 당신이 왼쪽 젖가슴을 잠깐 움켜잡았던 장면을 설명했다. "문 손잡이처럼 잡더군요."

"아, 이거 안 좋아?" 당신은 소녀를 강간하며 묻고 그녀가 그렇다고 대답할 때까지 목에 칼을 들이댔다.

당신의 판타지는 뿌리가 깊지만, 절대 당신의 발을 헛디디게 하지 않는다. 잡히지 않은 강력범 수사는 달리기 경주다. 당신은 언제나 선두를 유지했다. 당신은 아는 게 많다. 의심을 피하려면 일반적인 경찰 수사반경 바깥에, 두 집 사이 혹은 공터에 주차해야 한다는 것을 알고 있었다. 유리창 틀에 작은 구멍을 내서 나무 걸쇠를 벗기는 도구를 사용했고, 피해자들이 잠들어 있는 동안 소리없이 창문을 열었다. 누가 접근하면 소리가 들리도록 에어컨을 껐다. 곧장 밖으로 나갈 수 있도록 옆문을 열어놓고 중정 가구도 재배치했다. 10단 기어 자전거로 페달을 밟아 자동차로 추적하는 FBI 요원을 따돌렸다. 지붕을 넘어 다녔다. 1979년 7월 6일 댄빌에서는 사냥개가 시커모어 힐 코트Court의 담쟁이덩굴에 너무나 강하게 반응해서 조련사는 냄새가 얼마 안 된 것이라고 추정했다.

한 주민은 당신이 범행 장소에서 달아나는 것을 목격했다. 당신은 들어갔던 대로—바지를 입지 않은 채—집을 빠져나왔다.

헬리콥터, 바리케이드, 차 번호판을 적는 시민 순찰단, 최면술사, 심령술사, 유전자 검사를 받은 수백 명의 백인 남성. 아무 소득이 없었다.

당신은 냄새였고 족적이었다. 사냥개와 형사들은 둘 모두를 추적했다. 그러나 모두 비켜 갔다. 아무것도 없었다.

모두 어둠으로 이어졌다.

오랫동안, 당신이 우위에 있다. 당신의 걸음걸이는 추진력이 있다. 당신이 지나간 뒤에 경찰 수사가 따른다. 잠에서 덜깬 상태로 급히 출동한 경찰이 한 인간의 인생에서 최악의 사건을 어설픈 필기체로 기록한다. 오기가 난무한다. 음모陰毛의 결이 여백에 대충 기록되어 있다. 수사관들은 천천히 다이얼을 돌리는 전화기를 사용하듯 단서를 뒤쫓는다. 아무도 집에 없으면 전화는 계속 울린다. 오래된 기록을 찾아보고 싶으면 손으로 서류더미를 뒤져야 한다. 탁탁거리는 텔레타이프 기계(인쇄 전신기)가 종이 테이프에 지저분한 구멍을 찍는다. 가능성 있는 용의자가 자기 어머니의 알리바이로 용의선상에서 제외된다. 결국 수사기록은 파일에 상자에 보관소에 들어간다. 문이 닫힌다. 종이는 누렇게 뜨고, 기억도 빛이바래기 시작한다.

경주의 승리는 당신의 것이다. 당신은 집에서 자유롭게 살고 있다. 당신은 느낄 수 있다. 피해자들은 시야에서 사라졌다. 리듬은 안 맞고, 자신감은 바닥을 드러냈다. 온갖 공포증에 시달리며, 기억 때문에 머뭇거린다. 이혼과 약물로 삶이 얼룩진다. 소멸시효가 지났다. 증거물 키트는 보관할 공간이 없어서 다른 곳으로 옮겨진다. 그들에게 일어났던 일은 풀장 바닥에서 반짝거리며 움직이지 않는 동전처럼 그냥 묻혀 있다. 그들은 잊고 전진하려고 최선을 다한다.

당신도 마찬가지다.

그러나 게임은 신선함을 잃었다. 대본은 반복적이고 더 강한 위험요소가 필요하다. 당신은 창틀에서 시작해서 안으로 넘어 들어갔다. 공포에 질린 반응이 당신을 자극했다. 그러나 3년이 지나자 찡그린 얼굴과 애원으로는 더 이상 충분하지 않았다. 당신은 더욱 어두운 충동에 굴복했다. 살인 피해자들은 모두 미인이었다. 어떤 이들은 복잡한 애정관계에 얽혀 있었다. 확신하건대, 당신에게 그들은 '창녀'였을 것이다.

이것은 규칙이 달랐다. 당신은 피해자가 자기 집에서 산 채로 묶여 있으면 동네에서 달아나는 데 최소한 15분의 여유가 있다는 것을 알고 있었다. 그러나 1980년 3월 13일 벤투라에서 라이먼과 샬린 스미스의 집을 걸어 나올 때 당신은 전혀 서두를 필요가 없었다. 그들의 시체는 사흘 동안 발견되지 않을 테니까.

난로의 장작, 쇠지렛대, 렌치. 당신은 피해자들을 각자의 집에서 발견한 물건으로 죽였다. 드문 경우이긴 하지만 당신은 언제나 걸음이 빨랐고, 격분 외의 무엇으로도 방해받지 않았다.

그러다 1986년 5월 4일 이후 당신은 사라졌다. 어떤 이는 당신이 죽었다고 생각한다. 감옥에 갔거나. 나는 그렇게 생각하지 않는다.

나는 당신이 세상이 변하는 것을 보고 손을 뗐다고 생각한다. 사실이다. 나이 때문에 느려지기도 했을 것이다. 한때 분수처럼 뿜어나왔던 테스토스테론은 이제 방울방울 흘러내릴 것이다. 기억은 희미해진다. 종이는 삭는다. 그러나 기술은 진보한다.

당신은 어깨 너머로 적들이 거리를 좁혀오는 것을 확인한 뒤 손을 털었을 것이다.

승리는 당신의 것이었다. 당신은 힘을 지닌, 절대 관찰당하지 않는 관찰자였다. 1984년 9월 10일 레스터 대학교의 한 연구실에서 유전학자 알렉 제프리스가 최초의 DNA 프로파일을 개발했을 때 최초로 차질이 발생했다. 1989년 팀 버너스-리가 월드와이드웹 제안서를 쓴 것이 또 하나의 차질이었다. 당신을, 당신의 범행을 알지도 못하던 사람들이 당신을 찾는 데 도움이 되는 알고리즘을 개발하기 시작했다. 1998년 래리 페이지와 세르게이 브린이 구글을 설립했다. 당신의 수사기록은 상자로 실려 나가 스캐닝하고 디지털화해서 공유되기 시작했다. 세상은 서로 빠르게 연결되어 웅웅거리고 있다. 스마트폰, OCR, 조건에 맞게 변경 가능한 인터액티브 맵, DNA 족보 등등.

나는 1976년 7월 17일 카마이클에서 당신이 10대 소녀의 침실 창문 밑 흙에 남긴 묵직한 부츠 족적 사진을 보았다. 창문 밖에 물리적으로 자신을 위치시키는 것 외에 관음할 방법이 없던 시대의 조악한 유물이었다. 당신은 살금살금 옆걸음 치는 데 능했다. 그러나 전성기에 당신이 갖고 있던 기량은 더 이상 가치가 없다. 당신의 기술은 쓸모가 없어졌다. 이제 형세가 역전되었다. 가상현실 윈도우가 사방에서 당신을 향해 열려 있다. 관음의 대가, 당신의 늙고 둔한 몸은 그들의 망원경 안에 표적으로 잡히고 있다.

스키 마스크도 이제 도움이 되지 않을 것이다.

강간사건 24년 뒤, 한 여성 피해자의 전화가 울렸다. "놀고 싶나?" 남자가 속삭였다. 그건 당신이었다. 그녀는 확신했다. 관절염을 앓는 은퇴한 풋볼 스타가 VCR로 경기 영상을 돌려보듯이 갑자기 옛날 생각이 난 것이다. "우리가 놀았을 때 기억나나?"

나는 당신이 작고 어두컴컴한 방에서 혼자 트윈 침대 가에 걸터앉아 그녀의 전화번호를 돌리는 모습을 상상한다. 당신에게 남은 유일한 무기는 기억을 환기시키는 것, 목소리로 공포를 불러일으키는 능력이다.

언젠가 곧, 당신은 집 앞에 차가 멈추고 시동이 꺼지는 소리를 듣게 될 것이다. 발소리가 현관문으로 다가올 것이다. 위스콘신주 설리번에서 티모시 핵과 켈리 드루를 죽인 뒤 29년이 흘러 에드워드 웨인 에드워즈Edward Wayne Edwards가 그렇게 되었듯이. 오리건주 알로하에서 로리 빌링슬리를 살해한 뒤 30년이 흘러 케네스 리 힉스Kenneth Lee Hicks가 그렇게 되었듯이.

초인종이 울린다.

열려 있는 옆문은 없다. 이미 울타리를 뛰어넘던 시절도 오래전이다. 높은 소리로 헐떡거리며 숨을 몰아쉬어라. 이를 악물어라. 계속 울리는 초인종으로 한 걸음씩 다가가라.

그것이 당신의 끝이다.

"넌 영원히 입을 다물게 될 거야. 나는 어둠 속으로 사라질 거고." 당신은 한 피해자를 협박했다.

문을 열어라. 그들에게 당신의 얼굴을 보여라.

빛 속으로 나와라.

미셸 맥나마라

나가며

미셸은 마법이나 우주선 같은 이야기는 지루하게 생각했다. "난 빠질게." 그녀는 웃으며 말하곤 했다. 광선 검, 마술 지팡이, 빛나는 검, 초인적인 능력, 유령, 시간여행, 말하는 동물, 초과학, 마법이 걸린 유물, 고대의 저주 등등. "그런 이야기는 전부 사기 같아."

"아머 수트를 하나 더 만드는 거야?" 그녀는 〈아이언맨〉 1편 상영회 도중 이렇게 물었다. 시작 20분 뒤 토니 스타크는 회색 마크 1 아머를 버리고 캔디 애플 빨강과 화려한 금색으로 된 마크 3 수트를 새로 조립했기 때문이었다. 미셸은 킬킬 웃으며 쇼핑하러 나갔다.

스파게티 웨스턴 영화는 너무 길고 폭력적이었다. 좀비는 과학적으로 개연성이 없었다. 복잡한 계획을 품은 악마적인 연쇄살인범은 그녀가 아는 한 유니콘 같은 존재였다.

미셸과 나는 10년 동안 결혼 생활을 했고 13년 동안 함께 지냈다. 우리 둘 사이에는 대중문화에 대한 접점이 단 하나도 없었다. 아, 잠깐. 〈더 와이어The Wire〉. 우리 둘 다 그 드라마를 좋아했다.

처음 만났을 때, 나는 영화, 소설, 만화, 음악 등 가릴 것 없이 온갖 한시적인 정보와 잡학상식을 마구 내뿜으며 주절거리는 가마솥이었다.

그리고 연쇄살인범.

나는 피해자 숫자, 범행수법, 인터뷰 인용문을 잘 알았다. 연쇄살인범 설화 수집은 어두운 느낌을 풍기며 별나고 싶은 20대 남자들의 성인식 같은 의례다. 20대의 나는 어둡고 별나 보이기 위해서라면 **무슨 짓이라도** 했을 종류의 얼간이였다. 나는 1990년대 내내 헨리 리 루커스Henry Lee Lucas와 칼 팬즈럼Carl Panzram, 에드먼드 켐퍼Edmund Kemper에 대한 온갖 자질구레한 사실들을 읊으며 돌아다녔다.

미셸도 그런 역사적 사실과 자질구레한 정보를 알고 있었다. 그러나 그녀에게 그런 내용은 중요하지도 않고 부어놓은 시멘트처럼 흥미롭지도 않은 주변 소음일 뿐이었다.

그녀에게 흥미로웠던 것, 그녀의 사고에 불을 붙이고 뉴런과 수용체를 가동시켰던 것은 사람들이었다. 얼마 되지 않는 이런저런 단서를 가지고(혹은 지나치게 많은 단서를 걸러내고 버리며) 괴물을 잡는 덫을 놓을 수 있는 사람들.

(아, 이건 마치 영화 광고문구 같다. 미안하다. 그녀에 대해 이야기할 때면 과장하지 않는 것이 어렵다.)

나는 10년 동안 범죄와 싸우는 투사와 결혼 생활을 했다. 오로지 실제를 다루며 '작은 회색 뇌세포'를 이용해서 체계적으로 사고하는 영국 스타일의 범죄 투사. 생존자 증언이나 사랑하는 사람들을 빼앗긴 충격에서 벗어나지 못한 가족 인터뷰를 읽을 때, 나는 그녀의 정의로운 분노를 보았다. 내가 커피를 가지고 가면, 그녀는 랩톱을 바라보며 흐느끼거나 답답해하거나 단서를 쫓다 장벽에 정통으로 부딪혀 녹초가 된 채로 수없이 아침을 맞았다. 그러나 그녀는 카페인을 한 모금 마시고 눈물을 닦고 다시 키보드를 두드리기 시작했다. 새로운 창문이 열리고 새로운 연결고리를 쫓고 다시 이 사악한 살인범에 도전했다.

방금 당신이 읽은 책은 그녀가 도달한 지점까지다. 그녀는 언제나 말하곤 했다. "**내가** 그를 잡느냐 마느냐 하는 데는 아무 관심이 없어. 난 그저 그의 손목에 수갑이 채워지고 등 뒤로 감옥 문이 닫히는 광경을 보고 싶을 뿐이야." 이것은 진심이었다. 그녀는 진정한 경찰의 심장과 두뇌를 타고 난 사람이었다. 그녀는 영광이 아닌, 정의를 원했다.

미셸은 탁월한 작가였다. 독자들에게, 그녀 자신에게 그리고 그녀 자신에 대해—때로는 지나칠 정도로—정직했다. 본문 중 저자가 회고하는 대목에서 그 사실을 확인할 수 있을 것이다. 그녀가 자기 자신의 집착에, 자신의 광기에 때로 위험할 정도로—종종 수면과 건강을 희생해가며—추적에 헌신하는 자신의 모습을 얼마나 정직하게 마주했는지 알 수 있을 것이다.

수사를 위한 논리적인 사고가 가능한 두뇌, 공감과 통찰력이 공존하는 심장. 나는 이 두 가지 특성을 그녀처럼 겸비한 사람을 만난 적이 없다. 노력하지 않고도 그녀는 내 인생의 행로와, 사람들을 이해하는 방식과, 내가 소중하다고 여기는 것들을 다시 생각하도록 해주었다. 나와 모든 주위 사람들이 더 나아지도록 만들어주었다. 조용히, 힘들이지 않는 독창적인 방식으로.

우선 한 가지 일화를 소개한 뒤에, 보다 전반적이고 보편적인 이야기를 하도록 하자.

일화

2011년 나는 필 로젠탈과 내 인생을 소재로 한 시트콤 작업을 했다. 〈루이Louie〉라는 시트콤이 1년 동안 방송되었는데 나는 이 작품이 시트콤 구성과 개인사를 희극적으로 재현하는 방식에서 새로운 장을 열었다고 생각했다. 나도 나의 〈루이〉를 만들고 싶었다. 그래서 필과 나는 마주 앉아 내 일상을 하나씩 짚어나가고 있었다.

"당신 아내는 무슨 일을 하지?" 어느 오후 집필 시간에 그가 이렇게 물었다.

나는 아내가 '트루 크라임 다이어리'라는 블로그를 시작했다고 말해주었다. 처음에는 온라인에서 정보를 수집한 수많은 미결사건과 진행 중인 사건에 대해 쓰는 곳이었다. 그녀는 용의자일 가능성이 있는 사람들의 마이스페이스 주소도 수집했다. 소셜 미디어는 수사관들에게 금광이었다. 용의자에게서 어렵게 증언을 끌어내는 전통적인 수사방식은 소시오패스적 나르시시스트들이 매일같이 텀블러, 페이스북, 트위터 계정으로 쏟아내는 정보에 비하면 아무것도 아니었다. 그녀는 막다른 골목에 다다른 사건의 해결책을 구축하기 위해 구글 지도와 10여 가지 새 플랫폼을 사용했다. 특히 잘 알려지지 않은, 10년도 더 된 오래전 사건과 겉보기에 아무 관련이 없는 현재 사건에서 연관성을 찾는 데 능숙했다. "그가 범행수법을 향상시킨 게 보이지? 쉽게 고속도로를 탈 수 없는 거리에서 납치에 실패했다가 이번에는 드나들기 쉬운 입체교차로 바로 옆에서 깔끔하게 성공했어. 용기와 기술을 쌓은 거야. 매 사건마다 같은 차량인데 다른 주였기 때문에 눈에 띄지 않았어. 서로 다른 관할 경찰들은 정보를

《어둠 속에서 사라진 골든 스테이트 킬러》를 위해 자료조사 중인 미셸 맥나마라. 소파에는 딸 앨리스가 어머니의 작업을 재확인하고 있다._패튼 오스월트 제공.

주고받지 않는 경우가 많거든."(내 기억으로 이 독백은 어느 날 밤 침대에 누운 채 랩톱을 무릎에 얹고 한 말이다. 이런 것이 미셸의 베갯머리 이야기였다.)

그녀의 블로그 글들은 케이블 뉴스의 관심을 끌었고 〈데이트라인 NBC Dateline NBC〉에서도 모르몬교 블랙위도우 살인사건 용의자를 다시 인터뷰하기 위해 그녀를 초대했다. 문제의 인물들은 대형 방송사가 접근하자 입을 다물었지만 일개 블로거를 만나니 부담 없이 신나게 떠들었다. 그들은 자기들이 대화하는 블로거가 더욱 방대한 살인사건 변종 수사방식을 창안한 사람이라는 것을 모르고 있었다. 그들은 모든 것을 털어놓았다.

필은 내가 말을 끝낸 뒤에도 잠시 이 모든 것에 대해 생각에 잠겼다. 그러다 말했다. "음, 우리가 만드는 것보다 훨씬 더 재미있는 쇼잖아. TV에서 자네 아내 역은 파티 플래너 어때? 괜찮아?"

이제 미셸의 독특함에 대한 더 보편적인 이야기를 해볼까. 우리는 손가락 하나만 까딱하는 클릭 수 유도, 140자 논쟁과 30초 바이럴 동영상 문화에 살고 있다. 누군가의 관심을 받는 것은 쉽지만 그 관심을 유지하는 것은 거의 불가능하다.

미셸은 어떤 만족감이나 결말을 얻기 위해서는 꾸준한, 보답 없는 관심이 필요한 주제를 다루는 사람이었다. 극히 작은 돌파구라도 찾기 위해서는 독자 한 사람뿐만 아니라 수십 명의 경찰, 데이터마이너, 시민 저널리스트의 주의가 필요하다.

미셸은 흠잡을 데 없고 흡인력 있는 글과 스토리텔링을 통해 그 관심을 얻고 유지했다. 그녀의 글을 읽으면 모든 사람의 시점을 이해할 수 있고 등장인물 중에는 그녀가 창작한 인물이 없다. 그녀는 그 모든 사람을 알았고 그들에게 관심을 가졌고 그들을 진정으로 **보기** 위해 시간을 들였다. 경찰들, 생존자들, 유가족들, 나로서는 헤아릴 수조차 없지만 골든 스테이트 킬러라는 파괴적이고 상처 입은 벌레조차도.

나는 아직도 그가 자기 등 뒤로 감옥 문 닫히는 소리를 듣기를 바란다. 그녀 역시 어떻게든 들을 수 있기를.

* * *

지난 크리스마스에 우리 딸 앨리스는 산타가 두고 간 선물을 열어보았다. 아이는 작은 디지털카메라를 꺼내 들고 설정을 이것저것 맞춰보며 즐거워했다. 재미있는 선물이었다. 즐거운 명절 보내렴, 아가.

그날 오전 늦게 앨리스는 갑자기 물었다. "아빠, 왜 아빠랑 산타클로스는 필적이 같아?"

미셸 아일린 맥나마라는 떠났다. 하지만 꼬마 형사를 뒤에 남겼다.

그리고 수수께끼도.

패튼 오스월트

2017년 7월 2일

살인범의 정체를 밝히는 데 도움이 된 책

—조셉 제임스 드앤젤로를 체포하다

연쇄살인범을 잡기 위하여

—골든 스테이트 킬러를 잡기 위한 한 여성의 집요한 추적[1]

모두가 일화를 갖고 있었다. 어떤 경우는 직접 겪은 이야기, 많은 경우 부모가 아이에게 들려주는 이야기들이었다. 모두 으스스한 묘사로 가득했다. 달이 뜨지 않은 밤 뒷마당에서 잔가지가 밟혀 부러지는 소리. 누군가 도로에서 천천히 차를 몰고 지나가며 지켜보고 있다는 불안한 기분. 상공에서 끝없이 선회하는 경찰 헬기의 엔진음.

나 말고는 모두가 골든 스테이트 킬러에 대한 일화를 한 가지씩 갖고 있는 것 같았다.

1 레이첼 라이브록Rachel Leibrock, 〈새크라멘토 뉴스앤드리뷰Sacramento News and Review〉, 2018년 5월.

그러나 경찰이 마침내 연쇄강간살인 용의자를 체포했다고 발표했을 때 나는 충격에 헉 하고 숨을 들이쉬었다.

나는 오랫동안 새크라멘토에서 살았지만 거의 5년 전 한 친구가 이메일로 혹시 그를 기억하느냐고 묻기 전까지 골든 스테이트 킬러 또는 동부 지역 강간범 혹은 오리지널 나이트 스토커에 대해서 들어본 적이 없었다. 그녀는 한 작가가 이 주제에 대해 조사하고 있다고 했다. 내가 여기 살기 전의 일이긴 한데 흥미로울 것 같다고 나는 대답했다. 그리고 살인범에 대한 생각은 머릿속 깊숙이 처박아두었다.

4월, 마침내 그 작가의 책, 미셸 맥나마라의 《어둠 속으로 사라진 골든 스테이트 킬러》을 집어 든 나는 범인의 행적이 내가 사는 동네를 얼마나 가까이 지나쳤는지 그제야 깨달았다.

그러던 4월 25일 당국은 용의자를 체포했다고 발표했다. 일흔두 살의 조셉 제임스 드앤젤로Joseph James DeAngelo는 1978년 브라이언과 케이티 마지오레 살인을 포함하여 12건의 살인 혐의로 기소되었다. 알고 보니 용의자는 지난 30년 내내 이 지역 시트러스 하이츠에 살고 있었다.

경찰은 DNA 증거를 통해 전직 오번 경찰이었던 드앤젤로의 신상을 파악하고 체포했으며, 혐의가 사실이라면 1976년부터 1986년까지 살인 10건, 강간 50건, 절도 120가구에 이르는 범죄행각을 벌인 장본인이 드디어 검거된 것이다.

마침내 피해자와 그 가족에게 정의가, 10여 년간 단서를 추적해온 형사들에게 안도가 찾아왔다. 지리 프로파일링과 DNA, 기타

기법으로 범인의 정체를 알아내기 위해 수년간 애썼던 맥나마라의 노력도 결실을 맺었다.

미셸 맥나마라가 골든 스테이트 킬러를 검거하는 데 궁극적으로 도움이 되었을까?

"세계 각지에서 같은 질문을 많이 받았습니다만 답은 아니라고 할 수 있습니다." 새크라멘토 카운티 보안관 스콧 존스는 드앤젤로를 체포한 뒤 기자들의 질문에 답했다.

그녀의 노력은 사건이 대중에게 잊히지 않도록 해주었지만 그뿐이라고 보안관은 말했다.

"그 책에서 나온 정보 중에 검거로 곧장 이어진 것은 없습니다." 그는 말했다.

동의하지 않는 사람도 있다. 맥나마라가 2016년 갑자기 사망한 뒤 책을 완성하는 데 협력한 사람들과 작가의 남편인 코미디언 패튼 오스월트처럼 말이다. 오스월트는 소식이 발표된 날 인스타그램에 동영상을 올렸다.

"동부 지역 강간범이 체포된 것 같군요. 사실이라면 골든 스테이트 킬러도 잡힌 겁니다." 오스월트는 피곤한 기색으로 카메라를 향해 말했다. "당신이 잡았어, 미셸."

"곧 결말을 볼 수 있을 거라고 낙관한다."

이메일은 2013년 11월 1일 내 우편함에 도착했다.

"당신들, 동부 지역 강간범 기억해? 범죄 블로그를 운영하는 작가가 있는데 그 사건을 추적해서 거의 해결했나 봐." 에이프릴 런드스텐Apryl Lundsten은 나를 포함해 가족과 고등학교 시절 친구들 앞으로 메시지를 보냈다. 런드스텐은 로스앤젤레스에 살고 있는 작가이자 영화제작자로서 '트루 크라임 다이어리' 웹사이트를 접하고 맥나마라에게 연락한 바 있었다.

"그녀에게 곧바로 편지를 썼어. 오랫동안 잊히지 않던 사건이라서." 런드스텐은 설명했다.

〈로스앤젤레스〉지에도 같은 주제로 기사를 연재했던 맥나마라는 런드스텐과 주고받은 편지에서 새크라멘토에 대해 더 많이 알고 더 잘 이해하고 싶어 했다.

"나는 감칠맛 나는 글을 쓰기 위해 필요한 세부적인 내용들을 찾고 있어요. 아이들이 자주 어울리는 곳은 어디였나요?" "비교적 좋다고 여겨지는 동네는 어디였나요? 그런 식의 평판이나 분위기가 동네마다 있었나요? 1970년대는 무서운 시절 같았나요, 그냥 소도시 정취가 느껴졌나요?"라고 그녀는 썼다.

그녀에게는 범인을 잡을 수 있을 거라는 자신감이 있는 것 같았다.

"한데, 수사는 신속하게 진척되는 중이에요." 맥나마라는 마지막에 "곧 결말을 볼 수 있을 거라고 확신해요"라고 썼다.

런드스텐의 친구들 대부분은 EAR의 범행을 완전히 이해하기에는 너무 어렸지만 부모님의 두려움은 기억했다.

"강간이 뭔지 완전히 이해하기 전이었어요." 한 여자는 오랫동안 뇌리에서 잊히지 않은 기억 하나를 덧붙였다. "엄마는 베개 밑에 망치를 두고 잠들었죠."

런드스텐은 맥나마라에게 이런저런 기억을 들려주었고 그중 여러 가지가 책에 실렸다. 한편으로는 회고록, 한편으로는 범죄 논픽션인《어둠 속으로 사라진 골든 스테이트 킬러》는 인터뷰와 경찰 수사기록, 신문기사 자료에서 풍부한 묘사를 길어냈다. 문장은 간결하고 우아하며 꼼꼼한 보도자료 조사가 돋보인다. 이 사건에 대한 맥나마라의 관심은 어린 시절 체험한 다른 미결살인사건에서 비롯되었다.

맥나마라가 일리노이주 오크파크에서 살던 열네 살 시절, 이웃에 살던 스물네 살 캐슬린 롬바도는 어느 늦은 여름날 저녁 조깅을 하다가 으슥한 골목으로 끌려들어 갔다. 누군가 칼로 그녀의 목을 그었고 맥나마라는 사건 현장에서 1킬로미터도 채 떨어지지 않은 자기 집 다락방에서 고등학교에 진학할 꿈에 부풀어 있었다. 이 사건은 맥나마라의 뇌리에서 떠나지 않았다.

"괴물은 물러나기는 하지만 절대 사라지지 않는다. 오래전에 죽었으나 글을 쓰는 동안 되살아난다." 그녀는 1부에서 이렇게 썼다.

나는 책이 출간된 뒤 몇 달 지나 2월에 책을 집어들었고 맥나마라의 집착에 곧장 빨려들어 갔다. 남편에게 몇몇 구절을 소리내어 읽어주고 친구들과 이야기를 주고받고 북클럽 토론회에서도 열변을 토했다.

나는 인근에서 EAR의 마지막 범행이 발생한 지 몇 년이 지난 1983년에 새크라멘토로 이사했다. 그러나 내가 10대 시절을 보낸 조용한 녹색 교외 주택가에서 발생한 범행 이야기를 읽고 있으니 맥나마라의 집착이 내게도 전염되었다. 집에서 몇 블록 떨어진 내 동생이 다녔던 초등학교에서 EAR일지도 모르는 사람이 목격된 일화도 있었다. 아무리 사소한 부분이라도 그녀의 책이 드앤젤로의 체포에 기여했다는 것은 내겐 분명해 보인다.

한 예로 자료조사 도중 맥나마라는 동부 지역 강간범의 별명을 다시 짓겠다는 결정적인 판단을 내렸다. 범인은 캘리포니아주를 오르내리며 범행을 저질렀으니 '골든 스테이트 킬러'가 보다 정확했다. 그리고 한 가지 이유가 더 있었다.

"10년 동안 계속된 범행… 조디악 킬러도… 나이트 스토커도 이렇게 활동적이지는 않았다"라고 그녀는 썼다. "그러나 골든 스테이트 킬러는 그다지 알려지지 않았다. 내가 별명을 새로 짓기 전까지 그럴 듯한 호칭도 없었다."

대담한 행동이었지만 결국 그것이 먹혔다. 범인이 체포되었을 때 현지 수사기관은 맥나마라가 붙인 별명을 사용했다.

맥나마라는 자신이 지은 별명이 인정받는 모습을 보지 못했다. 46세의 작가는 진단받지 않은 심장질환이 있는 상태에서 진통제와 불안장애 치료제 과다복용으로 수면 중 사망했다. 2016년 4월 21일, 새크라멘토 카운티 지방검사 앤 마리 슈버트Anne Marie Schubert가 골든 스테이트 킬러 태스크포스 결성과 현상금 5만 달러를 발표하기 두 달 전이었다.

저널리스트 빌리 젠슨은 이 타이밍을 우연이라고 생각하지 않는다. 젠슨은 맥나마라와 같이 일하면서 GSK의 정체를 밝히기 위해 수많은 DNA 검사를 시행했다. 맥나마라가 사망한 뒤 그는 작가가 남긴 메모와 인터뷰 녹취록을 한데 모으고 초고를 손질하여 책을 완성하는 데 기여했다. 맥나마라의 집요한 보도를 하찮게 여겨서는 안 된다고 그는 말했다.

"우리는 수사기관에서 하던 것과 똑같은 일을 했습니다. 범인의 DNA를 공공 데이터베이스에 입력하는 일도 했어요. 시간 문제였습니다." 7년 동안 맥나마라를 위해 일하며 범인의 지리 프로파일을 개발하고 온갖 단서를 수집했던 자료조사원 폴 헤인스도 비슷한 생각을 가지고 있다.

"미셸은 이전에 주목받지 못했던 사건에 대중의 관심을 불러왔습니다. 그 점이 다양한 수사기관에서 시간과 자원을 투자하는 동력이 되었어요."

대중의 관심과 결과, 그녀의 죽음과 기자회견 사이에서 인과관계를 찾지 않기는 힘들다.

"이 책이 출간된 타이밍 덕분에 여기까지 올 수 있었습니다. 그녀가 기사를 쓰고 수많은 사람들과 협력해서 사건이 빛을 보게 한 덕분이었어요." 젠슨은 말했다. "그녀의 죽음 때문이었습니다."

총성

동부 지역 강간범 사건은 게리 그리츠마커Gary Gritzmacher를 수십 년간 괴롭혔다.

1976년 2월 2일, 랜초 코도바에서 일하던 27세의 마약담당 형사는 살인보다 마약 문제에 걱정이 더 많았다. 그는 신고센터에서 전화 한 통을 받았다. 총성이 들렸다는 신고가 접수되었다. 그와 그의 파트너는 브라이언과 케이티 마지오레가 피를 흘리며 쓰러져 있는 현장으로 출동했다. 그들이 현장에 가장 먼저 도착한 경찰이었다.

케이티 마지오레는 이미 사망했지만 그리츠마커는 그녀의 남편에게서 증언을 들을 수 있을까 싶어 구급차에 같이 올라탔다. 메이서 병원, 이어 UC 데이비스 메디컬 센터까지 동행했지만 남편 역시 증언을 남기지 못하고 사망했다.

그리츠마커는 그 뒤 오랫동안 사건 수사를 맡아서 제보와 단서를 끈질기게 검토했다.

"당시에는 컴퓨터가 없었고 DNA도 없었고 3인치×5인치짜리 색인카드를 썼습니다."

결국 그는 다른 관할구역으로 옮겨 갔지만 동부 지역 강간범에 대한 생각을 멈추지 않았다.

그리츠마커는 사건을 맡은 다른 형사들과 연락을 유지했다. 맥나마라는 만나지 않았고 드앤젤로가 체포될 때까지 그녀의 책에 대해 들어본 적도 없었다.

"그 책이 범인의 체포에 관련있다고 생각하지 않습니다. 앤 마리 슈버트도 마찬가지고요."

슈버트는 맥나마라의 사후에 기자회견이 열린 것은 우연이라고 밝혔다. 태스크포스는 몇 년 전 형사들이 정보를 고유하는 네크워크로 느슨하게 결성되었다. 태스크포스가 공식적으로 출범하고 잇따라 보상금이 설정된 계기는 EAR의 범행으로 알려진 최초의 사건 40주년이었다. 슈버트에게 이 사건은 개인적인 의미가 있었다.

"나는 이 사건을 경찰로서 잘 알 뿐만 아니라 이 사건이 새크라멘토 지역사회에 끼친 막대한 영향력도 잘 알고 있다." 슈버트는 아든 지역에서 평화롭게 자라던 어린 시절 갑자기 연쇄살인범이 활보한다는 뉴스가 들리고 부모님이 새 안전 규칙을 정해 해가 지기 한참 전부터 아이들을 집 안에 들이던 기억을 떠올렸다.

"이 사건은 지역사회를 공포로 흔들어놓았다. 한때 평화롭던 도시는 사라지고 주민들은 문을 걸어 잠그고 여자들은 호신술을 배우기 시작했다."

슈버트는 2000년 지방검찰청에서 미결사건 수사팀을 조직했을 때 처음 EAR 사건에 관심을 갖게 되었다고 말했다. 맥나마라의 책이 사건을 해결하지는 않았지만 책이 불러온 관심은 도움이 되었다.

"나는 그녀를 만난 적이 없고 책도 읽지 않았지만, 그녀의 작업에 대해서는 대단한 존경심을 갖고 있습니다." 슈버트는 말했다. "그 이야기는 사람들이 사건에 계속 흥미를 갖게 해주었습니다."

맥나마라의 책이 최소한 간접적으로나마 도움이 되지 않았다는 것은 잘못된 생각이라고 젠슨은 말했다.

"꼭 책이 아니더라도 작업을 한 **미셸** 덕분이기도 했습니다. 그녀가 죽자 온 세상 사람들이 골든 스테이트 킬러를 알게 됐어요."

수십 년 분량의 신문기사를 모아 보관하는 렉시스넥시스Lexisnexis의 데이터베이스를 대충 훑어보기만 해도 2016년 기자회견 전까지 슈버트는 미셸의 작명 '골든 스테이트 킬러'를 언급한 적이 없었다. 2010년에 선출된 존스 보안관도 그날까지 공식적으로 동부 지역 강간범을 언급한 적이 없었다.

공식 수사와 맥나마라를 떼어놓기 급급한 데는 정치적인 의도가 있다고 젠슨은 말했다.

"수사를 계속 담당했던 수사관들을 만나보면 다른 이야기를 할 겁니다."

"멀지 않은 어느 날"

폴 홀스는 그런 수사관 중 하나다. 콘트라코스타 카운티 전직 형사는 3월에 공식적으로 은퇴했지만, 드앤젤로가 검거될 때까지 계속 수사의 끈을 놓지 않았다. 용의자의 체포영장을 작성하는 데 도움을 주기도 했고, 드앤젤로의 유전자 증거를 추적한 장본인이기도 하다.

그는 GSK의 이스트 베이와 데이비스 범행현장을 차로 답사하며 맥나마라와 함께 많은 시간을 보냈다. 그는 저자를 사려 깊고 호기심이 많으며 아는 것도 많은 사람이었다고 기억했다.

"처음 통화했을 때 그녀는 열심히 아주 세세한 것까지 이것저것 물어봤습니다."

처음에 홀스는 너무 많은 정보를 준 게 아닌가 걱정했지만 〈로스앤젤레스〉 기사를 보니 염려는 사라졌다.

"미셸을 신뢰하게 된 뒤로 저는 터놓고 많은 이야기를 했습니다." 사건을 맡았던 여러 수사진들과 마찬가지로 홀스도 결국 맥나마라와 협력하기로 했고, 두 사람은 정기적으로 단서와 실마리, 가설을 주고받았다.

"그녀는 타고난 재능이 있었습니다. 저는 그녀에게서 이전에 보지 못했던 정보를 얻곤 했어요."

맥나마라는 골든 스테이트 킬러 수사팀의 일원이었다. 그는 이렇게 말했다.

"그녀는 제 수사 파트너였습니다. 실무진의 일원으로 자연스럽게 한몫을 했어요. 그녀는 아무도 얻지 못했던 정보를 찾아냈습니다."

홀스는 《어둠 속으로 사라진 골든 스테이트 킬러》를 읽지 않았지만—"제가 감정적으로 얼마나 애착을 갖고 있는지 알기 때문에 아내가 당분간 읽지 말라고 했어요"—그 책이 중요한 역할을 했다고 믿는다.

"미셸의 역할이 책 외적인 면에서도 중요했다는 건 의문의 여지가 없습니다. 〈로스앤젤레스〉지 기사에서 범인에게 '골든 스테이트 킬러'라는 새 별명을 붙였을 때부터입니다. 대중이 사건을 받아들이는 시각이 결정적으로 달라졌어요."

그전에는 오랜 세월에 걸쳐 이따금 주의와 관심이 커졌다가 다시 잦아들곤 했지만, 대중의 시선이나 언론의 대대적인 관심을 끌었던 적은 한 번도 없었다. 잡지 기사, 맥나마라의 책, 기자회견, 집요한 수사와 보상금, 이 모든 것이 한데 모여 드앤젤로의 체포로 이어진 것이다.

하지만 홀스는 맥나마라의 책이 범인의 체포로 곧장 이어졌다는 생각에는 조심스럽게 선을 그었다.

"그 책에 드앤젤로를 체포하게 된 결정적인 단서가 있었냐고요? 아닙니다."

그러나 이 책이 이룬 것은 그 못지않게 중요했다.

"범죄 이야기를 계속 살아 있게 해주었을 뿐만 아니라 앞으로 전진시켰습니다."

궁극적으로 맥나마라는 누가 인정해주기를 바라지 않았다. 패튼 오스월트는 한 트윗에서 죽은 아내가 원했던 것은 오로지 사건의 해결이었다고 적었다.

"미셸 맥나마라는 자신이 칭찬받는 것을 기대하지 않았다. 골든스테이트 킬러가 감옥에 들어가는 것 그래서 피해자들이 위안받는 것을 원했다. 〈양들의 침묵〉의 칠튼이 아니라, 〈파고〉의 마지 건더슨 같은 사람이었다."

젠슨도 동의했다. 그녀가 오랫동안 일해온 것은 명성을 위한 것이 아니었다.

"미셸의 궁극적인 목표는 범인의 정체를 알아내고 살아 있다면 체포하는 것이었습니다."

그러나 곧 더 많은 사람들이 맥나마라의 노고에 대해 알게 될 것이다. HBO 다큐멘터리 시리즈가 제작 중이고 젠슨과 헤인스는 오스월트의 도움으로《어둠 속으로 사라진 골든 스테이트 킬러》의 개정판을 준비하고 있다.

책 속에서 맥나마라가 직접 쓴 마지막 장이 어쩌면 그녀의 집착을 가장 정확하게 드러내주는지도 모른다. "언젠가 곧, 당신은 집 앞에 차가 멈추고 시동이 꺼지는 소리를 듣게 될 것이다. 발소리가 현관문으로 다가올 것이다. 위스콘신주 설리번에서 티모시 핵과 켈리 드루를 죽인 뒤 29년이 흘러 에드워드 웨인 에드워즈가 그렇게 되었듯이." 그녀는 드앤젤로의 검거 순간을 상상해서 써내려 간 〈노인에게 보내는 편지〉에서 이렇게 썼다. 그가 체포된 직후 널리 인용된 맥나마라의 마지막 소감은 많은 사람들에게 깊은 울림을 남겼다. "그것이 당신의 끝이다."

부록 2. 개정판 후기

그 날은—거의—정확히 이렇게 흘러갔다.

4월 24일 화요일, 나는《어둠 속으로 사라진 골든 스테이트 킬러》의 출간기념회에 참석하기 위해 시카고로 향했다. 원래 일정은 3월 3일이었지만 여러 도시를 순회하는 첫 북투어 도중 폭풍이 동북부를 휩쓰는 바람에 보스턴에 발이 묶였다.

우리는 참석자와 일정을 조정하고 빌리 젠킨스와 폴 헤인스를 초청할 수 있었다. 시카고의 싸늘한 봄날 저녁, 강당은 가득 찼고 길리언 플린이 45분 동안 질의응답을 진행해주었다. 출간에 참여한 일원 모두가 미셸과 그녀의 책 그리고 아직 잡히지 않은 골든 스테이트 킬러에 대해 이야기하기 위해 미셸의 고향에 모인 것이었다. 책은 베스트셀러 목록에서 잘 나가고 있었고—첫 주 1위에 올랐다—서평도 극찬 일색이었다.

그날 밤 참석자 질의응답 시간은 자주 듣던 질문으로 끝났다. “골든 스테이트 킬러가 과연 잡힐 거라고 생각하세요?”

내 대답은 요약하자면 "시간 문제입니다"였다. 물론 **시간 문제**란 '곧 잡힌다'라는 뜻은 아니었다. 나를 포함해서 강당의 모든 사람들이 그렇게 이해했다.

우리는 호텔로 돌아갔다. 나는 다음 날 〈레이트 나이트 위드 세스 마이어스Late Night with Seth Meyers〉 일정 때문에 뉴욕으로 날아가야 했다. 빌리와 폴도 같은 비행기를 타기로 되어 있었는지는 솔직히 기억나지 않지만 그랬던 것 같다. 정신이 없어서 가물가물했다.

리즈 가버스가 이끄는 다큐멘터리 촬영팀도 같이 있었다는 이야기를 했던가? HBO가 이 책과 미셸, 그녀의 죽음과 유산에 대해 8부작 다큐시리즈 판권을 샀다. 아직 잡히지 않은, 이름도 정체도 알려지지 않은 골든 스테이트 킬러가 벌인 사건에 대해서도 다룰 예정이었다. 리즈와 촬영팀은 출간기념회에 참석하고 미셸의 가족과 이야기를 나누고 그녀가 살던 동네를 촬영하고 10대 시절 미셸 맥나마라가 범죄 논픽션에 빨려든 계기가 되었던 미결사건에 대해 이야기하기 위해 시카고에서 우리를 만났다.

일행은 로비에서 작별인사를 하고 각자 위층으로 올라갔다. 빌리 아니면 폴이 새크라멘토 검찰청에서 골든 스테이트 킬러 사건에 대해 공식 발표가 있다고 했다. 아무도 대단하게 받아들이지 않았다—우리는 수사에 진전이 있다는 이야기일 거라고 생각했다. 책 때문에 GSK 사건이 재조명받고 있었다. HLN이 특집 방송을 했고, 폴 홀스와 여러 피해자들이 그 프로그램에서 인터뷰를 했다. 수사기관도 아직 그 사건을 수사하고 있다는 것을 대중에게 알리고 싶을 것이다.

모두 다 잠자리에 들었다. 다음 날 일찌감치 비행기를 타야 했다.

새벽 4시, 전화가 울리기 시작하는 바람에 나는 깊이 잠들지 못하고 있다가 깼다. 빌리와 폴의 전화도 동시에 울렸다.

새크라멘토 카운티 검찰청에서 골든 스테이트 킬러가 체포되었다는 소식을 발표할 예정이라는 것이었다.

급히 로비로 내려갔던 기억이 난다. 빌리가 내 생생한 첫 반응을 포착하기 위해 휴대전화로 나를 찍고 있었다. 리즈와 다른 일행들에게 진범이 아닐 수도 있지 않느냐고 말했던 기억도 난다. 우리 모두 궁금했다. "이제 어떻게 될까?"

음, 그리고 어떻게 되었냐고? 어쨌든 나에 한해서라면 나는 옆으로 물러섰다.

나는 코미디언이자 작가다. 현실적인 요소를 찾아 우스꽝스럽고 터무니없는 설정으로 시나리오를 만들어낸다. 하지만 내재된 모호함이야말로 내 작업을 성공적인 거짓말로 만드는 요소의 일부다.

미셸은 사실을 다루는 범죄 자료조사가이자 저널리스트였다. 수십 년 동안 온갖 도시와 카운티를 넘나들며 캘리포니아주의 건조한 밤공기 속으로 사라진 살인마를 추적하는 한편 독자의 주의를 놓치지 않기 위해 그녀는 확언할 수 있는 사실들을 소설적인 작법으로 구성해서 썼다.

이후 있었던 일들에 대해 내가 덧붙일 말은—조셉 드앤젤로가 법정에서 어떤 모습이었다든지, 새로운 사실이 밝혀질 때마다 내가 어떤 기분이었다든지—누구에게도 도움이 되지 않는다. 계속되는 수사는 각 기관의 객관적인 전문가들에게 맡겨야 한다. 이성과 위안이 바짝 말라비틀어진 세상에 한 방울 분별을 가져다주는 정의를 실현하기 위해 애쓰는 변호사들과 판사에게 맡겨야 한다.

미셸은 골든 스테이트 킬러 같은 존재가—어리석은 자신만의 서사시 속에서 부당한 취급을 받았다고 생각하는 조셉 드앤젤로 같은 혐오에 찬 마귀가—현실을 찢어발기고 세상에 감히 생채기를 남기려고 할 때 개인과 사회가 어떤 일을 겪는지 이해를 돕는 책을 남겼다. 이제 나는 이 책 앞에서 물러서려 한다. 훨씬 더 깊고 면밀한 후기를 쓰고 싶었지만 미셸의 언어에는 그런 것이 필요하지 않다. 언어는 거기 다 있으며 조셉 드앤젤로의 이름과 얼굴이 잊힌 오랜 뒤까지 남을 것이다.

그자보다 그가 저지른 행동을 그린 초상이 더 오래 살아남고 더 크게 발언할 수 있다면 그것이야말로 아름다운 정의 구현일 것이다.

이것이 내가 세상을 떠나고 오랜 뒤에까지 이어지기를 바라는 바, 그리고 미셸을 위해 바라는 바다.

패튼 오스월트

로스앤젤레스, 캘리포니아

2018년 8월 31일

어둠 속으로 사라진 골든 스테이트 킬러

1판 1쇄 찍음 2020년 9월 29일
1판 1쇄 펴냄 2020년 10월 9일

지은이 미셸 맥나마라
옮긴이 유소영
펴낸이 안지미
편집 박승기
디자인 안지미 이은주
제작처 공간

펴낸곳 (주)알마
출판등록 2006년 6월 22일 제2013-000266호
주소 04056 서울시 마포구 신촌로 4길 5-13, 3층
전화 02.324.3800 판매 02.324.7863 편집
전송 02.324.1144

전자우편 alma@almabook.com
페이스북 /almabooks
트위터 @alma_books
인스타그램 @alma_books

ISBN 979-11-5992-319-7 03300

이 도서의 국립중앙도서관 출판예정도서목록CIP은 서지정보유통지원시스템 홈페이지 http://seoji.nl.go.kr와 국가자료종합목록 구축시스템 http://kolis-net.nl.go.kr에서 이용하실 수 있습니다. CIP제어번호 : CIP2020040370

알마는 아이쿱생협과 더불어 협동조합의 가치를 실천하는 출판사입니다.

종이 표지_스노우 화이트 250g/㎡ 본문_전주 그린라이트 70g/㎡